JN240395

やわらかアカデミズム
〈わかる〉シリーズ

よくわかる
文化人類学
第3版

綾部恒雄/桑山敬己
[編]

ミネルヴァ書房

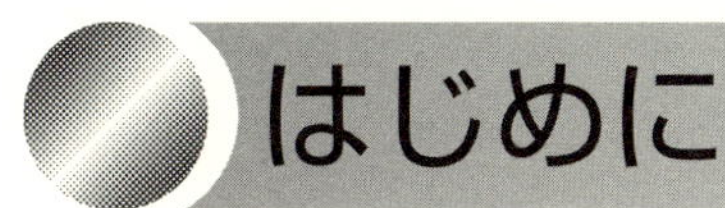

はじめに

本書の初版が刊行されたのは2006年10月のことでした。学界の大御所である綾部恒雄教授は，文化人類学に初めて触れる読者にも，この学問の全貌をわかりやすく伝える本づくりを思い立ち，刊行数年前から本書の準備に取り掛かられました。共編者として綾部教授と微に入り細に入り話し合ったことを，昨日のことのように思い出します。それからほぼ20年の月日が経ちました。その間に本書が多くの読者に迎えられて，文化人類学のスタンダード・テキストとして定着したことを，私はとても嬉しく思っています。

残念ながら，生みの親の綾部教授は2007年夏に急逝されましたが，2010年2月には第2版が刊行されました。今日まで15刷を重ね，本書はシリーズの中でもロングセラーとなりました。2012年には，黄達起教授（韓国，啓明大学校）によって韓国語に翻訳され，大変光栄に思っています。しかし，学問の進歩は日進月歩ですので，このたび新たな構想のもとに第3版を世に問うこととしました。

第3版の最大の特徴は，全体を2部構成にしたことにあります。第1部「基本テーマ」は，初版と第2版で取り上げた文化人類学の基本領域をカバーしています。全20章から成る第1部の執筆は，初版からお力添えをいただいた熟練の研究者に加えて，近年活躍が目覚ましい新たな面々にもお願いしました。基本的な章構成は変わりませんが，先住民に関する章を新たに設けました。第1部の章の半分近くは全面的に書き換えを行ったほか，全体的に側註を充実させるなどして，質・量ともに大幅な刷新を試みました。

そして，第2部「新たなテーマ」は，最近よく取り上げられているテーマを16選び，主にそれぞれの領域で成果を上げている次世代のリーダーに執筆をお願いしました。もちろん，1冊の本ですべてを扱うことはできませんし，選択には恣意性が伴います。それでも，現在の文化人類学の研究方向や，今後も発展するであろう領域の一端を示すことはできたのではないかと思っています。

包括的でオーソドックス，かつ斬新な本書が，文化人類学的研究の道しるべとなると同時に，読者の日常生活において，異文化／他者を鏡として自文化／自己を見つめ直す契機となることを，編者として心から願っています。

2024年11月

桑山敬己

もくじ

VIII 人種とは何か

IX 民族とエスニシティ

X 法律・秩序・社会統制

XI 政治と権力

XII 宗教と世界観

XIII 時間と儀礼，人間の一生

XIV 医療と文化

第2部　新たなテーマ

第１部　基本テーマ

Ⅰ　文化人類学とは

文化人類学のはじまり

1　文化人類学とは何か

文化人類学（cultural anthropology）は，19 世紀後半の欧米に登場した学問分野です。それは人間の生活様式（way of life）に関する総合的な学問で，世界各地の人間集団に共通の特徴と各々の集団に独自な特徴，つまり人類の普遍性と個別性を，主にフィールドワークによって得られた資料と現場での体験を通して得られた実感に基づいて明らかにすることを目的としています[1]。今日，文化人類学は欧米ばかりでなく，多くの非西洋諸国でも研究されています。

2　文化人類学が登場した背景

15 世紀に大航海時代が始まると，ヨーロッパ人は自分たちとまったく異なった人々に遭遇することになりました。それまで考えられていたような半人半獣は想像にすぎなかったことがわかりましたが，冒険家たちが出会った人々の習慣の中には，ヨーロッパ人の理解をはるかに超えるものがありました。今日，文化人類学として知られる学問は，こうした「奇妙な習慣」を理解する試みの一環として徐々に形成されました。

当時，ヨーロッパの王侯貴族は世界各地のモノを集めて，自分の邸宅に陳列していました。新大陸の「発見」以降，彼らのコレクションは飛躍的に拡大しました。19 世紀前半から続々と開設された民族学博物館は，この王侯貴族の陳列室（cabinet of curiosities）を祖型としています[2]。日本もこうした歴史と無縁ではありません。世界初の民族学博物館といわれるオランダのライデン国立民族学博物館は，江戸時代末期にシーボルト（Siebold, P.）が日本で収集したモノを寄贈した 1837 年を，その開館年としているからです。日本は西洋で展示された最初の遠い国のひとつだったのです。このように，文化人類学は近代西洋の世界制覇の野望と植民地主義と結びついて発展しました。後に「人類学の植民地主義的ルーツ（colonial roots）」が語られるようになったゆえんです。

ここで名称について整理しておきましょう。元来，「文化人類学」はアメリカで発達した分野で，ヨーロッパ大陸では長らく「民族学（ethnology）」，または「民族誌学（ethnography）」と呼ばれていました。これらの用語は「民族」を意味するギリシア語の「エトノス（*ethnos*）[3]」に由来します。しかし，文化人類学と民族学／民族誌学に決定的な差はないので，第２次世界大戦後はアメリカ

▷１　フィールドワークの目的は，現場をつぶさに観察して１次資料を収集することにあるが，研究対象の人々と生活を共にして得られた実感も大切である。この実感こそが「身体知」の源である。文化人類学者は自らの身体（body）を媒体として研究対象に迫る。

▷２　吉田憲司『文化の「発見」――驚異の部屋からヴァーチュアル・ミュージアムまで』（岩波書店，1999 年／2014 年）を参照。文化人類学と博物館の関係は XVIII-4「博物館と文化の展示」を参照。

▷３　エトノスには「後背地住民」という意味あいがある。18 世紀末，「民族学」や「民族誌学」の語が最初に使われたドイツ語圏では，特にロシアの周辺民族の研究を指していた。今日，ethnography は「民族誌」や「エスノグラフィー」と訳されていて（XVIII-1「民族誌と文化の表象」を参照），「民族誌学」の語は主にロシア研究で使われる。

的な名称が世界的に使われるようになりました。

3 文化人類学の位置づけ

学問上の分類からすると，文化人類学は「人類学」の一部門で，文字通り文化を中心に人類を研究します。アメリカでは，人間をあらゆる角度から総合的に検討するため，人類学は次の4つの分野から構成されています。(1)自然人類学（physical/biological anthropology 形質／生物人類学ともいう）：人間の身体的特徴や進化を調べる分野。類人猿との比較も含む。(2)考古学（archeology）：前史時代の遺跡や史料に記録のない人々が残したモノを発掘して，当時の生活を復元する分野。(3)言語人類学（linguistic anthropology）：言語と社会や文化の関係を探る分野。(4)文化人類学。これを「4分野アプローチ（four-field approach）」と呼び，多くのアメリカの大学の人類学部では，すべてが必修科目とされています。一方，ヨーロッパや日本では，言語人類学と文化人類学は密接な関係にあるものの，自然人類学と考古学はそれぞれ別の学問分野とみなされています。[4]

研究者や大学によってとらえ方は違いますが，一般に以下の分野は文化人類学の下位分野とされています。医療人類学，映像人類学，応用人類学，開発人類学，観光人類学，教育人類学，経済人類学，公共人類学，宗教人類学，心理人類学，政治人類学，生態人類学，法人類学，歴史人類学など。そのほかにも，特定の理論や流派の名称を「人類学」に冠した下位分野（解釈人類学，構造人類学，象徴人類学，認識人類学，マルクス主義人類学など）があります。[5]

4 文化人類学・民族学・民俗学

日本の分類法はおおむね以上に沿っていますが，多少特殊な事情もあるので，ここで整理しておきましょう。まず単に「人類学」といった場合，自然人類学と文化人類学の両方を指します。そのため，文化を中心とする研究を明示する時は，「文化」を付けて「文化人類学」と言います。また前述のように，文化人類学はアメリカで発達した学問の名称なので，イギリス式の伝統を強調する時は「社会人類学（social anthropology）」ということもありますが，今日，両者はほぼ一体化しています。[6]第2次世界大戦以前の日本では，ヨーロッパの学問的影響が強かったので，「文化人類学」ではなく「民族学」という名称が使われていました。大阪にある国立民族学博物館（略称「民博」）の名称は，そうした歴史を反映しています。さらに，日本には「民俗学（folklore studies または folkloristics）」と呼ばれる分野があります。詳細はXXに譲りますが，ドイツ生まれのこの分野は，日本では1930年代に柳田國男を中心に確立されました。内容的にも人脈的にも，日本の民族学と民俗学は1950年代くらいまで関係が深かったので，「2つのミンゾクガク」と親しみを込めて呼ばれていました。[7]本書で「人類学」といった時は，基本的に文化人類学を指します。（桑山敬己）

▶4　後述の「日本人類学の父」坪井正五郎（I-4「文化人類学の歴史と基礎概念」を参照）は，特に，アイヌとの関係における日本人の起源に関心を抱いて，自然人類学にも力を注いだ。そのため，彼が教えた東京大学では人類学は主に理学部で教授された。

▶5　研究領域や理論志向を示す語を「人類学」に冠した分野は増加の一方である。例として，第2部3と7で取り上げる「景観人類学」や「災害人類学」が挙げられる。

▶6　イギリスの学問的伝統を受け継いだ社会人類学の概説書に，ジョイ・ヘンドリー著，桑山敬己・堀口佐知子訳『〈増補新版〉社会人類学入門——多文化共生のために』（法政大学出版局，2017年）がある。

▶7　日本各地にはさまざまな名称の民俗学会がある。唯一の全国的学会は「日本民俗学会」で，機関誌名は『日本民俗学』である。「2つのミンゾクガク」の伝統を生かした概説書に，桑山敬己・島村恭則・鈴木慎一郎『文化人類学と現代民俗学』（風響社，2019年）がある。

I　文化人類学とは

2 文化とは何か

1 文化人類学的な文化理解

本書の生みの親である故・綾部恒雄教授（1930-2007）は，文化について次のような理解を本書の初版（2006年刊行）で示しました。曰く，文化人類学が主な研究対象とする文化（culture）とは，人類が登場してから現在に至る長い進化の過程で，私たちが作り上げ伝えてきたものの総体です。換言すれば，文化とは人間のさまざまな行動や思考の中から，他の生き物と共有している本能的な習性や行動を除いた部分すべてを指しています。生物としての人間の本能的行動は，遺伝によって親から子へと伝えられます。一方，文化は人間がこの世に生まれ落ちた後，家族や共同体など社会集団の中で育つ間に，自然と学んで身につけたものです。ですから，人間が生きるために作りあげた衣食住の方法・技術・知識はもちろん，生活のために個人や集団がとり結ぶさまざまな人間関係，つまり社会組織もすべて文化なのです。[1]

2 文化の普遍性と個別性

このように，文化人類学でいう文化は，芸術や学問などの「高級文化」に限定されず，人間の生活様式全体を意味します。その文化には人類すべてに当てはまる普遍的（universal）側面と，特定の民族や集団にだけ当てはまる個別的（particular）側面があります。言語はその最たる例でしょう。すべての人間には言語を操る能力が備わっています。それは人間が進化の過程で獲得した能力ですが，言語を遺伝という観点だけから説明することはできません。なぜなら，言語能力そのものは遺伝するとしても，何語を話すかは生まれ育った環境によって決まるからです。そのことは，日系アメリカ人や日系ブラジル人に日本人の「血」が流れていても，彼らの話す言葉は英語やポルトガル語だという事実からも明らかです。概して，文化人類学者が関心を寄せるのは人類に共通の現象ではなく，特定の民族や集団に見られる特徴です。その意味で，文化人類学は普遍志向より個別志向が強いといえます。[2]

3 文化の影響

後天的に学習され獲得された文化は，さまざまな影響を及ぼします。それは人間の生理的反応をも司っています。クラックホーン（Kluckhohn, C.）は，第

▶1　近年の研究は，霊長類にも道具の使用，社会集団の形成，学習能力，象徴能力などがあることを示した。人間と動物の差はかつて考えられていたほど自明ではない。また，人工知能（AI）の発達によって，人間と機械の境界線も曖昧になりつつある。こうした変化を受けて，最近は人間と動物とモノに等しくエージェンシー（agency 行為主体性）を認め，それらが織りなす関係を考察した研究が増えている。第2部⑨「マルチスピーシーズ」を参照。

▶2　かつて，英語圏人類学では，個別文化を小文字の culture（単数形は a culture，複数形は cultures），普遍文化を大文字の Culture と言い表したが，今日ではほとんど用いられない。文化の普遍性と個別性については，ドナルド・ブラウン著，鈴木光太郎・中村潔訳『ヒューマン・ユニヴァーサルズ――文化相対主義から普遍性の認識へ』（新曜社，2002年）を参照。

２次世界大戦後のアメリカで多くの読者を獲得した『人間のための鏡』（原著1949年）という本で，次のような話を披露しました。アリゾナ州に住むいたずら好きの女性は，客を自宅に招待しては手作りの特製サンドイッチをふるまっていました。そのサンドイッチに入っている肉は鳥かマグロのような味がするのですが，何か一味違います。客が何の肉かと聞いても彼女はなかなか答えようとはしません。種明かししたのは客が全部食べ終わった後のことでした。曰く，「さっきの肉は殺したてのガラガラ蛇の白身よ」。それを聞いた瞬間，客はいっせいに吐きはじめたとのことです。[3]

このように，文化的反応が生物的反応にとって代わることは，私たちの日常生活でよく見られます。事実，日本人がカタツムリを見て食欲をそそられることはまずないでしょうが，フランスにはエスカルゴというカタツムリ料理があります（それらのカタツムリのほとんどは食用です）。逆に，タコは日本で非常に人気のある食べ物ですが，ヨーロッパでは地中海地域を除くとまず食べません。なぜ食べないのかというと，タコという生物を彼らが食べられないのではなく，当地では食べ物として認識されていないからです。[4] 民族や集団によって食の文化範疇は異なるので，実際には食べられるモノであっても，食べない場合がいくらでもあるのです。ですから，たとえ飢饉が襲って飢えに苦しんでいても，眼前のモノを食べ物として認識しない限り，人はそれを食べずに命を落とすかもしれません。このように考えると，文化は人間の可能性を広げると同時に，狭めることがわかります。１つの文化には限界があるのです。[5]

4 自文化の鏡としての異文化

異文化を学ぶ理由の１つはまさにここにあります。私たちは自文化に住んでいる限り，すべてが当たり前に思われて物事を根本から考え直そうとはしません。人間が特定の文化で育ち，さまざまなことを学んで一人前になることを文化化（enculturation）[6] といいます。この文化化で重要な役割を果たすのが，周囲の人やモノはもちろん，あの世や宇宙に関する文化独自の分類法の学習です。嗜好の個人差はあるものの，日本人がタコを食べ物と認識する一方で，カタツムリは食べられないと判断するのは，文化化の結果にほかなりません。そうした認識や判断の基礎となる分類法は，元来きわめて恣意的なものですが，文化化の過程で「自然化」してしまうので，いったん身につけた常識の殻を破るためには，別の常識に接して自らを振り返るしかありません。その意味で異文化は自文化の鏡なのです。文化人類学者が一見「奇妙な」人々を研究するのは，それが単に学問的に有益だからではありません。むしろ，異文化を鏡として自文化を再発見すること，そして他者を迂回して自己をよりよく知ることが，人間を成長させるからなのです。住み慣れた世界から一歩踏み出して，新たな可能性を探ること。それが文化人類学の醍醐味です。（桑山敬己）

▶3　クライド・クラックホーン著，光延明洋訳『人間のための鏡――文化人類学入門』（サイマル出版会，1971年）。抄訳は外山滋比古・金丸由雄訳『文化人類学の世界――人間の鏡』（講談社現代新書，1971年）。

▶4　英語圏でタコは，devil fish（悪魔の魚）と呼ばれる。この語はイトマキエイやイカなど「不気味（sinister）」な感じのする生き物にも使われる。だが，何を「不気味」に思うかは文化によって異なる。

▶5　人間は特定の文化に生を受け，それを身につけることによって成長する。だが，ある一定の成長を遂げると，母なる文化は逆に人間を縛る。さらに成長するためには，異なった文化に新たな地平を求めなければならない。かつてサピア（Sapir, E.）はそれを怠ることを「精神的犯罪」と呼んだ（Sapir, E. *Selected Writings of Edward Sapir in Language, Culture, and Personality*. University of California Press, 1986, p. 324）。

▶6　社会化（socialization）ともいう。元来，「社会化」は社会学者や発達心理学者の用語であったが，現在では人類学者も「文化化」より多く使うようになった。

I　文化人類学とは

 文化の相対性

 赤は Red で，Red は赤か？

白地に赤い丸が真中に描かれた旗は，どこの国旗でしょうか。答えは言うまでもなく日本です。それは「日の丸（日章旗）」と呼ばれています[1]。では，日の丸の赤丸は何を象徴しているでしょうか。ほとんどの日本人は太陽（日の出）と答えるでしょう。古代日本が中国に使者を送った時，自らを「日出ずる国」と名乗ったことがその由来だといわれます。英語でも the rising sun といえば日本のことです。しかし，英語圏の多くの人は，あの赤丸が何を指しているのかわかりません。一般に英語で太陽の色は yellow なので，《赤丸＝太陽》という連想ができないからです。事実，アメリカの子どものお絵描きを見ると，太陽はだいたい yellow に塗られています。

▷1　日の丸は古くから使われていたが，それが法律で日本の国旗に制定されたのは，1999 年公布・施行の「国旗及び国家に関する法律」（平成 11 年法律第 127 号）においてである。同法の成立過程では深刻な政治的混乱が見られた。

次に日本の三毛猫について考えてみましょう。三毛猫は 3 色なのでそう呼ばれていますが，では 3 色とは何色でしょうか。これも日本人にとっては当たり前で，答えは「白」「黒」「茶」です。ところが，英語圏の猫の図鑑にはなんと white, black, red と書かれているものがあります[2]。毛の色を表す brown は「こげ茶」に近く，三毛猫の明るい「茶」ではありません。あの色はどちらかというと red なのです。それは人間の赤みがかった金髪を英語で red hair と言うのと同じです。かのモンゴメリ（Montgomery, L.）の小説『赤毛のアン』（原著 1908 年，原題は *Anne of Green Gables*「緑の切妻屋根のアン」）の主人公は，けっしてピエロのような赤い毛ではなく，赤っぽい金髪の持ち主でした[3]。

▷2　三毛猫は Japanese Bobtail として紹介されることがある。Bobtail は丸まった短いしっぽ（尾）のことで，アメリカでは非常に珍しい。飼い主はボクサー犬のように断尾したのかと頻繁に尋ねられる。

▷3　英語圏では strawberry blonde hair（イチゴ色の金髪）が red hair に近い。なお，全身が黄色っぽい日本語の「茶猫」は orange cat である。

こうした一見たわいもない話は，ある言語文化圏における常識が，別の言語文化圏では通じないことを教えてくれます。それを知らずに，太陽を yellow と言う人は「色盲」であるとか，逆に sun を赤と言う人は「おかしい」などと決めつけたら，どうでしょうか。それは相手を侮辱しているだけでなく，自らの無知と傲慢をさらけ出しているようなものです。

2 文化相対主義

こうした問題をすでに 1 世紀以上も前に論じた人類学者がいます。「アメリカ人類学の父」と称されるボアズ（Boas, F.）です。彼は『未開人の心性』（原著 1911 年）という名著で，同じ殺人でも文化によって意味が違うと説きました。たとえば，とある部族で息子が老いた父親を殺しても，それはまだ元気なうち

にあの世に送らなければ，あちらで幸せに暮らせないと信じているからかもしれない。また別の部族で父親が小さな息子を殺したとしても，それは部族全体の存続のためにやむなく行った行為かもしれない。家族を手にかけるという意味では同じ行為でも，その背後に潜む動機は西洋における殺人とはまったく違う可能性がある，とボアズは説いたのです。自分の基準で相手を判断してはならない，相手の立場や観点から相手を理解するべきだ，これがボアズの主張でした。[4] 今日こうした考え方は「文化相対主義（cultural relativism）」[5] と呼ばれています。自民族や自文化の優秀性を説いたり，異民族や異文化を自分の基準で評価したりする「エスノセントリズム（ethnocentrism）」とは対照的です。

文化相対主義がよって立つ基本的な考え方は，同一文化の異なった時代にも当てはまります。たとえば，ボアズが取り上げた親殺しの現代日本版として，介護に疲れ果てた初老の子がさらに老いた親を手にかけるという，「老老介護」の悲しい結末が考えられます。それを平均寿命が短かった時代の倫理で裁くことはできません。また，日本には「姥捨て山」という話がありますが，飢餓を知らない今日の日本の基準でそれを断罪することもできません。それぞれの時代にはそれぞれの特性があるのです。その特性を理解しようともせずに，相手を自分の観点から見て判断することは慎まねばなりません。文化相対主義は理論というより異質の他者に接する時の「構え（attitude of mind）」です。それは異文化研究，ひいては異文化を鏡とした自文化研究の基本です。

3 文化相対主義の問題と限界

ここでは2つに絞って述べます。第1は文化の普遍性と個別性をどう考えるかです。たしかに，各々の文化には独自の特徴があり，それを外部の基準で判断することはできません。しかし同時に，人類文化には特定の場所や時間を超えた普遍性も備わっています。たとえば，人を殺める動機はボアズが指摘したように文化差があるでしょうが，各々の文化で正当と認められた動機以外の殺人はどこでも罪悪です。つまり絶対的（absolute）倫理は存在しなくても，善悪の観念そのものは普遍的（universal）に存在するのです。この点に留意しないと，私たちは文化の相対性の名のもとに蛮行を許してしまいます。

第2は文化相対主義に隠された力（power）の問題です。ボアズをはじめとする西洋の人類学者が，非西洋世界の習慣に寛大であったのは，近現代の帝国主義・植民地主義体制において，両者の間に圧倒的な力の差があったからです。つまり，相手を子ども扱いできたからこそ，多少「奇妙」であっても尊重する余裕があったのです。しかし，今日のように非西洋世界の地位が向上すると，そう簡単に相手のやり方を認めるわけにはいきません。[6] 強力で異質の他者の侵入は，自己の利益ばかりでなくアイデンティティをも脅かすからです。この意味で，文化相対主義には強者の論理という側面があります。[7]　（桑山敬己）

▶4　Boas, F., *The Mind of Primitive Man* (revised ed). Free Press, 1963, p. 173. 1911年初版の同書は，ボアズが一般読者向けに書いた代表作だが，日本語訳はいまだにない。専門的論集の抄訳は，フランツ・ボアズ著，前野佳彦編・監訳『北米インディアンの神話文化』（中央公論新社，2013年）。

▶5　ただしボアズ自身は「文化相対主義」という言葉を使った形跡がない。ボアズの文化観を詳細に分析した論文に，沼崎一郎「フランツ・ボアズにおける『文化』概念の再検討（3）——感情と理性の普遍性と相対性」（『東北大学文学研究科研究年報』65巻，2016年，164-131［57-90］頁）がある。

▶6　第45代アメリカ合衆国大統領にトランプ（Trump, D.）が就任して以来，政権の交代にもかかわらず，同国が超大国として台頭してきた中国に強い対抗措置をとっていることを考えてみれば，この点は一目瞭然である。

▶7　詳細は桑山敬己「文化相対主義の源流と現代」，桑山敬己・綾部真雄編『詳論　文化人類学——基本と最新のトピックを深く学ぶ』（ミネルヴァ書房，2018年，3-16頁）を参照。

I　文化人類学とは

4 文化人類学の歴史と基礎概念

ここでは，現在世界的にもっとも影響力の強い英米仏の人類学の歴史および基礎概念と，日本の人類学史について見ておきましょう。

1 イギリス

人類学は民族学博物館と密接な関係をもって発展しました。たとえば，「人類学の父」といわれるタイラー（Tylor, E., 図1-1）は，1884年オックスフォード大学にピット・リヴァーズ博物館（XVIII-4 参照）が開館したのを機に，イギリス初の人類学講師に任命されたのです。タイラーは主著『原始文化』（原著1871年）の冒頭で，文化を「知識，信仰，芸術，道徳，法律，慣習，および人間が社会の一員として獲得したすべての能力と習慣を含む複合的全体（complex whole）」と定義しました。この定義には2つのポイントがあります。第1は文化を特定の領域に限定せず，人間の営み全体に当てはめたことです。第2は文化を人間が社会的に成長する過程で学習するものとしてとらえたことです。相対主義を基調とする人類学にとって，この定義は象徴的意味をもっています。

その一方で，タイラーは社会進化論（social evolutionism）の提唱者でもありました。人類社会の「進歩」を発展段階論的に論じたこの理論は，人間の「精神的斉一性（psychic unity）」を前提としていたので，個々の民族の個別性より同一段階にあると目された複数の民族の共通性（普遍性）を重視しました。また，発展段階の設定は民族間に序列や優劣を生みました。たとえば，タイラーは「文明人」のほうが「野蛮人」より賢くて幸福であると述べたり，人間の信仰は「アニミズム」[1]「多神教」「一神教」という順序で進化すると論じたりしました。一神教（最高神への信仰）を頂点に据えたのは，当然，西洋の精神的支柱であるキリスト教の影響です。結局，タイラーは世界の覇権を握った近代西洋の卓越性を疑うことはなかったのです。

イギリス人類学が後世に決定的な影響を及ぼしたものがあるとしたら，それは母国ポーランドで物理学を専攻し，後に人類学に転向してイギリスで活躍したマリノフスキー（Malinowski, B., 図1-2）の民族誌と方法論です。民族誌（ethnography エスノグラフィー）とは，長期間の現地調査に基づいて書かれた，特定の民族や集団の生活様式に関する記述です（XVIII-1 参照）。彼の現地調査で使われた方法は，今日「参与観察（participant observation）」と呼ばれています（XIX-2 参照）。カメラにたとえれば，参与はズームインして被調査者と

▷1　アニミズムとは自然界のあらゆるものに霊が宿っているとする考えである。タイラーはそれを「霊的存在への信仰（belief in spiritual beings）」と定義した。詳細は XII-2「周辺社会の宗教との出会い」を参照。

図1-1　エドワード・タイラー（1832-1917）

図1-2　ブロニスラフ・マリノフスキー（1884-1942）

行動を共にすること，観察はそこからズームアウトして冷静に観察することを意味します。I-1の冒頭で示した文化人類学の定義に，「現場での体験を通して得られた実感」とあるのは，参与観察を通じて得られた身体感覚のことです。この感覚が現場で収集した資料に血肉を与え，読者を遠くの見知らぬ地へと誘う民族誌を生むのです。民族誌を読むことは著者と一緒に旅をすることです。

図1-3 エミール・デュルケム（1858-1918）

2 フランス

19世紀後半から20世紀初頭にかけて，フランス社会学を主導したのがデュルケム（Durkheim, E.，図1-3）です。代表作『社会分業論』（原著1893年）の中で，彼はイギリスのスペンサー（Spencer, H.）の功利主義（利益追求のために複数の個人が計算づくで集団を作るという見方）を批判して，個人の動機から説明できない社会の力や全体性を強調しました。晩年の『宗教生活の原初形態』（原著1912年）では，オーストラリア先住民や北米の部族の資料を使って，宗教の原初形態としてのトーテミズム（totemism）について論じました。デュルケムによれば，宗教儀式には人々を結びつける力があり，同一神への信仰は社会的連帯を強化する役割があります。「宗教とは聖なるもの，すなわち分離され禁じられたものに関する信仰と実践の統一体系であり，それに帰依するすべての者を教会という単一の道徳的共同体に連帯させる信仰と実践である[2]」という有名な定義は，個人の感情や生物的個体としての存在を超越した人間の社会性に注目したデュルケムの考えをよく表しています。彼のいう「集合意識」とは，同じ社会や集団に帰属する複数の個人が共有する意識のことで，「集合表象」とはそうした意識の具体的表出を意味します。

デュルケムは1898年に『社会学年報』という機関紙を創刊して，彼の学派の研究成果を次々と発表しました。その中心人物の1人が甥のモース（Mauss, M.）です。モースの代表作は未開社会におけるモノの交換を考察した『贈与論』（原著1925年）で，そこにはボアズの北米先住民研究や，マリノフスキーの古典的民族誌『西太平洋の遠洋航海者』（原著1922年）が参照されていました。良質な民族誌は第三者に2次資料を提供し，新たな解釈を許すのです[3]。デュルケムとモースの共著『人類と論理』（原著1904年）には，「分類の原初的諸形態」という副題が付いています。彼らは分類という日常的行為が人間の思考に及ぼす影響を論じました。この分類への強い関心が，「20世紀最大の人類学者」と称されたフランスのレヴィ＝ストロース（Lévi-Strauss, C.）の構造主義や[4]，異民族の分類法の分析を重視したイギリス社会人類学の展開に繋がりました。

3 アメリカ

アメリカ人類学の基礎を築いたのは，I-3でも言及したボアズ（Boas, F.，図1-4）です。ボアズはユダヤ系のドイツ人で，1887年に移民としてアメリカ

▶2　デュルケム著，古野清人訳『宗教生活の原初形態（上）』岩波文庫，1975年，86-87頁。本文にある定義は英語版を参考にして筆者が訳した。

▶3　第3者による世界各地の民族誌を比較総合して，1つの理論を作り上げた代表例が，エルマン・サーヴィス著，増田義郎監修『民族の世界——未開社会の多彩な生活様式の探求』（講談社学術文庫，1991年）である。

▶4　構造主義は，森羅万象を2つの対立する構成要素に分類して，要素間の関係を検討する。この分類法を「二項対立」という。例として，天と地，聖と俗，善と悪，白と黒，強と弱，右と左，文化と自然などがある。人類学における構造主義のマニフェストは，クロード・レヴィ＝ストロース著，荒川幾男ほか訳『構造人類学［新装版］』（みすず書房，2023年）である。

に渡りました。ニューヨークのコロンビア大学で長年教え，多くの優秀な学生を育てたので「アメリカ人類学の父」と呼ばれています。ただ，研究者としてのボアズの最大の功績は，やはり相対的な文化観を打ち立てたことでしょう。各々の民族の独自性と尊厳を唱える文化相対主義をボアズが唱えるに至ったきっかけは，1883年にグリーンランド西方にあるバフィン島を訪れ，イヌイットと共に生活したことでした。彼は当時「野蛮人」と蔑まれていたイヌイットの高貴な精神に触れて，文化的な人間とは単に相対的なものであり，人間の真の価値は物質的豊かさではなく「心の豊かさ（*Herzensbildung*）」にあることを悟ったのです。それは西洋を頂点とする人類社会の進歩を論じたタイラーとは逆の立場でした。西洋の人種主義を徹底的に批判した『未開人の心性』は，後にナチスが政権をとったドイツで焚書扱いになったほどです。

ボアズの薫陶を受け，文化理論の確立に貢献した1人が『文化の型』（原著1934年）の著者ベネディクト（Benedict, R., 図1-5）です。そして，その普及に努めたのが盟友のミード（Mead, M.）でした。ミードは今日で言うジェンダー研究の先駆書である『3つの未開社会における性と気質』（原著1935年）のほか（VII-1参照），数々の問題作を一般読者向けに発表しました。人類学はどこでも女性の活躍が目立つ分野ですが，彼女たちを中心に形成された文化理論は，およそ次の6点にまとめられます。(1)文化は学習によって獲得される。(2)同じ文化の成員は多くのことを共有する。(3)文化には理念と実践の両面がある。(4)文化を構成するさまざまな要素は統合されて，1つの全体を形成している。(5)文化は人間が外界（環境）に適応する手段である。(6)文化はつねに変化している。

なお「文化」と「社会」は，今日，往々にして同義語のように使われていますが，元来，社会は特定の地域に見られる人々の関係，つまり，とある場所に住んでいる諸個人が織りなす具体的な関係を意味していました。一方，文化はそうした関係を表現する有形無形なもの，たとえば儀礼の背後に潜む宇宙観や，そこで使われる衣装や道具などを示していました。◁5

4　日　本

日本の人類学の歴史は意外に古く，明治初期にまで遡ります。発端はアメリカの動物学者モース（Morse, E.）が，1877年に大森貝塚を発見したことでした。貝殻と一緒に人骨が出土したので，モースはカニバリズム（人食い）の痕跡があると考えました。◁6 その真偽はともかく，彼の発見と主張は当時の日本の知識人の関心を，日本人の起源や日本文化の源流といった問題に向けました。なかでも，「日本人類学の父」といわれる坪井正五郎（図1-6）は1884年に「人類学会」という組織を作り，考古学を含む広い観点から日本人ひいては人類を研究することを提唱しました。今日，この学会は「日本人類学会」として受け継がれていて，主に自然人類学者をメンバーとしています。

図1-4　フランツ・ボアズ（1858-1942）

図1-5　ルース・ベネディクト（1887-1948）

▶5　詳細は桑山敬己「文化と社会はどう違うか」，桑山敬己・島村恭則・鈴木慎一郎『文化人類学と現代民俗学』（風響社，2019年，15-18頁）を参照。なお，多くの人類学者は「文明」という語に戸惑いを覚える。長らく文明は近代西洋と同一視され，それらを頂点に世界を序列化した社会進化論を想起させるからである。文化相対主義は社会進化論への挑戦であった。

▶6　日本の石器時代人について，モースは，アイヌの文献にはカニバリズムの習慣が記録されていないので，アイヌ以前の集団の存在を考えた。坪井はモースの見解を受け入れ，日本の石器時代人はアイヌの伝承に登場するコロボックルだと主張した。これに対して，小金井良精はアイヌこそ日本の石器時代人だと主張し，「アイヌ・コロボックル論争」が起きた。論争は坪井の死により決着を見ないまま閉じた。

坪井に師事して人類学を学び，沖縄，台湾，朝鮮，中国，シベリア，モンゴルなどで民族調査をしたのが鳥居龍蔵でした。鳥居の調査は19世紀末から20世紀初頭にかけて行われました。イギリス人類学に大きな影響を与えたケンブリッジ・トーレス海峡探検隊は1898年のことでしたから，同時期に行われた鳥居の調査は世界の人類学史上に残る業績でした。ただ，その時代の日本はアジア諸国を植民地化して，太平洋地域にも進出していました。第1次世界大戦で勝利した日本は，国際連盟の委託を受けて南洋諸島の多くを統治下に置いたのです。今日この歴史は負の遺産となっています。なぜなら，海外で現地調査を行うためには，それを可能にするだけの政治力や経済力が必要ですが，欧米列強がそうであったように，戦前の日本はその基盤を帝国主義と植民地主義に置いていたからです。「人類学の植民地主義的ルーツ」が語られるゆえんです。1934年には「日本民族学会」が設立され，その後いくつかの関連組織も作られましたが，この時期は日本の軍国主義時代とほぼ一致しています。

第2次世界大戦に敗れた日本は，数多くの劇的変化を経験しました。学問も例外ではありません。戦争協力の嫌疑をかけられた民族学は，かつて思想犯として投獄された石田英一郎（図1-7）や，アジアの民族事情に通じていた岡正雄らを新たな指導者として，アメリカの影響を多分に受けつつ，文化人類学として再出発しました。海外調査が難しかった終戦直後は，主に国内で調査していましたが，経済復興を遂げた1960年代になると，世界各地で本格的な調査を行うようになりました。そして，国際化が叫ばれた1970年代に入ると，異文化研究を旗印に掲げた文化人類学は時代の寵児とさえなりました。そうした中，学会名だけは民族学の名称を残して「日本民族学会」のままでしたが，2004年に幾多の議論を経て「日本文化人類学会」と改称したのです。◁7

日本と英米仏中心の西洋の人類学を比べると，次のことがいえます。(1)日本の人類学は坪井の時代から自国／自文化に深い関心を示してきました。その1つの理由として，日本は近代化に遅れたので，西洋の研究者が遠くの異郷でしか観察できなかったことを，日本では非都市部で観察可能だったことが挙げられます。(2)西洋の人類学者が研究した異文化／他者は，概して自文化／自己とかけ離れた存在でしたが，日本の場合，他者は東アジアのように歴史的にも文化的にも自己と深い関係にありました。そのため，日本人研究者は自己と他者の差異を連続的にとらえて，「文明」対「未開」という二者対立的な見方にあまり陥りませんでした。◁8 (3)日本の人類学者は世界各地を調査してきた一方で，西洋から見た日本は異文化以外の何ものでもなく，日本そのものが研究対象となってきました。ベネディクトが日本の国民性について書いた『菊と刀』（原著1946年）はその典型です。この本はさまざまな反応を日本で引き起こしました。概して，明治以降の日本人による日本研究は，西洋人による日本表象への応答という側面があります。

（桑山敬己）

図1-6　坪井正五郎（1863-1913）

▷7　日本民族学会の機関誌『民族学研究』は，学会の名称変更後に『文化人類学』と改称された。日本文化人類学会は世界有数の規模を誇るが，言語の壁もあって影響力は大きくない。同様の問題は多くの非西洋圏の人類学会が抱えていて，その克服は世界的な課題となっている。詳細は桑山敬己『ネイティヴの人類学と民俗学——知の世界システムと日本』（弘文堂，2008年）を参照。

図1-7　石田英一郎（1903-1968）

▷8　ただし，台湾の先住民や，第1次世界大戦後，日本の委任統治下に置かれた南洋諸島民などには，「土人」という言葉がよく用いられた。

II　言語と文化／社会

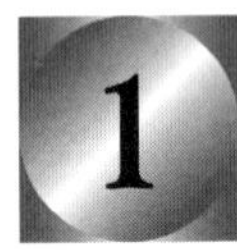

1 人間の言語とは何か

1 言語の起源

人は言葉を使ってコミュニケーションをしますが，人間にとっての言語は，人間をほかの動物と分ける大きな性質のひとつです。人は言葉を使って思考し，なんらかの意味を伝えますが，その中で嘘をつき，仮定し，問いを発し，詩を詠み，過去や未来について語ったり記録したりします。

言語の起源とその時期には諸説ありますが，５万年ほど前に誕生したとの推測があります。原始人類は言語以前から表情，歌やジェスチャー，太鼓のようなものを叩いてコミュニケーションし，感情や意味を表現していました。また赤ちゃんがそうであるように，人間には言葉を喋る以前から，多くをわかり読み取る能力が備わっています。霊長類は社会的グルーミング行動により集団性や個と個の間の結びつきを維持しますが，ダンバー（Dunbar, R.）は言語の誕生が社会的グルーミング時間を大幅に減らし，集団的で複雑なコミュニケーションを可能にしたとします。[1]

人にもっとも近い霊長類であるボノボ[2]のコミュニケーションについては，カンジの研究が有名です。カンジは言葉を覚えさせるためアメリカの研究センターに連れてこられた母猿から生まれました。生後すぐに英語の環境に育ち，キーボードやタッチパネルの図形記号を操作し，母猿をはるかに超え1,000以上の英単語や600の構文を使って研究者とコミュニケーションをしました。[3]

2 人間の言語の特性

人間の言葉が急速に発展した背景に，連続的な音から一定の規則を用いて単位を区別した「言語の分節化」があります。図2-1は世界中の言語で意味の区別に参与する音を集めて分類した国際音声記号（International Phonetic Alphabet, IPA）の子音チャート（肺気流[4]）です。左上の/p/と/b/という音は異なる子音ですが，ともに両唇を閉じ，肺からの息を一端止めてから開放する「両唇破裂音」です。/p/は声帯を震わせない無声音なのに対し，/b/は声帯を震わせる有声音であることが２つの音の唯一の違いです。このように唇や舌，声門や歯といった調音器官を協働させて作る音を音素（phoneme）と呼びます。音素の多くは単体で意味をもちませんが，音素を組み合わせることで意味の最小単位としての形態素（morpheme）になります。[5]たとえば/b//ɔ//ɹ/という３つの音は

▶1　ロビン・ダンバー著，松浦俊輔・服部清美訳『ことばの起源——猿の毛づくろい，人のゴシップ』青土社，1998年。ダンバーはヒトが集団として人間関係を結ぶ相手の数を150人であるとした「ダンバー数」でも知られる。

▶2　ボノボはアフリカのコンゴの一部に生息し，人間に近いDNAをもつだけでなく，長時間二足歩行で歩くことができ，争いを好まず集団で行動する。

▶3　鳥の鳴き声の研究者である鈴木俊貴によれば，シジュウカラは「ヒーヒー（鷹）」「チリリリ（空腹）」といった単語を使い分け，その順を組み替えて，200以上の文を創り出している。また北海道，長野といった生息地域により異なる「方言」がある。

▶4　人間の言語は母音と子音から成る。/a/i/u/e/o/のように口の空け方で音が決まる母音に対し，子音は舌や歯で口腔内の空気が妨げられ発せられる。

▶5　言語によって音素の配列には制限があり，たとえば中国語には/n/で始まる形態素があるが，日本語や英語では制限される。

子音（肺気流）　　　　　　　　　　　　　　　　　　　　　　　　　　　　ⓒⓘⓢ 2020 IPA

	両唇音	唇歯音	歯音	歯茎音	後部 歯茎音	そり舌 音	硬口蓋 音	軟口蓋 音	口蓋垂 音	咽頭音	声門音
破裂音	p b			t d		ʈ ɖ	c ɟ	k ɡ	q ɢ		ʔ
鼻音	m	ɱ		n		ɳ	ɲ	ŋ	ɴ		
ふるえ音	ʙ			r					ʀ		
たたき音又は弾き音		ⱱ		ɾ		ɽ					
摩擦音	ɸ β	f v	θ ð	s z	ʃ ʒ	ʂ ʐ	ç ʝ	x ɣ	χ ʁ	ħ ʕ	h ɦ
側面摩擦音				ɬ ɮ							
接近音		ʋ		ɹ		ɻ	j	ɰ			
側面接近音				l		ɭ	ʎ	ʟ			

枠内で記号が対になっている場合、右側の記号が有声音を、左側の記号が無声音を表す。網掛け部分は、不可能と判断された調音を表す。

図 2-1　国際音声記号

出典：国際音声学会（International Phonetic Association）；Masaki Taniguchi。

単体では無意味ですが，英語ではこの順番で繋げたものが形態素（語）となり，この語尾に/ɪʃ/という形態素を加えれば「男の子っぽい（boyish）」という語になります。語と語の組み合わせは文となり，限られた数の音素から無限の単語や文が生み出されます。その意味で人間の言語はきわめて生産性が高いといえます。[6] 言語を音素と形態素の２段階に分けたのはマルチネ（Martinet, A.）で，この「言語の二重音節性」が人間の言語の特性だとしました。[7] さらに言語には文法規則があります。英語の形容詞の比較級と最上級（例：big，bigger，biggest）もその１例ですが，こうした規則が言語習得を効率化します。

ソシュール（Saussure, F.）は人間の言語が本質的に恣意的で，言葉が指し示すものとその言語記号の結びつきは社会的な慣習や取り決めによるとしました。しかしオノマトペ（onomatopoeia）[8] をみると，指し示されるものとしての犬の鳴き声と，「ワンワン」「bow-wow」という記号表現はきわめて似ています。また「するする」「すれすれ」「すいすい」といった無声歯茎摩擦音/s/の音からは，狭いところを通る現象やその速さが想起されます。[9] 物が転がったり丸みを帯びたりする様子を示す擬態語「コロコロ」と「ゴロゴロ」とは，前者が無声音の/k/，後者が有声音の/g/と対を成し，記号内容と記号表現の間に関係性があり，すべてが恣意的でないことは明らかです。

3 文化人類学にとっての言語

宮岡伯人は，言語が人間をとりまく「環境の一定の認識に基づいた経験の固定化と累積」を可能にするという意味で，「人間の集団的な所産」であり「文化以外の何物でもない」[10] とします。デュランティ（Duranti, A.）も言語は「人間社会とその構成員が利用しうる最も洗練された文化的システム」であり，言語の研究のない人類学はあり得ないと述べます。[11] アメリカ人類学会は自然人類学，考古学，社会文化人類学，言語人類学の４つを人類学の伝統的分野とします。言語は単なる思考や伝達の手段ではなく，人類学研究のための道具だけでもありません。非言語や書き言葉を含むコミュニケーション事象としての言語は文化そのものであり，言語は人類学研究の要のひとつです。　　（井出里咲子）

▶6　音声言語ではない手話も同様に，手の形，位置，動き，話者の表情等を組み合わせた文法をもち，音声言語と同じく大脳左半球を使う。

▶7　なお，英語の音素では/l/と/r/を区別するが，日本語ではこの両音素を意味上区別しない。/l/と/r/を日本語では区別しないように，ある特定の言語話者やコミュニティの内側からの事象把握を「エミック（emic）」と呼ぶ。これに対し，外側や第三者の視点から全体に共通する普遍的な特徴を把握することを「エティック（etic）」と呼ぶ。

▶8　オノマトペとはさまざまな状態や動きを表現した言葉で，主に外界の音や声を言語で表現した擬音語，擬声語，物や事態の状況を表した擬態語がある。

▶9　熊岡千之『日本語の深層――〈話者のイマ・ココ〉を生きることば』筑摩書房，2011 年。

▶10　宮岡伯人編『言語人類学を学ぶ人のために』世界思想社，1996 年，４頁。

▶11　Duranti, A. *Linguistic Anthropology: A Reader* (2nd ed). Wiley-Blackwell, 2009, p. 10.

II　言語と文化／社会

 文化としての言語

 記号と意味の解釈

言語学の歴史を辿ると，19 世紀の言語研究は文字や書物に基づいた言語の変遷の記述を中心とする歴史言語学が行われていました。これに対し 20 世紀には，人間の生活世界や文化社会の原理を説明する言語研究が盛んになります。スイスの言語学者，哲学者のソシュールは人間の言語による活動を，話し手と聞き手との間に成立する言語記号のやりとりとしました。言語記号は概念としての「シニフィエ（signifié）」と音としての「シニフィアン（signifiant）」の結びつきとして成り立ち，話者の発声した音が聞き手に記号として届けられ，概念と結びつけられて理解されると考えたわけです。

ソシュールが言語を中心とした記号について考えたのに対し，アメリカの哲学者，論理学者，数学者のパース（Peirce, C.）は，人間や他の生物，さらには宇宙の現象全体を記号のプロセスとしてとらえる「記号論（semiotics）」を提唱しました。記号（sign）とは「あるものを別のものに結び付ける作用」と定義され，言葉になる以前の意味的な推論の連鎖を指します[▷1]。パースは人間がさまざまな事物を知覚し理解するプロセスを「記号過程」と呼びましたが，それは「解釈項」「対象」「記号」からなる「記号体系」で示されます（図 2-2）。たとえば「炎」という，文字や音としての記号やその対象には，文脈により「危険」や「情熱」といった解釈的な意味が想起されうるように，記号解釈の過程から意味の経験が成り立ちます。

さらにパースは記号と対象との関係性によって，記号を「類像（icon）」「指標（index）」「象徴（symbol）」の 3 つに分けました。類像はその対象の性質をそのまま取り込んだ記号で，写真や「✂」（はさみのイラスト），パントマイムも一種の類像です。次に，文脈から理解される記号は指標と呼ばれます。「火のないところに煙はたたぬ」における「煙」は火の指標です。また先の類像「✂」も，菓子袋の上に描かれていれば「ここを切れ」の意味として解釈される指標的記号となります。これらに対し象徴は，対象と記号の関係が恣意的かつ約定的です。数字，化学記号，文字などの人工的に創りだされた記号は，対象と記号の間に指標のような因果関係はないものの，学習され習慣化された社会的契約の上に成り立つ，象徴としての記号です。

▷1　石田英敬『現代思想の教科書――世界を考える知の地平 15 章』筑摩書房，2010 年。

図 2-2　パースの記号体系

▷2　言語相対論（linguistic relativity theory）はサピア（Sapir, E.）とウォーフ（Whorf, B. L.）の名を冠し，「サピア・ウォーフの仮説」としても知られる。二人はアメリカ先住民の言語研究からそれぞれが類似した着想に至ったが，サピアの考えが「言語が人間の思考に影響を与える」という弱い仮説なのに対し，ウォーフは「言語が人間の思考を決定する」という強い仮説を唱えた。なお，北米言語人類学創始者のボアズ（Boas, F.）は人種，文化，言語の間に優劣関係はないとする文化相対主義を言語相対論に先駆けて提唱している。

▷3　「米（rice）」に関わる語彙は，「稲（rice plant）」「ごはん／飯（cooked rice）」「粥（rice porridge）」など，日本語では単純語で表現されるところ，英語では複合語や説明句となる。一方，英語（米語）の「馬」にかかわる語彙には，pony（子馬），mare（雌馬），stallion

2 言語相対論（サピア・ウォーフの仮説）

言語と文化の関わりを論じる理論に言語相対論[2]があります。言語相対論は，人の思考が言語を介して行われることを前提に，「異なる言語を使えば，認識する世界も異なる」とする考えです。私たちは複雑で混沌とした世界を言語で切り分け整理しますが，その切り分け方は言語によって異なります。日本語のきょうだい関係は年上か年下かで「姉」「妹」などと語彙が異なりますが，英語では sister の 1 語に younger/older といった説明を加えます[3]。また日本語で「本がある」という時，その本が 1 冊か 2 冊以上あるか明確にする必要はありません。これに対し英語では，指し示す対象物が単数か複数かにより "there is a book"／"there are（some）books" と動詞と（冠詞を含めた）名詞の形を変えることが文法上義務化されます[4]。使う言語により見える世界が異なるとする言語相対論は，さまざまな言語で仮説検証が行われましたが，ルーシー（Lucy, J.）は，ユカタン半島で話されるユカテク・マヤ語と英語との比較から，文法範疇の異なりが人間の日常的認知に与える影響を研究しました。ユカテクの人々の住環境や動物を描いたイラストを用いた実験からは，複数形をもつ英語話者と比べ，無生物名詞で複数形をもたないユカテク語話者は，生物名詞より無生物名詞への関心が低いことが示されました（図 2-3）[5]。

3 メタファーが創る世界

人間の言葉は抽象的な論理操作においても，モノとモノや事象と事象の関係性を高次なレベルで操作することができ，それが類人猿と人とを大きく隔てるとされます。その例に比喩表現があります。メタファーとしての比喩表現は「ある事柄をほかの事柄を通して理解」する認知のプロセスで，「雪みたいに白い」や「鬼のような形相」は，対象をほかの事柄に言い換える直喩（simile）となります。一方，「まるで」「のごとし」「のように」など，比喩法であることを直接示すことなく説明するものは隠喩（metaphor）と呼ばれます（例「あの人は仏だ」）。さらに「昨日鍋を食べた」のように，事柄の一部分で全体を表象する表現は換喩（metonymy）と呼ばれます。アメリカのレイコフ（Lakoff, G.）とジョンソン（Johnson, M.）は，こうしたメタファーが言語話者の思考や認知構造を解き明かすとしました[6]。たとえば「時は金なり（Time is money）」のような時間を金に喩える表現は多くの言語に見られますが，「時間を費やす／稼ぐ／浪費する」といった表現は，時間の概念を経済価値との関係から理解する上で，ある文化社会の価値構造を映し出しているといえるでしょう[7]。

『言語が違えば，世界も違って見えるわけ』[8]という書籍がありますが，人間にとっての言語は「レンズ」のような道具として，世界を切り分け，理解し，その網目の中に意味を見出す実践として理解できるのです。（井出里咲子）

（種馬），filly（雌の子馬）などの単純語が多い。言語が文化を反映する例である。

▶4 ジェンダー代名詞の文法的規定が he や she を不可避的に選択させるのに対し，近年，性別を区別しないニュートラルな代名詞として they/them やそれに類する代名詞が登場した。指示対象が単数（＝1人）でも複数形が使われており，社会の変容に合わせて言語使用の慣習が変化する事例である。

▶5 井出里咲子・砂川千穂・山口征孝『言語人類学への招待——ディスコースから文化を読む』ひつじ書房，2019 年。

図 2-3 ルーシーが用いたユカテクの典型的な村生活を描いた視覚刺激

▶6 G. レイコフ，M. ジョンソン著，渡部昇一ほか訳『レトリックと人生』大修館書店，1986 年。

▶7 「喜び」や「悲しみ」といった感情はしばしば容器の中の液体に喩えられるが，松木啓子は日本語における「怒り」について，「腹がたつ／腹に据えかねる」状態から「胸がむかつき」，「頭に来る」という一連の構造として読み解いている。Matsuki, K. "Metaphors of Anger in Japanese." Taylor, J. R. and MacLaury, R. E., eds. *Language and the Cognitive Construal of the World*. Mouton, 1995, pp. 137-151.

▶8 ガイ・ドイッチャー著，今井むつみ・椋田直子訳『言語が違えば，世界も違って見えるわけ』ハヤカワ文庫 NF，2022 年。

II　言語と文化／社会

コミュニケーションを理解する

ヤコブソンのコミュニケーションモデル

「あれってなんだっけ？」というような簡単な発話も，文脈がわからなければ何について話されているのかわからないように，言葉の意味はコンテクストにおいて解釈されます。ロシア生まれのヤコブソン（Jacobson, R.）は，情報の送り手（話し手）と受け手（聞き手）が接触し，メッセージ（記号的意味）を授受し，その際コード（言語体系）とコンテクスト（文脈）が共有されることがコミュニケーションの成立要因だとしました（図2-4）[1]。これらの6要素に付随するのが，コミュニケーションの6機能です（図2-4の四角内参照）。「感情表出」機能とは，感嘆詞のように話し手が心や身体の状態を表出する機能です。聞き手にまつわる「指令的／他動的」機能は，依頼や命令のように聞き手をなんらかの行動へと動かします[2]。「詩的機能」は，駄洒落や詩歌のような音の響きやリズム，比喩表現など，メッセージの表現を際立たせます。「交感的機能」は命題内容よりも言葉を交わしあうこと，コミュニケーションの回路が開いていることを儀礼的に伝え，挨拶やあいづち，雑談などがその例です。「メタ言語的機能」は，人間が言語そのものについて定義したり語ったりする機能で，「関西弁は面白い」や「言っている意味がわからない」などもその例です。

▶1　たとえば話し手が何かを話しても騒音等で相手がそれを聞き取れなければコミュニケーション上の接触は成立しない。また会話の輪に途中で入った際，話の意味がわからないのは，意味を推測する上での文脈が十分共有されていないからである。

▶2 「この部屋暑くない？」という疑問文も，参加者間の関係や物理的状況といった文脈によっては，誰かにエアコンのスイッチを入れさせる他動的機能をもつ。

▶3　ディスコースとは，あるまとまりとしての話し言葉や書き言葉を指し，言語人類学が直接的な分析対象としてきたものであると同時に，調査者を含めた社会文化的文脈における対話や，イデオロギーとしての言説を含む。

2　コミュニケーションの民族誌

チョムスキー（Chomsky, N.）の生成文法理論に代表されるように，伝統的言語学は「完全なる話し手と聞き手」としての「個人」を対象とし，言語を同一・同質的なものとして扱いました。これに対し言語人類学は「言語共同体（speech community）」や「実践共同体（community of practice）」を対象に，言語を文化社会的文脈から生じる異種性・多様性をもった現象として扱います。また伝統的言語学が言葉を内省から分析するのに対し，言語人類学は参与観察，インタビュー，録音録画された相互行為データの分析といったフィールドワークの手法を用い，実際に話され使われる言葉をその文脈から解釈します。こうした言語人類学発展の源になったのが，アメリカのハイムズ（Hymes, D.）による「コミュ

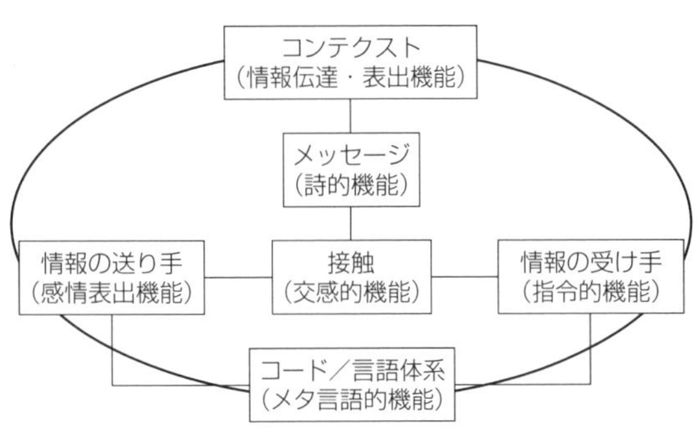

図2-4　ヤコブソンのコミュニケーションモデル

ニケーションの民族誌（ethnography of communication）」です。ハイムズは発話の解釈が文脈に依拠することを重視し，言語を「多様な話し方（ways of speaking）」としてとらえ，さまざまな文化社会的文脈に生じる社会行為としてのディスコース（discourse）[3]を研究する糸口を作りました。ヤコブソンのコミュニケーションモデルに影響を受けたハイムズは，特定の文脈に生じる意味を解釈する上で，「発話事象（speech event）」の概念を提唱しました。また命題内容としての指示的レベルを超えた意味を理解する上で，「SPEAKINGモデル」と呼ばれる8つの構成因子[4]を分析的に記述する重要性を提示しました。これらの記述はある言語が話せるという「言語能力」だけでなく，いつ誰にどのように何を言うかという適切性としての「コミュニケーション能力」，つまり言葉をどう使うかという語用（pragmatics）の理解に繋がります。

1960年代以降のコミュニケーションの民族誌の発展により，非西欧圏／非英語圏からの研究事例が急速に蓄積されます。1970年代に西アフリカのセネガルに滞在したアーバイン（Irvine, J.）は，ムスリムのウォロフの人々の挨拶が形式的に非常に「長い」ことに関心を抱き，フィールドワークを実施します。調査からアラビア語とウォロフ語を交えた長い挨拶がカースト社会における贈与の循環をなし，また親族や「冗談関係」にある間柄では「カール」と呼ばれる逸脱的な挨拶が楽しまれることを明らかにしました。[5]アリゾナ先住民保留区に暮らす西アパッチの研究に生涯を捧げたバッソ（Basso, K.）は，西アパッチの人々が初対面の相手や久しぶりに会った子どもと再会する際，言葉を交わさない様子から「沈黙」についてのエスノグラフィーを著しました。その結果，西アパッチでは「やりとりの相手との関係が不確実でその関係の方向性が推測できない時」に沈黙で応じるのが適切であり，図書館や教会といった「場所」やそこで実施される「事柄」に基づいて沈黙する米国白人社会との規範の違いが明らかになっています。[6]

3 ディスコースを中心とした文化の記述へ

今では古典となったコミュニケーションの民族誌研究は，「正しさ」や「標準」といった言語イデオロギー（linguistic ideology）[7]に隠され，それまで描かれなかった多様なことば観を描き，欧米中心の言語観や人間観を脱中心化しました。また同時代に世界を席巻したフェミニズム，チカノ，カウンターカルチャー運動などと相まって，異なる話し方や言語観が入り混じる学校教育現場の民族誌やマイノリティ研究が盛んになりました。こうした潮流は，言葉が現実社会を映し出すだけでなく，社会的相互行為として「現実を構築する」のだという，ディスコースを中心とした文化の記述へと繋がります。[8]　（井出里咲子）

▶4　8つの要素とは，(1) **S**etting/Scene（状況としての時空間），(2) **P**articipants（やりとりの参与者），(3) **E**nds（やりとりの目的や期待される成果），(4) **A**ct Sequence（やりとりや発話の行為連鎖），(5) **K**ey（やりとりの調子，雰囲気），(6) **I**nstrumentalities（対面，SNS，方言といったやりとりの手段），(7) **N**orms（期待される振る舞い，行動規範），(8) **G**enre（祝辞，講演といったカテゴリー）である。大学での学修方法としての講義とゼミナールも，SPEAKINGモデルの8つの要素に違いがあるだろう。

▶5　こうした研究はその後，平和部隊や海外青年協力隊の現地マニュアルなどにも生かされていく。Irvine, J. "Strategies of Status Manipulation in the Wolof Greeting." Bauman, R. and Sherzer, J. eds. *Explorations in the Ethnography of Speaking*. Cambridge University Press, 1974, pp. 167-191.

▶6　Basso, K. "'To Give Up on Words': Silence in Western Apache Culture." *Southwestern Journal of Anthropology* 26(3): 213-230, 1970.

▶7　言語イデオロギーとは，言語やその話者についての信念の体系や態度のことを指す。

▶8　松木啓子「ディスコースアプローチにおける言語イデオロギーをめぐって――制度的装置としてのエスノグラフィックインタビュー再考」『言語文化』（同志社大学言語文化学会）4巻1号，2001年，1-20頁。「ディスコース中心の文化へのアプローチ（discourse-centered approach to culture）」はアメリカの言語人類学者であるシャーザー（Sherzer, J.）により提唱された。

II　言語と文化／社会

言語変種・言語社会化・身体

言語変種と社会階層

1960年代のアメリカとイギリスで発展した学問に，言語と社会の関わりを研究する社会言語学（sociolinguistics）があります。構造主義言語学[1]や生成文法と異なり，社会言語学の主な関心は言語の変種（バリエーション）とその変種が誕生した要因を探ることにありました。たとえば標準変種（標準語）とされる東京弁は，山の手と下町，オフィス街と商店街等で人々の話し方が異なります。こうした同じ言語の異なる話し方について，1966年にアメリカのラボフ（Labov, W.）は，ニューヨーク市をフィールドに，/r/の発音と社会階層の関係を調査しました。ニューヨークで話される英語はもともと母音に続く/r/を発音しない社会方言でしたが，第2次世界大戦後に「正しさ」「標準さ」としての「明確な威信（overt prestige）」の指標となる，母音の後の/r/を発音する話し方が流入します。/r/の発音と社会階層の関連をとらえるため，ラボフはマンハッタンの3つのデパート（上層階級のSacks，中層階級のMacy's，下層階級のS. Klein）を調査地として選び，各デパートの販売員から/r/の発音を引き出す質問をします[2]。分析からは予測通り階層が高いほど/r/を発音する傾向が出ただけでなく，Macy'sでは聞き返された際の/r/の出現率がSacksよりも相対的に高くなりました。このことから人々の話し方と社会階層の相関関係だけでなく，中層階級の話者には，社会的に威信がある発音が強く意識されていることが明らかになりました[3]。

話し方としての社会階級と学校教育の関連については，1971年にイギリスのバーンスティン（Bernstein, B.）が「言語コード論[4]」を提唱しました。バーンスティンは階級社会のイギリスで話される言語について，物事を客観的，抽象的に，状況から独立して述べる「精密（elaborated）コード」と，物事を主観的に，地位や立場を利用し，状況に依存して述べる「限定（restricted）コード」とに大別しました。そしてイギリスの中産階級出身の子どもが精密コードと限定コードを使い分けるのに対し，労働者階級出身の子どもは限定コードのみを使うと報告しました。一方，学校教育では教員が主に精密コードを用いるため，労働者階級は落ちこぼれて階層が固定化する傾向にあるのに対し，2つのコードを使い分ける中産階級は，地理的にも社会階層的にも移動しやすいことが指摘されています[5]。

▷1　ソシュールの言語学をはじめとして，言語をひとつの記号体系とみなし，その体系を形づくる構造を明らかにする学問。

▷2　ラボフはあらかじめ4階で何を売っているか調べ，「4階（fourth floor）」と答えが出るように販売員に質問した。語中の/r/と語末の/r/の出現率を調べるためである。また販売員からの回答に「もう一度お願いします（Excuse me?）」と聞き返すことで，より丁寧な発音の際の/r/の出現率も調べた。

▷3　岩田祐子・重光由加・村田泰美『社会言語学——基本からディスコース分析まで』ひつじ書房，2022年。

▷4　theory of language codesと呼ばれる。

▷5　バジール・バーンスティン著，萩原元昭編訳『言語社会化論』明治図書，1971（1981）年。

2 言語社会化

人は生まれてから養育者とのやりとりだけでなく，学校を含めたさまざまな社会状況で話し方や振る舞い方を身につけ，コミュニティの成員となります。言語人類学では言語能力に加え，社会文化的知識や価値観が修得される過程を言語社会化（language socialization）と呼びます。その先駆けとなったのがアメリカのオークス（Ochs, E.）とシフリン（Schieffelin, B.）の研究です。[6] オークスはサモア，シフリンはパプアニューギニアのカルリの人々のコミュニティで調査をするうち，養育者が乳幼児に働きかける方法がアメリカと違うことに気づきます。概してアメリカの白人中産階級では，養育者は乳児と正面から目を見て向き合い，乳児が話せなくても言葉を理解しているという前提で声をかけます。一方，カルリの養育者は直接乳児に話しかけず乳児を外側に向けて抱き，兄弟を通して会話をします。[7]

言語社会化は，ある言語が流暢に話せるようになることで終わるのではなく，環境の変化や適応を通じ，生涯にわたり行われます。アメリカの８つの大学の法学部でフィールド調査を行ったメルツ（Mertz, E.）は，学生が法的根拠としての文書を読む訓練を受け，また論争的な話し方を身につける中で「弁護士らしさ」を修得するとしています。

3 身体とコミュニケーション

言語と文化社会の連環は，身体や環境と切り離して考えることはできません。『コミュニケーションとしての身体』を編んだ菅原和孝と野村雅一は，身体が社会関係の実質的な基盤であり，身体間の絶え間ないコミュニケーションこそが人間のアイデンティティや規範をつくるとします。ザイールの農耕民であるボンガンドの人々を調査した木村大治は，人類学の任務の１つが「われわれが日常に対してもっている意識をくつがえす素材を提供すること」にあるとします。そしてボンガンドの人々の「出会い」や人々が「一緒にいる」様子の記述から，彼らの「共在感覚」がいかに欧米や日本のそれと異なるかを報告します。たとえば会話の際，ボンガンドの人々の個体間距離は，日本人の常識的な距離よりはるかに遠く，意味の伝達だけでなく「音声の交換」や，発話に応答する「準備状態」が異なります。[8] またカラハリ砂漠のグウィ（ブッシュマンとしても知られます）について長年フィールドワークをした菅原は，グウィの人々の間で交わされる日常会話を録音，文字化し，複数の人が同時に話す「同時発話」について分析します。[9] アメリカ発祥の会話分析の理論は，会話者が発話交代を行いながら整然と対話することを前提としますが，菅原はこうした言語理論が西洋思想に基づく言語観の反映ではないかと疑問を呈しています。

（井出里咲子）

▶6　Schieffelin, B. B. and Ochs, E. eds. *Language Socialization across Cultures.* Cambridge University Press, 1987.

▶7　カルリの養育者は，乳幼児と直接会話をするよりも月齢が上のきょうだいとやりとりするように乳幼児を仕向ける。階級社会のサモアでも，養育の実践は１対１ではなく地位の異なる３人を介した実践が多い。カルリやサモアの社会と比べると，アメリカ社会のコミュニケーション観は１対１のダイアローグとしての言語イデオロギーが色濃い。

▶8　木村大治「ボンガンドにおける共在感覚」菅原和孝・野村雅一編『コミュニケーションとしての身体』大修館書店，1996年，316-344頁。

▶9　菅原和孝「ひとつの声で語ること――身体とことばの『同時性』をめぐって」菅原和孝・野村雅一編『コミュニケーションとしての身体』大修館書店，1996年，246-287頁。

II　言語と文化／社会

 言語の変容，消滅と復興

1 世界の複言語状況とその変容

現在世界で話されている言語は6,000とも7,000ともいわれ，当然ながら「国＝言語」という図式は成り立ちません。インドネシアという国家だけでも，公用語であるインドネシア語／マレー語[1]のほかに，ジャワ語，スンダ語，アチェ語，バリ語等700以上の言語が話されています。また日本でもアイヌ語，日本手話，韓国語のほかに沖縄中央，八重山，徳之島，与那国，宮古島等の琉球方言と呼ばれる言葉が個別言語として別々に数えられます[2]。一方，スウェーデン語とノルウェー語，セルビア語とクロアチア語は，互いに話をして相手に通じ，「方言」や「地域変種」とも呼べる関係にありながら，別の言語とされています。ヒンディー語とウルドゥー語は同じ現代アーリア語を基盤に発展した姉妹言語で相互理解が可能ですが，1947年にイギリス植民地支配から分離独立したのを機に，ウルドゥー語がパキスタン・イスラーム共和国の国語および公用語となりました[3]。社会言語学者のファーガソン（Ferguson, C.）は，1つの国や社会において，2つの言語や変種が異なる場面で使われる2言語併用状態をダイグロシア（diglossia）と呼びました。南米のパラグアイではスペイン語と先住民語の1つのグアラニー語とが共に公用語として使われますが，多くの人々が2つのコード（言語）を交え，切り替えて使うコード・スイッチング（code-switching）をしています[4]。

世界はつねに複言語・複変種状態にあり，その様態も変容していますが，その背景に人の移動と接触とがあります。16世紀の（奴隷）貿易や植民地化時代，異なる言語話者が接触する状況下において，各地でピジン（pidgin）と呼ばれる共通語（lingua franca）が生まれました。接触から誕生したピジンが文法や語彙の安定を経て地域に定着し，やがて話者の母語となったものをクレオール（creole）と呼びます。ハイチ語，ナイジェリア・ピジン英語，パプアニューギニアのトク・ピジン語などはクレオールの例で，時に国境を越えて広域地域の共通語として広まるケースがみられます[5]。

2 消滅言語と言語復興

2010年に出版された『ユネスコ世界危機言語アトラス』によれば，現在世界で話されている言語の半数が消滅の危機にあります。言語消滅はその言語の話

▷1　インドネシア語（バハサ・インドネシア）はもともと東南アジア地域で幅広く使われていたマレー語の1方言であり，両者は単語の発音や意味が多少異なる以外はほぼ同一の言語である。

▷2　言語をどのように数えるかについては諸説あるが，文法と語彙の7割程度が共有されていれば同一言語とみなす説がある。

▷3　ヒンディー語がデーヴァナーガリー文字を使うのに対し，ウルドゥー語はペルシャ文字に特殊な音表記文字を加えたペルシャアラビア文字（ウルドゥー文字）を用いる。また宗教的文脈においてヒンディー語がサンスクリット語からの借用語が多いのに対し，ウルドゥー語ではペルシャ語やアラビア語からの借用が多い。

क (Ka)	ख (Kha)	ग (Ga)	घ (Gha)	ङ (Na)
च (Cha)	छ (Chha)	ज (Ja)	झ (Jha)	ञ (ña)
ट (Ta)	ठ (Tha)	ड (Da)	ढ (Ḍha)	ण (Ṇa)

デーヴァナーガリー文字

ٹ Te	ت Te	پ Pe	ب Be	ا Alif
خ Khe	ح Badi He	چ Che	ج Jim	ث Se
ڑ Arre	ر Re	ذ Zal	ڈ Dal	د Dal

ペルシャアラビア文字

▷4　シンガポールは，英語が高等教育や国家レベルの公式な場で利用されるのに対し，福建語や広東語が地域コミュニティレベルで用いられるポリグロッシア

者がいなくなることで生じますが，ジェノサイド（大量虐殺），自然災害や地域紛争のほか，開発や気候変動に伴う人の移動やグローバル化により急速に進んでいます。言語の消滅は言語話者の文化やコミュニティの喪失に繋がることへの懸念から，1990年代には消滅言語への対策が活性化し，少数言語の記録と保存活動が盛んになりました。

言語復興の成功事例に，ニュージーランドの先住民語であるマオリ語復興があります。ニュージーランドは人口533万人のうちの約67.3%がヨーロッパ系，17.8%がマオリ系，その他アジア系住民などからなります[6]。1867年にイギリス植民地政府が制定した「原住民学校法」により，英語を教育言語に指定する同化政策が取られ，マオリ語の使用が禁じられます[7]。同化政策はマオリ語話者自身がマオリ語を蔑視し，生きていく上で英語を選択させ，1945年以降話者数が急激に減少しました。しかし1973年の英国のEC加盟や1960～70年代の世界的人種・民族解放運動の影響から，マオリ自身による自治の動きが高まります。1972年にはマオリ語学習を希望する学生への機会保障運動とともに，マオリによるマオリ語のみを使う保育の場，「コハンガ・レオ（Kohanga Reo）[8]」が全国各地に生まれます。1987年にマオリ語はニュージーランドの公用語の1つに認定され，国歌はマオリ語と英語の両方の歌詞で歌われ，政府省庁の名称も両言語で付けられるようになり[9]，マオリ語話者数も少しずつ増加しています。

少数言語とはいえ，世界規模で見ればマオリ語は話者数16万人の比較的大きな言語です。これに対し世界の言語の半数近くは話者数が10人から1,000人ほどで，すべての話者をあわせても世界人口の0.2%程度とされます。フィールド言語学者の木本幸憲はフィリピンのルソン島で，母語話者が10人しかいないアルタ語についてフィールドワークと文献調査をもとに緻密な調査をしました。調査によると，元来アルタ人が住んでいた居住地域に，20世紀以降農耕民が開拓とともに移住し，多数派であるタガログ語やイロカノ語のコミュニティを形成しました。狩猟採集民のアルタ人の生活区域は縮小し，多くがその土地を離れていきます。こうした中でアルタ人は，英語やタガログ語といった国語や公用語ではなく，文化社会的に類似したアイデンティティを共有するアグタ語コミュニティに併合されていきます。結果としてアルタ語話者は減少するのですが，アルタ人はアルタ語コミュニティの消滅を悲観していません。むしろこれは狩猟採取民族としての生活スタイルを維持するための選択であったと木本は報告します。つまり言語の消滅は人々の環境や社会変容への適応の結果であり，レジリエンス（回復力）としてもとらえられるのです[10]。

言語はつねにその姿を変えて生きてきました。文字の発明，メディアの発展，人口知能の開発は，社会のコミュニケーションの様態を変え，複雑化させています。しかしどの時代においても言語は文化社会と密接な関係をもち，人間理解のための重要な切り口であることに変わりはないでしょう。　（井出里咲子）

(polyglossia）社会である。poly-は「多くの」を意味する接頭辞である。また複数のコードの混成から生まれたシンガポール英語（Singlish）は，非標準変種でありながら，「潜在的威信（covert prestige）」と呼ばれる価値をもち，シンガポール人のアイデンティティを形成している。

▶5　英語を基盤としたナイジェリア・ピジン英語は，500以上の言語が話されるナイジェリア国内の共通語として機能するだけでなく，ナイジェリアの音楽や映画産業の広まりとともに周辺国のガーナ，カメルーンなどでも話されている。

▶6　ニュージーランド統計局　https://www.stats.govt.nz（2024年4月現在）。

▶7　同時代以降の北米大陸では「Kill the Indians, save the man」（「インディアン（性）を殺し，人間（性）を救う」）のスローガンのもと，インディアン寄宿学校を中心とした同化教育が行われた。先住民共同体から子どもを分離し，彼らの宗教や言語を禁止する隔離政策は，オーストラリアのアボリジニに対しても実施され，「盗まれた世代」を生み出すにいたった。

▶8　「ことばの巣」の意。

▶9　松原好次「ニュージーランドにおけるマオリ語復権運動——Te Kohanga Reo と Kura Kaupapa Maori を中心に」『湘南国際女子短期大学紀要』2巻，1994年，101-155頁。

▶10　木本幸憲「変化する社会への適応方法としての「危機」言語——フィリピンのアルタ語の活性度と消滅プロセスから」『社会言語科学』23巻2号，2021年，34-50頁。

III　生　業

生業のとらえ方

1 生業とは

他のすべての生物と同じように，人間は食べなければ生きていけません。つまり，食料と水の確保がどうしても必要なのです。ただ，人間は進化の過程で地球上のさまざまな場所に住みついたので，環境によって獲得可能な食べ物は異なります。食料の保存や輸送の技術が進んだ今日でこそ，私たちは自分の国にいながら世界の食べ物を手にすることができますが，つい最近まで食料は自然環境によって大きく左右されてきました。文化人類学では，食料獲得を中心とする人間の生命維持の営みを「生業（subsistence）」と呼び，それを(1)狩猟採集，(2)牧畜，(3)農耕の３つに大別しています。これらの基本形のほかに漁労がありますが，概して漁労は水産資源の狩猟（hunting）とみなされ，それ自身ではあまり語られてきませんでした。[1]

▶1　漁労の扱いが軽いのは，世界の人類学をリードしてきた英米仏で，漁労の役割が小さかったことと関係している。研究者自身のバイアス（偏向）が研究対象に投影されることは，文化研究ではよく起こる。

2 環境と文化の相互作用

自然環境または生態（ecology）が人間の生活に大きな影響を及ぼすことは，疑いの余地がありません。しかし，前者が後者を決定するかといえば，そうではありません。なぜなら，人間は長い歴史の過程でさまざまな技術を開発し，技術を使って自然に適応（adaptation）してきたからです。その意味で，人間は自然に制約されるばかりでなく，自然に働きかけてきたのです。[2]たしかに，たとえば植物の生育がきわめて難しい砂漠で大掛かりな農耕を営むことはできませんが，産業革命以降の技術の発展は，ラスベガスのような砂漠地帯にも巨大な近代都市を築くことを可能にしました。このように，人間と他の生物との決定的な差の１つは，自然と人間の相互作用（interaction）にあります。そして，この相互作用を媒介するのが文化の基盤である技術なのです。

▶2　自然環境が人間の生活を決定するという考えを「環境決定論」という。アメリカのハンチントン（Huntington, E.）の『気候と文明』（原著1915年）がその典型とされるが，多くの批判が寄せられた。西洋文明を文明そのものと同一視して，アメリカが位置する温帯地帯を文明と結び付けたことが，白人による世界支配を正当化したと考えられたからである。環境と似た日本の「風土」概念については，和辻哲郎『風土――人間学的考察』（1935年）が古典的である。

3 生業様式の「発展」

一般には，狩猟採集が牧畜に発展して，その後，農耕が始まったと信じられています。事実，人間はその歴史の大部分において狩猟採集民でしたし，農耕が始まったのはわずか１万年ほど前のことです。また，牧畜は日本人には馴染みが薄いためか，漠然と狩猟採集と農耕の中間に位置すると考えている人が多いようです。しかし，事実はそれほど単純ではありません。

狩猟採集は自然の恵みに依存しているので，住んでいる場所に獲物や果実がなくなれば別の場所に移動します。一方，農耕は野生植物を人間が栽培化した結果なので，人間の意思がある程度反映されますし，定期的に作物が手に入ります。そのため，いったん農耕が始まると狩猟採集に戻ることは通常ありません。しかし，北米の先住民の間では，かつてこのようなことが起きたのです。今日，ハリウッド映画の影響もあって，私たちは「アメリカ・インディアン」という言葉を聞くと，巧みに馬を操ってバッファロー狩りをし，白人の騎兵隊と勇敢に闘った姿を思い浮かべます[3]。そして，広大な大平原には，野生の馬が群れをなして生息していたと考えがちです。しかし，元来アメリカに野生の馬はいませんでした。馬の祖形を除くと，北米大陸に現在の馬が登場したのは1492年のコロンブスの航海以降のことで，スペイン軍が連れてきた馬が逃げ出して野生化したり，植民者が先住民に馬を売り渡したりしたことが発端でした。一部の先住民の間では，それ以前にトウモロコシなどの栽培が行われていましたが，運搬・交易・戦闘における馬の魅力は非常に大きく，農耕は馬を使った狩猟を補完する程度の生業になったのです[4]。

さらに，牧畜と農耕の関係に目を向けると，一般に人間が動物を飼いならしたのは植物の栽培より後のことですので，牧畜が農耕に先立つと簡単には言えません。むしろ，もともとは農耕地帯で家畜を飼育していた人々が，より豊かで安全な牧草地を求めて周辺地域に移動した結果，生業を牧畜へと特化させていった可能性があるのです[5]。その背景には，家畜は作物を食い荒らすため，農民からの苦情が絶えないという事情があります。その一方で，牧畜民は農耕民と生産物（たとえば動物の乳とトウモロコシ）を交換して生計を立ててきました。今も昔も両者が愛情憎悪の共生関係にあることは，よく知られています。こうした事実に鑑みると，狩猟採集から牧畜へ，牧畜から農耕へと発展したという「常識」は，かなり怪しいことがわかるでしょう。

4 生業による共通性

同じ生業に従事する人々には文化を超えた共通性が見られます。それは単に食料獲得だけではなく，社会関係や世界観にも表れています。たとえば，日本の農村では田植えの前に村をあげて用水路の掃除をします。そのときマムシのような毒蛇が見つかることがあります。都会に育った人なら，すぐにでも殺して死骸をポリ袋に入れ，ゴミとして処理しようとするでしょう。しかし，農民にとってそれは必ずしも常識ではありません。なぜなら，人間がシャベルで突っついてマムシを殺す様子を空からトンビが見ていて，人間が片付けなくても鳥が処理してくれるからです。しかもゴミではなく餌として[6]。こうしたことは，世界の農村を描いた民族誌でよく報告されています。同一の生業から生まれる通文化的共通性は，文化間の差異と同じくらい大切なのです。（桑山敬己）

▶3　平原インディアン（Plains Indian）が，北米先住民全体を象徴するようになったのは，開拓時代の画家で著述家のカトリン（Catlin, G.）や，興行主コディ（Cody, W.）のBuffalo Bill's Wild West Showの影響が大きい。

▶4　19世紀半ば以降の記録によると，平原インディアンのクロウ（Crow）の生業は，バッファローのような大型動物の狩猟が中心であった。植物製品は主に肉料理の調味料として使われ，トウモロコシは近隣の先住民から調達した。Oswalt, W. *This Land Was Theirs: A Study of Native North Americans* (9th ed.). Oxford University Press, 2009, p. 206.

▶5　ゴールドシュミット（Goldschmidt, W.）は，農耕から牧畜への変化を「進化」ではなく「退化（devolution）」と呼んだ。Goldschmidt, W. *Man's Way: A Preface to the Understanding of Human Society*. Henry Holt and Company, 1959.

▶6　1986年6月，岡山の農村（III-4「農耕」で言及されるNムラ）での観察。違う国の都市と都市の差より，一国内の都市と農村の違いのほうが大きいこともある。

III　生　業

2 狩猟採集

1 人類史からみた狩猟採集

現生人類（ホモ・サピエンス）は20万年以上前にアフリカにおいて出現し，その後，世界各地に拡散しました。その歴史は，人類が熱帯地域や亜熱帯地域，温帯地域，亜寒冷地域，寒冷地域などさまざまな自然環境に適応していった歴史といえます。

人類が自然界から生きるための食料を得る活動を生業活動といいます。生業活動には，大別すれば，狩猟採集（hunting and gathering），漁撈（ぎょろう），農耕，牧畜があります。人類が農耕を開始したのは，今からほぼ1万年前であり，それ以前までは，人類の中心的な生業活動は狩猟採集や漁撈でした。

狩猟採集では獲物をとれることもあれば，とれないこともありきわめて不安定な生業と考えられがちですが，サーリンズ（Sahlins, M.）は，狩猟採集社会のほうが農耕社会よりも食料獲得のために費やす時間が短く，余暇時間がはるかに長いと指摘しています[1]。そして前者を「原始豊潤社会（original affluent society）[2]」と呼んでいます。しかしながら，約1万年前に農耕・牧畜が開始されて以降は隣接の農耕社会と共生関係を形成した狩猟採集民もいましたが，世界各地の狩猟採集を基盤とした社会は衰退していきました。

15世紀末に始まる大航海時代以降，世界各地の狩猟採集民はヨーロッパ人や中国人ら外部の人間との接触の頻度が増加しました。その後，多くの狩猟採集民は，植民地化や国家への統合・同化を体験しました。たとえば，北アメリカの狩猟採集民は，15世紀末から到来してきたヨーロッパ人らと接触し，ビーバーやラッコ，ホッキョクギツネなどの毛皮を交易品とする世界規模で展開された交易システムの末端に組み入れられ，その後も，きびしい植民地支配や外来の伝染病の蔓延によって消滅の憂き目にあったり，弱体化や主流社会に同化させられたりしました。

現在では，世界各地の狩猟採集民の大半は国民国家の中で主流社会から周辺化され，少数先住民となっていますが，さまざまな形で狩猟採集活動を続けています。特にカナダやアラスカのイヌイットらは，賃金労働や福祉制度から得た現金を利用してスノーモービルや高性能ライフルなどを購入し，狩猟活動を継続しています。しかし，20世紀後半の時点で，世界中のどこを見ても狩猟採集だけで生計を立てているグループは存在せず，農耕や牧畜，交易，おみやげ

▶1　サーリンズが，現存するカラハリ砂漠のサン（San）などの狩猟採集社会の情報を検討し，提示した見解である。このため，過去の狩猟採集社会にどの程度当てはまるかどうかは不明である。

▶2　マーシャル・サーリンズ著，山内昶訳『石器時代の経済学〈新装版〉』法政大学出版局，2012年。

▶3　Bird-David, N. “Beyond the Hunting and Gathering Mode of Subsistence: Observations on the Nayaka and Other Modern Hunters,” *Man* 27(1): 15-30, 1992.

品製作販売，賃金労働などと組み合わせて生活をしています[◁3]。また，賃金労働に従事する人の中には，狩猟採集を余暇にレクリエーションとして行う人も増加しています。さらに，南北アメリカの先住民のように劣悪な生活経済状況から逃れるために都市に移住し，狩猟採集活動をやめる人が増加しています。

現存する狩猟採集民には，アフリカのサンやアカ，バカ，ハッザ，オーストラリアのアボリジニの諸グループ，マレー半島のセマン，フィリピンのネグリート，極東シベリアのチュクチやユカギール，北アメリカのイヌイット，グィッチン，クリー，南アメリカのヤノマミやシリオノらがいます。

2 多様な狩猟採集社会

野生動物を狩猟することや植物の実や根茎を採集することは，一見して単純な活動のように見えます。しかし，その活動が行われる自然環境や狩猟採集の対象となる動植物の違いによって活動内容が異なるため，私たちが想像する以上に多様な狩猟採集活動やそれに基づく多様な生活様式が存在しています。

狩猟採集社会では，男性が動物を捕獲し，食料を供給していると考えられがちですが，このことは必ずしも正しくはありません。極北地域に住むイヌイットの食料のほとんどは男性が狩猟したアザラシやカリブー（野生トナカイ）などの肉や脂肪でしたが，熱帯地域などその他の地域では多種多様な動植物が食料資源として利用されていました[◁4]。アフリカのサンやオーストラリアのアボリジニの間では女性が採集した植物食の割合がカロリー摂取の60〜80%に達していました。このように自然環境が異なれば，利用する動植物資源に大きな違いがあります。極北地域や亜極北地域以外の大半の狩猟採集社会では，食料として植物への依存度が高く，かつ女性の採集活動が重要な生業活動であったことが知られています[◁5]。

狩猟採集社会には，定住性の高いグループと移動性の高いグループが存在しました。たとえば，定住生活を開始する以前のイヌイットやサンは，動植物資源や水資源の分布の季節的な変化に応じて，バンド[◁6]（band）とよばれる小規模集団を形成し，季節的な移動を繰り返していました。これらの社会では，単純な社会組織や儀礼，技術，少ない家財や道具，平等主義[◁7]を特徴としていました。さらに，バンド内外で獲物が分配[◁8]される経済制度を持っていました。

一方，北アメリカ北西海岸地域に居住するハイダやクワクワカワクゥ（旧称クワキウトル）のようなグループは，豊富なサケなどの水産資源と森林資源に恵まれたため，かつては冬用と夏用の大規模集落を形成し，定住度の高い生活を送っていました。これらの社会では複雑な社会組織や儀礼，技術，蓄財，階層化を特徴としていました。食料や物資は一度，集団の長のもとに集められ，ポトラッチ[◁9]儀礼などを通して集団内外に再分配される経済制度を持っていました。また，オーストラリアのアボリジニは，イヌイットやサンと同様に季節的

▶4　渡辺仁「狩猟採集民の食性の分類——進化論的生態学的見地から」『民族学研究』43巻2号，1978年，111-137頁。

▶5　Lee, R. B. "What Hunters Do for a Living or, How to Make Out on Scarce Resources." Lee, R. B. and Devore, I. eds. *Man the Hunter: The First Intensive Survey of a Single, Crucial Stage of Human Development – Man's Once Universal Hunting Way of Life.* Aldine, 1968, pp. 30-48.

▶6　バンドとは，狩猟採集民の生産活動やキャンプ形成，移動の基本的な社会集団のことである。血縁や婚姻関係，地縁で結ばれたいくつかの家族から構成される傾向にあるが，その構成員は必要に応じて離合集散するため柔軟性に富む。

▶7　多くの狩猟採集民社会では，成員の自律性や政治経済的な平等性が尊重されている。獲物をキャンプの成員にさまざまなやり方で分配し，富を一極に集中させない「平準化」機能を持つ社会制度が発達している（▶12を参考）。

▶8　狩猟採集民社会の特徴のひとつは，バンド内やバンド間での獲物の分配である。食料がある時はない人にあげ，ない時はもっている人からもらうという相互扶助関係によって所与の自然環境に適応することができた。

な移動を行い，蓄財をあまりしない狩猟採集民でしたが，北アメリカ北西海岸先住民社会に匹敵するほど複雑な世界観や儀礼，社会組織を持っていました。

以上のように，狩猟採集に従事する社会でも地域や時代によって生活様式には多様性が見られます。

3 現代の狩猟活動

グローバル化が進んだ現代社会の狩猟活動の一例として，アラスカ北西地域のイヌピアック（イヌピアット）によるホッキョククジラ猟を紹介します[10]。

ホッキョククジラは大型のヒゲクジラの1種で，成獣で全長約15メートル，体重は50～60トンほどあります。アラスカ沿岸を回遊するホッキョククジラは，冬にはベーリング海峡地域で，夏にはカナダ西部極北部に近い北極海で過ごすため，季節的な移動を繰り返す習性を持っています。アラスカ州ノース・スロープ郡バロー（ウットゥキアグヴィク）村では，春季（4月下旬から5月下旬にかけて）と秋季（9月下旬から10月中旬にかけて）に捕鯨に従事します。

バロー村のイヌピアックの多くは村内で賃金労働に従事していますが，多くの男性の関心事はホッキョククジラ猟にあり，自らや家族が稼いだ現金を利用して捕鯨に従事しています[11]。狩猟開始日が近くなると，ウミアック（皮製の大型ボート）や狩猟道具などをスノーモービルで海氷縁部のキャンプ地に搬送し，そこからホッキョククジラが出現するのを24時間体制で見張ります。ホッキョククジラを近くで発見すると，彼らはウミアックを静かに海中にいれ，オールをこいでホッキョククジラに近づき，銛打ちが，クジラの首（潮吹き穴の後ろ），心臓，もしくは肺をめがけて，浮きか綱で繋がれた銛を打ち込みます。

捕獲したクジラは船外機付金属製ボートで解体場所のキャンプ近くの海氷上へと曳航した後，海氷上に陸揚げし，30人あまりのほかの捕鯨グループの助けをかりながら解体します。切り分けられた肉や脂皮は，捕鯨キャプテンの自宅に運ばれますが，肉や脂皮は現金で売り買いされることはなく，ルールに従ってボート・クルーや助けてくれたほかのグループにも無料で分配されます。さらに，ホッキョククジラの捕獲に成功した捕鯨キャプテンとその妻は，感謝祭（11月の第4木曜日）やクリスマス，アプガウティ祭（6月），ナルカタック祭（6月）などの祝宴（共食会）のために肉や内臓，脂皮を貯蔵しておき，村人に提供します。これ以外にもさまざまな機会に鯨肉や脂皮は村人に分配され，一部はアンカレッジなどのほかの場所に住む家族や親族にも贈られます。このように分配を繰り返すことによって，少量であってもすべての村人やほかの所に住む家族や親族の口に入ることになります。この分配は，贈与の一種であり，コミュニティ内や親族集団内での富や食料の平準化[12]や社会関係の確認，きずなの強化，仲間意識の醸成と共有など複数の機能[13]を果たしています。

この捕鯨は，国際捕鯨委員会の承認のもとで先住民生存捕鯨[14]として実施され

▶9　北アメリカ北西海岸先住民の首長の社会的序列を決めるためや，その他の社会的承認を得るために，近隣の村々からほかのグループの首長らを招待し開催される莫大な量の食料やブランケットなどの贈与と大饗宴を伴う儀礼。招待客は主催者をより大規模な饗宴に招き返す必要があった。このため，ポトラッチ開催は集団間の競争であった。

▶10　詳しくは，下記の文献を参照。岸上伸啓『クジラとともに生きる――アラスカ先住民の現在』臨川書店，2014年。

▶11　現在のバロー村には約50の捕鯨グループが存在している。各グループは，捕鯨用のボートと道具を所有する捕鯨キャプテン（whaling captain）と5名以上のクルー（乗り組員）から構成されている。

▶12　平準化（leveling）とは，特定の個人や家族が富や食料を独占することを避け，多くの個人や家族の所有量を均等化することを指す。

▶13　機能（function）とは，活動や制度，その他の文化要素が，個人や集団／社会に及ぼす働きや効果を意味する。たとえば，個人の満足感を満たしたり，集団の結束を維持したり，強化することなどを指す。

ていますが，国際的な「動物の権利団体」や環境団体[15]，反捕鯨国家の強い反対にあっています。彼らは厳しい世論の中で捕鯨を継続しているのです。

4 狩猟採集の現代的な意義

イヌピアックの捕鯨は現金を稼ぐための商業活動ではなく，稼いだ現金を投入して行われます。では，なぜ彼らは情熱を持って捕鯨を行っているのでしょうか。捕鯨活動を詳細に見ていくと，捕鯨には食料の確保以外にもさまざまな意義があることがわかります。

現在のイヌピアック社会では捕鯨活動は，自分たちをほかのアメリカ国民から区別し，自分たちの民族的な独自性を象徴的に明示できるエスニック・シンボルとして機能しています。また，彼らにとって少量であっても鯨肉や脂皮を食べることはイヌピアックであることの証であり，アイデンティティの源泉となっています。鯨肉やクジラの脂皮は，イヌピアックにとってなくてはならない民族的な食料（ethnic food）のひとつです。

捕鯨活動や獲物の肉や脂皮の分配は特定の個人間や集団間で行われるため，特定の社会関係が確認され，維持されるという社会的な効果があります。さらに，捕鯨に成功した捕鯨キャプテンは，獲物の一部を村人に寛大に分配することによって立派な尊敬すべき人物として名声をえることができます。

イヌピアックの捕鯨活動は，彼らの世界観と深く関わっています。たとえば，イヌピアックの人々は，「ホッキョククジラは，ハンターではなく正しい行いをするハンターの妻のところに捕獲されにやってくる」と考えているので，捕鯨において捕鯨キャプテンの妻は特別な意味が付与されています。このような世界観は，捕鯨活動を続けることによって再生産されるといえます。

外部から持ち込まれる加工食品の消費が増大しつつあるイヌピアック社会では，食生活の変化に伴い，肥満症や高血圧など現代病の発生が深刻な健康問題となりつつあります。ホッキョククジラの脂肪には，高血圧や心臓発作，脳卒中，糖尿病などの予防になる物質（オメガ3脂肪酸）が含まれており，単なる基本的な栄養素の摂取だけでなく，健康維持にもつながります。

以上のように，イヌピアックのホッキョククジラ猟は現金を稼ぐための経済活動ではありませんが，世界システムや国家の中で生きている彼らにとって，捕鯨を続け，その獲物を分配し，食べることは，政治的に，文化的に，社会的に，そして栄養学的に重要なことであるといえます。イヌピアックの捕鯨は，単なる食料を獲得するための活動ではなく，人々の生き方のさまざまな側面に密接に関係した複合的活動なのです。この事例を見てもわかるように，（かつての）狩猟採集民が現代の世界において狩猟採集活動を放棄せず，なんらかのかたちで継続していることには，それなりの理由があるといえます。（岸上伸啓）

▶14　国際捕鯨委員会は1982年に大型クジラの商業捕鯨の無期限の停止を決定したが，先住民が生存のために必要とする捕鯨の継続を条件付で承認した。日本は国際捕鯨員会の国際協定に基づき1980年代半ばから商業捕鯨を停止し，調査捕鯨を実施してきたが，2019年6月に同委員会を脱会し，同年7月から日本の排他的経済水域でミンククジラなど3種類の大型クジラの商業捕鯨を再開した。

▶15　人間以外の動物も人間と同様に苦痛を味わうことなく生きる権利を有すると考える人々は，「動物の権利」団体を結成し，捕鯨や家畜飼育などに反対する社会運動を展開している。一方，環境の保全や保護を訴える人々は「環境団体」を結成し，運動を展開している。前者はいかなる捕鯨にも反対する傾向が強いが，後者は特定の鯨種の個体数維持が持続的に可能な場合，その鯨種の先住民生存捕鯨を容認する傾向が見られる。

III　生　業

牧　畜

1 牧畜か畜産か？

人類は，長い間，野生動物を狩猟してきましたが，その当時，家畜といえば犬だけでした。しかし，今から約1万年前の西アジアにおいて，ヤギやヒツジを飼い馴らして家畜にしたといわれています。その後，ウシやウマやラクダも，さらにブタやニワトリ，ヤクやトナカイ（図3-1）なども家畜にされていきました。現在，一部の哺乳類や鳥類が家畜になっていますが，地球上に暮らす野生動物の総数からみれば，ほんの一握りのものが選ばれたにすぎません。

このように人と動物との関係は，動物を捕獲する「狩猟」と保護・管理する「家畜飼養」との2つに分かれます。この中で家畜飼養は，放牧地が共有の場合には「牧畜」，私有の場合には「畜産」になります。さらに牧畜は，農耕と結合する場合には「農牧」，結合しない場合には「遊牧」に二分されます。[1]

このためオーストラリアや北海道の牧場では，ウシ，ウマ，ヒツジなどを飼育繁殖していますが，放牧地が私有なので牧畜ではなく産業としての畜産とみることができます。またソマリ人，モンゴル人，チュクチ人のように，対象とする家畜は異なっていても，牧畜に従事しながら家畜に文化的価値を強くおく人々は牧畜民と呼ばれます。[2] その一方で，私たち日本人は牧畜民ではないので，田植えをすることはできても，家畜の群を管理することに慣れていないのです。

2 生活の中の牧畜

まず，牧畜の日常を描いてみます。ソマリ人は，世界で最大頭数のラクダを飼育する牧畜民としてよく知られています。[3] 彼らは，「アフリカの角」と呼ばれる東アフリカの乾燥地において，アブダラー，デゴディアなどの氏族から構成され，ラクダを中心に飼養する遊牧生活をしている人が多いです。

たとえば，ファトマさんは，カラフルな布を体にまきつけたソマリ人の女性です。夫のアブディと3人の子どもといっしょに，組み立ての容易なドーム状の家屋で暮らしています。一家はおもにラクダの放牧で生計を立てており，降雨の状況に応じて年に何度か移動しながら生活します。

彼女は，朝の6時頃に，夜の間，分離しておいた子ラクダを親に近づかせてから，夫との協同作業でラクダの乳しぼりをします。朝食は，沸騰させた湯にトウモロコシの粉をいれて煮たものに，新鮮なラクダミルクをかけて食べるこ

▷1　松井健『遊牧という文化――移動の生活戦略』（吉川弘文館，2001年）や，池谷和信『現代の牧畜民――乾燥地域の暮らし』（古今書院，2006年）を参照。

▷2　牧畜民の民族誌として以下のようなものがある。稲村哲也『リャマとアルパカ――アンデス先住民社会と牧畜文化』花伝社，1995年。大石侑香『シベリア森林の民族誌――漁撈牧畜複合論』昭和堂，2023年。太田至『交渉に生を賭ける――東アフリカ牧畜民の生活世界』京都大学学術出版会，2021年。尾崎孝宏『現代モンゴルの牧畜戦略――体制変動と自然災害の比較民族誌』風響社，2019年。辛嶋博善『現代モンゴルの牧畜経済――なぜ遊牧は持続しているのか』明石書店，2022年。湖中真哉『牧畜二重経済の人類学――ケニア・サンブルの民族誌的研究』世界思想社，2006年。佐藤俊『レンディーレ――北ケニアのラクダ遊牧民』弘文堂，1992年。高倉浩樹『社会主義の民族誌――シベリア・トナカイ飼育の風景』東京都立大学出版会，2000年。

とが多いのです。息子たちが50頭あまりのラクダを連れて放牧に出かけると，キャンプは静まりかえります。

その後，水くみに行くか，絞りたてのミルクを数キロ歩いて村まで売りに行くか，といったことが彼女の日課です。水くみの際には，キャンプに残されたオスラクダを運搬用に使います。ミルク売りの際には，ヘッドバンドを頭にまわして，木製の壺のような形の容器を使って運びます。ミルクを売って得た収入で，主食のトウモロコシの粉に加えて，紅茶や砂糖，子どものためのお菓子などを購入するのです。

図 3-1　チュクチのトナカイ飼養

▶3　ワリス・ディリー著，武者圭子訳『砂漠の女ディリー』草思社，1999 年。

その一方で，夫はといえば，キャンプ地でくつろいだり，近隣の集落を訪れたりと，あまり仕事をしていないようにもみえます。しかし，ある時，自らのラクダを繁殖するために知人から種オスラクダを借りてきたり，時々，市場でラクダを販売したり，次のキャンプ地を決めるためにラクダの餌の状況をみたりする際には活躍しているのです。

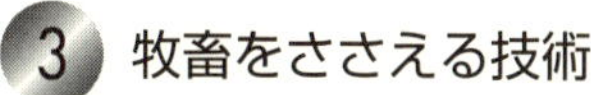

3 牧畜をささえる技術

人類の歴史の中で，母子を分離することと，オスを去勢するという2つの技術が生まれたことで，牧畜が成立したといわれます[4]。つまり，ラクダの乳をしぼることができるということは，子どもが飲む予定の乳をすべて飲ませないで人がその乳を奪い取ることです。人が，年間にわたり安定した乳がほしいならば，群の中のメスラクダの生殖を管理して，乳を出している泌乳（ひにゅう）ラクダの数をつねに一定にする必要があります。

▶4　梅棹忠夫『狩猟と遊牧の世界――自然社会の進化』講談社学術文庫，1976 年。

▶5　本拠地を持ち，そこから一部の家族が家畜とともに牧草を求めて移動する形態を示す。農耕と結合する場合が多い。

ソマリのあるラクダ群の性・年齢別構成をみますと，オスのラクダは荷物の運搬に使われる駄用の10歳，11歳と種付け用の11歳がいるほかは，6歳から9歳のオスはまったく存在しません（図3-2参照）。5歳以下のオスでは3歳が多いのがわかります。また，去勢によってオスのラクダは人に従順になり，群として安定した形になるのです。メスのラクダは2歳以上11歳までのすべての年齢にみられますが，7歳のものが7頭と多いのです。

このような状況は，インドのラージャスターン州におけるライカ人のラクダやバングラデシュの非イスラム教徒によるブタの飼養の場合には異なってきます。両者ともミルクを利用しないので，母子を分離する必要はないのです。ライカ人の場合には，ラクダの飼養方法は村からの日帰り放牧ではなくて移牧（transhumance）[5]の形態をとり，バングラデシュのブタの場合にはつねに移動する遊牧の形態です。ブタは1回に5頭から10頭の子どもを産みますので，10頭のうち4頭

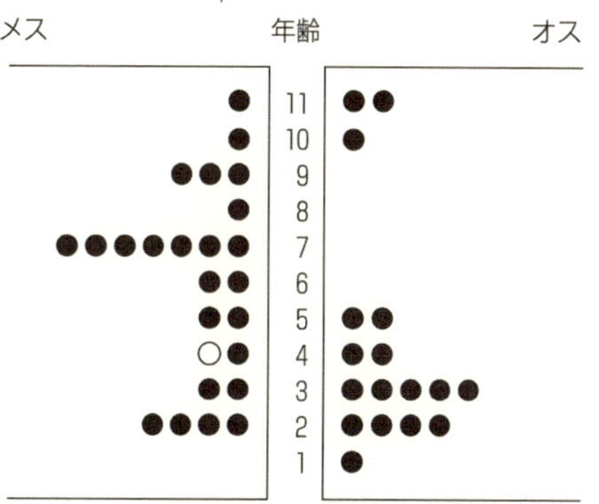

●＝1頭，○＝1991年10月に新規購入
（42頭のラクダのなかで1頭のみ年齢不詳）

図 3-2　ラクダの性・年齢別構成

出典：池谷和信『現代の牧畜民』古今書院，2006 年。

は別の母親というように，出産後すぐに子どもの少ない母親に子どもを移籍することで，すべての子どもの育ちがよくなるのです。これは，２年に１頭しか子どもを産まないラクダとは異なる点です。

4 牧畜と社会

牧畜の対象となる家畜は，社会の中では富として扱われます。長男の場合が多いのですが，親から子に家畜が相続されることになります。ヤギやヒツジのような小型家畜は，ウシやラクダのような大型家畜に比べて富として小さなものとして扱われます。このため，西アフリカのフルベ人は，多数のウシを飼育していますが，それらの生産と流通を基礎にして王国を形成しました[6]。トナカイの場合には，生息地帯が帝政ロシアの一部であったこともあり，王国形成はみられないのですが，19 世紀に１万頭以上を所有した世帯の場合は，人を雇ってトナカイを分散して飼育していました。

▶6　嶋田義仁『牧畜イスラーム国家の人類学――サヴァンナの富と権力と救済』世界思想社，1995 年。

家畜は病気のほかに旱魃や冷害（モンゴルでは「厳冬の災害」という意味の「ゾド」と呼びます）で大量に死亡することがありますので，人々は家畜を完全に失うと都市に移動して都市郊外に暮らしたりします。しかし，やがて小型家畜を購入することで牧畜を開始する人もいます。なかには家畜の所有者は都市に暮らし，家畜の世話のみが委託されることもあります。それが，村内の場合には，家畜をめぐる委託関係が生まれることになり，これは，地域の中で社会関係の紐帯を築くのにも役立っています。ヒマラヤの羊飼いの場合には，主人・牧夫関係というものが存在しています[7]。多数の家畜をもつ主人が牧夫を雇って家畜を世話します。その見返りに主人は，牧夫に現金を払うこともあれば，ヒツジで支払うこともあります。雇用の契約は２年間なのですが，仕事が辛いため，長続きしない人が多いようです。

▶7　渡辺和之『羊飼いの民族誌――ネパール移牧社会の資源利用と社会関係』明石書店，2009 年。

5 牧畜と紛争

牧畜を維持するためには放牧地を確保することが，人々の生存に関わる最重要課題です。しかし，人々は，伝統的に放牧地を所有するということはなく，慣行によって放牧地の利用権を維持してきました。このため，干魃の年などには放牧地での家畜の草不足が生じて，近隣集団の放牧地へ侵入することも多くあります。その結果，限定された放牧地資源をめぐって競合的利用がみられることになるのです。ある地域では，２つの集団のあいだで殺しあいが行われるほどです[8]。

▶8　池谷和信『現代の牧畜民――乾燥地域の暮らし』古今書院，2006 年。

たとえば，1991 年６月にケニアのある村において，オルマ人が３人のソマリ人の少年を殺害するという事件が起きました。ウシ放牧のためにソマリ人が，オルマ人との境界になっているタナ川を越えてきたことが，その事件が生まれた理由になっています。その３か月後には，ソマリ人が 300 頭のオルマ人のウシを連れ出し，6人のオルマ人を殺しました。その後，数回の事件が引き続いて起きて，ソマリとオルマの間で民族紛争が生じたのです。

このように，ソマリ領内にはウシの採食地が不足して，ソマリがオルマ領内に移動したことが原因になっているのです。これらの背景には，ソマリが現金獲得のためにウシの飼育を始めたことが密接に関与しています。

6 地球の中で拡大する牧畜

牧畜は，農耕に適さない乾燥地のみならず，ツンドラや高山においても展開できる活動です。それぞれには，ラクダやヤギやウシ，トナカイ，ヤクやアルパカやリャマなどの家畜が対応します。しかし近年では，発展途上国を中心とした人口増加にともない，とりわけ熱帯の湿潤地域において牧畜が盛んに行われるようになってきました。これは単に放牧地や採草地が増えたのではありません。家畜の飼育地そのものが，収穫後に放牧される農地，舎飼い用の餌になる森林内の草やバナナの栽培地，ゴミ捨て場など，牧畜が農地を含む人間の居住空間の奥深くまで浸透してきたのです。

アフリカでは開発が進むにつれ，これまで牧畜が不可能と思われていた場所まで牧畜が広がっています。アフリカには年間降水量が1,000ミリを超えると，ツェツェバエという害虫が発生します。この虫に牛が刺されると，ウシは眠ったように死んでしまうので，これまでは湿潤地域でウシを放牧する人はいませんでした。ところが，この地域で開発が進んだ結果，ウシの放牧をする人もあらわれてきたのです。その結果，他の在来家畜との競合や放牧中の家畜による農作物への被害などが生じて，新たな土地利用のあり方が論議になっています。しかも，これらの家畜を飼育する人々の圧倒的多数は牧畜民ではなく農民です。

その一方で，先進国を中心にして牧畜より経済利益を追求する畜産業の比重が高まっています。かつて日本の山地でもウシの放牧はみられたのですが，現在では衰退しているところがほとんどです。現在の日本の家畜飼養の多くは畜産であり，輸入飼料なしでは成り立ちません。人類の歴史の中で，狩猟から牧畜への移行は人間と動物との関わり方を大きく変える革命であったのですが，世界的に見ると牧畜が衰退して経済優先の畜産に変わっていくのも第2の革命であるといえます。

しかし現在（2024年），地球の人口は80億を超えており，限られた地球の中でどのように生存できるかが鍵になっています。この点で，世界の人々の食料供給のために，人口稠密な湿潤地域にも農耕と結合した形で家畜を飼う牧畜が拡大することも，今後おおいに考えられます。持続可能な資源利用をどのように行っていくのか，牧畜にはその可能性を見いだすことができるでしょう。

（池谷和信）

III　生　業

農　耕

農耕とは

農耕（farming）とは地力を利用して人間に有益な植物を育て，そこから食料を得て生活を支える形態の生業です。都会人にとって農耕は自然と同義でしょうが，けっしてそうではありません。なぜなら，農耕は野生植物の栽培化という人為に基づいているからです。栽培化を英語で言えばdomesticationで，この言葉を動物に当てはめると家畜化になります。つまり両方とも「飼いならす」という意味があるのです。さらに，植物を育てるためには土地を耕さなければなりません。日本でもかつては牛や馬に犂を引かせたり，糞尿を肥料としてまいたりしました。1950年代から機械化が徐々に進むと，牛や馬の代わりに耕運機やトラクターを使い，糞尿の代わりに化学肥料を使うようになりましたが，耕すという行為が土地に人為的な力を加えること，つまり自然への働きかけであることに変わりありません。ですから，農耕を自然と同一視する発想はきわめて都会的で，産業社会に特有な考えです。末原達郎は農耕を「野生植物の持つさまざまな性質を熟知した上で，それを人間の食料として利用するために，さまざまな働きかけを行ない，植物のもつ性質を変えていったもの[1]」と定義しています。こうした農耕が成立したのは人類史上ごく最近のことで，地域差はありますが1万年ほど前の出来事だといわれています[2]。

▶1　末原達郎『人間にとって農業とは何か』世界思想社，2004年，20頁。

▶2　かつて日本の稲作は弥生時代に始まったといわれていた。しかし，縄文後期の土器からモミ殻が発見された地域もあるので，稲作の開始はもう少し時代を遡る。また，日本は南北に長いので地域による寒暖差が激しく，亜熱帯性のイネの栽培が日本の南西部から北東部に広がるには相当な時間を要した。つまり，稲作開始後も稲作地帯と非稲作地帯が同時代に並存していたわけで，日本の生業が狩猟採集から農耕（稲作）へと一斉に移行したわけではない。この点に関しては，佐々木高明『新版　稲作以前』（NHKブックス，2014年）を参照。

2 農耕による社会変化

狩猟採集社会を特徴づけるのが移動だとすると，農耕社会を特徴づけるのは定住です。植物を育てるには土地が必要ですから，人間は特定の土地（耕作地や居住地）との関係を深めたのです。それは移動の自由を制限する一方で，食料の生産管理を可能にしました。さらに，植物には成長の周期があるので，人間の計画性も発達して暦が作られました。年中行事が行われるようになったのは，暦の登場と関係しています。しかし，人間の生活に農耕がもたらした最大の変化は，おそらく生産力の増大に伴う人口増加でしょう。これには次のような長期的変化が認められます。(1)都市の勃興：ここで言う都市とは古代文明の基礎となった集住地域のことです。(2)職業による分業：性や年齢による分業は狩猟採集民にも見られますが，職業による分業は都市が発達してからのことです。(3)社会階層の形成：職業の違いは貧富の差をもたらし，それに伴って階級差が生まれました。⑷政治の中央集権化：階級差によって支配者と被支配者の区別が生じ，一部の人々や集団に政治権力が集中しました。⑸国家の形成：以上のような条件が揃って，小規模な初期国家が形成されました。

3 農民とは誰か

辞書によれば，農民とは「農業に従事する人」「農業を生業とする人」のことです。しかし，たとえば現代日本の専業農家はごくわずかで，大多数の農家は非農業収入が農業収入を上回る第２種兼業農家です。都市部に仕事を持ち，出勤前や週末にだけ田畑を耕す人を，無条件に農民といえるでしょうか。いわゆる開発途上国の農民も，町や都市で開かれる市場（いちば）で収穫物を売ったり他の日常品と交換したりして，外部世界との接触を保っています。

英語圏人類学では，農民をfarmerではなくペザント（peasant 小農民）と呼び，多少の進化論的意味あいをもたせて，「未開」と「文明」の中間に位置づけています。代表的な論者はウルフ（Wolf, E.）で，1960年代半ば，彼はペザントを「未開部族と産業社会の中間に立つ，あの人類の大部分」[3]と表現しました。この考えは，ペザントを「未開」と「文明」の両方を含む「部分社会（part-society）」ととらえたレッドフィールド（Redfield, R.）に倣ったものです[4]。その後，農耕は単に生業の一類型ではなく，政治・経済・文化・心理などあらゆる側面を含む社会類型である，という考えが打ち出されました[5]。また，「農業（agriculture）」という言葉を，産業社会で営まれるビジネスとしての農耕に限定すべきだという意見も出されましたが，研究者によって用語の使い方は異なります[6]。

4 農耕社会の特徴

今日の日本では，多くの人がコメや野菜を自分でつくらず，スーパーマーケットで買っています。彼らにとって農耕は遠い存在でしょう。しかし，都市部を離れて一歩「田舎」に足を踏み入れると，そこには田畑が一面に広がっています。以下，日本の農村生活を垣間見てみましょう。

❍「ムラ」の多義性

まず注意すべきは日本語の「ムラ」という言葉の多義性です。人口100人から200人ほどの集落をムラということもありますし，住人が数万人を超える大きなムラもあります。同じ言葉でも指す範囲が違うのです。その理由として考えられるのが，明治時代から繰り返されてきた市町村合併の影響です。地域差はありますが，特に影響が大きかったのは1889年施行の「明治の大合併」で，それ以前にあった複数のムラを１つのムラに統合して，いわゆる「行政村」（以下「村」と表記）をつくりました。そして，かつてのムラは新たに「大字」となり，多くの場合，１つの大字には複数の小さなムラがありました[7]。今日この小さなムラは「集落」（地元では「部落」「地区」とも）と呼ばれています[8]。その後，

▶3　エリック・ウルフ著，佐藤信行・黒田悦子訳『農民』鹿島研究所出版会，1972年。原題は *Peasants* である。

▶4　Redfield, R. *The Little Community and Peasant Society and Culture* (Midway Reprint). University of Chicago Press, 1989. レッドフィールドは，対照的にとらえられがちな民俗（folk）と都市（urban）を連続体とみなし（「民俗」は「田舎」にほぼ相当），農村社会を隔絶された自給自足的共同体ではなく，より大きな外部社会とつながっている「部分社会」だと考えた。その背景には，社会を構成する要素と要素の関連を重視するあまり，外部社会との接点を見失いがちの機能主義（functionalism）に対する批判があった。

▶5　社会類型としての農民研究は特にアメリカで発達した。数少ない日本語の解説書に，松永和人「農民社会」吉田禎吾編『文化人類学読本』（東洋経済新報社，1975年，105-134頁）がある。

▶6　1950年代から70年代にかけて，人類学では農民研究が大きな注目を集めた。その理由の１つは，当時の世界的な社会動乱（共産主義革命，植民地解放，ベトナム戦争，1968年5月革命など）の中で，これまで抑圧されてきた農民や弱者を主体として，新たな社会を建設しようとした運動に，左派の学者が共鳴したからである。

村は町に統合され，町はさらに市や郡に統合されという過程を経て，今日に至っています。つまり，日本の農村部は「集落」，「大字」，「村」と拡大して（いずれもムラという言葉で示されます[9]），それらの外延に「町」，「市」や「郡」，「都道府県」，そして「国」があるのです。

❍集落の社会的側面

ここでは集落をムラとして取り上げます。通常，ムラに関わる情報は回覧板を使って伝達されるので，回覧板が回る範囲がムラだとも言えます。ムラはもっとも身近な生活の場で，桑山敬己が1980年代半ばから調査している岡山県のNムラでは，行事に参加する単位は個人ではなくイエ（家）です。つまり，1軒につき1人の参加が原則で，正式な行事になればなるほど世帯主の参加が求められます。ムラの会議が開かれる集会場の座布団の数がイエの数とほぼ一致するという事実は，今日でもイエ中心の考えが強いことを物語っています。

Nムラには25軒ほどの世帯があります。その大多数は平山か岩崎（仮名）という姓を名乗っていて，それぞれ「株内」という集団に分かれています（平山3，岩崎2）。株内は本家と分家から成立していて，一般的には「同族」といわれます。同族の成員権は父方の系譜をたどって決まるので，VI-3で説明するリニージ（lineage）に近いのですが，リニージは個人を単位とする集団なので，イエを単位とする同族とは多少違います。Nムラの株内関係はムラの端にある墓地の空間に象徴的に表れています。墓地に目に見える区画はありませんが，よく調べると同じ株内に属するイエの墓は1か所に集まっているのです。ムラの連帯は強いので，平山と岩崎が競合することはありませんが，ともに別々の寺に属しているので潜在的亀裂は存在します。農村部の寺は檀家のためにさまざまな活動を行うので，ムラの日常生活に与える影響は大きいのです[10]。

❍集落の経済的側面

ここでは2点に絞って説明します。第1は農業から非農業への産業転換です。実は，Nムラでは1950年代に綿密な社会調査が行われたので，数多くの資料が残されています[11]。それによると，日本の高度経済成長が始まる直前の1950年代前半の世帯数は24，人口は128（男57，女71）で，非農業従事者はわずか15人（うち女3人）でした。それが当時の労働人口に占めた割合は，男35パーセント，女6パーセントにすぎません。ところが，1986年には世帯数26，人口118（男59，女59）のうち，非農業従事者の割合は男90パーセント，女24パーセントにまで増えたのです。Nムラの農家は第2種兼業農家ですが，35年たらずで完全な農業離れが起きたのでした。週末や農繁期を除くと，昼間に田畑を耕しているのはほとんどがお年寄りか女性です。

第2は農業経営にまつわる問題です。戦後日本の最大の社会目標のひとつとして，農村の民主化と近代化が掲げられました。農民は封建的で合理性に欠けるという固定観念が指導者層にあったのです。そこで，政府は耕地整理の一環

▶7　1970年代に農林水産省が行った調査によると，近畿地方と北陸地方では，大字と集落の範囲が一致する地域が多い。つまり，大字は複数の集落に分かれていない。この点については，福田アジオ『近世村落と現代民俗』（吉川弘文館，2002年，24頁）を参照。なお，大字は住所表記に「大字」となくても，地名として残っていることが多い。

▶8　元来「部落」は明治以降の市町村行政の末端組織を指す用語であった。被差別部落と混同されやすいので，「集落」と言い換えることが多いが，地元ではいまだに使われている。

▶9　1934年に柳田國男が組織した「山村調査」は，北海道を除く日本全国の山村を実地調査した画期的なものであった（XX-4「文献資料と民俗調査」を参照）。しかし，当時の民俗学者はムラの多義性に無頓着で，調査単位が不明確であった。それと対照的だったのが，同時期にアメリカのエンブリー（Embree, J）が熊本で行った調査である。この点については，桑山敬己「文化人類学的・民俗学的日本研究の中の『須恵村』」（『歴史と民俗』神奈川大学日本常民文化研究所論集37，2021年，211-241頁）を参照。エンブリーの著作は2021年に全訳が刊行された（田中一彦訳『新・全訳須恵村——日本のムラ』農文協）。

▶10　近年の日本農村については，日本村落研究学会編『むらの社会を研究する——フィールドからの発想』（農文協，2007年）が包括的で役立つ。

として「交換分合」を推進しました。分散化・細分化した農地を交換してまとめれば，農作業の効率は上がって大型機械も導入できます。そうすれば，経営の合理化が図られ，いずれ農村も近代化するだろうと政府は考えたのです。しかし，現実にはNムラで交換分合はあまり進みませんでした。人によって田畑の耕し方が違うので，同じ土地でも生産力に微妙な違いがあり，そう簡単には交換できなかったからです。つまり，農民には農民なりの合理的計算があったのです。また，天災の被害を避けるためには，耕地の散在が有利だという報告もあります。その一方で，先祖代々の土地を手放したくないという，土地への愛着という感情も見られました。このように，Nムラでは近代的合理性と伝統的感情が複雑に入り混じっていたのです[12]。より最近では，耕作放棄が大きな問題となっていますが，これは今日の日本の農村全体に見られます[13]。

集落の心理的側面

Nムラの世帯にはさまざまな農機具が揃っています。驚かされるのはその価格です。乗用トラクターやコンバインは車を買える値段ですし，大型なので倉庫も必要です。しかし，農業収入は限られている上に，せっかくの機械も使うのはごく短期間です。ムラの人々が口をそろえて言うように，彼らは機械を買って貧乏になる「機械貧乏」なのです。それでは，なぜ競うようにして高い買い物をするのでしょうか。この謎を解く鍵は，ひとが持っているから自分も欲しい，という心理にあります。Nムラでインタビューすると，「ひとが鎌で刈っていれば自分もそれでよいが，まわりがコンバインを買ったら自分も買わざるをえない」とか，「ひとがトラクターに乗っていたら，自分はもっといいのを欲しくなる」といった言葉が聞かれました。ここで注目されるのは，自己と他者の関係が「自分」を中心に「まわり」，「ひと」，「世間」へと同心円状に拡大していることです。そして，「ひと」の規範から「自分」が逸脱していたら修正し，同時に「自分」と「ひと」を比較して劣っていたら追いつき，できれば追い越したいという競争意識が伺えます[14]。この「ひと並」とか「世間並」という意識は，他者の眼を気にする日本人の大きな特徴のひとつです。

5 農耕の未来

戦後日本の高度経済成長が始まった1950年代半ば以降，急激な産業化や都市化に対する反省や反発として，共同体としての農村が見直されることはあっても[15]，産業としての農業（特に米作）に明るい未来はありませんでした。しかし，最近では遺伝子組み換えによるさまざまな品種が登場したり，LEDを使って都会のビルの一室で野菜を育てたりするなど，農業はハイテク化しつつあります。また，先祖代々の土地を細々と耕すのではなく，ひとつのビジネスとして起業する人も増えてきました。人類史に革命をもたらした農耕，そしてそれを主な生業としてきた農村は，いま新たな局面を迎えています。　（桑山敬己）

▶11　Beardsley, R. et al. *Village Japan*. University of Chicago Press, 1959.　岡田謙・神谷慶治編『日本農業機械化の分析』創文社，1960年。

▶12　同様の問題はモラル・エコノミー（moral economy）論争として知られる。モラル・エコノミーとは，野放図な市場経済に対抗して公平な価格で売買する経済理念を示す。この理念に基づけば，農民の行動は相互扶助に基づく集団的富の再配分を志向すると理解されるが，農民も合理的計算に基づく個人的利益の最大化をめざすという反論が後に唱えられた。

▶13　耕作放棄の原因として農家の後継者不足がよく挙げられる。しかし，共同体としてのムラの問題解決能力の低下や，親族関係の希薄化による助け合いの欠如といった社会的要因も大きい。

▶14　Kuwayama, T. “The Reference Other Orientation.” Rosenberger, N. ed. *Japanese Sense of Self*. Cambridge University Press, 1992, pp. 121-144. これは社会心理学の準拠集団理論を応用した研究である。芦田裕介『農業機械の社会学――モノから考える農村社会の再編』（昭和堂，2016年）も参考になる。

▶15　共同体論については，北原淳『共同体の思想――村落開発理論の比較社会学』（世界思想社，1996年），坪井伸広・大内雅利・小田切徳美編『現代のむら――むら論と日本社会の展望』（農文協，2009年）などを参照。

III　生　業

生業の類型化と社会進化論

進化論的社会観

本章の最初で，一般に考えられている「狩猟採集から牧畜へ，牧畜から農耕へ」という図式は，あまりに単純であると述べました。しかし，実は文化人類学が登場した19世紀後半から20世紀半ばまで，多くの学者が同じように考えていたのです。では，なぜそのような発展図式が支持されたのでしょうか。その答えは近代西洋を席巻した社会進化論（social evolutionism）にあります。

当時の社会進化論の代表的提唱者はイギリスの社会学者スペンサー（Spencer, H.）でした。1857年発表の「進歩――その法則と原因」[1]という論文で，彼は生物（有機体）が進化するように，社会・政治・工業・商業・言語・文学・科学も進化すると説きました。進化は分化（differentiation）の結果であり，その方向は単純（simple）から複雑（complex）へ，同質（homogeneous）から異質（heterogeneous）へとされました。一般に社会進化論は生物進化論を応用したものと考えられていますが，人類社会には普遍的な発展段階があるという考えは，16世紀以降のヨーロッパで徐々に形成されたものです[2]。事実，スペンサーの論文はダーウィン（Darwin, C.）の『種の起源』（原著1859年）より2年前の発表でした。スペンサーの影響力は絶大で，ハーン（Hearn, L.）こと小泉八雲も日本の宗教を社会進化論的に論じたほどです[3]。

一方，人類学における社会進化論の古典は，アメリカのモルガン（Morgan, L.）の『古代社会』（原著1877年）です。マルクス（Marx, K.）やエンゲルス（Engels, F.）にも影響を与えたこの本で，モルガンは野蛮（savagery）・未開（barbarism）・文明（civilization）という3段階から成る人類発展史を唱えました。彼の主張は同じ発展段階にある社会には共通の特徴があるというものでしたが，最終段階の「文明」を近代西洋と同一視したため，後にエスノセントリズムの極みと批判されるようになりました。ただ，モルガン自身は北米のイロクォイ族の権利を守るために奔走するなど，けっして単なる西洋中心主義者ではありませんでした。問題はむしろ彼の生きた時代の趨勢でしょう。当時は西洋人が非西洋人を文明へと導く責務があるという考えが跋扈（ばっこ）していたのです。イギリスのノーベル賞作家キプリング（Kipling, R.）は，その責務を「白人の重荷（white man's burden）」という詩で詠いました。それはアメリカが米西戦争（1898年）に勝利して，植民地支配を拡大していく過程の出来事でした。

▶1　Spencer, H. "Progress: Its Law and Cause." *Westminster Review*, April 1857. これはスペンサーが社会進化論について説いた最初の論文かと思われる。

▶2　Hodgen, M. *Early Anthropology in the Sixteenth and Seventeenth Centuries*. University of Pennsylvania Press, 1964.

▶3　ラフカディオ・ハーン著，柏倉俊三訳注『神国日本――解明への一試論』平凡社，1976年。今日の日本では，ハーンは昔話の作者として知られるが，存命中は西洋きっての日本文化／文明の解説者と評されていた。

▶4　同法第1条には，農業に従事するアイヌに1戸あたり最大1万5千坪の土地を付与するとあったが，その大半は農耕が困難な土地であった。同法制定前の1878年には，アイヌの生活の重要な一部であったサケ漁が禁止された。

こうした趨勢と合致したのが，原始的とされた狩猟採集から文明の基礎を築いた農耕へ，という生業の発展図式だったのです。それは単なる机上の理論ではなく，実際の政策にも応用されました。たとえば，文明開化を国是とした明治日本では，先住民族アイヌの生業を，「北海道旧土人保護法」（1899年[4]）の制定によって，狩猟から農耕へと転換するように政府が図ったのです。

2 単系進化論と多系進化論

モルガンや同時代の学者の社会進化論は，文化相対主義を打ち立てたボアズによって徹底的に批判されました。ところが，1942年にボアズが亡くなり，第2次世界大戦後の世界にアメリカが超大国として登場すると，再び社会進化論が唱えられるようになりました。そこには戦勝国アメリカの自信と未来に対する楽観論が見てとれます。当初は，技術の発展によるエネルギー消費量の増大を進化とみなしたホワイト（White, L.）に注目が集まりましたが[5]，多様な社会や文化の変化を画一的にとらえる点が批判されました。今日，モルガンやホワイトの理論は「単系進化論（unilinear evolutionism）」と呼ばれています。

やがて1950年代に入ると，各々の社会のあり方を考慮して複数の発展様式を認める理論が提唱されました。それがスチュワード（Steward, J.）の「多系進化論（multilinear evolutionism）」です。スチュワードの考えの根底にあったのは，技術を通じた環境への適応でした。彼は異なった環境（生態系）に住む社会集団が外界に適応する過程で，異なった変化の歴史が生まれると考えました。同じ環境に置かれた複数の集団でも，社会構造や世界観が異なれば外界への働きかけは異なるので，まったく同じように変化することはありません。スチュワードは社会や文化を構成するさまざまな要素のうち，生業と経済にもっとも深く結びついたものを「文化核（cultural core[6]）」と呼びました。

3 新進化主義

その後さまざまな社会進化論が提唱されました。代表的なものに，サーヴィス（Service, E.）が提示した，バンド（band）・部族（tribe）・首長制（chiefdom）・未開国家（primitive state）という図式があります（XI-1 参照）。これは社会統合のレベルを進化の指標としています[7]。後にサーヴィスはサーリンズ（Sahlins, M.）とともに，一般進化（general evolution）と特殊進化（specific evolution）という区分を提唱しました。前者は人類社会の進化全体を，後者は各々の社会の進化を指し，普遍性と個別性の双方に配慮しています[8]。ホワイト以降の学説を一括して新進化主義（neo-evolutionism）と呼びます。より最近ではハリス（Harris, M.）の文化唯物論（cultural materialism[9]）が有名です。彼は文化研究における外部の視点を内部の視点より重視しました[10]。これらの理論は生業や経済を文化の基盤とみなす点で一致しています。

（桑山敬己）

▶5　ホワイトは E × T → C（E = Energy, T = Technology, C = Culture）という公式を打ち立てた。詳細は松園万亀雄「新進化主義」綾部恒雄編『文化人類学15の理論』（中公新書，1984年，115-131頁）を参照。

▶6　日本を例にとれば，稲作をめぐる習慣（灌漑施設の共同管理，コメ中心の市場，田の神信仰など）が文化核に相当する。スチュワードは社会進化という考えそのものは認め，複数の社会間に見られる類似を比較検討して，進化の法則を探ろうとした。彼の学説を「文化生態学（cultural ecology）」といい，考古学にも大きな影響を与えた。主著は『文化変化の理論――多系進化の方法論』（米山俊直・石田紝子訳）弘文堂，1979年。

▶7　この図式を民族誌的に描いたのが『民族の世界――未開社会の多彩な生活様式の探求』（増田義郎監修，講談社学術文庫，1991年）である。

▶8　M. サーリンズ，E. サーヴィス著，山田隆治訳『進化と文化』新泉社，1976年。

▶9　マーヴィン・ハリス著，長島信弘・鈴木洋一訳『文化唯物論――マテリアルから世界を読む新たな方法（上・下）』早川書房，1987年。

▶10　外部の視点を「エティック（etic）」，内部の視点を「エミック（emic）」という。この対概念は言語学における音声学（phonetics）と音素論（phonemics）を応用したものである（II-1「人間の言語とは何か」を参照）。

IV　経済と文化

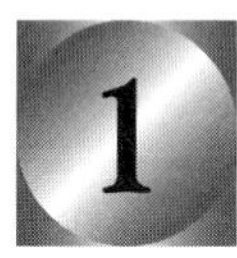

贈りものと互酬性

贈りものは何のためにするのでしょうか。経済行為とは，最小の手段で最大のもうけを出すこと，少しのもうけをあきらめて，代わりに得るものをできるだけ大きくすることだとすると，贈りものはものをあげてしまうのですから，経済行為の対極にあるように思えます。

1 贈りもの

通常贈りものは慣習に沿って行われるものです。突然理由もなしにものをもらったりすると当惑してしまいます。贈りものは，なんらかの間柄にある人々の間で，一定のしきたり，ルールに沿って行われます。お中元・お歳暮など季節の贈りもの，結婚式や誕生日，入学などのお祝い，葬式の香典などがそれにあたります。そうした贈りものには返礼が伴うのが普通です。結婚式の贈りものやお祝い金に対しては，引き出物という記念品を返礼とします。香典という現金の贈りものには香典返しが行われます。親しい間柄の誕生祝には返礼をその際に行わなくても，くれた人の誕生日が1年以内に回ってくるので，その時にお祝いを贈るということで相殺されるわけです。以上のように，贈りものは一見経済的には損であるように見えますが，ほとんどの場合返礼を伴うので，まったくの損になることはあまりないのです。

このような贈りものと返礼のやりとりは，お金で購入したり，物々交換したりするのとどう違うのでしょうか[◁1]。第1に，ものを買う時には，買い手は自分の欲しいものを買うのですが，贈りものに関しては贈り手にイニシアチブがあり，受け手の希望通りとは限りません。第2に，ものを買う時，売り手と買い手はものと対価のやりとりを行い，やりとりが終了したら，売り手と買い手の間の関係は終了しますが，贈りものの場合，贈り手と受け手との間にすでになんらかの社会関係――親族である，友人であるなど――があることが贈る理由であったり，贈ることによってなんらかの関係――友人関係や結婚の約束など――を築いたりするものです。受け手はしばしば，せっかくもらったけれど，あまり自分の好みでない，と感じたりすることもありますが，だからといって受け取らないということはありません。受け取りを拒否することは，社会関係の否定につながるからです。両者の関心はものそのものではなく，社会関係にあるのです。もののやりとりが人間関係を強化したり，生成したりするというわけです。

▷1　贈りもの／返礼とものの購入との違いを表にしてみよう。

	贈りもの／返礼	購　入
参　加	義　務	自　由
人間関係	あり・更新	な　し
見返り	返　礼	お　金
目　的	人間関係	も　の
時　間	長　期	短　期
交　渉	不　可	可

▷2　ブロニスラフ・マリノフスキー（1884-1942）はポーランド生まれ，イギリスの社会人類学者。長期間滞在して現地の言語を覚え，現地人と生活を共にして調査する参与観察の方法を確立した。トロブリアンド諸島に関する多くの民族誌を残した。

2 クラ交換とポトラッチ

20世紀初頭にフィールドワークという方法を確立したマリノフスキー（Malinowski, B.）[▶2]は，ニューギニア島の東のマッシム諸島のクラ交換[▶3]という慣習の調査をしました（図4-1）。円環状に連なる島々の間で，2種類の財物，赤い貝の首飾りと白い貝の腕輪が，前者は時計回りに，後者は反時計回りに回ります。異なる島の住民間でパートナーシップを結び，互いに異なる財を贈りあうことでこの財物の流れが成立しています。海を超えた人間関係のネットワークはこれら島々の人々にとって重要なもので，今日でも飛行機による移動など現代的要素を取り入れて，交換は行われています。また，これらの財物を友人から贈られたということが人々の誇りとなり，評判となるのです。

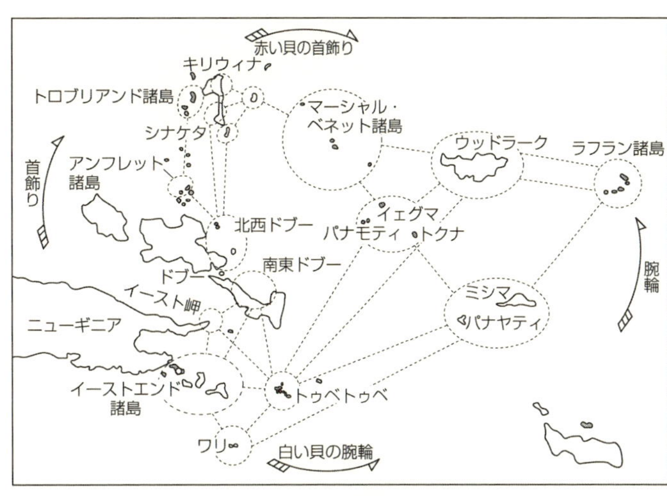

図4-1　マッシム諸島のクラ交換

出典：マリノフスキー「西太平洋の遠洋航海者」『世界の名著59　マリノフスキー／レヴィ＝ストロース』中央公論社，1967年，147頁。

クラ交換は贈りもの（贈与）研究の創始者モース（Mauss, M.）[▶4]が，『贈与論』の中でとりあげたことにより有名になりました。ほかにモースが言及したものに北米北西海岸インディアンが行っていたポトラッチという慣習があります。収穫期のあと，豊かな食糧を用いて部族が宴会を開き他の部族を招くのですが，宴会には贈りものが伴い，招かれた部族は後日自分たちが宴会を主催しなくてはなりません。競争でご馳走し贈りものをすることになり，その結果，宴会や贈りものの量はエスカレートしていくという報告があります。

3 互酬性

モースは贈りものには3つの義務があると言いました。すなわち，(1)慣習に沿ってものを贈る義務と，(2)それを受ける義務，そして(3)返礼をする義務です。(2)は一見不要に見えますが，そんなことはありません。贈りものを断るという可能性はつねにありますが，それは人間関係を断ち切ったり，不仲や誤解に至ったりという結果を予期しなくてはなりません。人間関係の継続を考えるなら，差し出された贈りものは受け取らざるをえません。そして贈りものに対してお返しをする，というのも世界各地で見られる行動です。

このように慣習を通じて社会内の複数集団が贈りものをやりとりすることによって，社会全体にものが流通します。これをモースは「全体的給付」と呼びました。贈与と返礼のリンクによってものが循環し，社会関係が保持・強化されていくことを，後の人類学者たちは「互酬性」と呼びました。ただし互酬性

▶3　クラ交換（kula exchange）は，マリノフスキーが最初に出版した民族誌『西太平洋の遠洋航海者——メラネシアのニュー・ギニア諸島における，住民たちの事業と冒険の報告』（増田義郎訳，講談社学術文庫，2010年）の中心テーマである。この報告は当時ヨーロッパで大変な評判となった。

▶4　マルセル・モース（1872-1950）はフランスの社会学者。民族学の成果に着目し，自らの社会理論を構成する上で大いに利用した。交換論や身体技法など現代につらなるテーマの先駆者として知られる。単著に『贈与論　他二篇』（森山工訳，岩波文庫，2014年），ほかに『供儀』（アンリ・ユベールと共著，小関藤一郎訳，法政大学出版局，1990年），『人類と論理——分類の原初的諸形態』（エミール・デュルケムと共著，山内貴美夫訳，せりか書房，1969年）など。

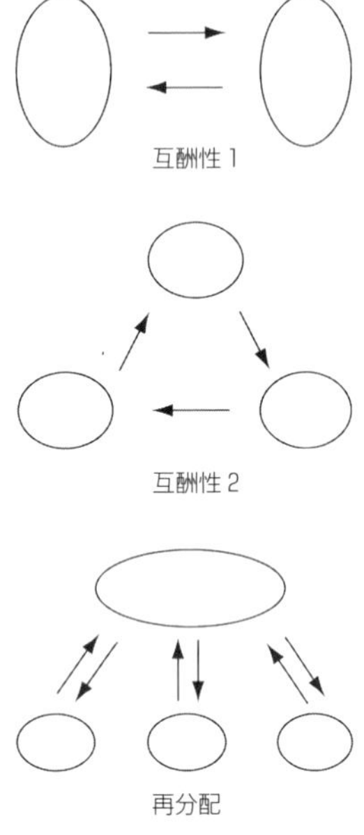

図 4-2　互酬性と再分配

は広い概念で，研究者によってそれぞれ観点が若干ずれています。以下では，ポランニーとサーリンズを取り上げて，それぞれの考え方を示しましょう。

4　互酬性・再分配・市場交換

経済史家であったポランニー（Polanyi, K.）[5] は，ものが生産された後どのように所有者が変わっていくか，という問題に着目しました。すなわち，どのような社会関係にある人々の間でどのようにものが渡されていくかということです。それらのものの移譲には３つの様式があると彼は考えました。まず互酬性は，互いに相似的なユニットでものを贈りあうことです（図 4-2 の互酬性１）。時間をおいて同様のものが交換されることも，異なるものをそれぞれに贈りあうこともあります。それらは，おおむねやりとりされるものが互いに贈りあうことで相殺されています。また，３つ以上のユニットが一方向にものを贈りあうこともあります（図 4-2 の互酬性２）。これも一方向だけに贈られるのですが，１つのユニットをとってみれば，贈った分と贈られた分が相殺されているわけです。

それに対して，社会組織全体になんらかの中心が存在していて，財が中心へと渡されていく場合があります。中心では多くの財の集積が行われますが，いったん集積されたあと今度は末端に向かってものが流れていきます。王や首長に貢納され集積された穀物やイモ類は，祭などの際に大盤振る舞いで一般の人々に分け与えられていくのが普通です。これらのものの流れを「再分配」と呼びます。

さらに，一般的に欲しいものを自分の処分可能なものと交換することを「市場交換」と呼びます。この時ものをやりとりする相手とはまったく無関係の間柄でかまいません。

さて，ポランニーは互酬性や再分配，市場交換という財のやりとりはどの時代や社会制度にあっても成立しうるとしていますが，一方でこれらのやりとりの形態が主となり社会の統合様式となる場合について言及しています。すなわち，互酬性によって統合されるのは部族社会です。一方，再分配によって統合されるのは首長制ないしは王制社会です。後者は首長や王といった世襲的なリーダーをもっており，それが社会内に中心を作り出す一方，部族社会ではそのようなリーダーシップは存在しません。

ポランニーは互酬性や再分配で統合されている社会と市場交換で統合されている社会との間の大きな違いに着目しました。それは前者が単にものが取り交わされるだけではなく，そこに社会関係が大きく関与し，もののやりとりが社会を形成しているのに対し，後者の社会ではさまざまな社会関係とは無関係に成立するもののやりとりとなっていることです。時代的には部族社会，首長制・王制社会の次に来る市場社会では，経済が社会から離床して，経済だけで

▶5　カール・ポランニー（1886-1964）はハンガリー出身。ウィーン，ロンドン滞在を経て，第２次世界大戦後アメリカ・コロンビア大学で教鞭をとる。経済人類学の祖といわれる。著書に『人間の経済Ⅰ，Ⅱ』（玉野井芳郎ほか訳，岩波書店，2005年），『経済の文明史』（玉野井芳郎・平野健一郎編訳，ちくま学芸文庫，2003年）など。ポランニーは「経済の実質的意味（substantive meaning of economy）」という概念を提唱したことでも知られる。通常，最少の手段によって最大の利益を得る行為を「経済的」であるといい，これをポランニーは経済の「形式的意味（formal meaning of economy）」と呼んだ。それに対して，外界・環境との交換によって生を営むという人間の営為は，必ずしも合理的行動とは限らず，これを「経済の実質的意味」と呼んだ。

秩序が成立しているとポランニーは考えました。

5 互酬性と社会的距離

独特の広い視野で考察を行うサーリンズ（Sahlins, M.）[6]は，社会的距離に応じて３つのタイプの互酬性を抽出し検討しています（図 4-3）。

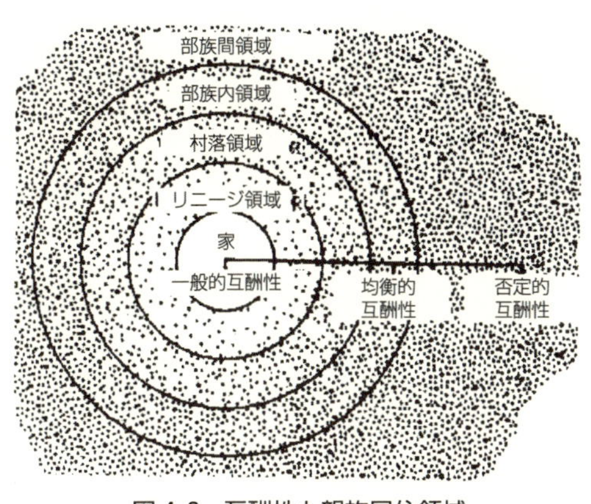

図 4-3　互酬性と親族居住領域

出典：M. サーリンズ著，山内昶訳『石器時代の経済学』法政大学出版局，1984 年，187 頁。

「一般的互酬性」とは，非常に近い間柄，親密な間柄で発生する互酬性です。何か贈られた時にも，目に見える形で返礼は行いません。この間柄では，もののやりとりを厳密に計算しなくても，ものがある時に贈るということをそれぞれの人が始終行うならば，長い間には贈った財と贈られた財との間のバランスがとれるだろうと予測できます。一般的互酬性が行われる人間関係では，持っている財産や稼ぎがあまり違わないことが重要です。採集狩猟民の場合，１人ひとりの財産や生産高に大きな差はありません。大型動物を狩猟したとき１家族ですべてを食べるのは無理です。これを仲間うちで分けあうということは至極合理的な選択と言えましょう。次に，この間肉をあげた人が獲物をしとめた時に，ご馳走にあずかることができます。このような関係では，お互いにある人がない人に財を贈りあうだけで均衡がとれていると感じられます。お互いさまなのです。

「均衡的互酬性」とは，友好的関係ではあっても，もう少し遠く形式性を重んじた間柄において行われます。贈りものに対する返礼といった形での，相互的な贈りあいによる明確な決済が必要となります。姻族同士とか，伝統的な関係をもつ同じ部族内の異なる親族集団同士といったフォーマルな関係では，慣習に基づいた贈りものに対して，きちんとした返礼が行われるのが普通です。モースが扱っている贈与の慣習とは，このタイプの互酬性に相当します。いわゆる儀礼交換[7]では，財の贈り手や受け手，財の組み合わせや量，またそれに対する返礼などが慣習により詳細に定められています。前述のクラ交換はまさにその典型ですし，結婚に際して姻族同士が互いの関係の徴（しるし）としての財の交換を行うことも，均衡的互酬性として説明ができます。

「否定的互酬性」は，贈る代わりに奪うといった反対の互酬性です。何か与える代わりに何か奪います。何か奪われたら反対に何か奪い返すことをします。否定的互酬性は，平和が維持されている部族の領域の外で敵対関係にある他部族との間に行われることがしばしばです。東アフリカのウシの牧畜を行ういくつかの民族は敵対関係にあり，時々敵のウシを奪う行為に出ます。被害に遭った方は，仕返しという形でウシを奪い返すことがよくあります。

しかし，こういったウシの奪いあいを互いにする時にも一定のルールが守られていて，無茶苦茶な戦闘には発展しません。　（山本真鳥）

▶6　マーシャル・サーリンズ（1930-2021）の人類学者としての研究は多岐にわたっており，文化と社会・経済との相互作用に注目する。経済人類学の仕事として『石器時代の経済学』（山内昶訳，法政大学出版局，1984／2012 年）が有名である。その後，構造主義歴史人類学と自ら名付けた分析方法で，時間軸の関わる研究を行う。太平洋諸島の歴史を扱った『歴史の島々』（山本真鳥訳，法政大学出版局，1993 年）がある。

▶7　一定の正式な関係をもつ人や集団の間で慣習として贈りものを取り交わすこと。通常は一方が贈り，他方はそれに返礼する。贈りものの内容は慣習で規定されており，贈与に伴って儀礼や演説等のプロトコールが定められていることが多い。またその贈りものが経済的な意味をもっていない場合がしばしば見られる。

IV　経済と文化

2 貝のおカネから仮想通貨まで

1 自給自足経済と市場経済

われわれの生活にはおカネがつねに必要です。レストランに行ったり，店で衣類を購入したりしなくても，料理をするには食材を購入するし，衣類を手作りする時も，生地や毛糸などを買うことになります。このようにものの入手をおカネに頼る経済を「市場経済」ないしは「商品経済」と呼びますが，ポランニーが言うように人類の歴史過程の中ではごく最近の産物にすぎません。自分の食べ物を自分で作ったり，獲得したりし，衣類も自分たちで作るという暮らしは自給自足経済[1]と言います。ただし，家族をユニットとしてもまったくの自給自足は未開社会でもありえません。おカネのないところで人々は互酬性や物々交換などで互いにものを融通しあってきました。

おカネというのは大変便利なもので，物々交換は2者間で互いの欲しいものと手放してもいいものが合致しないと成立しませんが，おカネを媒介することによって欲しいものを入手するチャンスはぐっと増えます。魚をミカンと交換して欲しい人は，ミカンを持った人が見つからなくても，とりあえず魚を欲しい人におカネとの交換で渡し，やがてミカンを手放してもいいという人からおカネとの交換でミカンを入手できます。おカネを仲立ちとするスムーズな交換が成り立つためには，とりあえずおカネを受け取っても，ミカンは後でおカネと交換で手に入れられるという予測が必要となります。そのために国家や権力が貨幣の信用を保障することが必要であると考えられてきました。

▶1　サブシステンス（subsistence）経済ともいう。輸入に頼らず，必要なものをすべて調達する国家経済を自給自足経済と呼ぶこともあるが，現在の文脈では家族内で必要なものをすべて調達するという意味である。

2 交換財と貨幣

実は，人の手から手へと流通するおカネのようなものは，国家や中央権力の存在しない社会でも存在していました。それらは，クラ交換の赤い貝のネックレスや白い貝の腕輪，ヤップ島の石貨や貝貨，サモア諸島の細編みゴザ，フィジー諸島の鯨歯のペンダントなど挙げることができます。これらの貨幣もどきを，貨幣の原初形態と考えた研究者もいますが，贈与交換の対象であることが多く，誰（またはどの集団）が誰（どの集団）に，どのような時に贈るかといった仔細な約束事が存在しているので，欲しいものを入手するためなど，市場経済下の現実とは異なっています。またおカネとなっているものが使用価値のないものであることが特徴でもあります。これらを貨幣というよりは，「交換財」

▶2　経済史では耐久性のある使用価値をもつものが，物々交換をスムーズに行うために用いられるようになって貨幣化したと考え，民族学者の一部は貨幣もどきがやがて貨幣に昇華したと考えた。『負債論――貨幣と暴力の5000年』（酒井隆史監訳，以文社，2016年）で有名になったグレーバー（Graeber, D.）は，貨幣のはじまりは支払うためのものではなく，負債を示すためのものであったと考えている。

と呼ぶ人類学者もいます。貨幣の起源[2]については所説あります。

ひとつの貨幣システムが広く通用するのは国家としての威信に関わることで，その通用領域を広げていくことは，近代国家の悲願でもありました。しかしアメリカ西部の開拓時代や異民族の集まる辺境では，貨幣のようにそれ自体に使用価値のないものよりも，使用価値のある干し肉やタバコといったものを媒介として商品交換がなされることもありました。また戦争に負けた混乱期にすさまじいインフレが生じた日本国内では，「円」は好まれず絹の振袖との交換でコメを入手したなどという話も聞かれます。第２次世界大戦下のドイツの捕虜収容所では，捕虜にとっての敵国通貨マルクは不人気で，シガレットが貨幣の代わりに流通をしたという報告もあります。

3 電子マネーと仮想通貨

昨今の日本では，消費者が現金の利用を好む傾向にあり，クレジットカードやデビットカード[3]の普及が遅れているという話はよく聞かれます。もともとアメリカ合衆国で小切手[4]の利用が盛んだった頃にも，日本で小切手はまったく普及しませんでした。合衆国では小切手の代わりにクレジットカードやデビットカードへと代替が進みましたが，日本では相変わらずの現金決済がそのまま通用しました。平和で現金が盗まれることが少なく，偽札，偽コインもほとんど存在しないことがその理由ともされました。さらに日本人の間では，現金を使っていると，使いすぎなくてすむという意見がよく聞かれます。ただし政府は種々の業務の能率化のため，電子決済の利用を加速させたいという意図をもっているようです。また銀行も紙の通帳をなくしていく方向に舵を切りました。

資本主義経済の発達度では日本より遅れていると考えられていた発展途上国で，スマホの普及とともに電子マネー決済が進んでいることは興味深いところです。小川さやかの報告では，その日暮らしをしているタンザニアの都市住民の間で，貸し借りにプリペイドの電話料金を個人間で贈ることが頻繁に行われているということです[5]。もちろん街角での売買にも使われます。中国人観光客の増加が日本でのQRコード決済システムの普及を速めたことも同様です。

コンピューターで難しい計算式の課題を解いて，新たなブロックをその末尾につけることで生成されるおカネが仮想通貨です。大変難しい演算になるので，仮想通貨の稀少性は保証されています。最初の仮想通貨であるビットコイン[6]は2009年に初めての取引が行われました。仮想通貨はそれまでの貨幣と異なり，特定の国家に管理されることがなく，国際取引もスムーズであり，コンピューターネットワークを通じて通常の通貨のように利用が可能です。国家に管理されない分散型の通貨として注目を浴びましたが，現在では非常に高騰して，取引の媒体というよりは投機の対象となっています。貨幣はこれからどのようなものへと変貌していくのでしょうか。今後の動向に注視しましょう。（山本真鳥）

▶3　デビットカード（debit card）は，クレジットカードと異なり，使う度に直接銀行口座から支払いが行われる。信用に基づくクレジットカードと異なり，借りすぎといった心配はない。

▶4　小切手（personal check）は，支払い金額を利用者が記入して署名することで，支払いに充てることができる。信用取引の一種。現在ではクレジットカードやデビットカードなどの決済に押されて，あまり使われなくなっている。

▶5　小川さやか『「その日暮らし」の人類学——もう一つの資本主義経済』（光文社新書，2016年）。タンザニアの都市住民はさまざまな仕事を渡り歩いて，その日暮らしの生活を営んでいるが，それが情報交換や資金調達の人的ネットワークを作り出している，と小川は論じている。スマホ決済もその手段の１つ。

▶6　ビットコイン（Bitcoin）は，サトシ・ナカモトという人が仕組みを考案した。ビットコインはいくつものブロックの連鎖からなっており，管理者，国家の関与しない分散型通貨である。

IV　経済と文化

世界システムとモラル・エコノミー

資本主義の浸透と世界システム

文化人類学で扱う諸社会は，親族のネットワークの中で自給自足の暮らしがなりたつ，規模の小さな異文化をもつコミュニティとして描かれてきました。しかし実際には辺境のコミュニティも早くから世界的な経済ネットワークに取り込まれてきています。ウォーラースタイン（Wallerstein, I.）[1]は巨視的な歴史観で，中心国，半周辺国，周辺国の間で分業が行われる仕組みを世界システムとし，16世紀に始まるヨーロッパ諸国が支配を広げるこうした体制を「近代世界システム」と呼びました。資本主義の開始を産業革命とするのが歴史研究の常道ですが，彼は大航海時代にすでに資本主義が始まっていたと考えます。

ミンツ（Mintz, S.）[2]は，砂糖を軸に，カリブ海の諸島にサトウキビのプランテーションができ，大きな産業に成長し，そこで精製された砂糖がヨーロッパに輸出され，世界を動かす姿を描きました。サトウキビから甘い粉が作れることは古くから知られていましたが，大量生産ができるようになるまで贅沢品でした。カリブの島々に大規模な土地を入手してプランテーションを経営したのは，ヨーロッパからの植民者たちです。先住民の人口減少は著しく，労働を担ったのは白人年季契約労働者とアフリカから連れてこられた奴隷でした。砂糖の需要が増すにつれて，奴隷の需要も増え，奴隷解放後はアジアからの年季契約労働者が導入されました。プランテーションは広大な土地に単一の作物を作って効率化を図り，簡単な工場を併設した複合施設で，資本主義的経営体でした。農業を行っていても，食料生産は行われず，労働者の食料は購買によって調達されました。大量生産することで価格はどんどん下がり，しまいに中心国イギリスの労働者が，仕事前の朝のエネルギー補給として砂糖をたっぷり入れた紅茶を飲むまでになりました。茶，コーヒー，カカオ，タバコ，綿花，ゴムなどの商品作物が，もっぱらプランテーションで生産されました。中心国は一国で成立しているのではなく，商品作物・鉱物資源などを提供する半周辺国および周辺国を支配し，そことの分業体制の中で存立していたのです。

このように，ミンツもウォーラースタインも国ごとの歴史を超えてグローバルに近代史を見ていく必要性を強調しています。いったん周辺国となってしまった地域が植民地から独立国となっても，この分業体制を崩すことは容易ではありません。

▷1　イマニュエル・ウォーラースタイン（1930-2019）はアメリカの社会学者，経済史家。アフリカに留学。史的唯物論，ブローデル（Braudel, F.）研究など。ニューヨーク州立大学ビンガムトン校で長らく教鞭をとった。主著に『近代世界システム』（4部作）I『農業資本主義と「ヨーロッパ世界経済」の成立』，II『重商主義と「ヨーロッパ世界経済」の凝集――1600-1750』，III『「資本主義的世界経済」の再拡大――1730s-1840s』，IV『中道自由主義の勝利――1789-1914』（川北稔訳，名古屋大学出版会，2013年）。

ブローデルはフランスの歴史学者。ウォーラースタインの巨視的な歴史分析はブローデルの理論の影響が大きいといわれる。特に後者の「長期的持続」の概念は重要である。「長期的持続」とは，個々の事件や，事件の連なりとして説く歴史の流れに対して，長期的に時代を支配する深層構造をさして言う。

2 モラル・エコノミー

近代世界システムを動かしているのは資本主義であり，個々人はとりもなおさず最小の手段で最大の利益を得ることが目標のはずですが，実際には人間の選択がいつもそうであるとは限りません。共同体や自身の倫理観，道徳に沿って，儲けにならない選択をすることもあります。トムスン（Thompson, E.）[3]は，18世紀イギリスの都市に暮らす労働者の飢饉に際しての蜂起に一定の秩序があることを見出し，これを「モラル・エコノミー」と名付けました。彼らがターゲットとして襲い食糧を奪ったのは，飢饉に乗じて穀物やトウモロコシの値段を吊り上げる悪徳業者でした。仲間同士の助けあいも存在していました。日本で第1次世界大戦末期に各地で繰り広げられた米騒動も似たような傾向を示していたことがわかっています。また，東南アジアの農民の一見非合理的な行動，収量の大きなコメの新しい品種を選ばず昔からある品種をとりまぜて植えるとか，隣人との儀礼交換を繰り返す，といった行動は，むしろコミュニティ内の互酬性を高め，全体の安全性を高めることに結びつくという理由でモラル・エコノミーとして説明した分析もあります[4]。

3 地域通貨

通貨の信用は国家にバックアップされたものであり，国家内を広く通用することに意義があるし，便利である，と考えると，利用が地域に限定された地域通貨の存在理由はよくわからないものとなります。戦間期の経済不況の折に，先駆的な地域通貨の例が見られるものの，初めての地域通貨の試みは，1983年に始まったカナダのバンクーバー島コモックス・バレーにおけるLETS[5]であるとされています。林業の町であったこの土地は，製紙工場の閉鎖で経済が疲弊していました。具体的にLETSでの交換は，グリーンダラー（Green Dollar）を単位とし，小切手のようなものを払い手から受け手に渡します。家庭教師，子守，芝刈り等々のサービスに対して相手が納得すれば支払いができ，そうして地域内での経済活性化に一役買ったといわれています。この仕組みは世界各地に広がりました。LETSの取引では，顔見知りの人々の間で誰が誰の役にたっているかが見える，ということを利用者は大事にしています。地域通貨の特徴のひとつは，利子がつかなかったり，逆に使わないとマイナスの利子がついたりすることです。これは地域通貨の退蔵を避け，取引を促進し，経済活動が盛んになることを促すという目的があるからです。ほかにクーポンのようなものを発行するシステムや，不用品交換を行うもの，また清掃などのボラティア活動を促進するものもあります。活動に対して地域の商店街などがクーポンを発行して，商店街の活性化を試みるものもあります。地域通貨は通貨と呼ばれながら，広義には互酬的な相互助け合いを促す仕組みなのです。（山本真鳥）

▶2 シドニー・ミンツ（1922-2015）はアメリカの人類学者。カリブ海地域研究。主著『甘さと権力——砂糖が語る近代史』（川北稔・和田光弘訳，筑摩書房，1988年）は，歴史人類学の代表的著作。カリブ海諸島の文化・歴史を描く。奴隷制や年季契約労働について論じると同時に，ロンドンの労働者の生活にも通暁。イェール大学，ジョンズ・ホプキンス大学等で教鞭をとった。

▶3 エドワード・トムスン（1924-1993）はイギリスの歴史家。社会主義者，平和運動家。労働運動や労働者階級の形成に深い興味をもち，研究を重ねた。ここに言及されているのは「19世紀イギリス群衆のモラル・エコノミー」（1971年，日本語未訳）である。ほかに『イングランド労働者階級の形成』（市橋秀夫・芳賀健一訳，青弓社，2003年）など。

▶4 スコット（Scott, J.）がその著作『モーラル・エコノミー——東南アジアの農民叛乱と生存維持』（高橋彰訳，勁草書房，1999年）で論じた。詳細は山本真鳥「文化と経済」桑山敬己・綾部真雄編『詳論 文化人類学——基本と最新のトピックを深く学ぶ』（ミネルヴァ書房，2018年，44-59頁）を参照のこと。

▶5 Local Exchange Trading System（地域交換通商システム）の略語。

IV　経済と文化

文化と経済活動

異なる文化が交わるインターフェイスのところで，文化が経済活動と密接に関わる場合について考えてみましょう。

移民の経済活動

移民はホスト社会とは異なる社会的・文化的背景を身につけて移動します。人数が多くなると彼らは情報交換のネットワークをもち，自分たちの行ってきた活動を維持しようとします。たとえば，アメリカ合衆国の第1次世界大戦と第2次世界大戦の間の日系人コミュニティでは，労働者として移民してきた1世が農場を入手して自営農となったり，レストラン，八百屋，園芸店，クリーニング店，床屋など家族経営の自営業者となったりするケースは多く見られました。彼らが資金を得たのは，頼母子講（タノモシやコウなどと呼ばれた）や無尽という日本では中世から見られる仕組みです。定期的な親睦会を催しながら定額の貯金をして，順番にその貯金を受け取って元手とし，農地を購入したり事業を始めたりして経営者となりました。銀行などの融資を受けることよりも，日系人同士の助けあいの仕組みを使うことのほうがずっと多かったのです。

アメリカ合衆国では，移民はしばしば，近くに集まって生活を共にし，互いに助けあい，だんだん人口も増えてくると，本国からもち込んだ宗教，教育といった活動を行い，新聞雑誌などのメディアをもち，文化を維持することがしばしば見られます。そうやってできた同じ出身地から来た移民が多く住む地域をエンクレーヴ（enclave 飛び地[1]）と呼びます。合衆国にはこのようにして成立したエスニックタウン[2]が数多くあります。代表的な例は中華街（チャイナタウン）です。まったく違う国へと入り込んだかのような印象をもちます。サンフランシスコには合衆国で最大の中華街がありますが，そこには漢字が氾濫し，マクドナルドの店舗も「麥當勞」とつづられていたりします。

2 エスニック・ビジネス

その文化特有の料理を出すレストランは，一般的には同胞を顧客として始まります。サンフランシスコの中華街は，鉄道建設等のために中国から年季契約労働者としてやってきた中国人のために，くず野菜の炒め物を作って労働者に売っていたところ，近くの金融街に勤める人々の間でも評判になって白人の顧客ができて発展したといわれています。さらに，そこに行くと本国から取り寄

▶1　元は国境の外に飛び出した領土を指す語であるが，移民が集住してまるで当該国ではないような景観を作り出している地域を指して言う。

▶2　合衆国の3大中華街は，サンフランシスコ，ホノルル，ニューヨークといわれている。そのほか，サンフランシスコのジャパンタウン，ロサンゼルスのリトル東京，ニューヨークのイタリアン・クォーターなどが有名である。

▶3　移民が情報交換のために移住先で作る新聞。移

せた食料や特産品を売っていたり，新聞（エスニック・ペーパー）[3]が手に入ったり，故郷に送金ができたり，旅行代理店があったりします。医者，弁護士，不動産屋等のオフィスもあります。特定の移民集団の文化に関連したビジネスとしてはレストランがごく一般的ですが，それが同胞を集めるだけでなく，エスニック集団外からの顧客を集めるようになると，エスニック・ビジネスとしては大きな成功を納めたと言えます。代表的なのは中華料理（チャイナタウン）やイタリア料理（イタリアンクォーター）です。それが中国系，イタリア系の人々だけでなく，それ以外のエスニック集団の人々をも惹きつけるビジネスとなり，当該コミュニティの他のビジネスも盛り上げ，エスニシティ全体を押し上げる役割を担ったと，グレイザー（Glazer, N.）[4]とモイニハン（Moynihan, D.）[5]は述べています。しかしレストランやエスニックタウンを形成するほどの人口がなくても，最初からホスト社会の顧客をあてにして開店する場合もあります。日本のベトナム・レストランなどが好例ですし，現在世界的に展開している日本料理店や鮨店などは，現地の日本人だけを顧客に想定しているわけではないでしょう。

エスニック・ペーパーの発行は同胞の言語での読み書きができないと難しいですが，医者，弁護士なども同胞の言語に通じていることが顧客を集める要因となっています。医者，弁護士の仕事そのものは，移民集団の文化と関わりがなくても，サービスの対象が同胞となっており，言語をはじめ，その文化特有の機微に親しんでいることが顧客を集めるのに有利なのです。

しかしエスニック・ビジネスには文化的要因よりは本国との社会経済的要因と深く結びついているものもあります。近年，日本からの中古車貿易業者としてパキスタン人をはじめとする南アジア人が目立っており，配偶者が日本人であるケースが多くみられます。[6]日本での人間関係，本国での親族ネットワークなどを生かして培ったこのニッチ産業業者の中には，世界各国に支店を設けるところまで発展する者もあります。[7]

3 資源としての文化

文化は人々が生きていく上で身につき，無意識のうちに考えたり行動したりする様式でしたが，グローバル化した現代では，異文化の存在に気づきそれを楽しんで消費したり，また自らの文化を意識下に置いて積極的に資源化するということが起きています。観光開発の中では文化を経済的に利用することが大変重要になってきますが，文化の資源化は観光開発の場面に限りません。あるがままの文化というのではなく，見る人の側を意識して，ダンスや儀礼のさわりだけを演じたり，そこに演出を加えたり，料理が口に合うように工夫を凝らしたりという経済活動が，文化を変容させる要因ともなっています。[8]

（山本真鳥）

民の母語で書かれていることが多い。ボランティアが発行する非公式のものから，専従者が行うものまである。求人やコミュニティ内の情報のほかに，ホスト社会や移民の本国のニュースを扱う場合もある。日系新聞の代表例はハワイの『ハワイ報知』，ロサンゼルスの『羅府新報』，ブラジルの『ニッケイ新聞』など。

▶4　エスニシティ研究の社会学者（1923-2019）。カリフォルニア大学バークレー校を経て，ハーバード大学教授。エスニシティ（ethnicity）に関しては，IX「民族とエスニシティ」を参照。

▶5　民主党の政治家で外交官（1927-2003）。インド大使，上院議員など歴任。ネイサン・グレイザー，ダニエル・モイニハン著，阿部斉・飯野正子訳『人種のるつぼを越えて――多民族社会アメリカ』南雲堂，1986年。

▶6　工藤正子『越境の人類学――在日パキスタン人ムスリム移民の妻たち』東大出版会，2008年。

▶7　日本のエスニック・ビジネスについては，樋口直人編『日本のエスニック・ビジネス』（世界思想社，2012年）を参照。日本の外国人人口は増加しつつあり，今後のさまざまなエスニック経済活動の変化が観察可能となるだろう。

▶8　資源に着目した大型研究プロジェクトの成果が『資源人類学』シリーズ（全9巻，弘文堂，2007年）として刊行された。この文脈で特に重要なのは，山下晋司責任編集『資源化する文化』（第2巻）である。

V　性と婚姻

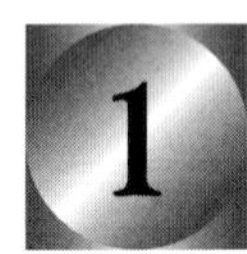

生殖と人間

生殖と性

「万物の霊長」とはいえ，人間はヒト属ヒト種（*Homo sapiens*）に属する動物にほかなりません。したがって，動物種として生き残り繁栄するためにヒトは他の動物と同様，雌雄が交尾して子を生み増やすという生殖行動を行います。生殖を効果的に行うため，多くの動物は通常1年の一定期間に集中して交尾をして子を生む繁殖期をもっています。ところがヒトは特定の時期に限定された交尾期（繁殖期）をもたず，1年を通じて繁殖（交尾）できる状態にあります。ヒトは言わば1年中「発情」しており，その意味で特異な動物と言ってよいかもしれません。◁1

▷1　ヒトは，他の動物に比べ，大人になる（性的に成熟する）までの期間が極端に長いという特徴も持っている。そのため，ヒトは，長期間にわたって子を安全かつ効果的に育てる社会的，文化的な制度を必要としたのである。

ヒトが1年を通じてつねに繁殖可能であるということは生殖に有利です。繰り返し頻繁に交尾（性交）することは特定の雌雄（男女）にきずなを作り，生殖後の子育てを確実なものとします。しかしその反面，性（交尾や性交）をめぐる過当な競争や混乱というやっかいな問題をもたらします。そこで性をめぐる過度の競争や混乱を回避し，確実に生殖を行って集団を存続させるために人間が作り出した文化的ルール，ないし社会的制度が婚姻（結婚）制度です。婚姻制度を作り出し，それを維持することによって人間は，性と生殖を効果的にコントロールすることができるようになりました。

婚姻を通した性と生殖のコントロールは，人間の社会や文化のあり方を考える上できわめて重大な意味をもっています。婚姻は性と生殖のコントロールであるばかりでなく，ばらばらになりがちな個々の人間を集団として組織し，社会を形成する手段を提供します。婚姻を通して特定の男と女が永続的なカップル＝夫婦となり，その夫婦と2人の間に生まれた子が1つの家族を作ります。また，婚姻（夫婦）や家族（親子）関係が拡大することによって，親族集団などのより規模の大きな社会集団が形成されます。

性と生殖のコントロールの仕方，そしてまたそれを制度化した婚姻などのあり方は，以下で述べるように，社会や文化ごとにきわめて多様です。このことは，現在私たちが慣れ親しんでいる性と生殖のコントロールの仕方や制度がけっして唯一絶対のものではなく，社会や文化などの状況の変化に応じて変わりうるということを示唆しています。

2 民俗生殖理論

ところで，私たちはヒトが子を生み増やすためには，まずもってオス（男）とメス（女）が交尾（性交）しなければならないと考えています。生物学的に言うならば，後に述べる人工生殖技術を用いない限り，それは疑いようのない事実です。しかし，世界中のさまざまな社会を見渡せば，すべての人がそのように考えているわけではありません。生殖には男か女の一方のみで十分だと考えていたり，男と女が生殖で果たす役割に差を認めたりするような社会もあります。

たとえば，ニューギニアの北東海上に位置するトロブリアンド諸島民は，かつて子どもが生まれるのは男と女が性交するからではなく，母方祖先の霊が女性の身体に入り込み生長するからだと考えていました。男の役割は，性交によって女の身体に霊の通り道を開けることにすぎないというのです。トロブリアンド諸島民の社会は女性の系譜を重要視する母系（制）社会[2]ですので，生殖においても女性のつながりが強調されていたのだと思われます。

これに対し，男女が補いあうことによって子が生まれるとする社会もあります。たとえば，中国の多数派民族である漢民族の伝統的生殖観では，子は男の精液が女の子宮で育まれることによって生まれ，父からは「骨」を，母からは「肉」を与えられると考えられていました。漢民族は男性の系統を重要視する父系（制）社会ですが，生殖においては，男と女が互いに補いあっていると考えていると言ってよいでしょう。

人類学では，特定の民族や地域社会などに特有な生殖理論（生殖観）を「民俗（folk）生殖理論[3]」と呼びます。それぞれの社会は，その社会特有の民俗生殖理論に基づいて性や生殖をコントロールし，婚姻や家族・親族集団の形成を制度化しています。

3 生殖の生物学的次元と社会的次元

生殖に果たす男の役割が強調されないような社会であっても，男の生物学的な役割がまったく知られていないわけではありません。そうした社会の人々は家畜の飼育や作物の栽培に日々たずさわることで，むしろ私たちよりも男（オスやオシベ）が生殖に果たす役割に精通しているでしょう。にもかかわらず，社会生活を送る上で，生殖に果たす男女の役割を強調しなかったり等閑視したりする社会があります。そこで，人類学では，生殖の生物学的次元と社会的次元とを概念上区別し，「父」と「母」を，(1)生物学的（遺伝学的）な意味での父と母，(2)民俗生殖理論上の父（ジェニター genitor）と母（ジェニトリックス genitrix/genetrix），(3)社会的次元での父（ペイター pater）と母（メイター mater）に分けています[4]。

（上杉富之）

▶2　家族や親族集団などが母方の系統によって形成されている社会を「母系（制）社会」と言う。これに対し，父方の系統によって形成されている社会は「父系（制）社会」と言う。母系（制）社会では地位の継承や財産の相続などは母の系統を通じて行われ，父系（制）社会では父の系統を通じて行われる。VI-3「出自と祖先」を参照。

▶3　人類学では，特定の民族や地域などに古くから伝わっている風俗や慣習，芸能，音楽などに「民俗（folk）」を付して呼び，現代的なものから区別する。VI-4「現代社会と家族・親族」を参照。

▶4　生物学（遺伝学）が民俗生殖理論と一致する欧米や日本などを対象とする場合には，生物学的（遺伝学的）な意味での父／母がジェニター／ジェニトリクス，社会的（法的）な意味での父／母がペイター／メイターとなる。

参考文献

須藤健一・杉島敬志編，『性の民族誌』人文書院，1993年。

V　性と婚姻

2 性と生殖のコントロール

1 インセスト・タブー

世界のほぼすべての社会で見られる性ないし生殖をめぐる規制に，親子・家族や近親のあいだでの性交渉の禁止（したがって婚姻も禁止）があります。この禁止を破ると雷に打たれて死んだり作物が実らなくなったりするなど，なんらかの超自然的な制裁（罰）を受けると考えられていることから，特に「インセスト・タブー（incest taboo 近親相姦禁忌）」と呼ばれます。

インセスト・タブーとされる近親の範囲は社会によって異なります。通常，親子（母子，父子）や兄弟姉妹の範囲を中心に，オジ－メイ，オバ－オイ，イトコなどへと拡がっています。キリスト教社会では，親子や兄弟姉妹，オジ－メイ，オバ－オイ，（第１）イトコまでがインセストの範囲と考えられています。しかし，日本ではイトコ間の婚姻が許容されている事実からもわかるように，イトコ間の性交渉は必ずしもインセストとは考えられていません[1]。

▶１　古代エジプトやインカ帝国では，インセストの禁止・忌避とは逆に，王とその娘や姉妹との婚姻，したがってまたインセストが記録されている。王のインセストは，王の神聖性や権威を示すものと解釈されている。

インセスト・タブーの起源については，今までにさまざまな仮説が提唱されてきました。たとえば，人間はだれでもインセストの欲望をもっているが，それを無意識の底に抑圧しているのだとするフロイト（Freud, S.）の「本能的欲求抑圧説」，子どものころから日常的に接していると，性的関心が起こらないとするウェスターマーク（Westermarck, E.）の「生育環境説」，インセストは家族内に性的競争や嫉妬をもたらし，家族内の地位を混乱させるとするマリノフスキー（Malinowski, B.）の「家族混乱説」，性的関心を親子や家族などの近親の外に向けて，子をより広い社会に適応させるとするパーソンズ（Parsons, T.）の「社会化説」などがあります。また，同系交配によって遺伝的な悪影響が現れるとする「同系交配有害説」や，かつては寿命が短かったので，親子等の世代の違う近親のあいだでは性交渉がそもそも不可能であったとする「人口学説」などもあります。しかし，近親間で性的関心が生じないとするならば，なぜ近親相姦を禁止する必要があったのかというような疑問が提出されており，いずれの説もインセスト・タブーの十分な説明にはなっていません。

フランスの人類学者レヴィ＝ストロース（Lévi-Strauss, C.）は，近親相姦（近親間の性交渉）の禁忌そのものではなく，近親婚（近親間の婚姻）の禁忌に焦点を当てて独自の理論を展開しています。レヴィ＝ストロースによると，近親婚禁忌の本質は，自分の娘や姉妹を婚姻の対象とすることを禁止して（したがって性的対象としても禁止)，他の集団の男性に与えることにあり，これは女性を媒介にした集団間のコミュニケーションや結びつきを促進することにほかならないと説きます。レヴィ＝ストロースの理論は，インセスト・タブーによって集団間のコミュニケーションや連帯が達成されることを強調することから，インセスト・タブーに関する「連帯理論（alliance theory)」とも呼ばれます。

レヴィ＝ストロースの理論はまた，インセスト・タブーによって集団そのものが生成されるメカニズムをも明らかにしています。つまり，インセスト・タブーの範囲内が自集団で，範囲外が他集団となるということです。レヴィ＝ストロースは，性と生殖のコントロールとしてのインセスト・タブーを通して，人間社会が根本から秩序づけられることを示したのです。

2 セックス，ジェンダー，セクシュアリティ

ここまでは性をめぐる問題を「性」として一括して論じてきました。しかし，性および生殖のコントロールを通して，社会がいかに秩序づけられているかをより明確にするためには，性をセックス（sex)，ジェンダー（gender)，セクシュアリティ（sexuality）の３つに分けて考える必要があります。

通常，セックス（生物学的性差）は先天的かつ遺伝的に決まり，生涯にわたって固定していると考えられています。そして，多くの社会では，セックスに基づいて人を男女に振り分けるジェンダー（社会的性差）があります。ジェンダーには規範があり，男女それぞれに相応しいとされるジェンダー・ロール（性別役割）が決められています。たとえば，女は子を宿し産むことから育児や採集ないし家内の仕事がふさわしく，男は狩猟や漁撈，戦闘などにたずさわって女性や子どもに食料を調達し，集団を守るなど家外の仕事がふさわしいとされます。このような二元論的ジェンダー規範がさまざまな社会・文化で広く見られるため，既存のジェンダー（社会的性差）観は，あたかもセックス（生物学的性差）に基づいた「自然の掟」のごとくみなされる傾向にあります。

同様に，性的指向や性自認，性表現などに関わるセクシュアリティも二元論的に規定され，コントロールされる傾向にあります。相補的役割を担うとされる男と女を婚姻によって結びつけ，子を生み・育てる場としての家族を形成させるためには，(1)生物学的性差に基づいて各人が男ないし女であることを自覚し（性自認 sexual identity)，(2)男が女を，女が男を指向し（性的指向 sexual orientation)，(3)性自認や性的指向にふさわしい言葉遣いや服装，しぐさなどをする（性表現 sexual expression）といった，セクシュアリティの方向づけが必要です。[◁2] かくして，日本を含む多くの社会ないし文化で，セックス，ジェンダー，セクシュアリティのすべての面で,「性」を男と女という二元論的な対立関係ないし相補的関係として秩序化し，それに基づいた婚姻や家族，親族制度などを作り上げてきたのです。

（上杉富之）

▷2　このような男女二元的な異性愛指向に基づくセクシュアリティの方向づけは，必ずしも直截的には表明されない。むしろ，多くの社会では同性愛を禁止し，嫌悪，侮蔑することで無意識のうちに私たちを異性愛指向へと誘導する。つまり,「自然の摂理」と考えられているセクシュアリティさえもが，社会的・文化的にコントロールされているのである。

参考文献

風間孝・河口和也・森如子・赤枝香奈子『教養のためのセクシュアリティ・スタディーズ』法律文化社，2018年。クロード・レヴィ＝ストロース著，福井和美訳『親族の基本構造』青弓社，2000年。

V　性と婚姻

3 婚姻のルール

1 婚　姻

性と生殖をきわめて効果的にコントロールする文化的ルール，ないし社会的制度が婚姻（結婚）です。すべての社会でなんらかの意味での婚姻が見られますが，その範囲や形態・機能，婚後の居住形式などは社会ごとに大きく異なっています。ここで，試みに婚姻を生殖（子どもを産み育てる）という機能を重視して暫定的に定義しておくと，婚姻とは，(1)男と女の間の，(2)性的接近を互いに，ないし一方的にコントロールし，(3)生まれた子の嫡出性（財の相続や地位の継承などを正当化する論拠）を社会的・法的に保証するとともに，(4)生まれた子を安全・確実に育てる家族を形成するような文化的ルールないし社会的制度，と言うことができるでしょう。[1]

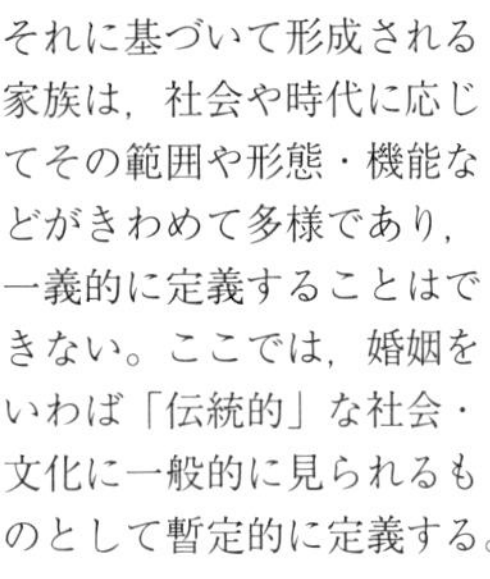

▶1　婚姻（結婚）およびそれに基づいて形成される家族は，社会や時代に応じてその範囲や形態・機能などがきわめて多様であり，一義的に定義することはできない。ここでは，婚姻をいわば「伝統的」な社会・文化に一般的に見られるものとして暫定的に定義する。

婚姻は当事者の男女を結びつけるだけでなく，夫（花婿）の親族と妻（花嫁）の親族など多数の人々を巻き込んで新たな社会関係を築きます。婚姻はしばしば当事者個人というよりも，むしろそれに関係する集団の存続や繁栄のための重要な制度となっています。そのため，それぞれの社会で婚姻についてのさまざまなルールが決められています。主なルールとしては，(1)どのような相手を妻や夫として選ぶのか（婚姻の範囲），(2)どのような婚姻をするのか（婚姻の形態），(3)どのような役割を果たすのか（婚姻の機能），(4)婚姻後はどこに住むのか（婚後の居住規則）などがあります。

2 婚姻の範囲

❍内婚・外婚

婚姻には通常，性の排他的享受（婚外者との性交渉の禁止）と生殖（子を生み育てる）がともなっています。したがって，性交渉が禁止された近親の範囲では婚姻が認められていません。場合によっては，さらに広い範囲での婚姻が禁止されていることもあります。婚姻の相手をある特定の集団の外部から選ぶ結婚を，「外婚（エクソガミー exogamy）」といいます。家族や親族集団の外から婚姻の相手を選ぶ場合がこれに当たります。これに対し，婚姻の相手をある特定の集団の内部から選ぶルールもあり，その場合は「内婚（エンドガミー endogamy）」といいます。南アジアのヒンドゥー社会に見られるカースト内婚がよく知られています。

▶2　人類学では，自己（ego）から見て，父の兄弟ないし母の姉妹の子を，同一（平行）の性別をたどるという意味で「平行（parallel）イトコ」と呼ぶ。これに対し，父の姉妹ないし母の兄弟の子は，反対（交差）の性別をたどるので「交差（cross）イトコ」と呼ばれる。

❍イトコ婚

婚姻の相手としてイトコが優先されたり，規定されたりしている社会があります。アラブ社会やギリシアでは，かつて父方の平行イトコ（男性から見て父の兄弟の娘）との結婚が好まれていました（図5-1）。これらの社会は父の系譜をたどって集団を形成する父系（制）社会ですが，父方の平行イトコとの婚姻を優先することで，部族などの父系出自集団が保有する財産の分散を防いでいました。一方，オーストラリアの狩猟採集民社会や南インドの農耕民社会などでは，かつて母方の交差イトコ（男性から見て母の兄弟の娘）との結婚が優先されていました（図5-2）。母方の交差イトコと婚姻を結ぶことで，狩猟採集グループ相互の広範囲のネットワークを維持することができたのです。[2]

3 婚姻の形態

男女のあいだで結ばれる婚姻は，当事者の男性ないし女性が1人か複数かによって多様な形態をとります。まず，1人の男性と1人の女性が婚姻する「単婚ないし一夫一婦婚（monogamy）[3]」と，男女どちらかが複数である「複婚（polygamy）」に区別されます。後者の婚姻形態はさらに，1人の男性と複数の女性が結婚する「一夫多妻婚（polygyny）」（イスラーム社会など）と，1人の女性と複数の男性が結婚する「一妻多夫婚（polyandry）」（インドのナーヤル族社会など）に分けられます。複数の男性と複数の女性が結婚する集団婚も理論的には考えられますが，実際にそれを制度化していた社会はないとされています。

4 婚姻の機能

婚姻はさまざまな機能（役割）をもっていますが，集団や社会を秩序づけて維持・継続するという観点から特に重要なのは，生まれた子に財の相続や地位の継承などを保証する社会的・法的な根拠，すなわち「嫡出性」を与えることにあります。また，婚姻は嫡出性をもつ子を安全かつ確実に育てるための家族を形成する契機となっています。婚姻にはさまざまな形態が見られますが，いずれも各々の社会・文化で混乱や争いを避けて，効果的に生殖（子を生み育てる）を達成する文化的ルールないし社会的・法的な制度となっています。

5 婚後の居住規則

婚後の居住についても一定のルール（居住規則）があります。それに応じて婚姻を通して形成される集団の構造や社会の性格が決まります。婚後の居住規則には，(1)新処居住（夫婦が自ら選んだ場所に独立した世帯をかまえる），(2)父方居住（夫婦が夫の父親の家族と同居ないしその近くに住む），(3)母方居住（夫婦が妻の父親の家族と同居ないしその近くに住む），(4)オジ方居住（夫婦が夫の母方のオジと同居ないしその近くに住む）などがあります。[4]

（上杉富之）

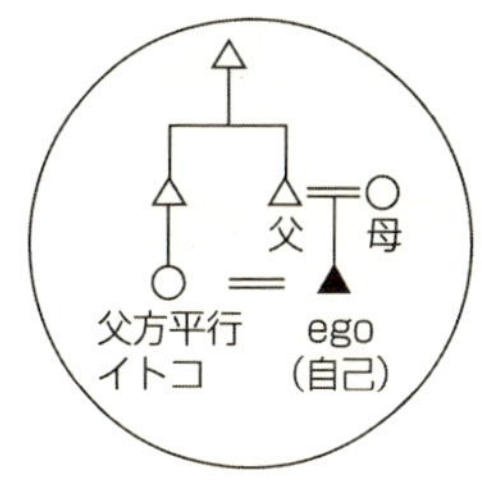

図5-1 父方平行イトコ婚

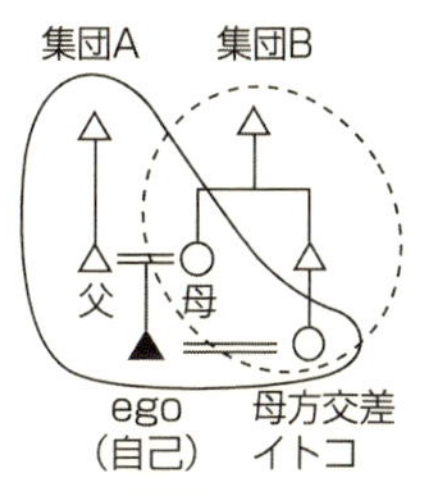

図5-2 母方交差イトコ婚

▶3 単婚（一夫一婦婚）の結果成立する夫婦とその未婚の子からなる家族は特に「核家族（nuclear family）」と呼ばれ，人類社会に普遍的に存在するとされる。これを「核家族普遍説」と呼ぶ。

▶4 そのほか，財産等が母から娘へと相続されていたインド南部ケーララ州に住むドラヴィダ族や，古代の日本社会では，夫が妻の下に通う「妻問婚」を行っていた。そこでは夫婦は婚後もそれぞれの生家に留まっていた。

参考文献

Olson, D. H. et al., *Marriages and Families: Intimacy, Diversity, and Strengths* (7th ed.). McGraw-Hill, 2011.

White, J. M. et al., *Family Theories: An Introduction* (5th ed.). Sage, 2019.

V　性と婚姻

性と生殖，婚姻の分離

1 「生殖革命」

生殖の過程に人為的介入がなされる場合，それを「人工生殖」（医療分野では「生殖補助医療」）といいます。人工生殖には，子宮内に直接精子を注入する「人工授精」や，精子・卵子を体外に取り出して受精させる「体外受精」（およびその後の胚移植），さらには，配偶子（精子／卵子）を受精させることなしに生殖を行う「クローン技術」などがあります。

体外受精は，人類が史上初めて人体外で生命の誕生（受精）を成し遂げた画期的な技術です。[1] 1978年には，イギリスで世界初の体外受精児（いわゆる「試験管ベビー」）が誕生しました。以来，人工的な生殖技術（「生殖補助医療」）は急速かつ高度に進歩し，今では体外受精・胚移植はごく一般的な不妊治療法として普及しています。日本では婚姻カップルの6組に1組が不妊といわれていますが，2021年現在，年間7万人近くの子ども（6万9,797人。全出生児の11.6人に1人）が体外受精・胚移植で生まれています。

体外受精・胚移植の実用化以降，配偶子（精子／卵子）や胚の凍結保存技術などの技術，あるいは配偶子の提供（精子／卵子バンク）や代理母出産などの医療の制度化が急激に進み，生殖への人為的介入はきわめて高度になっています。言うまでもなく，生殖技術の進歩は技術的変革だけにとどまらず，私たちの社会（婚姻や家族など）や文化（生命や性，生殖観など），生命倫理などを根底から変革しつつあります。それゆえ，体外受精児誕生以降の生殖技術の変革と，それにともなう社会・文化の変革は「生殖革命」とも呼ばれます。

2 性と生殖の分離

人工生殖，なかでも体外受精・胚移植は性行為なしで生殖することを可能にし，これまで不可分に結びついていた性（性行為）と生殖（子を生み育てること）を分離しました。人工授精や体外受精では男女の性交なしに子を得ることができます。クローン技術を用いた生殖に至っては性交が必要でないだけでなく，男性ないし女性そのものが必要でなくなるともいわれています。

生殖革命とともに性と生殖の分離を急激に進めたのは，「性革命」と人工妊娠中絶の合法化です。生殖革命に先立ち，1960年代以降，欧米では性革命の名のもとに性の自由化が進んでいました。効果的で安全な経口避妊薬（ピル）の

▶1　体外受精技術を開発した功績により，イギリス人生物学者エドワード（Edward, R.）は2010年にノーベル生理学・医学賞を授与された。

▶2　アメリカでは，1973年に人工妊娠中絶が合法化されたが，それ以来，現在に至るまで，「プロ・チョイス派（pro-choice 女性の中絶の権利擁護派）」と「プロ・ライフ派（pro-life 胎児の生命尊重派）」は，アメリカの社会を二分する激しい「文化戦争（culture war）」を繰り広げている。

▶3　不妊夫婦の妻の代わりに，子を妊娠・出産する女性を「代理母」（サロゲート［surrogate］・マザー，ホスト・マザー）という。李氏朝鮮ではかつて，不妊夫婦の夫が妻以外の第三者女性と性交渉をもって子を妊娠・出産する「シバジ」という慣習があったが，そのような女性も「代理母」とみなせる。

▶4　高齢不妊女性の卵子の核を，若い第三者女性の核を抜いた卵細胞の中に注入する先端的な不妊治療法（「卵子の若返り法」）では，「卵子の母」がさらに「卵核の母」と「ミトコンドリアの母」に分散する。

▶5　人工授精型の代理母が産んだ子（ベビーM）の親権や養育権などをめぐり，アメリカで1980年代半ばに争われた一連の裁判事件

開発・実用化により，性（性行為）は「生殖の性」と「快楽の性」とに分離しました。また，アメリカではフェミニストらによる女性解放運動の結果，1970年代初めに人工妊娠中絶が合法化されましたが，これにより性と生殖の分離がさらに促進されることになりました。[2] 近年，より効果的で安全な経口（妊娠）中絶薬が開発され，欧米のみならず日本でも承認（2023年）されましたが，性と生殖の分離はますます進むでしょう。

生殖革命や性革命，人工妊娠中絶の合法化，より効果的で安全な避妊・人工妊娠中絶技術の開発，さらには近年の離婚や再婚，および非婚の急増などにより，かつて自明視されていた「性」と「生殖」と「婚姻」の三位一体的な結合が急速かつ確実に分離・解体しつつあります。

不妊カップル
父 母
精子 卵子
人工授精
子

（1）夫婦間の人工授精
（配偶者間人工授精）

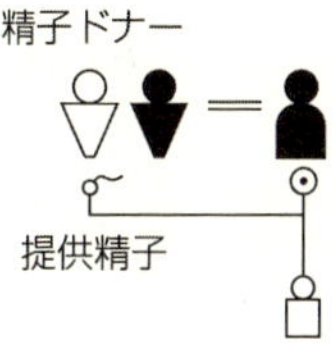

（2）提供精子の利用
（生物学的父と
社会的父の分離）

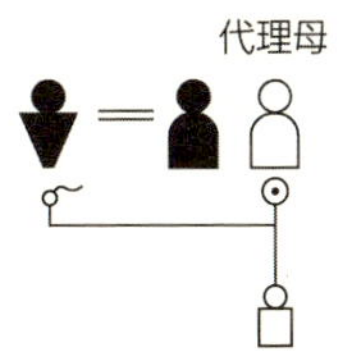

（3）代理母（人工授精型代理母）の利用
（生物学的母と社会的母の分離）

図5-3 人工授精による出産例

3 「生殖革命」と親子・家族

生殖革命の進行にともなって，性と生殖と婚姻の一致という大前提が崩れた結果，これまで当然視されていた親子や家族関係も再検討せざるをえません。

提供精子の利用や体外受精型代理母（「借り腹」）による妊娠・出産などにより，これまで同一人物であった生物学的親も複数の人間に分離しています。たとえば，提供精子を使って妻が子を産んだ場合，精子を提供した男性は生物学的父（ジェニター），妻の夫が社会的・法的父（ペイター）となり，父が2人の男性に分離します（図5-3の(2)）。同様に，夫婦の精子・卵子を体外受精させた受精卵（胚）を代理母[3]の子宮に移植した場合，生物学的な母（ジェニトリックス）さえもが「卵子の母」と「子宮の母」に分離します（図5-4の(2)[4]）。

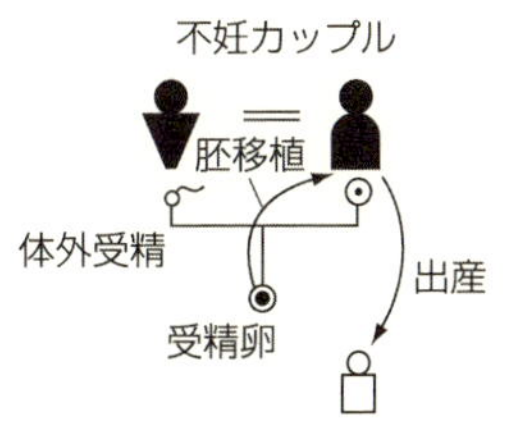

（1）夫婦間の体外受精

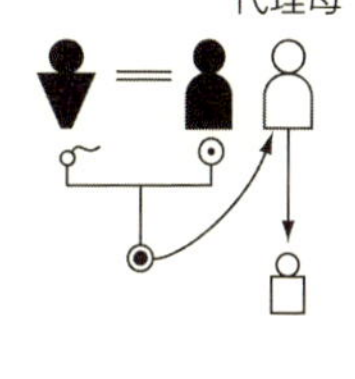

（2）代理母（体外受精型代理母）の利用（生物学的母が「卵子の母」と「子宮の母」に分離）

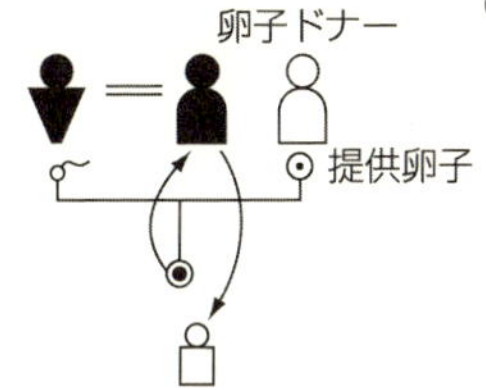

（3）提供卵子の利用

図5-4 体外受精による出産例

人工生殖によって父や母が分離・分散した場合，通常は法的な措置を講じて1人の父と母が確定されます。たとえば，妻が提供精子を利用して子を産んだ場合，ふつう精子ドナー（精子提供者）は父の権利を放棄したものとみなされ（父としての義務も免責される），妊娠・出産した妻（ジェニトリックスかつメイター）の夫が法的な父（ペイター）と確定されます。代理母が他人の受精卵（胚）を妊娠・出産した子については，しばしば依頼者女性が母（メイター，「意思の母」）となり，代理母は母としての全権利を放棄します。しかし，アメリカで自らの卵子を人工授精させて子を産んだ代理母（人工授精型代理母，図1の(3)）が，その子の親権を求めて起こした「ベビーM事件[5]」に見るように，当事者が生まれた子に対する母の地位をめぐって争ったこともあります。（上杉富之）

の通称。生まれる子を依頼人夫婦に渡すことに同意していた代理母が，妊娠途中で態度を変え，出産後も子どもを手放そうとしなかったために裁判となった。

参考文献

石原理『生殖医療の衝撃』講談社現代新書，2016年。
荻野美穂『中絶論争とアメリカ社会——身体をめぐる戦争』岩波書店，2001年。
山口真由『アメリカにおける第二の親の決定』弘文堂，2022年。

V　性と婚姻

性と生殖，婚姻の再編

性のスペクトラム

近年，生物学や医学分野の新たな研究に基づいて，従来の男性（オス）と女性（メス）を対置する二元論的な「性」（生物学的な性）のとらえ方が大きく見直されはじめています。生物学的な性別（セックス）は，これまでもっとも明確かつ安定的なものとみなされ，性のさまざまな側面を考える上で基準ないし出発点とされてきました。ところが，最新の生物学や医学研究によると，男女の区別は思っていた以上に複雑で，その境界は揺らいでいるといいます。

人の性別はXとYの2種類の性染色体の組みあわせによって決まり，通常，XYの組みあわせが男性，XXが女性になります。しかし，実際には，遺伝子型[1]がXYの男性であっても，表現型として精子産生能力の低下が見られたり（わずかな多様性），男性器に加え女性器をもったり（中程度の多様性），あるいは精巣と子宮・卵管・卵巣の両方をもったりする（高度の多様性。医学的には「性分化疾患」）ことがあります。また，遺伝子型がXXの女性においても，表現型に同様の多様性が広範に見られるといいます[2]。

遺伝子型に対応しない表現型を示す男性や女性は，これまで「異常」で「病気」だとみなされてきました。これに対し，最新の研究は，こうした多様性は一定の頻度で見られる常態であり，「普通」のこととみなします。その上で，そうした多様な男性や女性を，「典型的な男性」と「典型的な女性」を両端に置いた性別のスペクトラム（連続体，分布帯）の中に位置づけます。

最新の生物学や医学研究は，これまで「当然」と考えられてきた生物学的な男女の性別が，スペクトラムの中で連続的に変化・移行する，多様なものであることを明らかにしつつあります。このことは，生物学的な性別さえもがけっして明確で固定的なものではなく，揺らぐものであることを意味します。

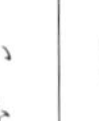

グラデーションとしての性

セクシュアリティ研究が進むにつれ，性自認（心の性）や性的指向（好きになる性）もきわめて多様であり，また，その多様性が連続的に変化・移行することが明らかとなってきています。

アメリカでは，かつて同性愛者（homosexual）は，その内実にかかわらず，一括して異性愛者（heterosexual）に対置されていました。その後，同性愛者内

▶1　XYやXXのような性染色体の組み合わせを「遺伝子型」，それによって決まる身体的特徴を「表現型」という。

▶2　性染色体の組み合わせについても，時として，XXY（クラインフェルター症候群）やXYY（ヤコブ症候群），XO（ターナー症候群）などの多様性（医学的には「染色体異常」）が見られる。

▶3　LGBTQQIAAPPO-2S（LGBT + Questioning, Queer, Intersex, Asexual, Ally, Pansexual, Polyamorous, Omnisexual, 2-Spirit）という略称も提唱されている。

▶4　ただし，グラデーションとしての性の中には，そもそも「性に関心がないasexualやaromantic」などを位置づけることはできない。

▶5　核家族（「基本家族」ともいう）については，VI-1「家族のかたちと居住空間」を参照。

の多様性が認識され，同性愛者の「名乗り」と「名付け」は，1970年代にはLG（Lesbian, Gay），1990年代以降はLGBT（Lesbian, Gay, Bisexual, Transgender）と徐々に複雑になっていきました。2010年前後からは，多様な性として間性（Intersex）や「当事者自身もよくわからない（Questioning ないしQueer)」，さらには「性に関心がない（Asexual ないし Aromantic)」も加わり，LGBTIQA（または LGBTQIA）などの用語が使われています。

図5-5 「性」のグラデーション

それぞれの「性」について「女性性」と「男性性」の度合いは徐々に変化する。
出典：「EcoNetworks」https://www.econetworks.jp/internatenw/2020/11/sogi/

性自認や性的指向，性表現の多様性，そしてそれらと密接に関連するジェンダーの多様性を取り込む試みは，現在，SNSというコミュニケーション・ツールの利用を通してさらに進み，世界的規模で性的マイノリティの名乗りや名付けを細分化し，複雑化しつつあります[3]。

近年，セクシュアリティやジェンダーなどに見られる性の多様性，特にそこに見られる連続的な変化や移行を明確にする試みとして，性をグラデーション（階調，段階的変化）の中でとらえることが提唱されています。

生物学や医学は，人の生物学的な性（性別）がきわめて多様であるという事実に直面し，性別を男女の二元論に基づいて決定することを見なおしています。そしてセックス（性別）をスペクトラムの中で位置づけようとしています。同様に，セクシュアリティ研究やジェンダー研究においても，セックス（身体の性）やセクシュアリティやジェンダーに見られる多様性を，性のグラデーションとして連続的かつ移行的にとらえなおしています。個々人で微妙に異なる性自認や性的指向，性表現，あるいはジェンダーの多様性は，性のグラデーションの中でより適切かつ効果的に自覚され，表現されるようになったのです（図5-5）[4]。

3 同性婚

近代以降の欧米社会，あるいは第2次世界大戦後の日本社会では，性と生殖は一夫一婦婚という婚姻制度と，夫婦と未婚の子どもからなる核家族[5]という家族制度の中に組み込まれ，固定されてきました。その結果，今では1組の男女が結婚して性行為を営み，子を産み育てるということが当然視されるようになっています。しかしその一方で，「生殖革命」や「性革命」などにより，一致することが自明視されていた性と生殖と婚姻の範囲が，これまでにないほど大きくずれはじめています。生殖や婚姻をともなわない性（性行為）や婚姻（夫婦）の範囲外での生殖は，今ではけっして珍しいことはありません。こうした潮流

▶6　登録という法的手続きを取った同性カップルに対して，相続・扶養・社会保障・税などの面で異性カップル夫婦と同等の法的権利を認める制度。類似の制度として，ドメスティック・パートナーシップ（domestic partnership）やシビル・ユニオン（civil union），シビル・パートナーシップ（civil partnership），連帯市民協約（PACS）などの制度がある。

▶7　オランダで，2001年に世界で初めて同性婚が法的に認められた。以来，欧米各国（カナダ2005年，スペイン2005年，フランス2013年，イギリス2014年，アメリカ全州2015年，ドイツ2017年など）や，オセアニア（ニュージーランド2013年，オーストラリア2017年），南米（アルゼンチン2010年，ブラジル2013年，メキシコ2015年など），アフリカ（南アフリカ2006年），アジア（台湾2019年）などに広がり，2023年8月現在，世界で30以上の国・地域で同性婚が合法化されている。

▶8　以降，日本各地で多数の自治体が同様の制度を導入し，2023年8月現在，同性パートナーシップ制度

の中で，性と生殖をコントロールしてきた婚姻制度も大きく変わりつつあります。

婚姻制度の変化との関連で近年日本でも特に関心を集めているのが，ゲイ・カップルやレズビアン・カップルなどの同性のあいだの婚姻，つまり同性婚です。1989年にデンマークで世界初の同性間の登録パートナーシップ制度[6]が導入されて以来，類似の制度，さらには同性婚そのものを認める国の数が徐々に増加しています[7]。日本でも，2015年には，東京都の渋谷区と世田谷区で同性間のパートナーシップ証明制度が導入されました[8]。

しかし，ゲイ・カップルやレズビアン・カップルが同性婚を希求するようになったのはそう古いことではありません。かつて同性愛者は固定的・安定的なカップルは作らず，したがって同性婚の合法化など要求するはずがないと思われていました。また，婚姻や家族制度を女性抑圧の最大の「敵」とみなすラディカル・フェミニズム（radical feminism[9]）の影響を強く受けていたレズビアンたち同性愛者の多くも，結婚制度は解体すべきものであると考えていました。しかし，1990年代以降，同性婚への要求は徐々に高まり，21世紀に入ってからは，同性婚ないしそれと同等の制度の導入を求める運動は欧米社会を中心に否定しがたい大きな潮流となっています。日本でも，2021年から2023年にかけて，同性婚をめぐる違憲裁判で司法（全国の5か所の地方裁判所）の判断が示されましたが[10]，同性婚容認の方向に動きつつあるようです。

4　クイア理論

性をめぐるさまざまな問題は，これまでセックス，ジェンダー，セクシュアリティの観点から研究されてきました。セックス（生物学的・身体的性差）とジェンダー（性別役割）については，主にフェミニズムやムやジェンダー研究の観点から差別や抑圧が暴露・糾弾され，解放運動が展開されてきました。一方，セクシュアリティ（性的指向や性自認，性表現）については，主にセクシュアリティ研究の観点から研究・運動が展開されてきました。

かつて，フェミニズムやジェンダー研究，セクシュアリティ研究からの研究や運動は，セックス，ジェンダー，セクシュアリティに基づくアイデンティティを，自明かつ固定的つまり「本質主義的[11]」にとらえる傾向にありました。そこでは，たとえば，異性愛者（ストレート）に対置された同性愛者（ゲイやレズビアンなど）の確固たるアイデンティティが強調されます。その結果，セクシュアリティの解放を求めていた当の同性愛者たちが，バイセクシュアル（bisexual[12]）やトランスジェンダー（transgender[13]）など，同性愛者と異性愛者のどちらにも属さない人，あるいはどちらにも属する人を排除し，差別・抑圧してしまうという自己矛盾に陥りがちでした。そこで，二元論的な差別化を前提としたアイデンティティ・ポリティクス（identity politics[14]）の罠を超え，セクシュアリティの連続性や多様性，および多元性を強調する理論ないし実践的戦略

を導入した自治体数はすでに300を超えている。

▶9　1970年代以降に強い影響力をもった急進的なフェミニズムの思想ないし運動の総称。女性の抑圧は男性中心の家父長制（patriarchy）に由来し，こうした女性の抑圧・支配構造があらゆる社会的権力構造の根源であるとみなす。

▶10　同性婚をめぐる違憲裁判について，2021年から2023年にかけて，札幌（2021年3月），大阪（2022年6月），東京（2022年12月），名古屋（2023年5月），福岡（2023年6月）の5つの地方裁判所があいついで判決を下した。同性婚を認めないのは「違憲」であるとする判決が2件（札幌地裁と名古屋地裁），「違憲状態」が2件（東京地裁と福岡地裁）であった。今後の上級審での審理が注目される。

▶11　性，人種，民族，階級などのカテゴリーには，共通した明確かつ不変の性質（本質）があるとする考え方。たとえば，ゲイやレズビアンは明確なアイデンティティをもち，それが生涯変わらないとするような考え方を指す。IX-3「本質主義と構築主義」を参照。

▶12　異性とともに同性に対して性的指向や性自認などをもつこと，ないしそうした人。

▶13　ジェンダー・アイデンティティ（性自認）と「出生時に振り分けられた性別」（おおむね生物学的・身体的性に一致）が異なっていること，ないしそうした人。

として構想されたのがクイア理論（queer theory）です（クイア研究 queer studies ともいう）。クイア理論ないしクイア研究におけるセクシュアリティのとらえ方は，性の多様性をスペクトラムないしグラデーションの中に位置づける近年の性のとらえ方に先行し，軌を一にしているといえるでしょう。

ところで，セクシュアリティの多様性や連続性の強調に端を発したクイア理論は，1990年代以降，さまざまな分野で応用されつつあります。婚姻や家族のあり方についても，クイア理論はこれまでとはまったく異なった構想を提示しています。それはラディカル・フェミニズムやセクシュアリティ研究と比較すると明らかになります。

まず，ジェンダー差別の解消をめざすラディカル・フェミニストは，かつて性と生殖を女性抑圧の根源と考えていました。そして，婚姻や家族制度を性と生殖に基づく女性の抑圧が埋め込まれたものとして，長らくその解体を主張してきました。また，セクシュアリティ研究では，性（性愛）を享受すべき肯定的なものとしてとらえますが，セクシュアリティの自由を強調するがゆえに，それを固定化する婚姻や家族制度の解体をしばしば主張してきました。

これに対し，クイア理論は婚姻や家族制度そのものを必ずしも敵対視せず，それらの全面的な解体も主張しません。クイア理論はむしろいったん既存の婚姻や家族制度を認め，その中に同性婚や同性カップル家族などクイア（変則的ないし多様）な要素も取り込んで，内部から制度を変えようとしています。[15]

5 性と生殖，そして婚姻のこれから

近年，一方では，先端的な生殖技術（生殖補助医療）の開発や実用化により，子の生み方という意味での生殖はきわめて多様化しています。他方では，そうした技術の進歩にともない，あるいはそれと同時に，子を育てるという意味での生殖もきわめて多様化しています。

こうした生殖技術の多様化や性・婚姻をめぐる社会・文化観や制度の多様化は，伝統的な価値観や制度を複雑化し，混乱・逸脱させるものとして否定的にとらえられることがあります。しかしながら，こうした多様化は，個人の多様なあり方や生き方を重視して尊重するという，現在のより広範な社会や文化の変化に対応して進んでいます。今後もこの潮流は続くことでしょう。

生殖（子を生み，育てること）を確実かつ効果的に達成するためには，かつてのように「生殖」と「性」，および「婚姻」を三位一体的にとらえてコントロールし，制度化するのがもっとも適切かもしれません。その意味では，今後もしばらくは，男と女をめぐる二元論的な性や生殖，婚姻の見方や考え方が私たちの社会や文化の基調となるでしょう。しかしながら，近い将来，私たち個々人が選択する性や生殖，婚姻の多様性を反映した新たな社会や文化が構想・提示され，実現される可能性も否定できません。（上杉富之）

▶14 差別・抑圧されたマイノリティが，差別・抑圧するマジョリティに同化・迎合するのではなく，逆に，マジョリティとの差異を強調することによって，現実社会で発言力を強めていこうとする社会・政治理論や運動。

▶15 たとえば，前述したレズビアン・カップルに対する2次親養子縁組制度の導入・拡大のほかに，人工授精の際の精子ドナーにも部分的な父の権利を認める新たな概念「限定的父（limited father）」の提唱や，子作り・子育てに参加するすべての親を「共同親（co-parent）」とみなす試みなどが挙げられる。

参考文献

赤杉康信・土屋ゆき・筒井真樹子編『同性パートナー——同性婚・DP法を知るために』社会批評社，2004年。小泉明子『同性婚論争——「家族」をめぐるアメリカの文化戦争』慶應義塾大学出版会，2020年。橋本英雄『性のグラデーション——半陰陽児を語る』青弓社，2000年。森山至貴『LGBTを読みとく——クィア・スタディーズ入門』筑摩書房，2017年。諸橋貢一郎『オスとは何で，メスとは何か？——「性スペクトラム」という最前線』NHK出版，2022年。山口真由『アメリカにおける第二の親の決定』弘文堂，2022年。「揺れる性別の境界」『Nature ダイジェスト』12巻5号，2015年，24-28頁。Lehr, V., *Queer Family Values: Debunking the Myth of the Nuclear Family*. Temple University Press, 1999.

VI　家族と親族

家族のかたちと居住空間

家族とは一体なんでしょう？　地球上どこの人間社会でも，夫婦がいて子どもが生まれ，それらが一緒に生活するのは，一見当たり前のことのように思え，その意味で家族を形成することは人類に普遍的な現象に思えます。しかし，どの範囲までを家族の一員と考えるか，内部の人間関係がどのようであるかは文化によって異なります。つまり，家族のかたちも実は文化により多様なのです。

1　家族をあらわす民俗語彙

「家族」ということばは日本語ですが，現在使われているような意味でこのことばが使われだしたのは，せいぜい明治末期以後のことと思われます。それ以前には,「イエ」あるいは「イエの者」ということばがだいたいこれに対応しました。現代中国語では「家庭（チアティン)」ということばが使われますが，これも少し堅い表現で，もっと口語的には「家（チア)」ということばで呼ばれます。韓国・朝鮮語ではチプ，ベトナム語ではニャー，ヒンディー語ではクトゥンブ，モンゴル語ではアイルなどというように，それぞれの社会には，概ね日本語で「イエ」や「家族」，英語なら “family” と訳せそうなことばが存在しています。

では，こうしたことばが細かなニュアンスまですべて完全に同じかと言えば，当然ながらそうではありません。たとえば，日本語の「イエ」の場合，それは生活の場である住居そのものを指すことばでもあり，また「イエを継ぐ」ということばに代表されるように,「イエ」は世代を超えて存続してゆくべきものと観念されていましたが，それを「継ぐ」者は血縁者とは限りませんでした。実子がいない場合には,「両養子」[1]といって赤の他人を後継者に迎えることもあったからです。これに比べれば，中国語の「家（チア)」にしてもヒンディー語のクトゥンブにしても，血の繋がった近親者というニュアンスがもっと強く，その要素を抜きにしては成り立たない概念となっています。

さらに別の社会に目を向ければ，ハンガリー語では，家族に該当しそうなことばにはハーズネップとチャラードという2語があり，前者は生活を共にしている共住集団，後者は親兄弟配偶者などの近親者のまとまりを指すのだそうです。日本語の「家族」に対応しそうな民俗語彙も，文化ごとに微妙なニュアンスのズレを示しているのです。

▶1　日本の「イエ」において，それを継承すべき実子がいない場合，養子または養女を外部から迎え，さらにその配偶者も外部から婚入する形態の世代継承を指す。男の実子（ムスコ）ではなく，女の実子（ムスメ）に外部から配偶者として男子を迎え,「イエ」の継承者とする形態が「ムコ養子」であるのに対し,「両養子」では「イエ」を継承する次世代の成員が，男女ともに前世代の直系子孫でないことになる。血縁の連続を重視する社会では，こうした形態は家族関係の正統な継承とはみなされない場合も多いが，日本では少なくとも近世期から近代初期にかけて，社会通念上も制度上もイレギュラーな措置とはみなされず，むしろ社会の上流のいわゆる「名家」ほど，実子の後継者に欠ける場合には血縁関係のない他の「名家」から養子を迎えることが頻繁に行われる傾向にあった。

2 家族と世帯

社会学や文化人類学，歴史学など，家族の研究に取り組んできた諸分野では，日常生活を共にしている人々の単位としての世帯（household）[2]と，親子・兄弟・夫婦関係で繋がった近親者の単位としての家族（family）を区別することを基本にしています。世帯は共同生活という目に見えるまとまりをともなうので，第三者が観察したり調査することによって把握しやすいし，また行政の側からもしばしば住民管理の基本単位として使われます。現在の日本でも，10年に1度の国勢調査の際に実施されるのは，「世帯調査」であって「家族調査」ではありません。

これに対し，家族のほうは誰と誰がどんな血縁関係かということは第三者にはすぐにはわかりにくいものです。またそれが判明していても，どの範囲までが家族の成員なのかは当事者の認識の問題であって，観察で明らかにすることは容易でないし，場合によっては当事者自身にとっても曖昧であることもあるでしょう。たとえば日本では，一緒に暮らしている親・兄弟・配偶者を家族成員と思う点ではほとんど異論がないとしても，祖父母についてはどうでしょうか？　いわゆる「三世代同居」により一緒に暮らしていれば，家族の一員とみなすかもしれませんが，離れて暮らしている場合には含めないこともあるでしょう。就職が決まって一人暮らしを始めた兄や，結婚して家を離れた姉は家族か？　などと考えてゆくと，家族とそれ以外の者の境界は一義的ではなく，かなり曖昧だったり揺れ動いたりしているように見えます。

3 家族のかたち――文化による多様性

このように家族の範囲を決めるのは個人の認識の問題であり，それゆえにある種の曖昧さをともないます。しかし，それでは誰を自分の家族と認識するかは個人の勝手なのかというと，けっしてそうではありません。社会ごとに理想的あるいは少なくともノーマルとみなす「家族像」が存在していて，大なり小なりその社会内部で暮らす人々はそれを気にしながら生活してきました。つまり，社会ごとにどのような関係のどの範囲の人々までを直近の身内とみなすかについて，一応の文化的な規範が存在していると考える必要があり，その規範が異なれば，ノーマルとみなされる家族のかたちの範囲も当然異なるのです。

たとえば，イギリスでは結婚した子ども[3]は必ず親元を離れて独立すべきという観念が強く，男にとっても女にとっても結婚は親の family から出て新しい自分の family を形成することを意味します。だから，日本的な意味での「三世代同居」型の祖父母を含む家族は成立しにくいのです。もちろん，老父母の病気などの理由で，一時的に同居の措置が行われることはあるにしても，けっしてそれが常態あるいは望ましい形態とはみなされません。この結果，イギリス

▶2　日常的に同居し，食事を共にするなど消費の共同をともなう，生活上の基本単位。行政による住民管理においても，しばしばその基本単位として用いられる。居住や経済生活上の単位であるので，調査者が外部から観察することである程度まで把握することができる。

▶3　同じヨーロッパでも，東欧や南欧では単数または複数の子どもが結婚後も親元に残ることは特段奇異なこととはみなされず，あるいはむしろそれが望ましいとみなされる場合も少なくなかった。もっとも，そのように子どもが結婚後も親元にとどまるか否かは，居住スペースや生活資源の問題とも直結しており，同じ社会の中でも富裕層と貧困層とでは実際の居住パターンが異なる傾向を示すことも希ではなかった。ただし，家族の形態はすべてそのような物理的・経済的条件によって決定されるわけではなく，後述の「子どもの残留規則」のように，それぞれの社会には家族の望ましい「かたち」に関するなんらかの社会的な規範が存在したとみなすことはできる。

（1）基本家族

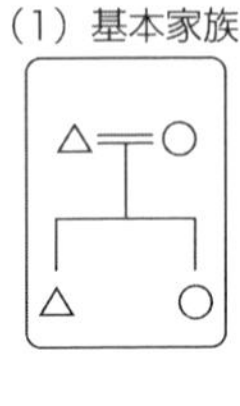

（2）直系型拡大家族

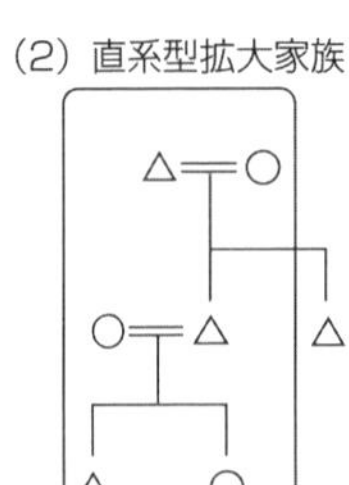

（3）傍系型拡大家族

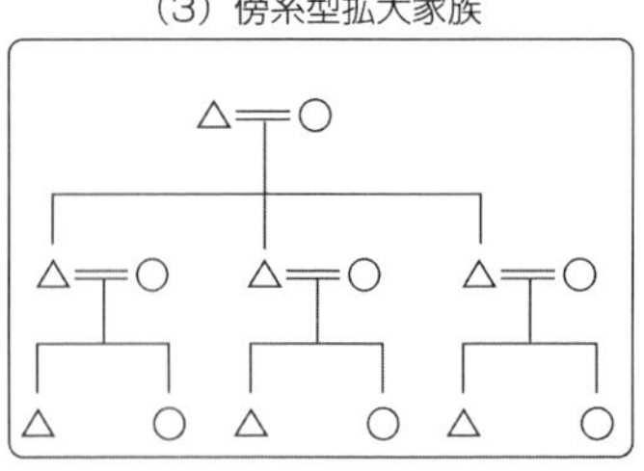

図 6-1　家族の構造図

人にとっての家族は，一組の夫婦を基本とし，それに結婚前の子どもたちが付け加わったかたちとなります。このような家族形態を分析用語では基本家族（elementary family）[4]と呼びます。その構造図を示せば図 6-1 の（1）のようになります。

ちなみにこのような基本家族の形態は，社会の産業化・近代化にともなって生ずるいわゆる「核家族化」の結果として生み出されるという考えもありますが，少なくともイギリスの場合には，産業革命以前からこのような小家族の形態が一般的であったとされています。また，スリランカのシンハラ人のように，たとえ親子関係があっても複数組の夫婦が食事を共にしてはならないというタブーがある社会では，やはり直近の身内の単位として認識されるのは基本家族の範囲を超えることはありません。だから，こうした基本家族をノーマルとする家族観は，必ずしも社会の近代化の産物とはいえません。

他方，こうした基本家族の範囲よりも外側の関係者を家族成員として認識することを当たり前とする社会も多く存在します。そのように，より外側の関係者も家族とみなすタイプの家族を拡大家族（extended family）[5]と呼びます。日本も，少なくとも高度経済成長期あたりまでは「三世代同居」型の家族，つまり祖父母と両親とその未婚の子どもたちからなる家族をごくノーマルなものとしてきましたから，拡大家族を許容する社会でした。この日本の「三世代同居」型家族は，基本家族に比べると一世代多く含んでいますが，各世代とも一組以下の夫婦しか含んでいない点に特徴があります。こうしたタイプの家族を分析用語では直系型拡大家族または基幹家族（stem family）と呼びます。その構造を概念的に示せば図 6-1 の（2）のとおりです。日本に限らず，子どもの中の１人が結婚後も両親の家族成員として残る（一子残留）[6]社会では基本的にこのタイプの家族が形成されてきました。

拡大家族をノーマルとみなす社会でも，日本式の「三世代同居」とは異なる大型の家族を作る社会もあります。たとえば，中国の漢族の人々がかつて形成した拡大家族は，祖父母＋その息子たち夫婦＋その子どもたち，という成員から構成されました。つまり，孫の世代から見れば両親・兄弟姉妹・父方祖父母のほかに，父方のオジやその配偶者と子どもたちも含んだ巨大な「家（チア）」の一員であることになります。この種の拡大家族は傍系型拡大家族と呼ばれ，構造図は図 6-1 の（3）のとおりです。複数の子どもが結婚後も親の家族の一員としてとどまる（多子残留）[7]社会ではこの形態の家族が成立します。

▶４　１組の夫婦と，その間に生まれた未婚の子どもたちからなる家族単位。核家族（nuclear family）ともほぼ同義だが，基本家族がイギリスの社会人類学者ラドクリフ＝ブラウンらにより使いはじめられたのに対し，核家族はアメリカのマードック（Murdock, G. P.）らによって提唱された。

▶５　家族構造上，基本家族の範囲外の者が家族成員として含まれる形態の家族単位。各世代２組以上の夫婦を含まずタテ長に直系親族が付け加わったかたちの直系型拡大家族（直系家族，基幹家族ともいう）と，各世代に２組以上の夫婦を含むことを許容する傍系型拡大家族に分類できる。

▶６，７　結婚した子どもたちが親元にとどまるかどうかについての文化的規範を，「子どもの残留規則」という。一子のみ残留するもの（一子残留），複数の子どもが残留するもの（多子残留），残留しないもの（無子残留）に分けられるが，さらに一子残留の中でも，長子が残るもの，末子が残るもの，決まっていないものなどがある。

4 住居の間取りに表れる家族のかたち――日本と中国の比較から

上に述べたような，家族のあるべきかたちに関する観念の相違は，家族の具体的な生活の場である住宅の間取りなどにも如実に反映されていました。ここでは，20 世紀前半の日本ならびに中国（漢族）の代表的民家の間取りを比較してみましょう。図 6-2 は日本の民家（左は岩手県の「曲屋」，右は岩手県の町場の民家），図 6-3 は中国の民家（左は北京の「四合院」，右は黒竜江省の民家）ですが，見た目の印象でもかなり異質であることがわかるでしょう。全般的に中国の民家のほうが左右対称性が強く，また，そればかりではなく，中国のそれは内部をできるだけ均等な大きさの部屋に仕切ろうとする傾向が見て取れます。

中国の家屋の中で，寝室として使用できる部屋を「房」と呼びますが，家屋の中にはできるだけ均等な大きさの「房」をたくさん用意しておこうとします。これは，やがて子どもたちが成長し，複数の息子たちが結婚後も家の中に残って傍系型拡大家族を形成することを念頭においたものでした。中国社会では兄弟間は平等であり，財産相続でも均分が原則でしたが，親元にとどまって拡大家族として暮らす場合でも，長男だから大きな部屋，次男だから小さな部屋というわけにはいきませんでした。中国の民家の均等な部屋割りへの志向性は，傍系型拡大家族の中での兄弟間の対等と結びついていたのです。

他方，日本の民家では通常，一家の中心的夫婦が使用する寝室は 1 部屋しかなく，隠居した老夫婦，婚出・分家する前の未婚の次三男や娘たちは，より小さな陰の部屋などに寝起きしました。つまり，直系型拡大家族を基本とする日本では，家の後継者である「家督」以外の子どもが結婚後も家の中にとどまって家族成員としての対等な地位を保持し続けるということは想定されておらず，住宅の部屋割りの上でも不可能だったのです。　（瀬川昌久）

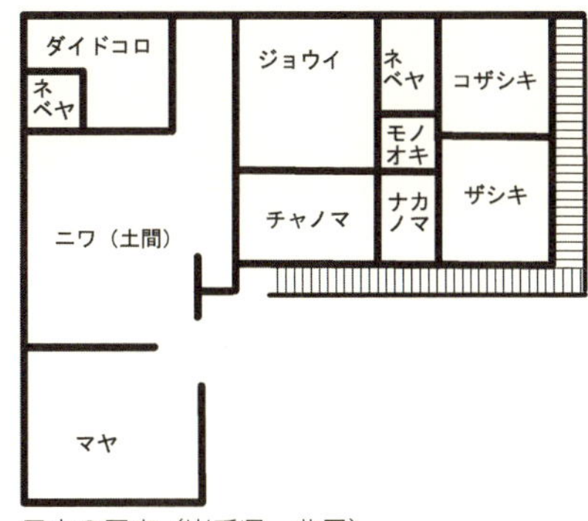

日本の民家（岩手県・曲屋）

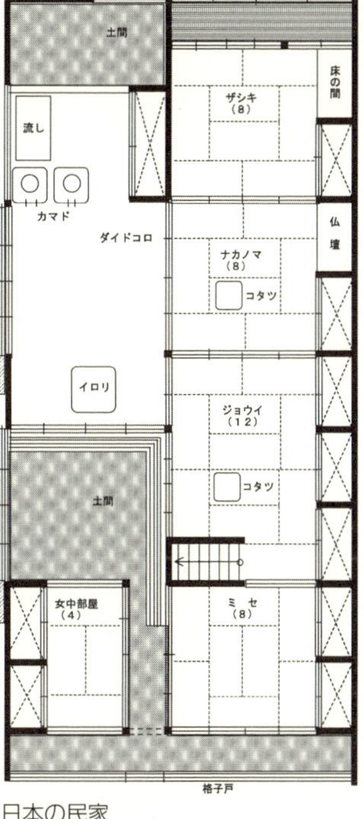

日本の民家
（岩手県・明治後期，町場の民家）

図 6-2　日本の民家の間取り

中国の民家（北京四合院）

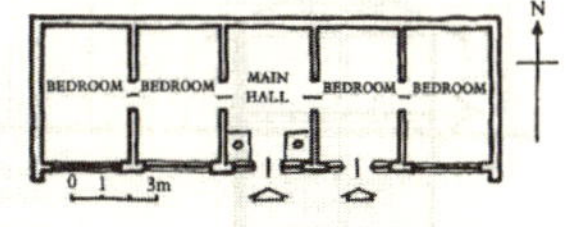

中国の民家（黒竜江省）

図 6-3　中国の民家の間取り

出典：北京四合院（荊其敏著，白林監訳『絵で見る中国の伝統民居』学芸出版社，1992 年より）。
黒竜江省（Knapp, R. *China's Traditional Rural Architecture*. University of Hawaii Press, 1986 より）。

VI　家族と親族

身内の分類と距離感覚

集団生活を営むだけなら，他の多くの動植物にも見られますが，集団内の他の個人をいちいち識別し，しかも近い相手から遠い相手までグレード分けするのは人類の特色でしょう。それは複雑な社会生活を可能にする基礎でもあります。でも，身の回りにいる他人を分類する仕方は，文化によってかなり異なり，異文化のそれは，時には理解しがたいものに思えることもあります。

1 系図の書き方

文化人類学者が家族や親族などを研究する場合，多用するのが親族関係についての記号表示と，○や△からなる系図です。これは，親族関係を記述したり分析したりする際に，いちいち「Aさんの兄の妻の父の弟の娘にとって，Aさんの兄の息子はどういう親戚か……」などということについて，頭の中で考えていると絶望的にこんがらかってくるからです。そんなとき，簡単な系図を描く工夫があれば，後者は前者にとって父方イトコの息子にあたるということが容易に理解できるでしょう。

まず，人類学者が親族関係を表記するために用いる記号[▷1]を紹介しましょう。それは8つのアルファベット（大文字）を用いる表6-1のようなものです。いたって簡単な記号ですが，これをマスターすれば，たとえば先ほどの「兄の妻の父の弟の娘」はBWFBDと表記できるし，もっと遠い親類だって簡明に記号で表現できます。察しがつくように，これはFather，Motherなどの英語をもとにした記号です。兄弟がBだけでは，兄か弟の区別ができなくて困る場合には，これに補助的にe（年長のelderの略），y（年下のyoungerの略）を付けます。兄はBe，弟はBy，姉がZe，妹がZyとなります。

▷1　姉妹（sister）は，ムスコ（son）にSが用いられることから，それと区別するためにZで表す。なお，ここで紹介した表記方法のほかに，父（Fa），母（Mo），兄弟（Br），姉妹（Si），息子（So），娘（Da），夫（Hu），妻（Wi）という各々2文字を用いる表記方法もある。

表6-1　親族関係を表す記号

父	母	兄弟	姉妹
F	M	B	Z

息子	娘	夫	妻
S	D	H	W

次に系図ですが，これはさらに単純です。男が△，女が○，結婚している男女は＝で結び，親子関係は縦の直線，兄弟姉妹関係は横の直線で表します。系図の基準となる人物をego（本人）とすれば，たとえば図6-4のような系図が描けます。この図は，本人には兄が1人，妹が2人おり，兄は結婚していて息子が1人いること，兄嫁の父には弟がいて，その人には娘が1人いることなどを示しています。この図があ

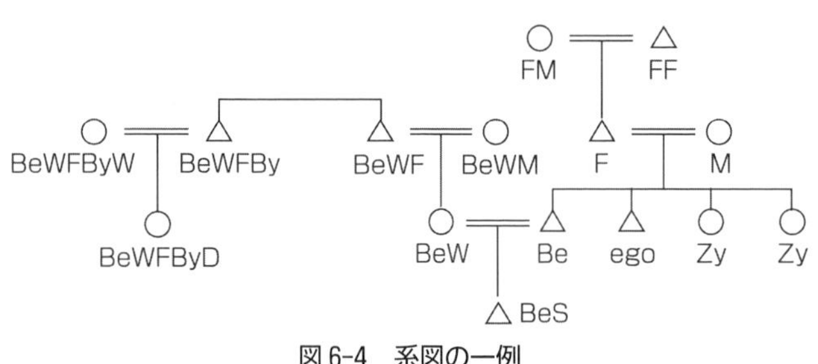

図6-4　系図の一例

れば，先に示したある人の兄の妻の父の弟の娘にとって，その人の兄の息子は父方イトコの息子にあたることなどもだいぶ理解しやすいでしょう。

2 親族名称体系の文化比較

ところで，父の弟の息子や母の姉妹の娘はイトコであり，どの社会へいっても，単語は違ってもこの「イトコ」に対応することばが存在するはずだ，その証拠に，英語だってそれらを cousin と呼ぶじゃないか，と思っている人も多いでしょう。しかし，身近な親族をどのように分類し，それぞれを何という単語で呼ぶかについては，文化によって著しい多様性があります。

表 6-2 を見てください。これは，中国語，日本語，プユマ語（台湾先住民族プユマの人々の言語）による身近な親族のカテゴリー分けを示したものです。中国語がやたらと細かく分ける傾向にあることがわかるでしょう。日本語のオジにあたるカテゴリーだけでも，伯父，叔父，舅父の 3 つがあり，イトコには堂哥，堂弟，堂姐，堂妹，表哥，表弟，表姐，表妹の 8 種類[2]があります。こんな細かい区分を気にして生活していたら疲れるだろうと思うのは部外者の勝手な憶測であり，当の中国の人々は，子どもの頃からこの体系で慣れているので，宇宙の秩序の一部のように至極当然のこととみなして使いこなしています。

▶2 表 6-2 のように，中国語では①父方か母方か，②男性か女性か，③自分から見て年上か年下か，という基準でイトコが 8 種類に区別される。日本語では，父方／母方，性別，年上／年下にかかわらず「イトコ」という 1 つの概念しかない。

プユマ語の体系も日本人には驚きです。なんと，父親とオジは区別されずに tumama と呼ばれ，母親とオバは区別なく taina と呼ばれます。これで社会生活は成り立つのか？ と心配するのはよそ者の余計なお世話で，当のプユマの人々にとっては日本語のようなチチ／オジの使い分けはむだな煩雑さに思えるでしょう。もちろん，プユマ社会でも個人としての父親とオジは明確に個体識別されていますが，単語として区別がないだけなのです。

初期の文化人類学者は，こうした親族名称体系の特徴を手がかりに，文化の発展の度合いを推し量ろうとしましたが，今日ではこうした体系の相違は文化の個性の違いに属するものと考えられています。でも，いずれにしても，このような基本的親族カテゴリーが違うということは，「Z さんは私のオバの中で一番背が高い」などという単純な一文も，異文化間では正確に翻訳のしようがない場合もあることを意味しています。文化の違いというものは，このように普段は意識されない身近な世界や社会の分類秩序の中にも潜んでいるのです。（瀬川昌久）

表 6-2 親族名称体系の比較

関係	中国語	日本語	プユマ語
F	父親 fùqīn	チチ	tumama
FBe	伯父 bófù	オジ	
FBy	叔父 shūfù		
MB	舅父 jiùfù		
M	母親 mǔqīn	ハハ	taina
FZ	姑母 gūmǔ	オバ	
MZ	姨母 yímǔ		
Be	哥哥 gēge	アニ	iva
FBSe	堂哥 tánggē	イトコ	
MBSe	表哥 biǎogē		
By	弟弟 dìdi	オトウト	iwadi
FBSy	堂弟 tángdì	イトコ	
MBSy	表弟 biǎodì		
Ze	姐姐 jiějie	アネ	iva
FBDe	堂姐 tángjiě	イトコ	
MBDe	表姐 biǎojiě		
Zy	妹妹 mèimei	イモウト	iwadi
FBDy	堂妹 tángmèi	イトコ	
MBDy	表妹 biǎomèi		

VI　家族と親族

出自と祖先

親には親があり，その親にもまた親がいるのだから，どの社会にも祖先という観念があるのは当然だと思う人もいるでしょう。しかし，すべての社会において祖先と子孫との系譜関係（出自）の認識や，それを用いた親族のグループ分けが行われているとは限りません。また，祖先と子孫の間の系譜関係をたどる諸社会の中にも，そのたどり方にはさまざまな方法があります。

祖先中心的な親族のたどり方

分類の仕方や呼び方がどうであれ，出生や婚姻の関係により自分に繋がっている個人を他者と区別し，その中をさらに関係の遠近に従って区分することはすべての人類社会に共通しています。その意味で親族の認識[1]は人類に普遍的なものに見えます。ところが，祖先という過去の人間を出発点とし，そこから現在生きている人々への系譜をたどるという発想は，すべての人間社会が採用しているものではありません。そもそも祖先というものは観念的な存在である場合が多く，一般成員までが具体的な個人の親子関係の連鎖として祖先からの系譜をたどれるような社会はむしろ少数といってよいかもしれません。

祖先を起点として出生関係の連続として系譜をたどることを出自（descent）[2]といいます。ある祖先を考えた場合，男子も女子も含めすべてのその子孫をたどることが可能であれば，数世代後にはこの祖先を頂点とするピラミッド型の系譜が描けるはずです。このピラミッドに含まれる全個人，すなわちその祖先から生まれた全子孫をその祖先のコグナティック・ストック（cognatic stock）または双方的ストック（bilateral stock）と呼びます。しかし，現実には人の移動や通婚の結果，コグナティック・ストックに含まれるすべての個人を何世代にもわたって追跡し記憶し続けることは不可能です。それゆえに，祖先と子孫の系譜関係をたどる際には，父―子関係の連続だけとか，母―子関係の連続だけに限定してたどる仕組みをもつ社会も少なくありません。前者が父系出自，後者は母系出自と呼ばれるものであり，両者をあわせて単系出自とも呼びます。こうした厳密な単系出自は，日本社会には見られません。

出自をたどることにどんな意味があるかは，

▶1　血縁関係で繋がった個人をそれ以外の個人から区別して認識することは人類社会に共通する。ある個人が，自分から見てなんらかの血縁関係を有する親族として認識する範囲を，その個人のキンドレッド（kindred）と呼ぶ。

▶2　祖先と子孫との間に認識された系譜関係。すなわち出生を媒介とした関係の連続として認識されている繋がり。父―子の連続でたどる父系出自（patrilineal descent），母―子の連続でたどる母系出自（matrilineal descent）を合わせて単系出自（unilineal descent）と呼び，そのように性による限定なしで出自をたどるものを非単系出自（non-unilineal descent）と呼ぶ。

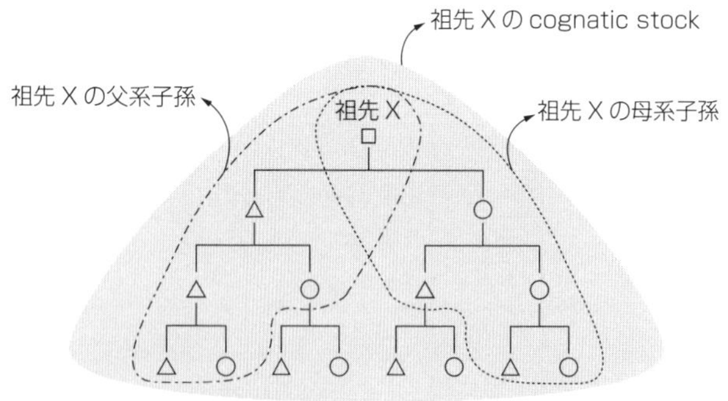

図6-5　コグナティック・ストックと出自

それぞれの社会ごとに付与している文化的意味づけの問題であり，一概には言えません。ただ，単系出自をたどることにより，明確なメンバーシップと輪郭をともなった集団が形成される場合があります。エヴァンズ＝プリチャード（Evans-Pritchard, E. E.）[3]，フォーテス（Fortes, M.）らイギリスの社会人類学者たちが，20世紀の半ばに盛んに研究したアフリカの部族社会がその典型とされます。単系出自集団は，内部の系譜関係が詳細にたどれるものをリニージ[4]，不明確なものをクラン[5]と呼び分けることもありますが，いずれにしてもある祖先を出発点としてその単系出自をたどることは，親族関係を用いて固定的な集団範囲を確定するためには有効な方法です。自分を中心にキンドレッド（前頁の▶1を参照）をたどるだけでは，個人ごとに自分の親族として認識される関係者の範囲は異なり，固定的な集団形成には繋がりにくいですが，祖先中心的な出自をたどれば，私もＰさんもＱ君もＸ爺さんの子孫だがＲさんはＸ爺さんの子孫ではないというように，固定的な境界をもった集団への帰属が確定できます。単系出自の観念はすべての人間社会に見られるわけではありませんが，それが発達した社会が世界各地に少なからず存在する理由もこの点にあるものと考えられます。

2 父系出自の発達した社会の一例――中国の漢族社会

単系出自の原則によって子どもの社会的地位，集団成員権，財産継承権などが決められている社会はたくさんありますが，その中の父系出自原理の発達した社会の一例として中国（漢族）社会の場合を見ておきましょう。中国社会では，姓や財産の継承などは父系の原則で行われてきました。子の姓は父母いずれの姓を名乗ってもよいという民法の規定がある今日でも，圧倒的に多くの人が，父の姓を名乗っています。そして，男女とも結婚によって姓を変えることはないので，父親から引き継いだ個人の属性としての姓は，一生持続します。

中国南部を中心に，農村では同じ父系祖先から分かれたとされる同姓集団が１つの村ないし村の一角を占めて居住し，祖先の墓や位牌をまつったり，「族譜」と呼ばれる系譜を編纂したりしていることも多く見られます。こうした父系親族組織は「宗族（そうぞく）」と呼ばれますが，宗族は通常，内部では互いに結婚してはならない範囲，すなわち外婚単位[6]となっています。また，歴史上，宗族同士はその財力や威信をかけて互いに争いました。

姓が違う者，父系出自を共有しない者は他人という感覚が強く，たとえばそれは養子などをとる場合にも表れます。一人娘の場合，日本では「ムコ養子」を迎えて血筋を継承することはごく普通に行われてきましたが，中国では一人娘が結婚しても，生まれてくる子どもは夫の姓に帰属するので，自家の血筋を継承することになりません。したがって，一人娘は婚出させ，代わりに父系親族であるオイなどを養子として迎え，家系を絶やさないようにするのが正しいやり方とされました。

（瀬川昌久）

▶3　イギリスの社会人類学者（1902-1973）。ザンデ（Zande），ヌアー（Nuer）といったアフリカの部族社会で本格的フィールドワークを行った。フォーテス（M. Fortes）と並んで出自を中心とする社会組織の分析を展開し，いわゆる「出自理論」の中心的な論客となった。

▶4，5　いずれも単系出自に基づいて形成された集団について使うが，リニージ（lineage）は内部の系譜関係が明確にわかっているもの，クラン（clan）は祖先が共通だという認識だけで系譜までは明確でないものを指す。遠い共通祖先をもつ１つのクランの中が，より近い関係で結ばれたいくつかのリニージに分かれている場合もある。実際の系譜関係の記憶法は，口頭伝承によるもの，系図などに書き記されたものなど多様である。

▶6　ある集団またはカテゴリーの内部での通婚を禁止することを外婚（exogamy）といい，そのような規定をともなった社会単位を外婚単位（exogamous unit）という。すべての人間社会には近親相姦の禁止（incest taboo）があるので，親子・兄弟姉妹などの近親は多くの場合，外婚単位となっている。それに加え，リニージやクランが外婚の単位となっている場合も多く見られる。これに対し，内婚（endogamy）はある集団またはカテゴリー内部での通婚を優先することを指す。

VI　家族と親族

4 現代社会と家族・親族

家族・親族は，20 世紀半ばまでの文化人類学においてはもっともよく研究されたテーマでした。そこでは家族・親族は人類諸社会に普遍的で基礎的な骨組みであると考えられ，特にいわゆる「未開社会」,「部族社会」では顕著に発達しているとされました。しかし今日では，その普遍性や研究の意義がさまざまな形で問い直されています。果たして家族・親族研究の今後の展望は？

1 家族・親族は果たして人類社会の基礎か

モルガン（Morgan, L. H.）[1]など初期の文化人類学者は，婚姻制度や家族制度のはじまりこそが，人類が動物的状態から離脱することを可能にしたと考え，そうした制度の比較研究によって人類社会の進化史を解明できると考えました。後の世代の文化人類学者，たとえばラドクリフ＝ブラウン（Radcliffe-Brown, A. R.）[2]や，さらにはレヴィ＝ストロース（Lévi-Strauss, C.）[3]などは，進化主義的な観点には批判的でしたが，それでもやはり親族・家族が人類社会にとって普遍的で基礎的な現象であり，かつ複雑な行政組織や経済機構が発達していない「未開社会」「部族社会」等においてこそ，特にその構造や機能が明確に観察できると考えていた点では共通していました。

しかし，20 世紀最後の 20 年間で，こうした家族・親族研究の前提がさまざまな形で問い直されることになりました。まず，民族誌的には，それまでどの人間社会にも共通に存在すると仮定されてきた親子の絆についての認識が，実は文化的に多様な解釈をともなうものであることが指摘されるに至りました。つまり，何が親―子，祖先―子孫の間を繋ぐ絆であるのかの解釈は，文化的に構築された民俗生殖理論（folk concept of reproduction）[4]に負っており，社会ごとに異なるものであるゆえに，親族関係というものを普遍的に定義することは困難であるという批判です。

また，現代的社会変化に関連して，非婚者，シングル・マザーなどの増加は，基本家族の形態さえもとらない生活形態を一般化させつつあります。そしてそのことは，はたして夫婦関係や親子関係を基盤とした家族単位というものを人類社会の普遍的基礎単位とみなしてよいのか，という問いかけをもたらしました。一見したところでは，大家族の中でそのしがらみに縛られて生きる生活は，すでに過ぎ去った時代のもののようにも思えなくはありません。

さらに，代理母，人工授精，クローン等の最先端の生殖医療技術は，既存の

▶1　アメリカ出身の，草創期の文化人類学者（1818-1881）。先住民・イロクォイへの興味に発し，世界の諸民族の親族名称体系の比較研究を行った。さらには，人類の文化社会を８つの発展段階に区分する進化主義的な図式を提起する大著『古代社会』（1877 年）を著した。

▶2　イギリスの社会人類学者（1881-1955）。フィールドワークを基礎に，厳密な経験科学としての社会人類学を確立しようとする構造機能主義の創始者であり，同じイギリスのマリノフスキー（Malinowski, B. K.）とともに並び称される。

▶3　構造主義人類学の創始者として知られるフランスの文化人類学者（1906-2009）。神話や儀礼などの文化的構築物が，二項対立などを含む象徴的思考によって組み立てられていることを明らかにしたことで知られるが，その出発点となったのは親族・婚姻の体系を分析した大著『親族の基本構造』（1949 年）であった。

親子，家族，親族関係に関する文化的認識を大いに揺るがす水準にまで達しています。そうした変化の中で，20世紀前半の文化人類学者たちが用いていた家族・親族に関する定義や分析の道具立ては，もはやかつてのような有効性をもたないという批判はそれなりにもっともらしく思われます。それでは，人類の文化・社会の研究にとって，もはや家族・親族は意味のない研究テーマなのでしょうか。

2 現代社会と家族・親族の絆

家族・親族の研究がけっして時代遅れの意味のないものではない理由はいくつかあります。第1に，家族・親族の絆がきわめて重要な役割を果たしている社会は現在でも数多く存在します。現代の日本の都市生活者には，家族や親族のつながりがもはや社会的に重要なものではないかのように感じられがちですが，それは現代日本社会が総体的に豊かで社会保障や行政サービスなどもそれなりに充実しているからです。そこでは親戚と顔をあわせる機会といっても，葬式と結婚式ぐらいしかないかもしれません。しかし，低開発国の農漁村社会や，都市移民の社会[5]，家族からの送金に依存している出稼ぎ母村社会[6]などでは，家族・親族の絆は生活のための生命線といえるほど重要なのです。

第2に，家族・親族に関する倫理規範は，消えゆく旧世代のノスタルジーのみに支えられた遺物ではありません。家族・親族理念には，つねに新たな社会状況に即応した新しい意味が付与され，再活性化され続けています。一例を挙げれば，中国では近年，宗族の復興活動[7]が活発ですが，それは経済的な余裕を社会的威信に変換し，個人の存在を中華民族の連綿たる系譜の中に位置づけなおそうとする一種ナショナリスティックな現代思潮に連動しています。

さらに，文化人類学的な参与観察調査（participant observation[8]）の実際についていえば，まずは調査対象とする人々の家族・親族関係のひだの中に分け入ることこそが調査の第一歩です。調査の主要な関心がジェンダーや開発やエスニシティーなど別のトピックにある場合でも，人々の社会生活をトータルなものとして把握し，その社会関係の網の目の全体を視野に収めた上でなければ，インフォーマントの個々の語りや行為は充分にコンテクスト化されたものとはならず，断片的で皮相な理解にとどまることになります。文化人類学の研究が，社会学など隣接する他の社会科学分野とはひと味違った醍醐味を発揮するのは，人々の展開している具体的な社会関係の文脈に根ざして個々の社会事象を読み解いてゆくことができたときなのです。この意味では今も昔も，家族・親族の調査分析技能は，文化人類学の基本であり，調査研究者の資質を計る最適のものさしであることに変わりはありません。親族・家族の研究は，依然として重要性を失ってはおらず，家族・親族の意味が大きく変化しつつある今日こそ，大きな可能性を秘めたテーマであるということができます。　（瀬川昌久）

▶4　女性の妊娠出産はどのようにして生じるか，親と子どものつながりとはどのようなものであるかについて，それぞれの文化において一般民衆が信じている説明を民俗生殖理論という。近代科学の生物学的知識とは異なり，男性の関与は不要とするものや，母親は容器にすぎないとするものなど，多様な説明が存在した。V-1「生殖と人間」を参照。

▶5，6　出稼ぎや移民現象においては，なんらかの縁故を頼って一定地域からの連鎖的移住（chain migration）がしばしばみられる。遠隔地域間での人，物，資金の連続的移動，環流には，家族・親族の絆が重要な役割を演じていることが少なくない。

▶7　東南部地域を中心に，今日の中国では祖先祭祀のための祠堂や墓の再建，系譜を記した族譜の再編など，宗族組織を復興する動きが顕著である。詳しくは瀬川昌久『中国社会の人類学』（世界思想社，2004年）を参照のこと。

▶8　詳細はXIX「フィールドワーク」参照。

VII　ジェンダーとセクシュアリティ

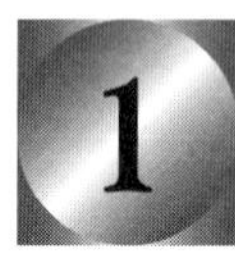

ジェンダーとセックス

1 性差は文化社会の中で作られる

女性や男性というジェンダーの問題は，現在ではLGBTQ+などの動きとも関わりながら，世界中のいたるところで大きな関心を呼んでいます。日本では1999年に「男女共同参画社会基本法」が制定され，さまざまな施策においても固定的な男らしさ・女らしさが見直されています。男女の性差を絶対視することが多くの弊害をもたらしているのです。

そもそもジェンダー（gender）とは，生まれながらの身体的な性差（セックスsex）ではなく，社会や文化の中で作られる性差を意味する言葉です。ここには，男らしさや女らしさとは，生物学的な身体によって決定されるものではなく，社会や文化の中で形成されるという考え方が反映しています。

この考え方は，一般的には，欧米で1960年代後半から始まったフェミニズムをきっかけに広まってきましたが，人類学では，それ以前からもよく知られていました。[1] 世界各地では，女性が男性以上に家庭の外で仕事をしているなど，私たちの社会とは異なる性別役割分担がしばしば見られます。しかもそれは，近代化などの歴史的変遷の中で変化することも少なくありません。それらの非常に多様で複雑な事例を見ていくと，男女の差は，けっして生物学的に決まっているわけでも，固定的でもないことが浮かびあがってきます。

とはいえ，性差は生まれながらに決まっているという考え方も否定しにくいものです。その論争にはまだ決着はついていませんが，身体と性差の関係は，私たちが考えている以上に複雑であることをまず確認しておきましょう。

2 身体は，どこまで私たちの性差を決めているのか

身体的な性差は，一般的に，ペニスなどの性器や身体の外面的な特徴によって判断されるとともに，その形状は染色体のXとYが決定しているといわれます。しかし，ことはそれほど単純ではありません。

私たちの身体はいずれも，発生段階では将来男女の性器に発達する性腺を2つとももっています。その意味では，人は男女同型であるといえます。しかし受胎から2～3か月が経つと，染色体の組み合わせ方に基づいて性ホルモンが分泌され，この性ホルモンが身体的な性差を形作っていきます。たとえば，染色体XYの組み合わせの場合には，アンドロゲン（男性ホルモン）が多く分泌さ

▶1　なかでも，1930年代に発表された，ニューギニアの3つの社会（アラペシュ，ムンドゥグモル，チャンブリ）を比較したミード（Mead, M）の業績『3つの未開社会における性と気質』（*Sex and Temperament in Three Primitive Societies*）は有名である。特に漁業や交易に従事するチャンブリでは，その仕事を担っているのは主に女性であり，男性は依存心が高く，男女の役割が私たちの社会とは逆転しているように見えるという。現在，ミードの業績については批判も寄せられているが，性と文化の関係に関する本格的な研究の出発点であることには変わりない。

▶2　人は男女ともに，アンドロゲン（男性ホルモン）とエストロゲン（女性ホルモン）の両方を有しており，その多少によって，どちらの性が発現するかが決まる。特にアンドロゲンの分泌には異常が起こりやすく，その異常（アンドロゲン不応症）は，インターセックスが生まれる最大の原因の1つである。

れて男性生殖器が発達し，男性の身体が発現するというわけです[2]。ただし，この時なんらかの理由でホルモンの分泌に問題が起きると，身体の形状が遺伝子とずれることがあります。染色体がXXでも，アンドロゲンが過剰分泌されると女性性器が未発達となり，見かけ上は男性的な身体を発現し，その逆もあります。それゆえ出生時に，遺伝子とは異なる性別が付与され，たとえば遺伝子上は女性なのに男性として育てられる事例も出てきます。

このように男女の身体的な区別が不明瞭な人々（インターセックス[3]と呼ばれています）は，たしかに多くありません。しかしこのことは，私たちの性差が，身体から見ても単純に男と女の2つに区分できないことを示しています。そして彼／彼女らの成長を追ってみると，そこにはさらに興味深い事実が浮かび上がります。彼／彼女らはたいてい，各自の遺伝子に対応する生殖器の発達が不十分なだけであり，他方の機能を十分に獲得しているわけではありません。たとえば，遺伝子的には女性だが男性型が表面化して男性として育てられた人の場合，身体機能は不十分ながらも女性です。ゆえに，成長する過程でその矛盾が表面化することがあります。では，その時どちらの性を選ぶのか。

こうした事例を調査したマネー（Money, J.）らの『性の署名』[4]によると，多くの場合，彼／彼女らは育てられてきた性を選択し，その性に適合するように性転換手術などをもちいて身体を変えようとします。たとえ遺伝子が女性であり，身体的にも十分に男性でなくとも，男性として育てられてきたからには，男性としての意識（性自認）を変えることは困難だからです。ここからは，彼／彼女らにとって重要なのは，生まれながらの性差ではなく，生育環境の中で作られてきた性差，つまりジェンダーであることは明らかでしょう。『性の署名』には，遺伝子は女性型だが男性として育ったインターセックスの人が，手術によって身体を男性化した後，女性と結婚し，（男性としての生殖機能はないので）養子をとり，男性として人生を歩んでいる事例も紹介されています。

3 身体も文化や社会の一部である

こうしてみると，性差はやはり文化や社会の側面ぬきには考えられません。また，身体とはいっても，どの部分が性の判別に関わるのかを考えると，身体そのものが，じつは文化や社会によって意味づけられていることも浮かびあがってきます。たとえばニューギニア高地では，女性は出産で血液を放出し，子どもに乳を飲ませて生理も終わると，女性の体液がなくなったという理由から男性とみなされます。一方男性は，結婚後，性生活を行って精液を放出し，高齢になると男性としての体液がなくなり女性になったとされます。現代では生殖器が性差を決定すると思われがちですが，この事例での判断材料は，血液・乳・精液などの体液なのです[5]。このように身体的な性差の判定自体が多様なら，身体と文化の区別自体が無意味なのかもしれません。　（宇田川妙子）

▶3　インターセックスの原因は遺伝子異常の場合もある。最近，この語は男性でも女性でもないという意味にとらえられがちであり，その曖昧さを避けるため，「性分化疾患（DSD, Disorders of Sex Development）」という語も使われる。ただしこれも，医学用語で疾患という意味が入るため適切ではないという意見もある。さらに，身体的には問題がなくとも自分の身体的性別に違和感をもつ「性同一性障害（GID, Gender Identity Disorder）」（これも医学用語）と混同されることも多い。こうした医学用語との関連を含めた複雑な言説の状況は，我々の社会がまだ西洋近代的なジェンダー観に囚われている証左でもある。

▶4　ジョン・マネー，パトリシア・タッカー著，朝山新一ほか訳『性の署名——問い直される男と女の意味』人文書院，1979年。ただし現在では，男性か女性かのどちらを選択する手術をせずに，インターセックスという「第3の性」のあり方（VII-5「男女の二項を超えていくジェンダー」を参照）を模索する人も出ている。

▶5　詳細は以下のメイグス（Meigs, A.）の論文を参考。“Multiple Gender Ideologies and Statuses.” Sanday, P. R. and Goodenough, R. G. eds. *Beyond the Second Sex: New Directions in the Anthropology of Gender.* University of Pennsylvania Press, 1990, pp. 99-112.

VII　ジェンダーとセクシュアリティ

2 女性の劣位性という問題

1 性差のかげに権力あり

さて，性差はいかなる文化社会にも存在していますが，その差は，男女の役割が異なっているという，社会的な側面にかぎるものではありません。男性および女性は，それぞれの文化社会の意味体系にしたがってさまざまな形で意味づけられています。しかも，もっとも重要な象徴的カテゴリーの１つとして，右／左，陽／陰，外／内，上／下，熱／冷，秩序／混乱，浄／不浄などの二項対立的な象徴体系の一部を構成していることも少なくありません。[1]

それゆえ男性性・女性性の中身は，それを意味づけている文化社会ごとに異なってきますが，にもかかわらず，そこには共通点があるといわれます。それは，ほとんどの社会において女性が男性よりも地位が低いとみなされている点です。女性の劣位性とは，ただ男性に従属しているというだけでなく，十分な社会的人格が認められていなかったり，社会の秩序を脅かす異物や不浄の存在とみなされたりするという形でも表れます。いずれにせよ性差は権力関係と密接に関わって表現・実体化されており，それは往々にして男性支配的なのです。

2 女性は男性の「他者」として位置づけられる

この議論に火をつけたのは，1970年代初頭のオートナー（Ortner, S.）の論文「男は文化で，女は自然か」[2]です。彼女はこの論文で，世界各地の民族誌資料をもとにしながら，女性の劣位は普遍に見られる現象であると主張し，その主張は，当時のフェミニズムと呼応して大きな反響や論争を引き起こしました。

たとえば，女性の地位が明らかに男性より高い社会は歴史的に見ても存在しませんが，女性の力をすべて否定することはできないという議論があります。私たちの身近でも「かかあ天下」など，女性の強さを認める言説は多くあり，女性たちもさまざまな発言力をもっていることは頻繁に観察されます。しかし，そうした女性の力は，往々にして家内領域（domestic sphere）にとどまり，公の場では通用しません。それゆえ女性の力は「舞台裏の権力」とも呼ばれます。また，聖母マリアをはじめ，女神信仰が盛んで，女性に神聖性や霊力が付与されている社会も数多くありますが，これも，女性の社会的な地位の高さには直結しません。しかも女神がしばしば豊穣神であることからもわかるように，女性の宗教的な力は，やはり生殖などの家内的な機能に結びついています。また，

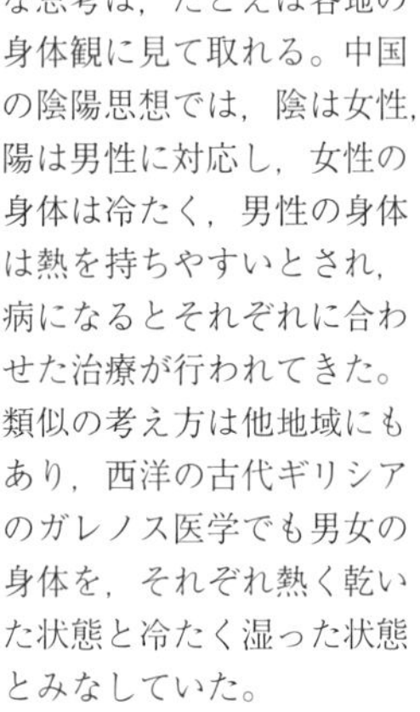

▶1　こうした二項対立的な思考は，たとえば各地の身体観に見て取れる。中国の陰陽思想では，陰は女性，陽は男性に対応し，女性の身体は冷たく，男性の身体は熱を持ちやすいとされ，病になるとそれぞれに合わせた治療が行われてきた。類似の考え方は他地域にもあり，西洋の古代ギリシアのガレノス医学でも男女の身体を，それぞれ熱く乾いた状態と冷たく湿った状態とみなしていた。

▶2　エドウィン・アードナー，シェリ・B.オートナーほか著，山崎カヲル監訳『男が文化で，女は自然か？――性差の文化人類学』晶文社，1987年。この本は，1970年代から80年代初めのジェンダー人類学における著名な論文を集めて翻訳したもの。ジェンダー人類学の基礎を知るためには，ぜひ一読されたい。

そもそも女性が社会の正当な一員から外れた周縁的・両義的存在とされているがゆえに，時には賞揚され，時には魔女などのように危険視されていると考えることもできます[3]。女性は，男性中心主義的な社会の中で，いわば「他者」として位置づけられ，社会の都合に合わせて意味づけられているのです。

3 本当に女性が支配する社会はないのか

とはいえ，なかには女性が「舞台の表」でも男性と同等，あるいはそれ以上に正当な力を認められているかのように見える社会もあります。その1つが，土地などの財産の所有権が母から娘へと女性を通して相続される母系社会[4]です。このため母系社会は，しばしば母権社会であるといわれてきました。

しかし，いずれの母系社会においても，実際に財産を管理して実権を握っているのは，所有権をもつ女性の近親の男性（彼女の兄弟や母方のオジなど）です。このため母系社会は，たしかに形式的であっても女性が財産継承権をもっている分，父系社会に比べると女性の地位が高い傾向にありますが，総合的にはやはり男性支配的です[5]。なかには母系制と男性支配を両立させるための仕掛けが存在する社会もあります。たとえば，代表的な母系社会の1つトロブリアンド諸島[6]では，男性は婚姻後，妻とともに彼の母方オジの集落（彼の女性親族の土地がある場所でもある）に移住しますが，この居住形態の慣習は，女性（妻）たちを彼女たちが継承権をもつ土地から遠ざける一方で，母方のオジとオイという，男性たちの関係を強化し，彼らと土地の結びつきを確保しているのです。

4 狩猟採集社会は男女平等なのか

また，男女間の格差がないとされている社会もあります。それは，狩猟採集を主たる生業とする社会です。そもそも狩猟採集社会は，財産という観念も実体も希薄で，地位や階層の分化は見られず平等主義的な原則に貫かれており，性差も地位の差には直結しないといわれています。

たしかにこの社会でも男女の分業は存在し，男性は主に狩猟，女性は主に採集に従事する傾向があります。しかし，その分業は対等で補完的ですし，固定的でもありません。たとえば，ムースやウサギなどの狩猟を主な生業とする北米先住民カショー・ゴティネ（K'asho Got'ine）[7]では，大型動物の狩猟は主に男性で，獲った動物の皮なめしを女性がするという分業が見られますが，女性も狩猟を積極的に行い，男性が食事の支度等の家事をするのも当たり前です。

ただし，そこでも女性の劣位性を示唆する報告があります。狩猟採集社会では通常，恒常的なリーダーは存在しませんが，対外的に代表者が必要になった場合には男性が選ばれます。カショー・ゴティネでも，もっとも重要な獲物であるムースやカリブの毛皮剝ぎは男性だけが行います。男女平等に近い狩猟採集社会でも男性支配的とみなせる点はあるのです。

（宇田川妙子）

▶3 たとえば女性の生殖能力は，豊穣の象徴とされ，信仰の対象になる一方で，月経や出産時の出血に関連して不浄視されることは少なくない。経血を用いた呪術がある文化社会も多い。

▶4 母系社会については VI-3 の出自（descent）の説明を参照。

▶5 このように母系制が女性の権力と結びつかないことは，しばしば「母系制のパラドックス」とも呼ばれてきた。母系社会では，母方のオジ・キョウダイが，父系社会における父・夫に相当する男性として，女性に対する権力をもっているとみなすことができる。

▶6 マリノウスキー著，泉靖一ほか訳『新版　未開人の性生活』新泉社，1999年。

▶7 彼らの生活の具体的な様子に関しては，原ひろ子『ヘヤー・インディアンとその世界』（平凡社，1989年）を参照。彼らはヘアー（hare）というウサギを主な狩猟対象としてきたため，かつてはヘアー（Hare）という通称で呼ばれていた。

3 ジェンダー研究の欧米中心主義

1 女性をめぐる実態の多様性に目を向けよう

このようにさまざまな社会を見てみると，女性の劣位の普遍性はゆるぎないように見えてきます。しかし，たとえそうであったとしても，女性の劣位のあり方は，象徴的な次元および社会的な次元のそれぞれにおいて，非常に多様で複雑に絡みあっています。とするならば，より大切なのは，その多様で複雑な実態を具体的に考察していくことです。さもなければ，女性の問題はすべて劣位問題へと矮小化されてしまいます。もちろんそれも重要な論点ですが，その十分な分析のためにも，多様な実態の解明こそが必要になってくるはずです。

では，にもかかわらず，なぜ初期のジェンダー研究は，あまりにも女性の劣位問題に固執してきたのでしょうか。ここには，研究者側のバイアスという，もう1つの問題があります。その点についても整理しておきましょう。

2 「沈黙させられていた」女性たち

ジェンダーの人類学が，フェミニズムの動きと呼応して盛んになってきたことはすでに述べました。女性に関する問題は，それまで，ほとんど研究テーマとして関心をもたれてきませんでした。研究者の多くは男性でしたし，たとえ女性の研究者であっても，フィールドでのインフォーマントの多くは男性でした。そうした性の不均衡が疑問視されることはありませんでしたし，フィールドの女性たち自身が，男性の意見を尊重し，自らの見解をとるにたりないとみなす傾向もありました。女性は，アードナー（Ardener, E.）が言うように，さまざまな意味で「沈黙させられていた集団」だったのです。[1]

こうした問題意識から出発したジェンダー研究は，女性たちの活動を積極的に視野に入れることによって，従来の人類学の議論に深みを与え，時には大きく書き換えました。たとえばVII-2で述べたトロブリアンド諸島は，さまざまな交換関係[2]が縦横に張り巡らされていることでも有名ですが，従来研究されていたのは，ほとんどが男性を主体とする交換でした。これに対してワイナー（Weiner, A.）は，葬儀の際に女性によって行われる交換に注目し，それを社会全体の交換体系に位置づけて島民の複雑な交換体系のさらなる解明に貢献しました。[3]

ただしここには，別の落とし穴もありました。当初，ジェンダー研究者のほとんどは，自分たちの社会における女性問題への関心からフェミニズムに共感

▷1　エドウィン・アードナー「信仰と『女性問題』」，エドウィン・アードナー，シェリ・B. オートナーほか著，山崎カヲル監訳『男が文化で，女は自然か？——性差の文化人類学』晶文社，1987年，31-58頁。

▷2　特にクラ（kula）と呼ばれる交換が有名。これについては，IV「経済と文化」を参照。

▷3　トロブリアンド諸島では，葬礼の最後に「女性の葬礼」と呼ばれる女性たちの大規模な交換儀礼が行われる。これは，死者の親族集団の女性たちが，死者の配偶者の親族集団に対して大量のバナナの葉や腰蓑を分配するというもの。この儀礼は，ワイナー以前の人類学でほとんど注目されてこなかった。しかし彼女は，この分配が，死者が生前にその親族女性たちに行っていたヤムイモの贈与に対する返還に相当すると指摘した。

した欧米の女性たちでした。彼女たちは研究の過程で，自分たち欧米の女性問題の枠組みを他の社会の女性問題にも安易に当てはめようとしたのです。

3 近代西洋的な性差感は，むしろ特殊なのか

その典型が，じつは VII-2 のオートナーの議論です。彼女は，女性の劣位の普遍性を主張した際，その根拠を，どんな社会でも「文化」が「自然」よりも価値があるとされているという点に求めました。つまり，女性は妊娠・出産という機能をもつがゆえに，普遍的に「自然」と結びつけられている一方，男性はその「自然」を超えた「文化」として位置づけられているため，「女性＝自然」が「男性＝文化」よりも劣位とみなされているという論理です。

しかしながら，この論法の前提となっている「文化>自然」という公式そのものが，じつは普遍的ではなく，きわめて近代西洋に特徴的な考え方であることが，すぐに批判されるようになりました。[4] そもそも「文化」と「自然」という観念があっても，そこに二項対立的な関係を想定していない社会は多数あります。また，オートナーは，女性と「自然」との結びつきの根拠を，女性の生殖機能や家内的な役割におきましたが，この見解も普遍的とはいえません。

実際，家内空間が，独立した私的な領域とみなされるようになったのは，工業化などによって職と住が分離しはじめた近代の西洋社会においてでした。それ以前は，たとえば農民や職人の生活を考えればわかるように，家は仕事の場でもありました。ところが工業化が進むと，働く場所は主に家の外になる一方で，家は家族団らんや育児の場へと特化していき，その仕事は，もっぱら女性に課せられるようになりました。つまり，近代のさまざまな社会変化の中で，公私（職住）の領域が分離すると同時に，そのそれぞれが男女の場として形作られ，女性はいっそう生殖や家内領域と結びついていったのです。[5]

4 非欧米女性を「他者」化する欧米女性

こうした性別分業の考え方は，近代化の広がりにともなって，いまや世界各地に波及しています。発展途上国においても，特に都市部や中間階層で欧米流の性別分業が目立つようになってきたという報告は多々あります。

しかし，だからといって，この近代西洋的な性差観を基準に，すべての社会のジェンダーを分析・理解しようとすることは危険です。しかも，欧米の女性たちは「第３世界」の女性たちを，フェミニズムによって目覚めた自分たちに比べて，劣位に苦しむ「遅れた」女性たちとみなしがちであることも見逃せません。ジェンダー研究の初期には，残念ながら，それまで男性が女性にしてきたのと同様に，欧米女性が非欧米女性を自らの都合に合わせて「他者」化する傾向がありました。非欧米社会の女性は，男性と欧米女性の双方から二重に「沈黙させられ」，その実態は十分に理解されてこなかったのです。[6]　（宇田川妙子）

▶4　このオートナーの見解に対する反論としては，ストラザーン（Strathern, M.）の論文「自然でもなく文化でもなく」（前掲書『男が文化で，女は自然か？――性差の文化人類学』209-281 頁）が有名。彼女は，ニューギニア高地社会の事例を用いて「文化>自然」という図式の普遍性に強い異議を唱えた。オートナー自身も後に，自身の見解があまりに近代西洋中心主義的であったことを認め，撤回している。

▶5　こうした性別分業は，近代以降に理想とされるようになった「近代家族」の特徴である。VII-5「男女の二項を超えていくジェンダー」を参照。

▶6　これは，人類学全体が抱える植民地主義的な性格という問題にも繋がり，その文脈でも批判的な検討が重ねられている。たとえば以下の論文を参照。Mohanty, C. "Under Western Eyes: Feminist Scholarship and Colonial Discourses." *Feminist Review* 30(1): 61-88, 1988.

VII　ジェンダーとセクシュアリティ

4 女性の多様性と多面性

1 性別分業にはさまざまな形がある

近年では，以上のような反省のもとで，女性やジェンダーの多様性をより尊重した研究へと大きく転換しています。たとえば現在でも，性別分業をめぐる問題は，重要な論点の1つです。しかしその際，VII-3で述べたように，公的領域／家内領域という区分を安易に用いることはもはやできません。

その一例として，インドネシアのバリ島の生活を見てみましょう。バリで機織りを生業とする集落を調査した中谷文美によれば[1]，そこでの女性の生活時間は，主に儀礼／機織り／家事の3つに分けられており，そのうち前二者が「女性の仕事」とみなされています。機織りは，主に女性が携わり，現金収入に繋がっているため，彼女たちの力の源泉にもなっていますが，もう1つの儀礼も重要な「女性の仕事」です。バリは，1年を通じて頻繁に儀礼が行われている社会です。ゆえに儀礼は，彼らにとって非常に重要ですが，それに関わっているのは男性だけではありません。儀礼の準備はもっぱら女性が行い，特に既婚女性にとっては，自らの社会的な評価に繋がる仕事として重視されています。一方，家事については，たしかに主に女性が行っていますが，男性も暇さえあれば手伝います。つまり，それは女性の領域とされているわけではなく，さらには，そもそも「仕事」として認識されてすらいないと，中谷は言います。

したがって，先進国の女性の悩みがしばしば「仕事か家庭か」の選択にあるのに対して，バリの女性にとっては「儀礼か機織りか」という悩みになります。特に既婚女性は，儀礼の準備にかなりの時間がさかれるので機織りからの収入が減ります。それゆえ近年では，結婚せずに機織りを続ける女性も増えてきたといいます。こうした女性の晩婚化は，現在の日本社会と似ているかもしれませんが，その背景は大きく異なっていることは明らかです。

以上のような見方は，ジェンダーの視点が，開発や援助という課題にも積極的に取り入られてきた近年，さらに重要になっています。たしかに女性は，どこでも貧困状況におかれやすく，女性に配慮した開発や援助は必要です。しかし，援助する側の論理によって安易に女性の雇用機会を増大させたり，育児などの支援をしたりすると，逆に女性たちの負担を増したり，従来の性別役割分担を強化してしまうこともあります。ある社会の女性問題を改善していくためにも，まず，その社会の性別分業や性差観を適切に理解する必要があります[2]。

▶1　詳しい内容は，中谷文美『「女の仕事」のエスノグラフィ――バリ島の布・儀礼・ジェンダー』（世界思想社，2003年）を参照のこと。

▶2　同様のことは，性別分業をめぐる問題以外でも，たとえばアフリカ等で見られるFGM/C（女性性器切除）の問題にも当てはまる。この慣習は女性の健康に深刻な被害を与える場合があり，廃絶に向けた動きが国際的に盛んになっている。しかしFGM/Cの実態は多様で，複雑な社会関係が絡んでおり，性急な廃絶運動が逆効果になるなどの問題も指摘されている。そこには援助する欧米側の植民地主義的な視線という問題（VII-3「ジェンダー研究の欧米中心主義」）も関与している。たとえば宮脇幸雄ほか編『グローバル・ディスコースと女性の身体――アフリカの女性器切除とローカル社会の多様性』（晃洋書房，2022年）を参照。

2 女性同士のつながりの重要性

また，家内領域と女性の結びつきが絶対的ではないことは，女性たちの活動はもっと広く多様であることを意味しています。もちろん女性たちの家庭外での活動については，生産活動や商売など，各地ですでに数多く報告されています。しかしその際，さらに興味深いのは，女性たちが他の女性たちとも密接な関わりをもっている点です。女性たちは，たしかに家の中で仕事をする傾向にありますが，その場合でも，そこで孤立しているわけではないのです。

たとえば，イタリアをはじめとする地中海ヨーロッパは，男女の分業傾向が強く，女性を家内に隔離する考え方が発達してきた社会です[3]。女性はかつて一人で外出することもままならず，それは，女性が一人前の人格を認められず地位が低いことにも繋がっていました。しかし女性たちは，他方で，家の周囲の路地などで盛んに他の女性たちと接触し，さまざまな情報を交換して互いに助けあってきました。その情報をもとに小遣い稼ぎをし，それを元手に商売を始めることもありました。近年では，このネットワークが女性の政治進出の基盤にもなっています[4]。女性同士のつきあいは，女性の力の源泉でもあるのです。ほかにも近年，男性の都市への出稼ぎが急増した反面，村落部には女性が残されるという現象が世界各地で見られますが，その場合，女性たちの間ではこれまで以上に相互扶助組織が発達するという報告もあります。女性たちのネットワークの存在や実態の研究は，今後さらに必要になるでしょう。

3 ひとりの女性も，複数の顔をもっている

もう一つ注意したいのは，同じ文化社会の女性たちであっても，けっして均質ではなく，年齢，世代，階層，教育等によって多様であるという点です。たとえばカースト制度をもつインドでは，カーストによって女性役割のあり方は異なります。また，既婚女性と未婚女性の違いなど，ライフサイクルにそって女性の地位や役割が変化することも，先述のバリの事例のように，どの社会でも見られます。VII-1で述べたニューギニア高地社会もその１つです。そこでは，すでに述べたように閉経後の女性は男性的に扱われ，女性にはタブーとされていた男性小屋[5]などの男性の領域に立ち入ることも可能になります。

さらに，女性個人について見ても，彼女が果たす役割は状況によって多様です。たとえば父系社会では，女性は別の父系親族集団に婚入すると「よそもの」としてしばしば劣位に位置づけられますが，生家では婚姻後も，そこでの権利をもつ者として地位を認められることがあります。ひとりの女性の中にも「妻」と「姉妹」の２つの立場があるのです[6]。どの社会でも，女性やジェンダーをめぐる規範は１つではなく，時に矛盾することもある規範が複数存在し，それを場面によって使い分けていることを忘れてはなりません。　(宇田川妙子)

▶3　イスラム社会では，男女の行動範囲を明確に分けるだけでなく，女性を男性の目に触れないように屋内等に隔離するという考え方がより強い。そのため女性の屋外での行動はしばしば制限される。しかしそこでも，女性たちは男性に庇護されるだけの存在ではなく，互いに盛んに交流して活発な活動を行っているという報告は多い。

▶4　詳しい内容は，宇田川妙子『城壁内からみるイタリア――ジェンダーを問い直す』（臨川書店，2015年）を参照。

▶5　男性たちの集会，作業，娯楽，宿舎，儀礼等の場として作られた建物。男性はしばしばそこで１日のかなりの時間を過ごす一方，女性は立ち入ることができない。特にニューギニアでは広く見られるが，その実態は社会によって異なり，年齢階梯制度や秘密結社などと結びついている場合も多い。

▶6　たとえば日本社会でも，かつて，婚家での「嫁」（すなわち「妻」）の地位は低かったが，実家に戻ると「小姑」（「姉妹」）としてある程度の発言権をもっていた。また婚家における「嫁」も，「母」として子どもを育てながら次第に婚家での立場を高め，「姑」という位置を得ていくという，ライフサイクルに沿った変化があったことも忘れてはならない。

VII　ジェンダーとセクシュアリティ

男女の二項を超えていくジェンダー

1　男性性という問題

近年では，こうした女性やジェンダーの多様性や多面性とともに，そのジェンダーがどのように作られてきたのか，という歴史性にも注目した研究が進んでいます。歴史性に関しては，ここでは残念ながら割愛しますが，ほかにも重要な課題が残されています。それは，ジェンダーは女性だけの問題ではないという点です。そこにはまず，男性という問題が欠けています。

男性役割や男性らしさも，それぞれの文化社会の中で作られ多様であることは当然であり，すでに数多くの報告がなされてきました[1]。しかし，近年注目されているのは，「男性支配社会」の構造に関わるさらなる考察です。

たとえば私たちの社会では，女性はしばしば性の対象とみなされていますが，それは，男性の女性に対する態度を意味するだけでなく，男性同士の関係を作り上げるのに有効な仕掛けでもあります。実際，「英雄，色を好む」のことばのように，性力が男性の地位の象徴になっていることはよく知られていますし，男性たちの猥談は，男性同士の結びつきを高めているといわれます。彼らは，女性を性の対象とすることによって，女性を社会の正式な成員から排除する一方で，互いに（女性をめぐって）競いあいながらも連携を強めているのです[2]。もちろん男性支配の基盤はこれだけではありません。今後は，その多様な実態を，こうした男性同士の関係にも目を向けて分析していく必要があります。

2　異性愛という問題

もう１つは，セクシュアリティに関わる問題です。セクシュアリティ（sexuality）とは，簡単に言えば，誰に性的に魅かれるかという性的な指向を意味します。一般的には異性愛，同性愛，両性愛などが考えられますが，これまでのジェンダー研究が想定してきたのは，もっぱら異性愛でした。

そもそも異性愛は，一見「自然」なように見えますが，人の性のあり方を女性と男性の二項だけに限定する考え方に繋がります。その根拠は，生殖は男女で成立するという論理です。たしかに生物学的な生殖には男女が必要です。しかし男女の関係は，それだけではありませんし，にもかかわらず生殖を一義とする考え方は，実は近代になって強化されたものです。近代は，歴史学者アリエス（Ariès, P.）[3]らが指摘するように，子どもに対する社会全体の関心が高まり，

▷１　人類学的な初期の業績の一つとしては，デイビッド・ギルモア著，前田俊子訳『「男らしさ」の人類学』（春秋社，1994年）がある。

▷２　このように女性を排除しながら成立する男性同士の緊密な関係性はホモソーシャルと呼ばれる。この語はジェンダー研究者セジウィック（Sedgwick, E.）によって使われ始めた（イヴ・セジウィック著，上原早苗・亀澤美由紀訳『男同士の絆――イギリス文学とホモソーシャルな欲望』名古屋大学出版社，2001年）。この関係は，その緊密さが同性愛とみなされることを嫌うため，同性愛嫌悪と表裏一体であることが多い。

▷３　フィリップ・アリエス著，杉山光信・杉山恵美子訳『〈子供〉の誕生――アンシァンレジーム期の子供と家族生活』みすず書房，1980年。

▷４　子どもを中心として父・母からなる核家族的な家族のあり方は，現在では当たり前のように見えるが，近代以降に理想的な家族像として表面化してきたものである。ゆえにこの形態を「近代家族」と呼ぶこともある。

生殖がきわめて重視されるようになった時代です。だからこそ，先述のように男女の役割が子育てを中心として公的／家内的という形で峻別され[4]，他方では，生殖に繋がらない同性愛などに対する差別が激しくなっていったのです。

3 性は男女以外の形もある

実際，このように男性と女性だけを前提とする考え方から一歩離れると，世界各地には「第３の性[5]」とも呼ばれる他の性の形が見出せます。

たとえば，北米先住民の中には，ベルダーシュ（berdache[6]）と呼ばれてきた人たちがいます。彼／彼女らは，子ども時代に身体的な性とは異なる性役割への指向があらわれ，以降，異性の衣服を身につけ，異性の仕事に従事するようになった人たちです。男性の身体をもつベルダーシュであれば女性の服装をまとい，女性の仕事とされている織物や壺作りなどに携わり，男性と結婚し，その逆もあります。このためベルダーシュは，白人との接触後，近代西洋的な論理によって同性愛者とみなされて厳しい差別にさらされてきました。ベルダーシュという言葉も，同性愛者を意味するフランス語由来の蔑称です。しかし先住民社会においては，彼／彼女らは，むしろ男女両方の能力や技術をもつ者として尊重され，シャーマンとみなされることもありました。

ベルダーシュの存在は，北米先住民社会では性別が生まれながらの身体によって決定されるとは考えられておらず，男女以外の性のあり方も認められてきたことを示しています。ほかにもインドのヒジュラ，タヒチのマフなど，世界各地には異性愛の男女以外の性が存在しており，しかもその実態は欧米的なゲイ，トランスジェンダーなどの枠組みに収まらないことが少なくありません[7]。

4 性は性を超えても広がっていく

こうしてみると，私たちの性は，セックス，ジェンダー，セクシュアリティ，どの次元をとっても限りなく多様であることを前提に考察していく必要が出てきます。私たちの身近でも，LGBTQ＋などの言葉のように，異性愛男女以外の性が少しずつ表面化しています。その意味でジェンダー研究は，まだこれからの学問ですが，最後に性という問題の広がりについて述べておきます。

VII-2でも見たように，性差は権力と密接に結びついています。それゆえ白人社会が黒人を性的なモラルに欠けるとみなすなど，人種や民族間などの権力関係が性的な比喩で語られることが多々あります。民族紛争の際には，深刻な性暴力が実際に多発します。性は一見私的な事柄ですが，もっとも有効な権力装置の１つとして，私的な場以外でも利用されているのです。また，複雑な権力関係の中では，マイノリティの性が何重にも抑圧されることも忘れてはなりません（VII-3参照）。ジェンダーは，グローバル化にともなってさらに権力構造が複雑化している今，その構造を暴く重要な視点でもあります。（宇田川妙子）

▶5　異性愛の男性・女性に当てはまらない性のあり方の総称。ただしこの言葉は主に非欧米社会に対して使われる一方で，欧米の多様な性には，近年クイア（queer。元来は「変態」の意）という語が使われ，その区別にも問題がある。また最近は，そうした総称ではなく，多様性を重んじたLGBTQ＋などの表現が普及している。しかしこれらの語も，欧米的なジェンダー観を基盤とするものである。

▶6　それゆえ彼／彼女らをトランスジェンダー（生まれながらの性とは異なる性別役割や服装等を指向する人たち）と呼ぶこともある。ただし，欧米的なトランスジェンダーがなるべく異性になろうとするのに対して，むしろ両性の特徴を合わせもっていると見なしたほうがよい。実際，彼／彼女らは，男女２つの精神をもつという意味を込めて「ツー・スピリット（two-spirit)」という新たな言葉で自らを呼ぶようになっている。

▶7　たとえばヒジュラは，ベルダーシュとは異なり，身体的には男性のみのトランジェンダーであり，たいていは，服装等だけでなく去勢儀礼によって身体も変える。ヒジュラはインドでは誕生儀礼などにおいて宗教的な役割を担っているが，売春を生業としていることも多く，差別の対象にもなっている。

一方，身体的に女性のトランスジェンダーも，インドネシア・スマトラ島のトムボイや，アルバニアのブルネシャ（「宣誓処女」とも呼ばれる）など，各地に見られるが，その実態や位置づけは，やはり多様である。

VIII　人種とは何か

1 人種と人種差別

1 人種差別から考えよう

2020年，アメリカのミズーリ州で発生した警察によるジョージ・フロイド（George Floyd）さんに対する暴行死[1]をきっかけに，ブラック・ライヴズ・マター（Black Lives Matter, BLM：「黒人の命を粗末にしないで」）運動[2]が世界中に広まり，日本でも「人種」や「人種差別」をめぐる問題に大きな関心が向けられるようになりました。一方，日本社会では，人種差別というと黒人差別を思い浮かべる人が多いですが，たとえば，在日コリアンらに対するヘイト・スピーチや，コロナ禍で頻発した華僑・華人に対する嫌がらせも「人種差別」に該当します（VIII-4 参照）。どうして見かけが多数派の日本人と変わらないコリアンや華人たちに対する差別が「人種差別」になるのでしょう。そもそも「人種」とは何なのでしょう。本節では，こうした基本概念を中心に考えていきます。

2 「人種差別」とは

日本が加入している重要な国際条約の1つに，人種差別撤廃条約（正式名称は「あらゆる形態の人種差別の撤廃に関する国際条約[3]」）があります。この条約の第1条第1項において，人種差別は以下のように定義されています。人種差別とは，「人種，皮膚の色，世系又は民族的若しくは種族的出身に基づくあらゆる区別，排除，制限又は優先であって，政治的，経済的，社会的，文化的その他のあらゆる公的生活の分野における平等の立場での人権及び基本的自由を認識し，享有し又は行使することを妨げ又は害する目的又は効果を有するものをいう」。この日本語訳は少々わかりづらいのですが，原語では，「世系」は“descent”，「民族的若しくは種族的出身」は“national or ethnic origin”であり，それぞれ「出自」，「出身国や民族的（エスニック）背景」と訳すほうがわかりやすいかもしれません。重要なことは，人種差別の対象は，黒人や先住民など，その身体形質が支配者集団と異なる集団だけを指すのではなく，出身国（たとえば在日コリアンや華人・在日中国人），民族的背景（たとえばアイヌ民族），出自（たとえば被差別部落[4]）が異なるとされる場合も含まれることです。

3 社会的に創られた「人種」概念

そもそも人種差別の前提となる「人種」とは何でしょうか。人種とは，身体，

▶1　2020年5月25日，アフリカ系アメリカ人であるジョージ・フロイドさんは，偽の20ドル札を使った嫌疑で，警察官によって取り押さえられ，9分29秒にわたって首と背中を圧迫された後，息を引き取った。彼を死に追いやった白人警察官には，それまでの大半の警察による黒人らへの暴行死事件と異なり，有罪判決が下された。

▶2　BLM運動が始まったのは，2012年黒人青年のトレイボン・マーティン（Trayvon Martin）さんが元警官で自警団団員であった男性に射殺された事件をめぐり，被告に無罪判決が下された2013年7月のことであった。3人の女性たちのSNSでつぶやかれた「黒人の命を粗末にしないで」を意味するBLMという言葉は，その後全米に広まり，2020年のフロイド事件では，世界的な反人種主義運動のスローガンとなった。BLMについては数多くの書籍などが出版されている。たとえば以下を参照。『現代思想』臨時増刊号「総特集　ブラック・ライヴズ・マター」2020年10月号。アリシア・ガーザ著，人権学習コレクティブ訳『世界を動かす変革の力――ブラック・ライブズ・マター共同代表からのメッセージ』明石書店，2021年。

能力，気質に関する特性が，身体を通して世代から世代へと集団内で継承されると信じられてきた，社会的に創られた概念です。ここでいう「身体」の中には，「血」や出自（をめぐる社会言説）も含まれます。「血がちがう」から環境では変えられない，「○○人が△△なのは，生まれつき」などと決めつける差別的な考えです。「日本人のDNAの中に埋め込まれている」という表現も，日本人に生まれれば，自然と何かに長ける資質があるというニュアンスで語られる場合が多く，危険な人種主義につながりかねません。

「人種主義」についても定義しておきましょう[5]。人種主義とは，さまざまな人種の間に，生まれながらにして能力や気質，あるいは倫理観など環境では変えられない「ちがい」が存在するとするイデオロギーです。人種差別は，実際の言動や行為を指しますが，その根本で作動しているのは，法や経済，教育，医療等の社会システムの中に埋め込まれている人種主義というイデオロギーです。

4 ヒトの多様性と「人種」

アメリカ生物人類学会（旧アメリカ自然人類学会）は，2019年に発表した「人種と人種主義に関する声明[6]」において，人種に生物学的実体はなく，差別政策から生み出されたものであると明言しています。人々の間で明らかに肌の色が違うのに，人種に生物学的実体はないとはどういう意味でしょうか。

ここで思い浮かべたいのは，コンピューターのカラー・グラデーションです。円の中から赤や青らしき色を選ぶと，当然赤と青の色は違います。しかしどこからどこまでが赤で，どこからが青だとは言えません。虹も同じことです。色は連続体であり，私たちが赤，青，黄などの色の名称と，その典型とする色を恣意的に決めているのです。もちろん地球の場合は，海や山などの自然の地形によりヒトの移動が困難な場所もあります。それでも人は移動し，婚姻し，子どもをもうけ，交わり続けているのです。

かつて生物学的概念だと信じられた「人種」には，「黒色人種」「黄色人種」「モンゴロイド人種」「コーカソイド人種」などのように，人間をいくつかに縦割りして分類できるという前提がありました（VIII-2 VIII-3 参照）。皮膚の色や髪の形状，身長などさまざまな身体的形質が1つの人種内で類似しており，人種間に明確な境界線が引けるといった考えです。しかしそもそも，肌の色の薄い人でも目の色が青い人もいれば茶色の人もいます。同じアフリカ人でも，世界一身長が高い集団もあれば世界一身長が低い集団もあります。さまざまな身体形質が1つのセットになって1つの人種を形成するという考えは，今日の科学では成り立たないのです。

それでは，人種が「差別政策から生み出された」とは，どういう意味でしょうか。生物学的に存在しないのなら，なぜフロイドさんを「黒人」と呼ぶのでしょう。それらについては後続の節で考えてみましょう。（竹沢泰子）

▶3　1965年に国際連合（国連）総会で採択され，1969年に発効した。日本は，村山政権下の1995年，国連加盟国中146番目という遅さで加入した。

▶4　被差別部落出身者は，多数派日本人と何ら身体的違いがあるわけではない。中世前期にまで遡る屠畜，皮革などの職業や，居住形態，生活様式などによって差別され，その出自（世系）ゆえに社会的に隔離された歴史をもつ。部落差別やカースト差別は，「職業と世系に基づく差別」として国際的な反差別運動ではとらえられている。

▶5　「人種」と「エスニシティ」や「民族」との違いなどについては，竹沢泰子「総論――人種概念の包括的理解に向けて」竹沢泰子編『人種概念の普遍性を問う――西洋的パラダイムを超えて』（人文書院，2005年，9-109頁）を参照。

▶6　“AABA Statement on Race and Racism”（American Association of Biological Anthropologists, 2019）．ちなみに，別組織であるアメリカ人類学会（American Anthropological Association）は，1998年に「人種に関する声明」を発表している。“AAA Statement on Race”（American Anthropological Association, 1998）．

VIII　人種とは何か

人種をめぐる呼称とアイデンティティ

1 呼称をめぐる問題

「人種」という言葉は，いつから現在のような意味で使われはじめたのでしょう。また現在でも，日本の一部の事典等には，「モンゴロイド人種」「コーカソイド人種」「ネグロイド人種」といった言葉が記載されています。しかし2012年のロンドン・オリンピックで，韓国人のことを差別的表現とともに「モンゴロイド」とSNSに書き込んだスイスのサッカー選手は，自国のオリンピック委員会によってただちに帰国を命じられました。「モンゴロイド」の何が問題なのでしょう。「コーカソイド」はいいのでしょうか。他方，どうして前出のフロイドさんをメディアも彼の家族でさえも「黒人」と呼ぶのでしょう。本節では，こうした一見矛盾した呼称をめぐる謎を解いていきましょう。

2 呼称と西欧中心的世界観

「人種」という言葉が人間を分類する概念として日本で最初に書物に登場したのは，江戸時代後期の蘭学者で画家の渡辺崋山による『外国事情書』（1839年）でした。明治初期，大量に欧米の書物が日本語に翻訳された時も，総称としては，ほぼすべて「人種」と訳されていました。ただし個別に論じる時は「〇〇種」などが使われることもありました。[1]

いわゆる5人種のうちの「コーカソイド」「モンゴロイド[2]」の基となる「コーカシア」「モンゴリア」を命名したのは，ドイツの人類学者ブルーメンバッハ（Blumenbach, J. F.）です。ただし彼自身は，人類は1つの同じ種であること，また5つのカテゴリーの人々の間に優劣は存在しないことを強調していました。

「モンゴリア」は，ヨーロッパをたびたび脅かしたモンゴル帝国の名に由来しています。「モンゴロイド人種」の代表格とされてきた「中国人」「日本人」とは縁の薄い名前です。また「モンゴリア」は，顔の特徴が似ているとして，ダウン症を指す言葉として19世紀中葉から用いられ，ダウン症[3]の人々に対して，「モンゴリアン・イディオット（Mongolian idiot：“idiot”は「白痴」のような差別的意味合いをもつ）」という表現が使われることもありました。冒頭で述べたスイスの選手への罰則は，「モンゴロイド」が，今日では国際的に差別語であると広く認識されているためだったのです。

「コーカシア」は，旧約聖書の創世記に登場するアララト山がコーカシア山

▷1　竹沢泰子「『人種』と『文明』――明治期の教科書記述にみる世界認識の変容」竹沢泰子，ジャン＝フレデリック・ショブ編『人種主義と反人種主義――越境と転換』京都大学学術出版会，2023年，21-53頁。

▷2　「〜オイド（-oid）」は，それぞれのカテゴリーが実体をもつものとして類型化した折に使われた。

▷3　今日でいうダウン症の名称は，1862年に最初にそれを精神障がいの一種だと論じたダウン（Down, L. J.）の名前に因んでいる。ただしダウン自身が，その症状の人々を指す言葉として「モンゴリア人種」（後にいう「モンゴロイド人種」）を用いていた。

脈の南にあることに関係しています。そこに漂着したノアの箱舟から出た人々が人類の起源だと，キリスト教世界では考えられていました。つまり，自分たちヨーロッパ人が人類の基本型だと考えたのです。

「ネグロイド」は，「黒」を意味するラテン語 *niger* を語源とする言葉です。しかし，集団遺伝学では，皮膚の色が濃いオーストラリアのアボリジニやフィジー人などは，アフリカ人よりもむしろ東アジアの人々に近いとされています。

このように「モンゴロイド」「コーカソイド」「ネグロイド」は，西欧中心的な世界観に由来し，科学的に正確でもなく，国際的には今は使われていません。

3 「黒人」「白人」の由来

それではどうして「黒人」「白人」という言葉が今でも使われるのでしょう。それにはやはり，アフリカからの奴隷貿易，奴隷制が決定的に影響しています。古代ギリシアでは，奴隷の大半は戦争で捕えられたヨーロッパ人でした。また南北戦争終結まで奴隷制が続いたアメリカ合衆国でも，17 世紀末までは，ヨーロッパから来た年季奉公人とアフリカ人の奴隷は，プランテーションでともに過酷な労働に耐えながらも，寝食を共にすることもありました。それが急変するのは，彼らが連帯して反乱を起こした 17 世紀末のことです。その分断のために，プランテーション所有者たちは，年季奉公人に諸権利を与え，奴隷をより残酷に扱い始めました。[4] 事実，18 世紀転換期から植民地の人口統計でも「白人」「黒人」という言葉が登場します。このように，肌の色に基づく呼称や優劣は，それぞれの時代の社会的・経済的状況によって創り出されたものでした。

4 差別の歴史とアイデンティティ

フロイド事件が象徴するように，法的平等が約束されている今日でも，肌の色に基づく差別は存続しています。他方，1960 年代のアメリカで生まれた「ブラック・イズ・ビューティフル（Black is Beautiful）」というスローガンは，黒人であることに誇りをもとうという運動でした。同時期の「ブラック・パワー（Black Power）」運動や，現代世界を動かした「ブラック・ライヴズ・マター」運動（VIII-1 参照）が示すように，反差別運動でも積極的に使われてきました。[5]「黒人」という言葉は，人種差別を過去から現在まで受け続けてきた多くの黒人たちにとって，アイデンティティの大切な一部なのです。

「白人」という呼称も，国によっては，今でも人口調査等で使われています。今日の会話での用法としては，人種差別の存在を認め，白人としての特権をもつというニュアンスで用いられることが多いですが，人種差別的な「白人至上主義者」たちが，自分たち白人が優越なのだと訴える際にも使われています。

しかし，呼称はあくまでも個々人の意思を尊重するのが基本です。相手がどのような集団帰属意識をもっているかに注意したいものです。[6]　（竹沢泰子）

▶4　オードリー・スメドリー著，山下淑美訳「北米における人種イデオロギー」竹沢泰子編『人種概念の普遍性を問う――西洋的パラダイムを超えて』人文書院，2005 年，151-181 頁。

▶5　アフリカへの文化的出自に誇りを抱くことが重視され，「アフリカ系アメリカ人（African American）」という言葉が積極的に使われた時代もあったが，「ブラック」が使われるのが一般的である。ただし「アフリカ系アメリカ人」は現在でも文脈や人によって好んで使用される。

▶6　少数派ではあるが，一部の人は，「自分は○○人」という属性に基づくカテゴリーや集団帰属意識を好まず，「自分は自分」，あるいは「自分は地球人」と考える人もいるので，すべての人が集団帰属意識を抱いているわけではない。

VIII　人種とは何か

科学的人種主義

1 科学的人種主義（scientific racism）

人間社会の発展は多分に科学に負っています。しかし他方で，それぞれの枠組みや分類基準，手法を考えてきたのは，異なる経験や思想をもつ生身の人間だということも忘れてはなりません。本節では，科学と人種主義が過去においてどのように共犯関係を結んだのか，また今日その反省のもとに，科学者たちはどのような知見を社会に発信しているのかについて考えてみましょう。

2 科学者と奴隷制・植民地支配

欧米社会における科学的人種主義は，奴隷制と植民地主義を抜きにしては語れません。それがもっとも顕著なアメリカを例にとると，最初に数値を用いて人種間には脳の容量に差があると論じ，大きな反響を呼んだのは，モートン（Morton, S. G.）でした。1939年に発表した『クラニア・アメリカーナ』の中で，白人は脳の容量がもっとも大きく，したがってもっとも知的であり，黒人はもっとも小さくもっとも劣等であるとし，「インディアン」（先住アメリカ人）をその中間に位置づけました。[1]ブルーメンバッハ（VIII-2 参照）の5分類を踏襲しながらも，その単一起源説とは対照的に，神は別々にそれぞれの人種を創造したとする「多起源説」を主張しました。モートンは強烈な奴隷制擁護論者だったのです。

▷1　モートンの頭蓋骨のサンプルや計測方法には偏見が影響していたとする説が有力である。詳細は以下を参照。スティーヴン・J. グールド著，鈴木善次・森脇靖子訳『人間の測りまちがい——差別の科学史』河出書房新社，1989年。Michael Weisberg, “Remeasuring Man,” *Evolution and Development* 16(3): 166-178, 2014. またネアンデルタール人のほうがホモ・サピエンスよりも大きく，男性のほうが女性よりも頭蓋骨の容量が大きいように（身長比では女性のほうが大きい），そもそも人間の頭蓋骨の容量と知能は無関係である。

モートンの考えをさらに広めたのは，1854年に『人類の諸種類』を出版したノット（Notto, J. C.）とグリドン（Gliddon, G.）でした。彼らも奴隷制の存続を強く唱道していましたが，それが南北戦争（1861-1865年）の勃発直前だという時代背景にも注意を払いましょう。

植民地時代から始まっていた西部開拓と先住民に対する迫害・虐殺は，社会進化論（III-5 参照）がアメリカ社会を席巻する19世紀後半にいっそう激化します。西部開拓という国家計画には，「未開なインディアン」の征服が白人の「明白なる天命（Manifest Destiny）」であると正当化する必要があったのです。

科学的人種主義は，20世紀に入ると優生学（eugenics）という新たな器を得て，さまざまな差別政策に現れます。黒人らに対する断種手術や先住民の子どもたちの隔離教育，そして1920年代には，東欧や南欧移民，アジアからの移民らを制限あるいは停止する移民政策にも応用されました。

こうした科学的人種主義による差別政策の典型例には，ユダヤ人やロマ，同性愛者などを大量虐殺したホロコーストも含まれます。

3 日本における科学的人種主義

日本も無縁ではありません。19 世紀末に翻訳書を通して広まった社会進化論[2]は，日本固有のアレンジによって侵略や植民地主義に利用されました。アジアの中で「日本民族」「大和民族」を最高位に，アイヌや琉球（沖縄）の人々，日本の周辺民族を劣等視して，植民地支配を正当化したのです。

19 世紀半ばから欧米の博覧会では先住民らの「展示」が始まっていましたが，日本での有名な例に「人類学館事件」が挙げられます。1903 年に大阪で開催された内国勧業博覧会において，アイヌや琉球の人々，台湾の先住民，朝鮮人，中国人など 32 名が民族衣装姿で「展示」されました。大日本帝国の支配領域の広大さを国内外に見せつける意図があったと考えられています[3]。

4 生物人類学者たちの反省から

アメリカ生物人類学会の「人種と人種主義に関する声明」（VIII-1 参照）は，生物人類学者たちが関与した過去の科学的人種主義に対する深い反省のもとに発表されたものです。その声明で，過去の過ちに関する記述とともに注目したいのは，「人種主義がいかに我々の身体や，免疫システム，さらには認知プロセスにまで作用を及ぼし，発症をきたすかは，数多くの研究によって証明されている。つまり，『人種』なるものは，科学的に正確な生物学的概念ではないが，人種主義がもたらす作用があるゆえに，重大な生物学的結果をもたらしうるものなのである」というくだりです。

実際にたとえば，アメリカの黒人の心臓疾患による死亡率（対白人比は約 2 割［女性は約 3 割］増），また成人先住民の自殺者の比率（対白人比は約 2 割増）などの高さが報告されています。オーストラリアでは，辺境地域に住むアボリジニ（先住民）に高血圧と糖尿病疾患の人が多く，イギリスでは，カリブ系アフリカ人と南アジア人の脳卒中罹患率がそれぞれ平均より約 4 割，約 7 割高いことが知られています。人種差別は，マイノリティの人々の心身に深刻な影響を及ぼしているのです。

科学的人種主義は，けっして過去のものではありません。白人，黒人，アジア人の知能指数の差や，男女間の脳と能力の違いなどに関する科学の名を装った本やエッセイは，大衆受けしやすいテーマですが，科学的根拠があるわけではありません。私たちは，過去の教訓から科学的人種主義に警戒しながら，ヒトの多様性に関する理解を深めることが求められます。 （竹沢泰子）

▶2 その代表例として，スペンサー（Spencer, H.）による適者生存説が挙げられる。ダーウィン（Darwin, C.）の自然選択説と軌を一にするものだが，現在生存しているのは，その環境にもっとも適した人々の子孫という考え方である。日本ではとりわけ 1880 年代から 1890 年代に多くの翻訳書が刊行された。III-5「生業の類型化と社会進化論」，XI-1「政治システムの進化論」も参照。

▶3 日本国内で優生学的思想に基づいて差別的政策が実施された例として，障がい者やハンセン病患者らに対する断種手術が挙げられる。ハンセン病患者らには 1920 年代からその子孫を増やさないためとして断種手術が行われはじめた。戦後も，1948 年から 1996 年まで「優生保護法」の下で，ハンセン病患者や障がい者らに対する強制的な不妊手術が行われた。2024 年 7 月，最高裁判所は旧優生保護法は憲法違反として国に賠償を命じた。

VIII　人種とは何か

日本における人種差別

1 「日本に人種差別は存在しない」？

日本社会において人種差別を対岸の火事だととらえる人は少なくありません。しかし，国連の人種差別撤廃条約（VIII-1参照）に基づき設立された人種差別撤廃委員会は，日本政府に対して，多領域にわたる課題への改善を求めています。[1] 日本の「多文化共生」社会実現のためには（第２部16参照），まず，差別の歴史と実態を理解することが重要です。本節では，個々の集団について詳しく論じる紙幅はありませんが，これらの集団が人種化されるに至ったいくつかのパターンを指摘しておきます。

2 アイヌ民族と「セトラー・コロニアリズム」

北海道などを中心に，伝統的に交易や漁撈・狩猟等を生業としていたアイヌの人々は，江戸時代から迫害されていましたが，より大きな変化を強いられたのは，明治政府による開拓事業によってでした。アイヌの生活基盤であった土地等を没収し，彼らを強制移住させ，条件の悪い土地で彼らに不慣れな農業を強要するといった，一種の「セトラー・コロニアリズム（settler colonialism 入殖者植民地主義）」[2]が始まったのです。

今日，北海道の平均をかなり下回るアイヌの年収や教育年数等は，こうした和人による政策の負の遺産と言えます。アイヌ独自の言語や伝統文化は否定され，同化が強要されてきましたが，近年ようやく，その言語や文化の復興，アイヌ民族としてのアイデンティティへの誇りが積極的にとなえられるようになりました。それには，2008年に衆参両議院本会議で採択された「アイヌ民族を先住民族[3]とすることを求める決議」を後押しした「先住民の権利に関する国際連合宣言」（2007年）などの国際的な動きが大きく影響しています。[4]

3 植民地主義と外交関係

日本社会における最大の少数派民族集団である在日コリアンには，約43.4万人の韓国・朝鮮籍保持者と，それとほぼ同数と推定される日本国籍のコリアン・ルーツの人[4]が含まれます。なぜそれほど多いのかは，1910年の韓国併合から1945年の日本の敗戦まで続いた日本による朝鮮半島の植民地支配を抜きにしては語れません。その間，強制的に日本に連れてこられた数多くの朝鮮人が，

▶1　在日コリアンらに対するヘイト・スピーチ，ヘイト・クライム，アイヌ民族に対する雇用・教育・公共サービス面での差別，被差別部落出身者の戸籍への違法アクセス，難民認定申請者の長期収容，外国人技能実習制度の不備，元「慰安婦」女性への人権侵害，マイノリティの女性に対する暴力や性的搾取など。

▶2　セトラー・コロニアリズムとは，入植者が先住民の土地等を奪い，迫害し，自らが替わりに定住する形態をいう。

▶3　アイヌの人々を指す時には，多くの当事者たちの慣行にならい「先住民族」を用いる。他方，「民族」は和製漢語であり（IX-2「民族をめぐる語彙」を参照），国際的状況を指す場合は，“indigenous people” の和訳にあたる「先住民」を用いることとする。

▶4　アイヌの人々が「先住民族」であると日本政府によって初めて法律に明記されたのは，「アイヌの人々の誇りが尊重される社会を実現するための施策の推進に関する法律」が成立した2019年であり，比較的最近のことである。

鉄道や道路の建設，鉱山開発等のために過酷な労働を強いられました。他方，1939 年の創氏改名に象徴されるように，彼らは文化的にも同化を強要されました。戦前帝国下で日本国籍を所有していたにもかかわらず，サンフランシスコ講和条約（1951 年）の後，日本国籍を剥奪され，さまざまな権利を喪失しました。戦後は現在に至るまで，大韓民国や朝鮮民主主義人民共和国と日本との難しい外交関係[5]が，日本社会の住民である在日コリアンに対する差別を悪化させています。とりわけ，ヘイト・スピーチ，ヘイト・クライムは，彼らの心身を脅かす深刻な問題です。同じく日本の植民地であった台湾から戦前に連れてこられた人々も，一部似たような経験をしていることも忘れてはなりません。

4 職業と出自等による部落差別

京都では，牛馬の屍体処理や皮革作りなどをする「河原人」「河原者」（後の被差別部落民）の存在が 11 世紀から記されています。定住せず河原に住み，けがれ視された彼らは，共同体から排除・差別され続け，江戸時代には，身分制度により賤民として扱われました。一方で，皮革が必需品である特権階級や武士らには，彼らは不可欠な存在でした。明治時代，居留西洋人や日本人の肉食のために屠畜場に労働力として駆り出されたのも被差別部落の人々でした。小動物と異なり，牛馬の屠畜や処理には熟練を要します。時代を通してそのスキルが必要とされた一方で，けがれ視や「血がちがう」とする何の根拠もない偏見によって人種化され，厳しい差別を受けてきました。そのため今日でも，被差別部落出身者はその出自を隠す場合が多いのです。

5 外国人労働者・技能実習生などに対する労働搾取と非人道的扱い

人口減少が加速する日本社会において生産業や製造業等を下支えしているのは，いわゆる外国人労働者や技能実習生です。中国，ベトナム，フィリピン，ネパール，インドネシアが国別の上位を占めています。個別の労働環境により大きな違いがありますが，技能実習[6]という名称とは裏腹に，廉価な賃金で過酷な労働を強いられ，場合によっては虐待を受けるケースも後を断ちません。また出入国在留管理局に長期に収容される難民申請者らが，非人道的な扱いを受け，スリランカ国籍のウィシュマさん[7]のように死亡した事件もあります。

6 インターセクショナリティ

アイヌ，在日コリアン，被差別部落，また本章では扱えなかった沖縄の人々に共通するのは，女性が男性より収入，教育年数，識字率などがさらに低いという，人種とジェンダーのインターセクショナリティ（intersectionality）が影響している現象が見られます。ただしマイノリティの女性についての実態調査はきわめて乏しく，まずは他の属性も含めた実態把握が急がれます。（竹沢泰子）

▶4　2023 年末現在の韓国・朝鮮籍の人口は，434,461 人である。そのうち特別永住者は 277,707 人を占める。（出入国在留管理庁「在留外国人統計 2023 年 12 月末」）。日本には「コリア系日本人」という国勢調査上のカテゴリーや概念が存在しないため，帰化者やその子孫も含めた在日コリアンの正確な数字は把握できない。

▶5　朝鮮民主主義人民共和国との関係では，拉致問題や弾道ミサイル発射など，また大韓民国との間には，慰安婦問題や徴用工問題などがある。

▶6　政府の有識者会議は，2023 年 11 月，問題の多い技能実習制度を廃止し，人材の確保と育成を目的とする「育成就労制度」へと変更するとした最終報告書をまとめた。

▶7　学費が払えずオーバーステイ（「不法残留」）となったウィシュマ（Rathnayake Liyanage Wishma Sandamali）さんは，2020 年 8 月，同居人からの暴力を逃れて交番に助けを求めたところ，入管に収容された。体調不良を訴え続けたにもかかわらず，暴言を吐かれ適切な治療を施されないまま 2021 年 3 月に死亡した。

IX　民族とエスニシティ

民族とは何か

古い民族観の解体

文化人類学上もっとも重要な概念の1つである「民族」には，いまだに誰もが認めるような定義がありません。1940年代ぐらいまでは，「特定の地域に住む固有の言語と文化を持った集団」といった程度の受け止められ方をしていましたが，人類学者らによる綿密なフィールドワークを通じ，簡単に定義できる存在ではないことが徐々にわかっていきました。[1]その結果，従来の民族観，つまり土地，言語，形質，出自，文化といった要素をすべて共有する固定的な集団が存在するという考えは「幻想」として退けられ，民族を過度に実体的なものとして扱う研究者は批判にさらされていきました。

定義上，先に掲げた諸要素にはそれぞれ難点があります。人々がきわめて高い移動性をもつ今日の世界においては，土地は民族にとっての絶対的な条件とは言いがたいですし，言語についても，他集団によって学習可能なものである以上同じことが言えます。文化も，一見自律性と独自性をもったように見えますが，実は果てしない混合と変容の産物である場合が大半です。形質と出自についてはどうでしょうか。後天的な獲得が不能であるように見えても，これらも絶対ではありません。混血者をどのように位置づけるか，主張される系譜の信憑性をどのように評価するかという問題がつねに残るからです。

2　民族概念の整理

そこで浮上してくるのが「名」とアイデンティティです。[2]ケニアのマサイ，アマゾン河流域のナンビクワラ，ヨーロッパのケルトなどを挙げるまでもなく，「名」をもたない民族は事実上存在せず，また，その「名」を自らの存在と強く結びつける意識，すなわち「アイデンティティ」がなければ，民族は成立しないからです。ところが，「名」という“看板”だけでは，人々はそこに強いアイデンティティを感じることができません。餅を売っていない「餅屋」には誰も足を運ばないのと同じです。この時，人々にとっての公分母（共通基盤）となり，「名」に一定の意味を与えるものとして再検討したいのが，文化と出自です。まず，ここであらためて取りあげる文化とは，信仰，服飾，食生活といった具体的な要素の集合というよりは，個人差はあるものの人々によって共有され，その行動と心理をかたちづくる「プログラム」[3]のようなものです。同じ民族に

▶1　なかでも大きな意味をもっていたのが，リーチ（Leach, E. R.）による『高地ビルマの政治体系』（関本照夫訳，弘文堂，1987年）の刊行である。同書でリーチは，ミャンマーのシャン州に住む「カチン」と「シャン」というまったく異なる民族がもつ政治体系上の連続性を見事に描き出した。リーチは，カチンをグムラオ（平等主義的）とグムサ（階層的）という2つの連続的な政治体系に分けて考えた。さらに，カチンのグムサと封建主義的なシャンの政治体系には親和性があるため，両者の間に人員の交換と民族的な帰属の変更を伴う連続性があることを示し，動態的な民族理解に先鞭をつけた。

▶2　詳細については IX-5「エスニック・アイデンティティ」を参照。

▶3　フランスの社会学者ブルデュー（Bourdieu, P.）は，人間の行動（実践）を規定する身体化された構造を「ハビトゥス（*habitus*）」と呼んだ。ここでいう「プログラム」は，それがより広い範囲の人々に共有された状態と考えてよい。

属す人々でも，そうしたプログラムにどの程度拘束されるかについては濃淡がありますし，また，同じプログラムが民族の境界を超えて作用することもあります。さらに，時代が変わればプログラム自体も少しずつ書き換えられます。したがって文化とは，時代を超えて受け継がれるものでありながらも，同時代的な「横」のつながりの感覚を強く生み出します。一方，出自を共有することは，遺伝的な次元で祖先とのつながりを共有することとつねに同義であるとは限りません。民族によっては，つながっているという意識や物語が，実際の血縁に取って代わる場合がしばしばあるからです[4]。その意味で出自は，時代を通じた「縦」のつながり[5]の感覚を生み出します。

これらをまとめ，ここでは民族を「文化を基礎とした横のつながりの感覚と，出自を基礎とした縦のつながりの感覚を反映した一定の『名』を持ち，その『名』のもとでアイデンティティを共有する人々」と定義しておきます。

3 中間範疇としての民族

近年指摘されるのが，民族という概念の中間性です。我々が住む世界には，「村」や「近隣」のように小規模な対面的（顔の見える）共同社会が無数にあり，そのずっと外側に国家が存在します。そして，両者の間にはさまざまな中間範疇があり，民族はそのうちの１つだということです[6]。

たとえば，タイの北部にはコン・ムアンと呼ばれる人々が住んでいます。コンは「人」，ムアンは「町」を指し，字義通りには「町の人」を意味します。ただしこれはあくまで固有名詞であり，同じく町に住んでいる人々でも，中央や南部のタイ人を指してコン・ムアンと呼ぶことはありません。したがって，コン・ムアンを１つの民族として考えてもよさそうなものですが，多くの学術書にはコン・ムアンは通称にすぎず，そう呼ばれている人々は原則としてユアンというタイ系の民族に属すと書かれています。つまり，コン・ムアンは民族名ではないということになります。実際にタイ北部に行って調べると，コン・ムアンを自称する人々の大半がユアンという自らに付された民族名を知らなかったり，ユアンではない人々がコン・ムアンを自称したりしています。では，コン・ムアンとは一体なんなのでしょうか。

まず確実なのは，コン・ムアンが対面的共同社会と国家との間に位置するローカルな中間範疇の１つであることです。先の民族の定義に照らしあわせれば，民族と呼んでも差し支えないでしょう。ただし，コン・ムアンについては，その名のもとでのアイデンティティの共有のされ方が曖昧かつ緩やかであり，コン・ムアンを自称する人々が，自らの帰属に無頓着な時があります。自集団と隣接する諸集団が際立った対立関係になく，自他の差異化を強く迫られない時は，しばしばこうした状況が生じます。世界に目を転じても，同様のケースは珍しくありません。

（綾部真雄）

▶4　たとえば森山工は，マダガスカルのシハナカと呼ばれる人々の間で観察される，外部からの移住者（たとえばメリナ）がシハナカの墓地への被埋葬権を獲得することで，シハナカになっていくプロセスを報告している。森山工著『墓を生きる人々――マダガスカル，シハナカにおける社会実践』東京大学出版会，1996年。

▶5　近年の研究は，「縦」のつながりを外して民族をとらえる傾向が強い。しかし，実際の血のつながりの有無はともあれ，現在の自分の位置を過去との関係で歴史的にとらえる観念はほとんどの民族に見られる。

▶6　内堀基光「民族論メモランダム」田辺繁治編『人類学的認識の冒険――イデオロギーとプラクティス』同文舘，1989年，29-30頁。

IX　民族とエスニシティ

2 民族をめぐる語彙

1 意味の振れ幅

日本語の「民族」は，エスニック（ethnic）という英語の同義語のように用いられることがあります。しかし，この言葉は19世紀末の明治期に誕生した和製漢語で，当時はむしろ「国民」を表すネーション（nation）を強く意識したものだったようです。[1] 英語の「ネーション」は，元来「生まれや共通の生地をもつ人々」を指すラテン語の *natio* に由来しますが，[2] 17世紀末以降のヨーロッパにおける国民国家（nation state）の形成過程で，次第に「人民」や「国民」といった意味をもつ言葉へと変化を遂げていきました。近代国民国家への脱皮をめざしていた明治期の日本における「民族」もまた，この意味でのネーションに近い意味を帯び，「日本民族」と「日本国民」という本来は範囲の異なる2つのカテゴリーが同一視されるような政治的な状況がつくられていきました。第2次世界大戦中にはこの傾向にさらに拍車がかかったため，現在でも「民族」や「日本民族」という言葉を国粋主義や全体主義との関わりで否定的に連想する人も少なくありません。

「民族」は使われ方次第でエスニックな意味合いをもつ学問的な分析概念にもなれば，ネーション的な意味合いをもつ政治性の強いものにもなりえます。文脈に応じて「民族学」とも呼ばれてきた文化人類学の分野では，[3]「民族」を中立的な分析概念として用いることも少なくありませんが，その政治色自体を完全に消し去ることは困難でした。

▶1　「民族」の初出については諸説があるが，正確なところはわかっていない。

▶2　西川長夫「18世紀フランス」歴史学研究会編『国民国家を問う』青木書店，1994年，27頁。

▶3　1934年設立の「日本民族学会」は，2004年4月1日をもって「日本文化人類学会」へと改称した（I-4「文化人類学の歴史と基礎概念」参照）。これにはさまざまな背景があるが，その1つに，「民族」という言葉の持つ政治性からの脱却があった。

2 「民族」と「エスニック集団」

現在の日本語の「民族」にもっとも近いニュアンスをもつ言葉としては，ギリシア語起源のエトノス（*ethnos*）があります。ドイツ語やフランス語のエトニー（*Ethnie*［独］／*ethnie*［仏］）に相当する名詞で，英語ではエスニック（ethnic）がそれにあたります。ただし「エスニック」は形容詞なので，実体的な人々の集まりを表すためには，「集団（group）」という名詞を後につけて，「エスニック集団（ethnic group）」とする必要があります。つまり英語には，単独で日本語の「民族」を表現できる単語が事実上ないのです。

では，「エスニック集団」なら「民族」と互換的に使えるかというと，そうでもありません。「民族」が，国家（state）の枠内でも枠外でも使うことができる伸縮性を持った概念であるのに対し，「エスニック集団」[4]は，国家もしくはそれに相当する枠組みに置かれた多くの集団の１つを表す概念です[5]。ただし，そうした多くの集団が整然と住み分けていることは少なく，相互に日常的な接触と交流をもちながら混在しているのが普通です。

フランスとスペインの国境にまたがって住むバスク人を例にとってみましょう。まず，両国のバスク人全体を指して「民族」とは呼びますが，「エスニック集団」とは呼びません。スペインのバスク人とフランスのバスク人は，違う国で異なる制度と状況のもとに置かれているために，２つの別々の「エスニック集団」だととらえるからです。一方，単一国内のバスク人に限定した場合には，「民族」と呼んでも「エスニック集団」と呼んでもどちらでもかまいません。

3 部　族

「民族」と「部族（tribe）」の使い分けも問題をはらんでいます。どちらも出自や文化を基準とした概念という点では同じであり，あえて分ける必要があるのかという疑問が生じるからです。一般に，「部族」には「民族」に比べてより後進的なイメージが付きまといます。すなわち，産業や都市文明とは無縁な低開発地域に住む“遅れた”人々というものです。しかし，どこまでが後進的で，どこからが先進的なのかという線引きはあくまで人為的なもので，その境は非常に曖昧にならざるをえません。また，仮に熱帯雨林で狩猟採集を行っている「部族」の居住地域が開発されて飛躍的に近代化し，人々の生活が先端機器にあふれた都会風のものに変わったとしたら，彼らは突然「部族」から「民族」へと昇格するのでしょうか。それもまたおかしな話です。

そこで登場したのが，差別的なニュアンスを含む「部族」の使用をやめ，代わりに「民族」や「エスニック集団」を用いるべきとする，ポリティカル・コレクトネス（political correctness）と呼ばれる考え方です。特定の用語の使用がはらむ偏見や差別を解消するために，政治的に「正しい」名称を用いるという思想から生まれました。ところが，歴史的な経緯により「部族」が政治的・行政的なくくりとして温存されているケースもあり，状況は単純ではありません。たとえば，インドの「指定トライブ（scheduled tribes）」は，かつて差別を受けていた非都市部に住むマイノリティの権利を保護するための法的概念です。また，アメリカ合衆国の「インディアン・トライブ（Indian Tribes）」は，他の一般の国民とは異なる先住民族[6]としての，インディアン自身の意思とアイデンティティを反映した表現です。これらが必要な法的保護を保証し，人々の生き様を規定しているとしたら，簡単に切り捨てることはできません。誰にとっての「正しさ（コレクトネス）」であるかを同時に問い続ける必要があります。

（綾部真雄）

▶4 「エスニック集団」を「エスニシティ」に置き換えて使うことも多い。IX-4「エスニシティ」を参照。

▶5 ブルベイカー（Brubaker, R.）は，エスニック集団を実体的にとらえる傾向を「集団主義（groupism）」と呼んで強く批判した。Brubaker, R. “Ethnicity without Groups.” *Archives Europeénnes de Sociologie* 43(2): 163-189. ブルベイカーの言うように，「集団」という言葉は，同一地域にまとまって住む人々のかたまりのような印象を与えるかもしれない。しかし，「集団」は必ずしも実体的なものであるとは限らず，個々に濃淡を違えながらアイデンティティを共有している人々の緩やかなネットワークととらえたほうがより実像に近い。

▶6 単数形の indigenous people が「先住民」と訳されるのに対し，複数形の indigenous peoples には「先住民族」という訳語をあてられることが多い。後者には，国連人権規約共通１条の人民の自決権（right to self-determination of peoples）に則った，権利主体としてのそれぞれの民族の個別性が含意されている。小坂田裕子「なぜ先住民族と法を考えるのか」小坂田裕子ほか編『考えてみよう　先住民族と法』信山社，2022年，3-12頁。

IX　民族とエスニシティ

3 本質主義と構築主義

1 本質主義・構築主義とは

本質主義（essentialism）とは，特定の集団や事柄には，簡単に変わらない根本的な性質（本質）があると考える立場を指します。一方，構築主義（constructivism）とは，一般に「本質（あるいは現実）」と考えられているものを，ことばの作用を通じて社会的につくられたもの，つまり構築されたものとしてとらえる立場です。1980年代以降の人類学は，従来の行きすぎた本質主義を否定し，主として構築主義に拠った議論に軸足を置いてきました。◁1

「日本人は自己主張をしない」という命題が，過度の一般化をはらんだ本質主義的な物言いであることはすぐに理解できるでしょう。実際には，いろいろな人々がいます。人類学者も知らずしらずのうちに同じ轍を踏んでいるという批判があります。経験的な事実に基づいて議論を組み立てる立場を実証主義（positivism）と呼びますが，人類学者がフィールドワークに基づいて書いた民族誌もまた，時にこの実証主義に傾きすぎているというのです。すなわち，対象となる人々の多様性を無視して，ごくわずかな部分（経験的に観察できる範囲）から全体を一般化する本質主義に陥ってしまっているという批判です。

構築主義は，このような実証主義的な姿勢から距離を置くことを特色としていますが，過度な一般化への批判にばかりその焦点があるわけではありません。構築主義の一番重要な論点は，この世界をめぐる私たちの認識がことばを媒介としていること，そして，ことばが世界を認識するために人間がつくった枠組みであることへの注目です。◁2 たとえば「日本人」「女性」「愛」「憎しみ」などもすべて，世界から現実を切り出して表現するために，認識というフィルターを通して私たちが“つくった”ことば（概念）であり，そこには，こうあってほしいという私たちの願望や意図的な操作が入り込む余地もあれば，時代を経て意味内容が変化する余地もあります。

2 民族論における本質主義と構築主義

本質主義と構築主義という2つの立場は，「民族」ということばをめぐってもこれまで激しいせめぎあいを続けてきました。なぜなら，人々が民族に自己の全存在をかけ，時に命までも落とすことがあるのは，それがほかのものと取って代わることのできない“本質的な”ものであるからなのか，あるいは，た

▷1　綾部真雄「認識論と存在論」桑山敬己・綾部真雄編『詳論 文化人類学――基本と最新のトピックを深く学ぶ』ミネルヴァ書房，2018年，330-347頁。

▷2　こうしたことばへの注目のシフトを，一般に「言語論的転回（linguistic turn）」と呼ぶ。認識がことばに先行するのではなく，ことばが認識に先行している，もしくはことばこそが世界を分節しているとする考え方への転換を指す。

▷3　クリフォード・ギアーツ著，吉田禎吾ほか訳『文化の解釈学Ⅱ』岩波書店，1987年，118～121頁。

だ単に“つくられた（構築された）”幻想につき動かされているだけなのかを見極めることは，今日の世界を理解する上でとても大切だからです。なお，民族を理解する上での立場としての本質主義を「原初主義（primordialism）」，構築主義を「道具主義（instrumentalism）」と呼ぶこともあります。

本質主義者の代表格とされてきたのがシルズ（Shills, E.）やギアツ（Geertz, C.）です。ギアツは民族を血のつながりの拡大としてとらえ，言語，宗教，領土などが人々をつなぐ基本的要素だと考えます[◁3]。そして，新興のネーション（国民／国家）が統合を欠き絶えず紛争を抱えているのは，ネーションという人為的に作られた政治的な枠組みが，強い原初的絆（primordial attachment）をもつ民族同士の並存を許容しないからだと主張します。多くの場合，ネーションはある特定の民族を中心に形成されるので，ネーション全体がその民族の性格を帯びてしまいます。その結果，同じ国内の他民族はなかなかそこに同化できないというわけです。

一方，グレイザー（Glazer, N.）とモイニハン（Moynihan, D. P.），コーエン（Cohen, R.）などに代表される構築主義者（道具主義者）は，民族を，ネーションという枠組みの中で人々が孤独を感じずに生きるためだけでなく，それに基づいてさまざまな権利を主張し資源を獲得するための「手段」としてとらえる視点を打ち出しました。たとえば，アメリカのボストンで暮らすあるアイルランド系アメリカ人[◁4]が，アイリッシュというアイデンティティをあまり感じておらず，日常的に他のアイルランド系の人々との付き合いもないにもかかわらず，アイルランド系財団の奨学金を獲得したり，アイルランド系財閥傘下の企業に就職したりするために，あえて自分の出自を「手段」として前面に打ち出すケースなどが想起できます。

3 戦略的本質主義

人類学者の多くは構築主義的な立場をとっていますが，世界各地の少数民族や先住民が関わる権利運動の現場では，「民族の土地」「真正な文化」「○○人の血」といった本質主義的な表現が，人々のアイデンティティを繋ぎとめる政治的な力を発揮することもあります。その否定は，マイノリティに共感を寄せてきた人類学者の存在意義を大きく揺るがしかねません。そこで，社会的な弱者が正当な権利を獲得するために用いる本質主義的な表現や運動に限って，それを「戦略的本質主義」と呼んで認めることもあります。

そもそも本質主義と構築主義は表裏一体の関係にあり，お互いに相容れないものではありません。なぜなら民族は，なんの実体もないところに唐突に立ち現われることもなければ，他の集団と混ざったり外部の影響を受けたりせずに，長きにわたって純粋性を保ち続けることもないからです。したがって，本来問われるべきは民族のもつ本質性と構築性との関係です[◁5]。（綾部真雄）

▷4　アメリカ合衆国国勢調査局のセンサス（2021年）によれば，アメリカにおけるアイルランド系住民は，ドイツ系に次いで2番目に多い，3,150万人ほど（全人口の約9.5パーセント）の人口規模をもつ。しかし，移住のもっとも大きな契機が19世紀半ばの「ジャガイモ飢饉」による飢餓と貧困にあったこと，その多くが宗教的マイノリティのカトリック教徒であることなどから，歴史的にステレオタイプ的なスティグマ（たとえば「酔っ払い」など）に苛まれてきた事実もある。人口でははるかに少ないWASP（White Anglo-Saxon Protestant）が，アメリカ建国の精神をもっとも体現する人々としてヨーロッパ系の頂点に位置づけられるのとは対照的である。なお，第35代大統領のJ. F. ケネディ（在任1961-1963年）は，建国後初のアイルランド系大統領としても知られている。

▷5　折衷的な視点を持つモリス（Morris, B.）は，人間をケーキにたとえ，ケーキを焼くのに必要なレシピ，材料，オーブン，焼き手は，それぞれ人間のDNA，身体，環境，意志に相当するという。すなわち，人間はDNAや身体（本質的なもの）のみでも，環境や意志（構築的なもの）のみでも“焼きあがらず”，両者が揃って初めて存在しうるという立場である。Morris, B. *Anthropology of the Self: The Individual in Cultural Perspective*, Pluto Press, 1994.

IX　民族とエスニシティ

エスニシティ

1 エスニシティとは

エスニシティは，1970年代から90年代にかけ，人文・社会科学系の学問分野でもっとも注目された概念の1つです[1]。近年，この言葉を耳にする機会が減った印象がありますが，それはエスニシティが重要性を失ったからではなく，あえて引き合いに出すまでもない自明の概念として定着したからでしょう。2022年に始まったウクライナ危機が，東スラブ系の人々の間でのエスニシティ対立の様相を帯びているように，その正しい理解なくして複雑な国際関係や各国内の多文化・多民族的状況の分析は困難です。

エスニシティは，文脈に応じて2つの使われ方をします。第1の用法は，多民族的状況下にある国家および地域における個々のエスニック集団が，他の同様の集団との絶え間ない接触や交流の中で，意識的・無意識的に表出する特質や性格といった意味です。それは集合的な次元に属す抽象的な様態を表します[2]。第2の用法は，特定の名前（民族名）やアイデンティティを共有する単位そのものを表す際のものです。この文脈では，エスニシティはエスニック集団と同義とされ，近年，学界外ではこの用法のほうが一般的になっています[3]。

▶1　英語のエスニシティ（ethnicity）という言葉の発祥そのものは，1950年代から60年代に遡ると考えられている。

▶2　この意味でのエスニシティは，「民族性」という言葉に近いと考えられがちだが，民族性が，国境を越えて多くの国々に存在する同一民族に属す人々全体の特質を指しうるのに対し，エスニシティは，原則としてある一国内の集団の特質に限定して用いる。

▶3　アメリカ政府の人種・民族に関するセンサスは，“Race and Ethnicity in America”という言葉を用いる。この文脈でのエスニシティは，明らかに集団を指す名詞として用いられている。

2 エスニシティ概念の潜在的需要

エスニシティとは，第2次世界大戦後に登場した新語です。それが短期間に市民権を得たのには，大別して2つの背景があります。

❍倫理的な背景

かつては低開発地域に住むマイノリティを「○○族」や「△△部族（tribe）」と呼び，それ以外の主として高度に産業化した地域に住む人々を「□□人（people）」と呼んで，両者を区別していました。これは明らかに前者を“遅れた”人々として後者から隔てる偏見に基づいたものでした。これに対し，エスニシティという用語を使うときには，少なくとも理念上は両者が区別されません。したがってエスニシティは，世界のあらゆる民族的単位を指しうる中立的な概念として，倫理上受け入れられやすかったのです。

❍理論的な背景

第2次世界大戦後の国際的な移動手段の飛躍的な発達，旧植民地から旧宗主国への移民の増加，農村部から都市部への人口の移動，そしてこれらに伴う異なった文化背景を持つ人々の混在と融合は，人類社会のあり方そのものを大きく変えました。しかし，そうした中でも，人々は自らが帰属する文化的な単位への愛着を捨てきることはなく，時に見えやすい，時に目に見えにくい境界を設けながら，集団としての最低限の自律性を保ち続けました。こうした混淆性と自律性が共存する状況において，それぞれの社会＝文化的単位を国家としての一体性から独立させて表現するには，エスニシティのようにダイナミックな流動性を含意する新たな概念が必要とされたのです。

多くのエスニック集団が混在する状況下では，特定の集団を単独で取り上げ，そこに属す人々が示す特徴を最大公約数的に描くこと[4]が難しくなります。なぜなら，今日では多くの日本人が韓国のキムチを常食しているように，ある特定の集団が示す特徴は，どこまでがその集団独自のものであるか見分けがつかないほど，他集団の特徴と混ざり合っているからです。そのためエスニック集団に関する記述も，徐々に最大公約数の提示から集団間の関係や境界を描く方向に変わっていきました。この「境界（boundary）」への着目こそが，現在のエスニシティ研究を生み出したのです。

3 エスニシティ研究の源流

エスニック集団を独立した文化的単位としてではなく，複数の集団間の境界に姿を現す存在としてとらえ，人類学におけるエスニシティ論の源流の１つを形成したのがノルウェーのバルト（Barth, F.）[5]です。彼はまず，パキスタンのパターン人と隣接するバルーチュ人との境界に注目しました。パターン人男性の中には，自社会で仕事や地位を失ったとき，バルーチュ社会に客分として世帯ごと移り，そこで受容され同化していく人々がいます。このとき，彼らの個人的アイデンティティはパターンからバルーチュへと変化しますが，両社会の境界そのものは揺るがず，それぞれのエスニック集団の組織や特徴も元のままです。

一方，同じくパターン人で地位を失いながら，避難先を持たない男性の場合には，そのままパターン人として暮らし続けるしかありません。しかし，そのような人々が増えると，今度は「何をもってパターン人とするか」という定義やアイデンティティ自体が変化を余儀なくされ，それに伴って集団間の境界までもが時にバルーチュ側へと食い込むかたちで引き直されるというのです。当時，こうした視点は非常に斬新で，バルトに着想を得た多くの人類学者がその後のエスニシティ研究をリードしていきました。[6]

エスニシティは，つねに刷新され続ける集団間の関係と交渉の中から現れるものであり，それ自体が独立変数として存在するわけではありません。ナショナリズム，階級意識，宗教性，ジェンダーなどの視点とクロスさせることで，さらに奥行をもった研究が生まれるのです。（綾部真雄）

▶4　人類学や社会学の分野では，デュルケム（Durkheim, E.）にならって，これを「集合表象」と呼ぶこともある。

▶5　Barth, F. ed. *Ethnic Groups and Boundaries: The Social Organization of Culture Differences.* Little, Brown and Company. 1969. バルトの序文の和訳は，「エスニック集団の境界」青柳まちこ編『「エスニック」とは何か――エスニシティ基本論文選』新泉社，1996年，23-71頁。

▶6　バルトと前後してアメリカでは，社会学者のグレイザー（Glazer, N.）とモイニハン（Moynihan, D. P.）が『人種のるつぼを越えて――多民族社会アメリカ』（阿部斉・飯野正子訳，南雲堂，1986年）を発表し，エスニシティ研究の端緒を拓いた。投票行動や職業選択をめぐって結びつく利益集団としてアメリカのエスニック集団を描き出すその手法は，エスニシティ研究のもう１つの原点である。

IX　民族とエスニシティ

5 エスニック・アイデンティティ

1 「目に見えないもの」の研究

特定のエスニック集団に属する人々の帰属意識の濃淡や混淆性，その意識的・無意識的な操作についての探究は「エスニック・アイデンティティ研究」と呼ばれ，エスニシティ研究の中の１つの重要な研究領域です。

アイデンティティ研究そのものの基礎を作ったのは，発達心理学者のエリクソン（Erikson, E. H.）です。彼はアイデンティティを「各個人が個人の核（core）のみならず，共同体や文化の核に自らを位置付けるプロセス[1]」と定義しました。これを応用し，ここではエスニック・アイデンティティを「エスニック集団に属す各個人が，個人の核のみならず，エスニックな共同体の核に自らを位置付けるプロセス」として位置づけます。

エスニック・アイデンティティに関する研究は，当初，一部の研究者の間では懐疑的にみられていました。客観的な観察や記録が可能な行動や言動とは異なり，アイデンティティは“目に見えない”からです。同様に，特定のエスニック集団への帰属を表明する個人のアイデンティティが，他の人々のアイデンティティとどのように違うのか，またはどこまで同じなのかも結局のところはわかりません。とはいえ，アイデンティティの存在を理論的に仮定しなければ，時に人々が自らのエスニック集団に対して示す強い愛着や忠誠，そしてそれに基づく自己犠牲や暴力といった現象を説明するのが難しいのも事実です。そこでエスニック・アイデンティティの研究に携わる人類学者は，いくつかの議論の切り口を設定することで，「見えないものを描く」ための工夫をしてきました。

2 エスニック集団と「名」

そうした切り口の中でも特に重要なのが「名」です。内堀基光によれば，民族という範疇は最終的には「名」の問題に帰着します[2]。なぜなら，時の経過とともに「血」（出自）が混ざりあい，「価値の体系」（文化）も変化するのに対し，「名」はそう簡単には揺るがず，人々のアイデンティティをつなぎとめる最後の砦になるからです。すなわち，絶対的な物質的根拠をもつわけではない民族という抽象的な範疇にとって，「名」は種々のモノ（血，服飾，食，土地，家屋など）に代わる物質性（materiality[3]）を備えているというのです。逆に言えば，民

▶1　Erikson, E. H. *Gandhi's Truth: On the Origins of Militant Nonviolence*. Norton, 1969, pp. 265-266，筆者訳。原本の日本語訳は星野美賀子訳『ガンディの真理――戦闘的非暴力の起源［1］，［2］』みすず書房，2002年。

▶2　内堀基光「民族論メモランダム」田辺繁治編『人類学的認識の冒険――イデオロギーとプラクティス』同文舘，1989年，35頁。

▶3　具体的なかたちを持った指標となりうる性質。「名」はいわゆる物質ではないが，音や文字による具体的な表現が可能という点において，物質に近い性質をもつと考えられる。詳細は以下を参照。古谷嘉章・関雄二・佐々木重洋編『「物質性」の人類学――世界は物質の流れの中にある』同成社，2017年。

族は「名」のもつ物質性を抜きには存在できないということになります。この考え方をさらに押し進めれば，民族は「名」の発生をもって誕生し，「名」の消滅をもって終わると考えられます。

ジェンキンス（Jenkins, R.）も，民族と「名」の関係に注目しました。仮にXという民族があるとしましょう。彼はまずXを「名」と「らしさ」[4]という2つの構成要素に分けて考え，エスニック・アイデンティティを両者のつなぎ目としてとらえます。たとえば，ユダヤ人（=「名」）が日々コーシャーミール[5]を口にし，金曜日の日没から土曜日の日没までを安息日とし，旧暦の3月15日にペサハ（過ぎ越しの祭り／Passover）[6]を祝うような日常（=「らしさ」）を送っている限り，彼らのアイデンティティにあまり揺らぎはありません。しかし，多くの民族において，「名」と「らしさ」の関係はより複雑です。たとえば，日々の経験（=「らしさ」）が大きく変化したにもかかわらず，同じ「名」を名乗り続けている場合もあれば[7]，日々の経験（=「らしさ」）を世代的に受け継ぎながらも，すでに「名」を失っているような場合もあります[8]。このとき，アイデンティティは「らしさ」を失った「名」のもとでも成立しますが，「名」を失った「らしさ」のもとでは基本的に成立しません。つまり，エスニック・アイデンティティの成立という観点からは，「名」が「らしさ」を上回る重要性をもつのです。

民族の「名」が人々の心の中に定着する過程を理解するには，「呼びかけ（interpellation）[9]」という概念を参照するとわかりやすいでしょう。人は，親の話を聞き，教師の教えを受け，本を読み，メディアの情報に触れ，それらに共感したり反発を覚えたりしながら，徐々に自らの思想や価値を作り上げていきます。このような社会的環境による個人への働きかけを「呼びかけ」といいます。「呼びかけ」はつねに意図をもってなされるとは限らず，私たちは特定の事象や経験に勝手に呼びかけられることもあります。また，「呼びかけ」に応じるかどうかは，呼びかけてくる力の強さやそれを受け止める個人の意思や状態にもよります。カルチュラル・スタディーズのホール（Hall, S.）は，そうした「呼びかけ」と，それへの個人からの能動的な応答とが結びつきあう点（出会いの点）を，アイデンティティとしてとらえています[10]。

エスニック・アイデンティティが醸成される「呼びかけ」の過程で，もっともわかりやすく人々に働きかける力をもつのが「名」です。幼少時から「日本」語を覚え，「『日本』人なら〇〇すべき」「『日本』は欧米に比べて△△だ」といった言葉を耳にしながら育ち，テレビでサッカーの「日本」代表戦を観るうちに，いつのまにか自らの存在と「日本」という「名」が分かちがたくなるとしたら，それは持続的な「呼びかけ」の作用によるものです。エスニック・アイデンティティは，自然に湧きあがってくるように見えながら，実は“もたされる”という側面があるのです。

（綾部真雄）

▶4 「名」と「らしさ」の原書での英語表記は，nominal identification と virtualities of experience である。Jenkins, R. *Rethinking Ethnicity: Arguments and Explorations* (2nd ed.). Sage Publications, 2008, p. 108.

▶5 タルムード（モーゼ律法その他を記したユダヤ教の典範）の教えに則って作られたユダヤ教徒用の食事。

▶6 旧約聖書の「出エジプト記」第12章に記されている，古代エジプトで起こったとされる出来事に由来するユダヤ人の祝祭。神の教えに従って羊の血を戸口に塗った者のみが災厄を避けることができた（＝過ぎ越された）という伝承に基づく。

▶7 たとえばタイの北部には，「リス」と呼ばれる民族と同じ民族衣装を着用し，リス風の家屋に住みながら，ラフ語を話し，「ラフ」を名乗っている人々がいる。

▶8 日本で生まれ育ったコリアン系の人々の中には，コリアン風の祖先祭祀を行い，祖国の食生活をある程度維持しながらも，あえてコリアンを名乗らない者もいる。

▶9 元来は，フランスの哲学者アルチュセール（Althusser, L.）がイデオロギー論の文脈で用いた用語。

▶10 スチュアート・ホール，ポール・ドゥ・ゲイ編，宇波彰監訳・解説『カルチュラル・アイデンティティの諸問題——誰がアイデンティティを必要とするのか？』大村書店，2001年。

IX　民族とエスニシティ

6 民族と国家

1 国家という現実

世界の諸国家の「年齢」にはかなりの幅があります。現在，国連加盟国数が193か国（2024年時点）あり，設立時の1945年には51か国であったことを考えれば，単純計算でも142か国が新たに国連へ加盟したことになります。そのうちのかなりの部分が第2次世界大戦後に旧宗主国から独立を果たした新興国で，なかには，南スーダン（2011年）のように，近年にいたってようやく独立を果たしたばかりの国もあるのです。

そのような若い国々には，国家間の外交関係を築く以前に，国内の政治的安定に向けた営みで手一杯のところも多く，自他を分ける境界としての国境の機能は，緩まるどころかむしろ強まることすらあります。ゲルナー（Gellner, E.）はかつて，ナショナリズムを「政治的な単位と民族的な単位とが一致しなければならないと主張する一つの政治的原理である[1]」と定義しました。これは多くの新興国の現状にもよくあてはまります。多文化主義政策を導入する国々が増える中にあっても，人口や軍事力の上で支配的な民族が，自民族を中心とした国家を作り上げようとするケース，つまり，「政治的な単位と民族的な単位の一致」をめざして国境を閉ざすケースは少なくありません。民族的な多様性を超えた「想像の共同体（imagined community）[2]」としてのネーション（国民）の形成もまた，往々にして特定の民族の主導下で推し進められます。それに抗う他の民族が国内にいれば，衝突や紛争も生じえます。グローバル化に伴う国家をまたいだ人，モノ，価値，情報などの往来と混淆が急速に進む一方で，国家のもつ排他性は今なお人々を強く拘束し続けているのです。

ゲルナーがネーション（国民）をナショナリズムの発達に伴う近代の産物であると考えたのに対し，スミス（Smith, A.）は，ネーションを古来より存在する文化的な共同体としてのエトニー（*ethnie*）に起源をもつものであると主張しました。構築主義的なネーションの理解が優勢を占める中にあって，スミスは，「近代」という時代の特異性を強調しすぎ，過去との連続性を脇に置こうとする議論に楔を打ち込んだのです。

2 マイノリティとしてのエスニック集団

あるエスニック集団が国家の中でマイノリティの位置に置かれているとき，

▶1　アーネスト・ゲルナー著，加藤節監訳『民族とナショナリズム』岩波書店，2000年，1頁。

▶2 「国民とはイメージとして心に描かれた想像の共同体である」というくだりがよく知られている。同じ国の国民は，お互いに同じ権利と義務をもった仲間（共同体）と思い込まされているが，それは想像上のことであり，実際には国民は多種多様な階級，宗教，地域などに分かれており，異なったアイデンティティをもって生きているという主張である。ベネディクト・アンダーソン著，白石隆・白石さや訳『定本 想像の共同体――ナショナリズムの起源と流行』書籍工房早山，2007年。

▶3　2017年には，カタルーニャ州の独立を問う「カタルーニャ独立住民投票」が実施され，投票率は4割ほどだったが，9割以上の有権者が賛成票を投じた。しかし，中央政府がこれを違法として承認しなかったことにより，大規模なデモが起きた。

マジョリティの集団とどのように距離をとるかはつねに大きな問題です。時に正面からぶつかることを辞さず，一定の自律性を維持しながらマジョリティから距離を置いているエスニック集団として，イラク，イラン，トルコ，シリアにまたがって住むクルド人，ミャンマーのカレン人，スリランカのタミール人，スペインのカタルーニャ人[3]などが挙げられます。しかし，マジョリティの圧倒的な優位の中で声を失っているエスニック集団の数は，それらをはるかに上回ります。一部の国々では，エスニック集団の数や個人の民族籍が「公定民族（official ethnic groups）[4]」として政府によって定められており，アイデンティティの自由な表明が困難なことも少なくありません。他方，北欧のサーミ，北米のインディアン，ニュージーランドのマオリ，日本のアイヌ[5]といった先住民族のように，苦難の歴史を経て，政府との交渉を重ねながら権利を回復していった人々もいます。

マイノリティがどのような立場に置かれるかは，国家（政府）側とマイノリティ側双方の政治的スタンスに大きく左右されます。エリクセン（Eriksen, T. H.）は，それぞれに次の3タイプの対応を見てとります[6]。【国家側】(1)マイノリティに自らのアイデンティティを捨てさせ，マジョリティに同化するよう促す，(2)マイノリティをマジョリティから隔離して両者の境界線を維持する，(3)多文化主義イデオロギーを採用する。【マイノリティ側】(1)マジョリティに同化する，(2)限定的な自治を求めて交渉しつつも，自らの従属的な立場を認め，国民国家システムを受け入れる，(3)退去もしくは分離の道を選ぶ。

3 支配的エスニック集団

国家の中枢を占めるマジョリティもまた，多くの場合エスニック集団です。フランスにおけるエスニックな意味でのフランス系の人々[7]，イスラエルのユダヤ人，タイのタイ人などがその例で，こうした人々は「エスニック・マジョリティ」とも称されます。一方，人口上のマイノリティが政治的に支配的な地位につく場合もあります。南アフリカのアフリカーンス人，バルト3国のロシア人，北インドのムスリムなどは，現在でこそ政治的変革によってマイノリティの地位に置かれていますが，かつては支配者として君臨しました。逆に，湾岸諸国のアラブ人，ルワンダのツチ人などは，数字上は圧倒的なマイノリティですが，その支配力をさらに強めています。いわゆる「ルワンダ虐殺」（1994年）では，多くのツチ系住民の命がフツ人勢力によって奪われました。その反動もあり，現在（2024年）では，ツチ系の大統領が多くのツチ人政治家で脇を固めた長期政権を築いています。

このようなエスニック・マジョリティと，支配的な地位にある人口上のマイノリティをあわせて「支配的エスニック集団（dominant ethnic group/ethnicity）」と呼ぶことがあります。

（綾部真雄）

▶4　政府による法的，制度的な認知を受けた民族のこと。現実に存在する多様なエスニック集団の実態を必ずしも反映せず，政府による一方的な認知によって定められることも少なくない。公定民族の数は，たとえば中国の場合には56民族（マジョリティの漢族を含む），ベトナムの場合には54民族（マジョリティのキン族を含む）である。

▶5　2019年には，「アイヌ文化の振興並びにアイヌの伝統等に関する知識の普及及び啓発に関する法律」（1997年制定，通称：アイヌ文化振興法）が廃止され，新たに「アイヌの人々の誇りが尊重される社会を実現するための施策の推進に関する法律」（通称：アイヌ施策推進法）が制定されている。

▶6　トーマス・ハイランド・エリクセン著，鈴木清史訳『エスニシティとナショナリズム——人類学的視点から』明石書店，2006年，234-237頁。

▶7　いわゆる「フランス人」は，歴史的にはケルト系の人々とローマ人（ガリア人／ゴール人）との混淆を経て，さらにゲルマン人の影響を受けて誕生したと考えられている。現代にあって，こうした人々の子孫が日常において自らを「フランス系」と称すことはほぼないが，マイノリティであるブルターニュ人（ケルト系）などとの間には，一定のアイデンティティ上の差異が認められる。

X　法律・秩序・社会統制

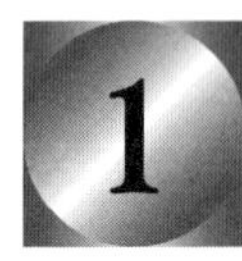

ルールと文化

ルールは文化の一部である

海外旅行に出かけたあなたは，土産物店で素敵なスカーフを見つけました。ガイドブックに「値段は交渉次第」と書いてあったのを思い出し，片言の英語で値下げ交渉をしました。何回かやりとりをした後，店員が首を左右に傾げるように振りました。「ダメか」と思い店を出ようとすると，店員が慌てて「OK！OK！」と言って追いかけてきました。結局あなたは，スカーフを値札の半額で買えて大満足。でも，１つ残った疑問。「どうして首を横に振ったのに，OK だったの？」。

実は，これはインドでのできごとです。日本では，首を横に振る仕草は「いいえ」の意思表示。しかし，インドでは「いいですよ」という意味になります。このように，場所が違うと，ジェスチャーなどの身体作法[1]に含まれる意味は変わってきます。行為と意味の結びつきの中にさまざまなルールがあり，そのルールの背景にはその地域や社会の文化が反映されています。

ルールと文化の繋がり，その多様性を学ぶことは，世界の人々の価値観の多様性を学ぶことです。また，ルールの歴史や変化について学ぶことは，多様な文化をもつ人々と対話し共に生きるためのヒントを学ぶことでもあります。

▷１　お辞儀や握手などの挨拶や歩き方など，文化的に規定されている特定の身体の所作のこと。

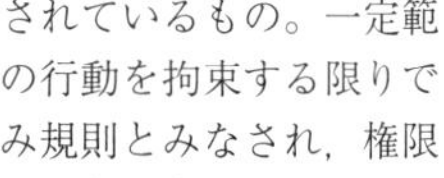

▷２　法の中で，特に文章化されているもの。一定範囲の行動を拘束する限りでのみ規則とみなされ，権限のある者が定めることができる。またしかるべき批准や承認手続きを経なければならない。不文法の対語。

▷３　ラドクリフ＝ブラウン（Radcliffe-Brown A. R.）は，一定の逸脱行動に対する社会あるいは多数派の対応行動をサンクションと規定し，行動を是認する「肯定的サンクション」，否認する「否定的サンクション」に大別した。さらに否定的サンクションを「組織的」「拡散的」「第１次」「第２次」に分類し，その後の制裁研究の礎を示した。

2　幅広いルールの概念――慣習・規範・法

私たちは「法」という言葉をきくと，たとえば日本の『六法全書』のようなものをイメージするかもしれません。難しい文章で書かれ，裁判所や警察で使われるような私たちの日常生活からは少し距離のあるものととらえる方も多いでしょう。しかし文化人類学では，いわゆる成文法[2]だけでなく，人々の生活の細部に生きるルールを幅広く研究対象とします。

ある社会や人々によって共有されている行為形式を「慣習」といいます。そして，そのルールに従って行為が行われる（あるいは行われるべきだと考えられる）規則を「社会規範」と呼びます。その社会規範の中で，強制を伴い，その規則に違反する行為者に制裁[3]（サンクション sanction）を加えることができるとされているルールを狭義での「法」と呼びます。

婚姻規定[4]を見てみましょう。誰と結婚できるか（できないか），どのように結婚相手を決めるか，結婚前の手続きをどうするのか，結婚後はどこで暮らすか，何人配偶者をもつことができるか，離婚は認められているか。これらの一つひとつの行為の選択に，文化の一部であるルールが作用しており，社会によって多様性を有しています。たとえば親が配偶者を決めるべきだとされている社会では，結婚前の恋愛や駆け落ちは望ましくないとされ，親戚づきあいを絶たれるといった制裁を受けたり，賠償金や品物を支払ったり，関係修復のための儀礼を行ったりしなければならないこともあります。

これらのルールを定め共有する社会集団やルールの根拠になる文化や考え方の違いによって，ルールは「国家法」と呼ばれたり，「宗教法」と呼ばれたりします。またある社会集団が「法」として継承してきた規範を「慣習法」と呼ぶことがありますが，ここには非近代的な社会には法は存在しないという考え方が反映されているだけでなく，国家などの公的な権力の承認を受けていない「非公式な法」という意味合いが含まれることがあります。しかし現在では，先住民の慣習法が，国家法などの公式法の一部として承認されるなど，「法」をめぐる世界の現実は大きく変動しています。

3 社会秩序と社会化

私たちは，知らずしらずになんらかのルールに従って行為しており，その結果，生み出される社会の安定状態と社会的均衡状態が「社会秩序」と呼ばれます。社会秩序を維持するために，行為を一定の型に収斂させるプロセスは，「社会統制」と呼ばれ，強要，強制などの極端なもの，懇願，要請などの他律的なもの，自律的な行為の模倣などさまざまな形態をとります。人は誕生後，ある社会の中で，その文化に適合した行動様式を学習していきます。私たちはこの社会化[5]の過程で，認知（こうするものだ）と規範認知（こうするべきだ）というかたちで，ルールを内在化させていきます。

4 ルールは現実と関わっている

ルールはいったんつくられると，現実に転化されます。たとえば，自動車の左側通行という日本の法律が，もし最初に自動車の右側通行を規定していたら，日本では今とは逆に自動車の右側通行の風景が見られたでしょう。

また「食」のルールにも，意味の現実転化が多く見られます。生理学的に食用可能なモノでも，文化的な価値観やルールが違えば，そのルールを共有していない人々にとっては，奇異な食習慣だとみなされる場合があります。

ただ一方で，ルールは絶対的ではなく，同じ社会でも時代によって変わっていきます。誰にとってよいか，なぜよいか，何が「逸脱」であるかの判断，つまり規範に照らし合わせた「正常」と「異常」の境界の設定は，大変難しい問題です。たとえば同性同士の「婚姻」を法的に認めるかどうかという現在進行中の議論[6]は，「婚姻」や「家族」とは何かについての，多様で複雑な価値観と規範をめぐる議論なのです。

（森　正美）

▶4　日本の現行民法では，一夫一婦制が採用され，婚姻は「婚姻届」という書類を役所に提出することによって「法的に」成立する。しかし同時に，多くの日本人は，神社や教会，寺院などで結婚式を挙行し，親類縁者を招き披露宴を催す。これらの行為は，文化的に継承されてきた慣習だが，これらを行わなければ制裁を受けるというわけではない。最近では，挙式に際して仲人をたてる人も少数派になっている。このように慣習的行為の内容に変化が生じていることを観察し，時代の価値観や社会の変化を読み解くことも可能なのである。

▶5　社会化には，人が世界とはいかなるものかを主観的事実として理解し，自我が形成される1次的社会化と，さまざまな社会内諸集団の中に，他者との関係において自らの居場所を獲得し，役割を引き受ける2次的社会化がある。

▶6　「同性パートナーシップ制度」について，婚姻関係に準じる権限を認める制度を導入した自治体数は日本全国で269，人口普及率は68%（2023年3月時点）と急増している。国家として同性婚や登録パートナーシップを認めている国・地域は，世界の約20%とされる。性同一性障害に対する理解浸透やLGBTQの権利向上の潮流が，これらの変化を推進している。

X　法律・秩序・社会統制

 「もめごと」とは何か

 「もめごと」という状況

あなたの部屋の様子を想像してください。衣類，文具，書籍などは，整理整頓されていますか。もしかすると今朝慌てて出かけたので，ベッドはぐちゃぐちゃ，お気に入りのイヤホンを探した机の回りも散らかっているかもしれません。普段は整頓されているはずの部屋が「ぐちゃぐちゃ」で「ごたごた」していて，混乱しています。「もめごと」は，これとよく似ています。つまり，秩序を構成する要素のあいだで，あるいは秩序を有すると考えられる単位である集団や社会のあいだで，葛藤や摩擦がおきている状況なのです。

もめごとは，次のような特徴を持っています。(1)多くの小さな出来事から成立している，(2)それらの出来事の収集がつかない状態にあり，またその状態を放置しておけない，(3)しかし同時に，その事態を収集することはとてもめんどうで，その状態への対応には技術と努力が必要になります。散らかった部屋の掃除がめんどうなように，もめごとを処理するのはやっかいで手間のかかることなのです。

2 なぜもめごとは起きるのか

一般にもめごとは，ルール違反や利害・考え・立場の不一致によって生じると考えられています。利害とは，権力，資源，地位，金銭などさまざまなものをめぐって生じますが，現代社会において利害関係は複雑化しており，もめごとのプロセスや収束方法も複雑化しています。また，もめごとの根本的な理由と表面的な理由は，必ずしも一致するとは限りません。

たとえば，家族内でのTVチャンネル争い，親族の遺産相続トラブル，隣人との土地境界問題，民族紛争，国家間の戦争など，身近な生活から世界規模まで，個人と個人，集団と集団の間，どこにでももめごとは存在しています。

3 もめごとと秩序の関係

もめごとは，一見すると社会の病理のようにとらえられがちですが，実はさまざまな力をもっています。

まず，規範の（再）認知です。もめごとは当事者にとって「秩序」と対照的ないくつかの特性を示すので，もめごとを契機にそれまで意識されていなかっ

▶1　身近な例として，服装などについて厳格な規則を科している学校がある。近年，「ブラック校則」「学校の謎ルール」などという表現で，理不尽なルールとして見直しを迫る議論が起きている。

ルールは，「ことば」の表現や行動によって可視化される。「表現の自由」は日本国憲法で認められた権利である。しかし特定の民族的背景をもつ人々に対して公衆の場で，「排外主義的」「差別的」な表現で攻撃する「ヘイト・スピーチ」などの行為は，社会通念的にも法律的にも認められない。直接的・身体的な衝突や紛争でなくとも，言葉の暴力は現代社会の深刻な問題である。

これまでの社会集団での慣習や規範などの概念と異なり，関係のネットワークが複雑に広がるインターネット上の誹謗中傷，AIやロボット，自然などの人間以外とのもめごと等々，現代世界では新たなもめごとの位相が次々と誕生している。

たルールや秩序が認識されるようになることがあります[1]。当事者以外の関係者にも，ルールや秩序との関係で，もめごとをとらえたり解釈したりする機会を与えます。

つぎに，秩序の再編成がおきます。これまでの行動の根拠として受け入れてきた規範が改めて強化されたり，あるいは修正されたりします。

最後に，人間関係の組み替えが起きます。もめごとが生じると，人々は「もめごと」を通じて結びつきます。またどこに「原因」があり，誰が「責任者」であるか，（本来の）対処義務者であるのかを明らかにしようとするので，当事者の力関係が組み替えられることもあります。このため，速やかにもめごとを処理できることは，政治的なリーダー（伝統的首長や現代の政治家）にとって，重要な能力だと考えられています。

4 もめごとは，長く複雑なプロセスである

最近マンションに引っ越してきた302号室の住人が犬を飼っていることに対処した住人たちの例を考えてみましょう。エレベーターで犬を抱いた302号室の住人と出会ったAさんは，家に戻って改めて契約書の約款を見直しました。そこには，やはりペット飼育禁止と明記されていました。どうやら，隣戸のBさんも，ベランダからの夜間の犬の鳴き声や臭いに困っているようです。それまで近所付き合いのなかった階下の住人Cさんも含めて，管理組合[2]の理事長に相談にいき，組合役員会で対応を話し合ってもらいました。現行の居住規則に従うべきだという意見が大勢でしたが，年配の住人の一人暮らしであることを知った役員の中には，「居室内での飼育なら，家族同然で迷惑をかけるわけでもないから，独居世帯が増えている現代の事情に合わせて，ペット飼育を認めない規則の方を変えるべきではないか」という意見を述べる人もありました。役員が事情を聞きにいったところ，302号室の住人はペットを飼育していることを認めようとはしませんでした。

これは，私たちの現代の都市的な日常生活でよく起きるもめごとの一例です。Aさんたちは，静かなマンションでの生活が犬の鳴き声などによって阻害され，改めて居住規則を見直し，責任者に対応を求めています。しかし問題解決までの道のりは険しく，このもめごとは当分彼らを煩わせることになりそうです。Aさんたちの希望に反して，居住規則が改定されるかもしれません。これは，価値観の変容が規則に反映され，現実が変化していく瞬間です。

もめごとは，発生後，出来事が連鎖し，その出来事に結果が出ると，さらにできごとの連鎖や広がりが生まれるといった具合に，多くの人を巻き込みながら，長い複雑なプロセスによって構成されていきます。そして法人類学[3]では，具体的な事例のプロセスを通じてやりとりされる行為やことばの中に，その社会の文化や変化を知る手がかりを探っていくのです。（森　正美）

▶2　法的には「任意参加」だが，これまで「慣例的」に「全員加入」とされてきた学校のPTA活動や町内会や自治会への加入なども，ライフスタイルの変化や負担増加などから，最近は見直しを迫られている。

▶3　法人類学（legal anthropology）は，人類学的手法による法の研究であり，未開法・西欧的近代法だけでない多様な「法・ルール」のあり方に注目し，価値観，意識などの多元性や変化を含め，法を文化の一形態としてとらえようとする学問領域である。石田慎一郎『人を知る法，待つことを知る正義——東アフリカ農村からの法人類学』（勁草書房，2019年）は，著者の長年の東アフリカでのフィールドワークに基づき，人にとって法とは何かを深く掘り下げる内容となっている。

X　法律・秩序・社会統制

紛争処理の多様性と変化

1 もめごとの処理方法は文化の一部である

友達とケンカしたら，あなたならどうしますか？　殴られたら殴り返す。何もいわないで我慢する。親や友達に相談する。誰かに言いつける。相手次第で，あるいは望む結果によって，いろいろな対処法が考えられます。

もめごとや争いの処理方法は，もめごとの特性や当事者の関係性によって，また社会組織の特質や規模，生業，権力構造などの違いによって選択されます。ここでは，これまで文化人類学のフィールドワークによって研究されてきた世界各地のもめごと＝紛争の処理方法を学びましょう[1]。

2 「話し合い」だけではない対処法

❍心理的な対処

相手が姻族の場合には遠慮をし，また呪術師の場合には呪術を恐れて「がまん」します。また相互扶助が不可欠で，もめごとが表面化することが自らの生存を脅かすような場合にも，がまんしたりあるいはもめごとがなかったかのように許容したりします。また，「うわさ」を流し，相手に心理的な圧力を加えるという対応もあります。

❍宗教的対処

妖術や邪術[2]などを用いて，相手を病気にするなどします。病の原因が呪術によって除去されない場合には，死に至ることもあると考えられています。

❍直接的行動

直接相手に実力で訴えず，一定期間もめごとの原因や相手から距離をおいたり，バンドなどの居住集団から離れるなどの方法は「忌避（avoidance）」とよばれます。一方，フィリピンのマラナオ社会のように，軽蔑的な発言をされた当事者が直接口頭で相手に「抗議」したり，殺人や傷害など生命や名誉に関わる重大なもめごとの際に「報復」という手段が選択されることもあります。

❍儀礼への転化

ユーモアが和解に役立つことがあります。ニューギニアのエンガ社会には，交渉過程で緊張が高まるとユーモアを交えた演説を行い緊張が解消するという事例があります。また歌唱形式で当事者が互いの不満を述べたり，闘争をスポーツ競技の形式に変えて争いを解消する方法もあります。

▶1　サイモン・ロバーツ著，千葉正士監訳『秩序と紛争——人類学的考察』西田書店，1982年。宮本勝編『〈もめごと〉を処理する』雄山閣出版，2003年。山内進『決闘裁判』講談社現代新書，2000年。

▶2　詳細はXII-2「周辺社会の宗教との出会い」を参照。

❍神判（ordeal）

超自然的存在が介入し，不正行為者を識別するというものです。天罰が下る，罰があたるという考え方で，日本を含む多くの社会で，人智で判断困難な場合や，当事者が証言を拒むような場合に，神判が行われてきました。中世ヨーロッパでも，嫌疑をかけられている者に熱湯の中にその手を入れさせ火傷の程度を見て判定を下す熱湯裁判，灼熱の鉄を持たせたりその上を歩かせたりして火傷の有無で正否を決定する熱鉄裁判，法廷で両当事者に決闘用の武器を持って戦わせ，その勝者を正しいとする決闘裁判などが行われていました。

❍村八分[3]・付き合いの禁止（ostracism）

共同体や組織の成員として，日常や祭礼時の付き合いの禁止や，農業・漁業などの生業上の協業を停止することで当事者に制裁を加える方法です[4]。

3 さまざまな話し合いのかたち

❍当事者交渉

当事者で話し合って解決し，その結果も引き受ける方法です。

❍仲裁（arbitration）・調停（mediation）

第三者に仲裁人や調停人として，話し合いの過程に加わってもらいます。仲裁人は当事者の意思伝達を助けるだけですが，調停人は中立の立場で，助言を与えるなど，解決の方向性に積極的に関与していきます。ただし，提案や助言を当事者が受け入れない場合には，それを強制する力は有しません。

❍裁定（adjudication）

専門的知識を有し審理の権限を与えられた裁判人が，法に照らして裁定を提示し，それを当事者に強制します。私たちが「裁判」や「判決」という言葉でイメージするもめごとの処理のかたちです。

4 伝統的な紛争処理方法や価値観の現代司法への応用

ルワンダには，ガチャチャ[5]とよばれる伝統的裁判形式があります。ツチ族とフツ族の内戦の「真実」を解明し，日常の人々の関係を修復するために，2002年にこの形式が国家の司法手続きとして採用されました。またフィリピンでは，伝統的な価値観を生かし，当事者の話し合いと調停によって和解と集落内の関係回復を図ろうとするバランガイ正義制度[6]が，金銭的経費負担の少ない身近な問題解決の手段として採用されています。

これらの処理方式は，制裁付与だけを目的とするのではなく，当事者間の関係修復を重視し，当該社会の文化や価値観に根ざしています。このようないわゆる「伝統的な」紛争処理方法が，現代の司法によってその価値を再認識されているのです。

（森　正美）

▶3　付き合い全体を10と考えた時に，「葬儀（遺体の処理）」と「火事の消火」という「二分」以外は，付き合いが拒絶される状況を指す。これら2は放置すると村人にも被害が広がるために認められるとされる。

▶4　現代の日本ではこれらは「共同絶交行為」という違法な行為だとされる。しかし集落や会社などの団体内部での違法行為が裁判で確定し賠償金などの支払い命令が出たとしても，当事者間の関係修復は困難であるという問題が残る。

▶5　村人の前で，当事者がそれぞれの言い分を話し，何度も話し合いを繰り返す。そして，村人から選ばれた裁判人が判断を下す。また罪を認めた者を許し，村の生活に戻す和解の場でもある。

▶6　手間と時間がかかる裁判所での処理件数を削減し，紛争処理の効率化をめざし，1978年に導入された。フィリピンの伝統的価値観と集落の調和を尊重し，村長や議員，調停委員の助けを得て，住民が自ら話し合いで紛争処理を図る行政と司法の折衷的制度。

X　法律・秩序・社会統制

先住民と法

多元的法体制という考え方

現代世界では，法に支配される国家制度が浸透しています。ただこの場合「法」に含まれるのは，国家が承認する「法」に限られます。ところが実際は，人々の生活や紛争処理に，複数の理念に基づく複数の法が関わることがしばしばあります。フィリピンのムスリム社会では，民族ごとに継承してきた「慣習法」，宗教に基づく「イスラーム法」，そしてフィリピンの「国家法」という複数の法体系が併存しています。このように，１つの社会の中に，複数の法体系が併存している状況を「多元的法体制」といいます。

一方，慣習法や宗教法が，国家法制度の一部に位置づけられ，国家法自体が多元的性格を持つようになる場合もあります。フィリピンのムスリムの婚姻や相続を定めた「フィリピン・ムスリム身分法」などはその一例です。現在，これまで省みられることの少なかった先住民の社会・文化的権利を，法的に承認し，制度的に位置づけようとする動きが世界的に広まりつつあります。

2 先住民とは誰か

国連は，1993 年を「国際先住民年」，1995 年から 2004 年を「世界先住民の国際の 10 年」と定め，さまざまな活動をしてきました。国連がまとめた先住民の定義では，「先住民あるいは原住民[1]は，異文化や異なる民族起源の人々がやって来る前からその土地に住んでいて，侵略，占領，開拓，その他の手段によって支配された。その人々の子孫が，北極から南太平洋までの，地球上の広大な地域に居住しており，人口は約３億」となります。そして，先住民の例として，南北アメリカのインディアン（グアテマラのマヤ，ボリビアのアイマラなど），極北のイヌイット，北欧のサーミ，オーストラリアのアボリジニやトレス海峡諸島民，ニュージーランドのマオリなどを挙げています[2]。

3 国民国家における先住民の権利の侵害と回復

ほとんどの先住民は，彼らの暮らす国家の他の人々とは明らかに異なる社会的，文化的，経済的，政治的特徴を維持してきました。先住民の文化や土地，独立した集団，あるいは市民としての地位や法的権利に対する脅威が存在し，彼らのほとんどはアイデンティティや生活様式に対する承認を求めています。

▷１　これらの用語の用法，含意，訳語の区別にはいまださまざまな議論がある。1993 年のウイーン世界人権会議では，“indigenous people”（先住民）が使われたが，その後，先住民族の自決権を強調する活動家を中心に“indigenous peoples”（先住民族）を使うことが提唱された。小坂田裕子・深山直子・丸山淳子・守谷賢輔編『考えてみよう　先住民族と法』信山社，2022 年，６頁。

▷２　国連人権委員会 The Rights of Indigenous Peoples（Fact Sheet No. 9（Rev. 1））1995.

また，農地開拓，森林伐採，ダム建設や鉱山やリゾート開発などの大規模開発，生活の豊かさを求める開発が世界規模で進行する中で，本来その土地に先住であった人々の暮らす範囲は狭められ，そのことによって狩猟・採集や移動式焼畑耕作など彼らの従来の生業形態の維持が困難になり，文化や集団の存続すら危ぶまれる事例が後を絶ちませんでした。

じつは，国連が1993年を国際先住民年と定めるまでには，このような状況について異議申し立てを行う世界各地の先住民運動の高まりがあったのです。自らの言語の使用，教育を受ける権利，資源や土地の所有権など具体的目標を掲げ，国家内だけでなく，国際的NGOや先住民同士が国家の枠を超えて連帯し助け合い，権利実現をめざしました。これらの運動の過程では，「先住民族が居住するまたは居住していた土地と，そこにある資源に対する権利および伝統文化を維持し発展させる権利，また一部には政治的自決権をも包含する内容の権利」である「先住権[3]」について，どのように考え，それを権利として「法」の中でどのように認めていくのかが問われたのです。

その成果としては，オーストラリアのアボリジニの「先住権源法」，ノルウェーやフィンランドの「サーミ法」「サーミ言語法」の成立，カナダのイヌイットを中心としたヌナブト準州の成立などが知られています。日本でも，1997年に「アイヌ文化の振興並びにアイヌの伝統等に関する知識の普及及び啓発に関する法律」（通称「アイヌ文化振興法」）が施行されました。ただその内容は文化的権利に限定され，「先住権」が認められていませんでした。その後，2007年に「先住民族の権利に関する国連宣言」が国連総会で採択され，2019年には，「アイヌの人々の誇りが尊重される社会を実現するための施策の推進に関する法律」（通称「アイヌ施策推進法」）が制定され，アイヌ文化振興法は廃止されました。ただしこの法律でも，アイヌは先住民族と認められたものの，先住権は認められていません。また，国連により先住民族と認められている「琉球／沖縄」の人々の自己決定権をめぐる状況も忘れてはなりません。

4 現状と今後の課題

フィリピンでも，先住民の生活の状況は大きく変わろうとしています。1997年に制定された「先住民権利法[4]」に合わせて設置された国家先住民局[5]は，先住民登録や「先祖伝来の領域[6]」の申請受付けや認定を行っており，先住民自身の生活改善や権利回復に対する意識も高くなっています。

しかし，このような登録手続きを，これまで高等教育を受けることの少なかった先住民の人々自らが行うことは難しく，外部NGOや企業などの助けを借りることで問題が生まれることもあります。彼ら自身が自らの選択を実現できるよう経済的・社会的な自立がますます重要になっています。　（森　正美）

▶3　先住民族が，元々暮らしてきた土地や自然に対して有する権利。資源権，生業権など，土地や自然の所有，使用，開発，管理の権利，補償や返還を要求する権利など多様。

▶4　Indigenous Peoples Rights Act（IPRA）の訳。オーストラリアのアボリジニに対する権利保障の枠組みが参考にされたという。

▶5　National Commission on Indigenous Peoples（NCIP）の訳。全国の主な先住民居住地域に事務所を有し，先住民の土地権や人権の保護，教育・保健などのサービスを提供するために設置された。

▶6　ancestral domainの訳。フィリピン先住民権利法の第2章第3節の定義では，土地，水源，海岸部，そこにある天然資源を含む。

参考文献

小坂田裕子・深山直子・丸山淳子・守谷賢輔編『考えてみよう　先住民族と法』（信山社，2022年）は，日本のアイヌや琉球，世界各国および国際社会における先住民族（indigenous peoples）をめぐるテーマおよび法的状況を大変わかりやすく解説している。窪田幸子・野林厚志編『「先住民」とはだれか』（世界思想社，2009年）や，北海道大学アイヌ・先住民研究センター編『アイヌ研究の現在と未来』（北海道大学出版会，2010年）も，歴史的経緯も踏まえて総合的知見を得ることができる。

X　法律・秩序・社会統制

宗教と法

1 人と人の関係，「神」と人の関係

社会規範は人と人の関係を規定しますが，その根底では超自然力の存在と深く結びついています。たとえば紛争処理方法でも紹介した「天罰」といった考え方は，人間の行為を判定する「神」の存在を根拠としたものですし，罰があたるという表現は仏教的な響きをもっています。邪術の使用も，当該世界において超自然力が規範に関与することを前提としています。

また，「神」と人の関係を，生活の中で実践するための規範も存在します。日本人にはわかりにくいかもしれませんが，たとえば「いのち」[1]が神の力によって創造されたものだと考えるなら，そのいのちを人為的に奪う人工中絶は許されないというカトリックの考え方などがあります。多くの社会では，服装，食物禁忌，結婚，出産，離婚，葬送など，日々の生活や人生の節目に「神」と人の関係のあり方を定めた宗教的規範[2]が深く関わっています。

イスラーム法における，宗教と国家の法的関係を図10-1に示します。これをみると，国家と法のあり方には，西洋型とイスラーム型で違いがあり，私たちが現在理解している「政教分離」の考え方も，歴史的・文化的に形成されたものであることがわかります。

▷1　現代の医学技術の進歩に伴い，脳死や臓器移植などの是非をめぐる価値観も変容している。何を死とするのかといった死生観や，他者に臓器を提供することや移植を受けることについての是非について，多くの宗教や宗派が公式見解を示している。

▷2　スカーフの非着用による服装の乱れや，宗教的に不道徳とされる行為について指導や取締を実施する組織が存在する。イスラーム圏では「ムタワ」と呼ばれ，サウジアラビア，イラン，イラク，アフガニスタン，パキスタン，マレーシア，インドネシアなどに存在するが，その形態や権限は多様である。

2 国家法と宗教法

○フランス「宗教的シンボル禁止法」

2004年，フランスで「公立学校における宗教的シンボルの禁止」を定める法律が導入され，世界中の関心を集めました。これは，「公立学校」でのムスリムのスカーフ，巨大な十字架の首飾り，ユダヤ教徒の帽子などの「宗教への帰属をこれ見よがしに示す標章や服装」の着用を禁止するものです。施行後，学校長の説得に応じずスカーフを着用し続けたムスリムの女子生徒に退学処分が科されたり，ターバン姿での授業参加が禁じられたシーク教徒の男子学生が提訴したりするという事例も発生しました。この法律は，国家と公共空間からすべての宗教を排除し，私的空間では信仰の自由を保障する「ライシテ（läicité）」というフランス革命以降の原則に基づいています。

しかし，北アフリカからの移住者を中心に約500万人のムスリムが暮らすフランスの政府の対応に，世界のムスリムからは非難の声が上がりました。なぜなら，2001 年 9・11 以降ヨーロッパ全体あるいは世界中で増大するムスリムに対する警戒感が，法律制定の背景に存在すると考えられたからです。そして，女性は女性の徴である身体の部分を隠すべきというイスラームの宗教的規範に基づくスカーフ着用という行為は，何を身につけるかという嗜好の問題ではなく，日常生活における宗教的規範との関係や，ムスリム自身にとってのアイデンティティ表明に関わる問題でもあるため，ムスリム内部でも「禁止法」についての見解は分かれました。

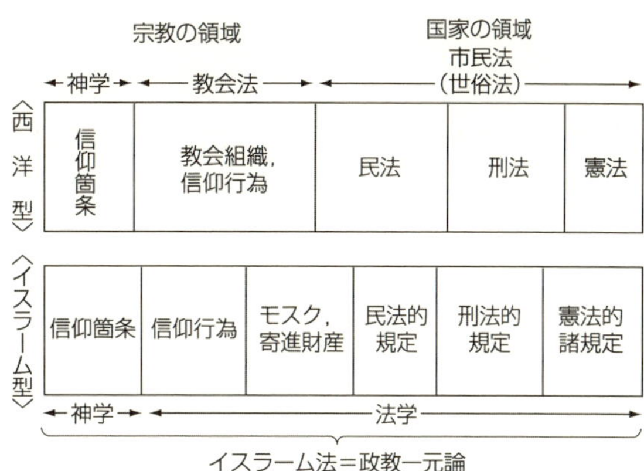

図 10-1 宗教と法：西洋型とイスラーム型

出典：小杉泰『イスラームとは何か』講談社現代新書，1994 年。

政教分離の国家原則をもつ国家では，国家法と宗教法[3]との間で摩擦が起きることがあります。また西洋社会の基準だけを適用すると，世俗法を国家法としない国家のあり方を理解するのは難しくなります。さらに規範のどの部分にどの程度従って生活を送るのかという集団や個人の価値観や選択の問題が絡むので，事態はいっそう複雑です。

❍フィリピン「フィリピン・ムスリム身分法」

人口の約 90％がキリスト教徒（うち 85％はカトリック）で，ムスリムが全人口の約５％のフィリピンでも，同様の問題があります。フィリピンの民法で定められた婚姻手続きでは，キリスト教会における婚姻証明書を婚姻成立の証拠として婚姻登録を行うというのが一般的でした。教会が家族や人口を管理してきた，スペイン植民地期の法文化が継承されたからです。1899 年以降は，ムスリムは教会法の婚姻義務を期限付きで免除されてきましたが，ムスリムの分離独立運動を収束させるための政府の多元主義的政策の一環として，1977 年に「フィリピン・ムスリム身分法」が成文化されるまで，イスラーム婚姻規定が「法的に」承認されることはありませんでした。

では，このような法が成文化されたからムスリムの権利が実現されたのかというと，困難な点がまだまだあります。たとえば，「身分法」で正式に認められている「離婚」や「一夫多妻婚」を取り上げて，劣った習慣だと揶揄する言葉を耳にすることは珍しくありません。また，ムスリム集住地域以外の地域で暮らすムスリムたちにとっては，「身分法」に従った手続きを進めるには裁判所の不在などさまざまな不便が伴います。法的な権利の承認と権利の実現の間には，現実的な距離があること，つまり法が現実に転化されるまでには時間と労力がかかるのだということを私たちは忘れてはなりません。

グローバル化が進行する中で，私たちは多くの価値観に出会います。イスラームの規範は，しばしば保守的な伝統主義で，自由を拘束するものととらえられがちですが，大切なことは，具体的な現実の事例から，そのときの「自由」という概念の中身と根拠を問い直すことなのです。（森　正美）

▶3　イスラーム法で認められた食品を「ハラールフード」という。ムスリムのグローバルな移動に伴い，多文化共生社会での配慮が求められる。ユダヤ教徒にとっては，「コーシャフード」（清浄な食品）。日本でも食品アレルギーへの理解は一定得られるようになってきているが，宗教的理由によるこのような「食マイノリティ」への対応は学校給食などでも緒に就いたばかりである。

参考文献

多様な民族的・宗教的背景を持つ住民が増える日本社会において，実際の事象に基づき多文化共生と法という観点から論じている文献に，以下のようなものがある。大谷恭子『共生社会へのリーガルベース（法的基盤）——差別とたたかう現場から』（現代書館，2014 年），近藤敦『多文化共生と人権——諸外国の「移民」と日本の「外国人」』（明石書店，2019 年）など。

XI　政治と権力

政治システムの進化論

政治への関心

政治というと，私たちが真っ先に思い出すのは国家や政府のことではないでしょうか。しかし，人類の歴史の中では，国家の出現はつい最近の出来事です。長い間，人類は国家や政府なしで暮らしてきたし，国家が出現した後も，その支配が及ばない地域のほうが広かったのです。

それでは，国家も政府もない社会では，どのような政治が行われていたのでしょう。私たちが知るような国家は，なぜ，どのように生まれたのでしょう。こうした疑問に答えようと，人類学者は早くから政治システムの比較研究，特にその変化と発展の研究に取り組みはじめました。

2 野蛮→未開→文明

人類学で最初の政治システムの研究を行ったのは，人類学の創始者の1人であるモルガン（Morgan, L. H.）[1]です。ニューヨーク州の弁護士だったモルガンは，自宅近くに住むアメリカ先住民イロクォイ族との交流を通して，その生活と文化の研究を始めました。イロクォイ族は，高度な政治組織を有していました。それが，イロクォイ連盟です。

イロクォイ連盟は，15世紀後半には成立していたようです。平和協定を締結した5部族（後に6部族）の連合体であり，選挙で選ばれた各部族の代表が，「偉大な平和の木」の下で開かれる大評議会に集まり，合議制で内政や外交を執り行いました。部族の代表は男性が務めましたが，母系制のイロクォイ社会では，女性だけが部族の代表を選んだり罷免したりする権利をもっていました。

その後モルガンは比較研究の幅を広げ，1877年に出版された『古代社会』において，野蛮（savagery）→未開（barbarism）→文明（civilization）という3段階の発展図式[2]を唱えました。そこでは，イロクォイ族の政治システムは未開段階に，古代ギリシア・ローマは文明段階に位置づけられました。このモルガンの図式は，最初の政治システムの進化論といえます。

3 バンド→部族→首長制→未開国家

モルガンの図式は，多くの推測を含む単純で直線的な進化論であったため，その後の研究者によって否定されるようになりました。しかし，実際のフィー

▶1　モルガンが活躍した時代のアメリカでは，人類学は大学の学問として制度化されておらず，モルガンも弁護士でありながら，在野の学者としてイロクォイ族の研究に取り組んだ。偶然の出会いからイロクォイ族の友人（Ely Parker，イロクォイ名 *Ha-sa-ne-an-da*）を得たモルガンは，彼を通して多くの知識を得るとともに，保留地を訪れて自ら聞き取りも行った。親族名称体系の世界的な比較研究を志してからは，アメリカ西部に4度，調査旅行に出かけ，51のアメリカ先住民諸部族の親族名称を自ら収集したほか，世界各地の宣教師や研究者に質問紙を送付して比較可能なデータを収集している。

▶2　L. H. モルガン著，青山道夫訳『古代社会（上，下）』岩波文庫（上＝1958年，下＝1961年）。

ルドワークに基づく民族誌が増えるにつれて，それらを比較分類して，政治システムの進化論を再構成しようとする新しい動きが出てきました。その１つが，サーヴィス（Service, E. R.）による，バンド（band）→部族（tribe）→首長制（chiefdom）→未開国家（primitive state）という発展図式です。[3]

バンドとは，親族関係で結ばれた少数の家族の集合体で，地域の中を移動しながら狩猟採集によって生活しています。政治的な統合単位としては最小のものです。部族とは，リニージ（VI-3 参照）や氏族といった，より大きな親族集団によって構成された政治的なまとまりですが，明確な政治指導者は存在しません。恒常的な政治指導者が現れ，貴族などの身分が生まれると，首長制となります。そして，警察や軍隊などを伴う中央集権的な統治機構によって一定の領土を支配する政治体制が，未開国家です。

サーヴィスは，これら４つの政治システムは，社会的・経済的な規模の拡大と，その統合度の増大に対応すると考えました。

▶3 E. R. サーヴィス著，松園万亀雄訳『未開の社会組織――進化論的考察』弘文堂，1979 年。サーヴィスの進化論と社会組織の発展図式について，より詳しくは，沼崎一郎「エルマン・R・サービスにおける『新進化主義』の展開――未開文化の進化類型論から国家と文明の移行論へ」『東北大学　文学研究科研究年報』72：79-116，2023 年。

4 平等社会→位階社会→階層社会

これに対して，社会的な不平等の拡大という点に焦点を合わせて政治システムの進化を論じたのがフリード（Fried, M.）です。[4]

平等（egaritarian）社会とは，個人のもつ地位や権力の格差がほとんどなく，主に合意によって秩序が維持される社会です。位階（rank）社会とは，年齢や性別，身分などによって地位や権力に格差が生じ，より高い地位，より大きな権力をもった人物が政治指導者となる社会です。階層（stratified）社会とは，支配する者と支配される者とが明確に分断され，地位と権力の不平等が固定化された社会です。支配階層は，しばしば国家権力と宗教的権威を独占することによって，自らの支配力を維持し，正当化します。フリードによると，政治の進化とは，不平等が拡大し，固定化される歴史だったのです。

視点は違いますが，サーヴィスとフリードの類型は，表 11-1[5] に示すように重なりあっています。

（沼崎一郎）

▶4 Fried, M. *The Evolution of Political Society: An Essay in Political Anthropology*. Random House, 1967.

▶5 表 11-1 中の分配システムについては，IV-1「贈りものと互酬性」のポランニーの説を参照。

表 11-1　サーヴィスとフリードの類型論

生業形態	分配システム	階層／階級	統治システム	サーヴィス	フリード
狩猟採集	互酬制	なし	なし	バンド	平等社会
狩猟採集・牧畜・農耕	互酬制／再分配	なし	親族集団	部族	平等社会／位階社会
牧畜・農耕	再分配／互酬制	なし／時に貴族的階層	世襲の首長	首長制	位階社会／階層社会
農業・牧畜	再分配／市場	領主／貴族／農民など	官僚・警察・軍隊	未開国家	階層社会

出典：筆者作成。

XI　政治と権力

政府のない社会の政治

1 血縁による政治

国家や政府のない社会の政治をめぐる議論は，イギリスを中心に展開されました。その出発点は，1861年に出版されたメーン（Maine, H. J. S.）の『古代法』[1]に遡ることができます。メーンは，当時イギリスの植民地だったインドの村落社会についての情報をもとに，古代の共同体の基礎は血縁関係であり，強力な家父長が支配していたという原始父権制の理論を唱えました。原始父権制の存在は，進化論の衰退とともに人類学では否定されていきます。しかし，近代ヨーロッパ社会とは異なり，未開社会では血縁ないし親族関係が政治的な統合の基盤になっているというメーンの考え方は，その後のイギリス社会人類学に引き継がれました。

▶1　ヘンリー・サムナー・メイン著，小泉鐵訳『メーン古代法律』信山社，2009年。

2 ヌアー族の分節リニージ・システム

イギリスの社会人類学者たちによる実証的な政治制度の研究は，1920年代のアフリカで始まりました。その代表が，1940年に出版されたエヴァンズ＝プリチャード（Evans-Pritchard, E. E.）の『ヌアー族』[2]です。

▶2　E. E. エヴァンズ＝プリチャード著，向井元子訳『ヌアー族――民族の生業形態と政治制度の調査記録』平凡社ライブラリー，1997年。

現在のスーダン南部に居住する牧畜民のヌアー族の社会には，王も首長も存在しませんでした。そのような社会の政治はどうなっているのかを調べることが，エヴァンズ＝プリチャードの調査目的の1つでした。彼が見出したのが，分節リニージ・システム（segmentary lineage system）という政治制度です。

ヌアー族は父系で出自をたどりますが，父系の祖先をどのレベルまでたどるかによって，リニージの成員が互いに分裂したり，団結したりするのです。図11-1を見てください。分節aの誰かが，分節bの誰かに襲われたとしましょう。そうすると，祖先1のレベルで結ばれた分節aの成員は一致団結し，分節bと対立して，時には血讐（blood feud）[3]という報復闘争を繰り返します。しかし，もしも分節aの誰かを襲った相手が分節Bの成員だったならば，分節aとbとは祖先2のレベルで分節Aとして団結し，分節Bと対立するのです。同様に，祖先3のレベルでは，AとBは分節αとして団結し，分節βと対立します。そして，始祖のレベルでは，αとβも結合し，1つのリニージとして，他のリニージと対立するのです。

▶3　殺人が行われた場合，被害者の父系の近親者は，加害者かその父系の近親者に報復しなければならないという制度。しかし，かたき討ちの繰り返しを避けるために，牛を賠償として支払い，解決を図ることが多く見られる。

このように，遠くの始祖まで遡って大同団結するかと思うと，より近い祖先

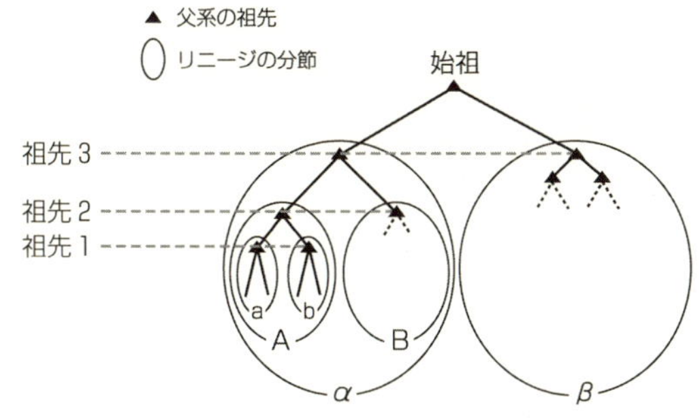

図 11-1 分節リニージ・システム

出典：筆者作成。

の違いで別れて分裂し，抗争するというのが，分節リニージ・システムです。[4]

王や首長が存在せず，政府もない社会であるにもかかわらず，ヌアー族の政治的な統合が実現されるのは，分節リニージ・システムのおかげなのだ，とエヴァンズ＝プリチャードは考えました。「同じ血を受け継いだ仲間である」という意識が，連帯感と結束力を生み出すからです。それで，リニージ内では，もめごとを避け，互いに助け合います。もちろん，こうした仲間意識は，関係が遠くなるにつれて薄くなりますが，「同じ始祖の子孫」という部族アイデンティティの源になっているのです。

3 政府のない社会の政治の特徴

同じく 1940 年に，8 つのアフリカの部族社会の政治システムを比較した『アフリカの政治体系』[5]という論文集が，フォーテス（Fortes, M.）とエヴァンズ＝プリチャードによって編集・出版されました。

この本によると，アフリカでは，ヌアー族のような「無頭社会」[6]の政治組織にも，王や首長が存在する中央集権的な社会の政治組織にも，3 つの原理が貫徹しています。第 1 の原理は，その社会の政治組織を維持することは，地位や身分の違いを問わず，すべての成員にとって共通の利益になるというものです。なぜなら，政治制度が維持されてこそ，社会秩序の安定がもたらされ，生業活動が円滑に行われるからです。第 2 の原理は，いかなる政治制度も，すべての成員の同意の上に成り立っているというものです。そして，第 3 の原理は，すべての成員の利害を直接あるいは間接的に反映する形で，政治が執り行われているというものです。

このように，社会の成員はすべて相互依存関係にあり，さまざまな政治システムは，どれも社会秩序の安定をもたらす働きをしているという考え方は，機能主義（functionalism）と呼ばれます。この考え方は，社会の調和と制度の持続を説明することはできますが，内部対立や成員間の紛争，制度の変化を説明できないという弱点をもっています。

（沼崎一郎）

▶ 4 エヴァンズ＝プリチャードは，分節レベルの違いに応じて，「小」「大」「最大」リニージという用語を用いている。

▶ 5 Fortes, M. and Evans-Pritchard, E. E. eds. *African Political Systems*, Oxford University Press, 1940.

▶ 6 頂点に立つ政治指導者あるいは元首がいないという意味で，頭のない（headless または acephalous）社会と命名された。

XI　政治と権力

 帝国・植民地と人類学

1 ベトナム戦争と人類学の問い直し

1960年代後半から70年代にかけて，帝国主義・植民地主義と人類学の関係が大きくクローズアップされました。そのきっかけは，ベトナム戦争[1]でした。戦争当事者となったアメリカ政府の資金援助を受けてベトナムでフィールドワークを行うことの是非，一見客観的な研究成果が軍事目的に応用されることへの人類学者の責任などが，論争の的となりました。人類学者のスパイ疑惑も発生し，学会に調査委員会が作られる騒ぎとなりました。自分のつけた成績が学生を徴兵するかどうかの基準の1つとして使われることに抗議して，アメリカの大学を去った人類学者もいたほどです。

論争は，ベトナム戦争の問題を超えて，世界各地の植民地で行われた人類学研究の抜本的見直しへと発展していき，その成果にはハイムズ（Hymes, D.）編『人類学を発明しなおす[2]』，ルクレール（Leclerc, G.）『人類学と植民地主義[3]』，アサド（Asad, T.）編『人類学と植民地的遭遇[4]』などがあります。

2 人類学は「帝国主義の落とし子」

「人類学者への新しい提案」と題した1968年の論文[5]で，南インドでフィールドワークを行ったイギリス人の人類学者ガフ（Gough, K.）は，「人類学は帝国主義の落とし子」であり，「我々のフィールドワークのほとんどは，我々の政府が征服した社会で行われてきた」にもかかわらず，「我々は帝国の枠組みを所与のものと受け入れて」しまい，「ひとつの社会システムとして西欧帝国主義を研究することもなければ，我々が研究する社会に対する帝国主義の影響を十分に考慮することさえなかった」と，厳しい自己批判を展開しました。

たとえば，エヴァンズ＝プリチャードは，イギリス軍に攻撃され，「平定」されたばかりのヌアー族を調査したのでした。彼はこのことを知らなかったわけではありません。支配することが困難な「反政府的」部族だからこそ，植民地政府は人類学者の調査を要請したのです。しかしながら，『ヌアー族』は，政治制度が主要テーマであるにもかかわらず，まるで植民地政府など存在しないかのように書かれています。

これではいけない，というのがガフの批判です。彼女は，帝国主義や新植民地主義といった政治的・経済的支配関係の比較研究や，革命や抵抗運動の比較

▶1　フランスからの独立戦争の後，ベトナムが南北に分断されると，社会主義による民族統一を求める北ベトナム政府と南ベトナム解放戦線に対して，それを阻止しようとして南ベトナム政府を支持して軍事介入したアメリカとの間で，1960～75年にかけて続いた戦争。

▶2　Hymes, D. ed. *Reinventing Anthropology*. Random House, 1969.

▶3　G.ルクレール著，宮治一雄・宮治美江子訳『人類学と植民地主義』平凡社，1976年。

▶4　Asad, T. ed. *Anthropology & the Colonial Encounter*. Humanities Press, 1973.

▶5　Gough, K. "New Proposals for Anthropologists: A Comment," *Current Anthropology* 9(5): 403-407, 1968.

研究などの「新しい提案」を示しています。

3 「革命」と「抵抗」の人類学

ガフの「新しい提案」に応えるかのように，ウルフ（Wolf, E.）は，ベトナム戦争さなかの1969年に出版された『20世紀の農民戦争』[6]において，ロシア，中国，ベトナムなどの農民たちの革命運動の人類学的分析を試みました。

また，スコット（Scott, J.C.）の『農民の道徳的経済』[7]のように，「利益のためではなく生活のために働く」という道徳的規範に基づいていたベトナム人の農業生活が，植民地支配と市場経済化によって崩されたために，農民の抵抗と叛乱が起きたという研究も現れました。

4 「未開」社会は「植民地化」された社会だった

アフリカ人の人類学者からも，植民地主義に鈍感な西欧人類学に対する批判が開始されました。その一例が「部族（tribe）」概念の再検討です。

マフェジェ（Mafeje, A.）は，「部族主義のイデオロギー」という論文[8]で，「部族」に対応する土着の単語が地元民の言語には存在しないことが多く，「部族」という単位は植民地政府が「発明」したものであり，その発明を人類学者は手助けしてしまったと分析しました。そして，部族間の対立であるとか，部族内の身びいきといった部族主義（tribalism）という発想は，ヨーロッパ人による分割支配と，一部のアフリカ人エリートの政治活動に都合のよいイデオロギーにすぎず，植民地主義による支配と搾取を見えにくくする隠れ蓑になっていると批判しました。

つまり，「部族」とは，「未開社会」に固有の政治システムではなく，植民地政府が作り出した支配装置なのだというわけです。そもそも，植民地に組み込まれた諸社会を，外界から隔絶された「未開社会」とみなすこと自体が間違いだったといえるでしょう。

人類学者は，意図的に，積極的に帝国主義の手先になったわけではありません。しかしながら，人類学の研究対象が植民地支配に組み込まれ，その影響を受けていたことを問題視することなく，孤立した「未開社会」であるかのように扱ったとすれば，それは重大な落ち度であり，その結果生み出された理論の妥当性も疑問であるといわざるをえません。

このような視点から，サーヴィスやフリードらの「政治システムの進化論」も，フォーテスとエヴァンズ＝プリチャードが編集した『アフリカの政治体系』に代表される「政府のない社会の政治」研究も，厳しい批判を浴びるようになりました。なによりも，人類学者も帝国や植民地体制の一部であり，人類学者と研究対象との間にも不平等な力関係があることが白日の下に晒されたのです。こうして，人類学の政治性[9]が問われはじめました。（沼崎一郎）

▶6 Wolf, E. *Peasant Wars in the Twentieth Century*. Harper and Row, 1969.

▶7 ジェームス・C・スコット著，高橋彰訳『モーラル・エコノミー——東南アジアの農民反乱と生存維持』勁草書房，1999年。

▶8 Mafeje, A. "The Ideology of 'Tribalism'." *Journal of Modern African Studies*, 9(2): 253-261, 1971.

▶9 人類学が帝国主義に加担してきたのではないかと最初に問いかけたのは，イギリス人人類学者ガフ（Gough, K.）の「人類学と帝国主義」という短い論考であった（"Anthropology and Imperialism," *Monthly Review* 19(11): 12-24, 1968)。この小論は大きな論争を呼び，1973年にはサウジアラビア生まれの人類学者アサド（Asad, T.）によって人類学と植民地主義の関係を問い直す論集が刊行された（*Anthropology & the Colonial Encounter*. Humanities Press, 1973)。ガフ自身は1968年の論考について1990年に振り返りつつ，世界状況の変化を展望している（"'Anthropology and Imperialism' Revisited." *Economic and Political Weekly* 25(31): 1705-1708, 1990)。現在では，帝国主義と植民地支配の歴史，さらには近年の急速なグローバリゼーションを考慮に入れずに非西洋世界の政治システムを論じることは不可能になっている。

XI　政治と権力

4 現代世界の紛争と暴力

1 内戦，「民族」紛争，難民の民族誌

20世紀は戦争の世紀といわれます。2度の世界大戦はその代表ですが，帝国主義の拡張と植民地獲得戦争に，世界の多くの民族が巻き込まれ，紛争が繰り返されてきました。民族解放闘争や革命運動，植民地独立後も続く内戦，東西冷戦下での代理戦争，さらに社会主義体制崩壊後の新しい民族運動など，紛争の種は尽きません。その結果は，おびただしい死者と大量の難民です。21世紀に入っても，世界各地の内戦や領土紛争がこの状況を生み続けています。

こうした紛争と暴力の問題に，ようやく人類学も取り組みはじめました。まず，フィールドワークに基づく紛争と難民状況の民族誌があります。栗本英世の『民族紛争を生きる人々』[1]は，著者が長年フィールドワークの対象としてきたスーダンのパリ人とエチオピアのアニュワ人が，それぞれ内戦に巻き込まれ，難民化していく様子を詳細に記述しています。そこでは，植民地状況から独立国家形成に至る過程の中で，新しい利害対立と古い対立，新しい兵器の流入を含む近代化と伝統文化とが複雑に絡み合っています。栗本は，「民族」紛争の背景には，政治権力の不平等と社会の階層化，マイノリティの周辺化という構造的な問題があり，「民族は，紛争の原因なのではなく，結果として創造されていくものなのだ」と述べています。

2 ジェノサイドと民族浄化

現代の紛争の大きな特徴の1つに，ある集団を丸ごと抹殺しようとする大量虐殺すなわちジェノサイド[2]の問題があります。ジェノサイドといえば，ナチスドイツによるユダヤ人600万人の大量虐殺が真っ先に思い出されますが，第2次世界大戦後も各地でジェノサイドは繰り返されています。1975〜79年にカンボジアを支配したポルポト政権は，100〜200万人の自国民を虐殺しました[3]。1994年のルワンダ内戦では，わずか3カ月の間に人口の10%にあたる50万人が虐殺されたといわれています。ラジオ放送が「民族」対立を扇動したのが原因でした。内戦終結後，国際法廷が設置され，虐殺の首謀者が裁かれています[4]。

1990年代のユーゴスラヴィアの内戦では，民族浄化の問題が発生しました。対立する「民族」同士が，自分たちの支配領域から他民族を消し去って，一定の地域を民族的に純化させようとする動きです。そのために，強制移住や虐殺

▷1　栗本英世『民族紛争を生きる人々――現代アフリカの国家とマイノリティ』世界思想社，1996年。

▷2　1948年に締結された国連ジェノサイド禁止条約では，ジェノサイドとは，民族的，人種的，宗教的な集団の全部または一部を破壊する意図を持って行われる殺戮，暴行，強制収容，隔離，出産制限などの行為を指す。

▷3　井上恭介・藤下超『ポル・ポトの悪夢――大量虐殺はなぜ起きたのか』論創社，2022年。

▷4　片山夏紀『ルワンダの今――ジェノサイドを語る被害者と加害者』風響社，2020年。

▷5　多谷千香子『「民族浄化」を裁く――旧ユーゴ戦犯法廷の現場から』岩波新書，2005年。

▷6　Sluka, J. A. ed. *Death Squad: The Anthropology of State Terror.* University of Pennsylvania Press, 2000.

などの暴力的な手段が使われました。多くの人々が故郷を追われ，紛争が終結した今なお帰還できずにいる難民も少なくありません。「民族浄化」政策を遂行した責任者を裁く国際法廷が設置され，裁判が行われました。[5]

ジェノサイドや民族浄化は，異常な例外と思われがちですが，組織的・計画的な活動である以上，その原因の究明に人類学も貢献すべきでしょう。

3 「国家テロル」の人類学

人民を支配するために，政府が日常的に暴力を用いることがあります。それが，「国家テロル（state terror）」です。世界各地の軍事独裁政権が，正規軍や警察だけでなく，秘密の暗殺隊（death squad）を使って，反政府的な言動を行う人間やその家族を狙い，誘拐，殺人，強姦，拷問を繰り返して，身近な人が突然「消える」，自分も「いつ消されるかわからない」という恐怖を人々に与え，政治権力を握り続けてきたのです。[6]

こうした「国家テロル」が制度化され，暴力と威嚇によって一般大衆がつねに抑圧された状態を「テロルの文化」[7]と呼ぶ人類学者もいます。また，そのような状況に生きる人々にとっては「恐怖が生活様式になっている」[8]と指摘する人類学者も出てきました。日常的な政治制度としての国家的暴力が，人類学の新たな研究課題となっています。

4 女性に対する暴力

最後に，近年急速に浮上した問題に，日常生活におけるドメスティック・バイオレンス[9]から戦時性暴力[10]にいたるまでの広範な女性に対する暴力と虐待の問題があります。1995年に北京で開かれた世界女性会議では，女性に対する暴力と虐待は中心的な議題でした。国際的な人権擁護NGOであるアムネスティ・インターナショナルは，ドメスティック・バイオレンスが国際基準で拷問とされる行為と非常に類似しており，いわばプライベートな関係における拷問であって，国家がドメスティック・バイオレンスの防止や被害者の保護など適切な対応を取らない場合には，拷問禁止条約に違反すると主張しています。[11]

女性に対する暴力と虐待は世界各地に見られますが，その発生頻度は社会によって違います。女性に対する暴力と虐待がほとんどない社会も，少数ですが存在するようです。女性に対する暴力と虐待の比較研究もようやく始まり，文化の違いを超えた共通性も見えてきました。[12]それは，女性が結婚に縛られる度合いが弱い（離婚や別居が自由である），女性の側に立って介入してくれる権威者（宗教的な名付け親など）が存在する，女性にとって逃げ場や仲間が多い社会では，女性への体罰が正当とみなされる文化だったとしても，女性に対する暴力と虐待は少ないという傾向です。今後の研究の深化が望まれます。

（沼崎一郎）

▶7 Tausig, M. "Culture of Terror, Space of Death: Roger Casement's Putumayo Report and the Explanation of Torture." *Comparative Studies in Society and History*, 26(3): 467-497, 1984.

▶8 Green, L. *Fear as a Way of Life: Mayan Widows in Rural Guatemala.* Columbia University Press, 1999.

▶9 夫婦や恋人など，性的に親密な関係において，一方が他方を支配するために用いるさまざまな暴力。加害者の圧倒的多数は男性であるため，妻虐待（wife abuse）とも呼ばれる。

▶10 戦争状態や軍事占領下において，兵士や占領者が敵側や被占領地の女性に対して行う強姦などの性暴力。軍事作戦として組織的に展開されることも少なくない。

▶11 アムネスティ・インターナショナル編『傷ついた身体，砕かれた心——女性に対する暴力と虐待』現代人文社，2001年。

▶12 Counts, D. A., Brown, J. K. and Campbell, J. C. eds. *To Have and to Hit: Cultural Perspectives on Wife Beating.* University of Illinois Press, 1999.

XI　政治と権力

人権と文化をめぐる政治

1 人権と文化の対立

人権とは，「人間が人間としての尊厳を保って生きていくために必要不可欠な諸権利であって，その人が人間であるというただそれだけの理由で全ての人間に認められるべきもの[1]」です。人権という概念は，18世紀のアメリカ独立宣言，フランス人権宣言から，国連が1948年に採択した世界人権宣言，1966年に採択した国際人権規約などを通して，その内容が確立されてきました。さらに，人種差別撤廃条約，女子差別撤廃条約，児童の権利に関する条約などによって，その内容はいっそう拡充されています。

これらの国際人権条約は多くの国連加盟国が批准しており，人権のグローバル・スタンダードが確立しているかのように見えます。しかしながら，近年になって，人権と文化をめぐる政治が，世界各地で問題化してきました。伝統的な慣習を「人権侵害」であると批判し，その変革を求める人々と，人権概念を西欧文化の押し付けと批判し，伝統的な慣習を「固有の文化」として擁護しようとする人々の間で，対立と論争が起きているのです。

2 「女子割礼」は文化か人権侵害か

人類学者をも巻き込んで大きな論争になっているのが，「女子割礼」の慣行です[2]。割礼とは，成人儀礼の一環として，性器の一部を切除したり，切開したりする慣行のことです。世界各地に見られ，多くの宗教が行っている男子割礼は，陰茎包皮を切除するだけで，それほどの身体的負担はありません。しかし，主に北東アフリカから西アフリカにかけて見られる女子割礼は，女性性器の一部または大部分を切除したり，さらに縫合するなど形態も多様で，男子割礼に比べて身体への影響がきわめて大きいという特徴があります[3]。

この女子割礼に対して，アフリカ女性の中からも，女性の人権を侵害する慣行であり，廃絶されるべきだと主張する人たちが現れました。儀礼の形をとっていても，これは女性に対する暴力であるということを強調するために，「女性性器切除（Female Genital Mutilation）」という呼び変えも提唱されています。一方，そうした批判に対し，これは成人女性への試練を課す儀礼であって，人権侵害には当たらないという立場を取る人々も存在します。

従来，人類学者は，文化相対主義の視点から，それがどのように暴力的に見

▶1　沼崎一郎「人権」綾部恒雄編『文化人類学最新術語100』弘文堂，2002年，92頁。人権については以下も参照。森田昭彦『世界人権論序説——多文化社会における人権の根拠について』藤原書店，2017年。ウィル・キムリッカ著，稲田恭明・施光恒訳『多文化主義のゆくえ——国際化をめぐる苦闘』法政大学出版局，2018年。

▶2　富永智津子「『女子割礼』をめぐる研究動向——英語文献と日本語文献を中心に」『地域研究』6巻1号，2004年，169-197頁。宮脇幸生「グローバル化する世界における女子割礼／女性性器切除——交渉されるジェンダーとセクシュアリティ」宇田川妙子・中谷文美編『ジェンダー人類学を読む——地域別・テーマ別基本文献レヴュー』世界思想社，2007年，260-288頁。

▶3　内海夏子『ドキュメント女子割礼』集英社新書，2003年。アヤーン・ヒルシ・アリ著，矢羽野薫訳『もう，服従しない——イスラムに背いて，私は人生を自分の手に取り戻した』エクスナレッジ，2008年。

える儀礼であっても，人権侵害などという非難を浴びせることなく，その文化の中では意味のある慣行として尊重する立場を取っていました。しかし，女子割礼廃絶運動の担い手には，この儀礼によって苦痛を受けたという女性たちや，娘には割礼を受けさせたくないといった女性たちも含まれています。いわば，当事者の意見が真二つに分かれているわけで，人類学者も，単に文化相対主義を標榜，傍観するだけではいられなくなったのです。人権の視点から，廃絶運動を支援する人類学者も現れましたが，その立場も一様ではありません。論争は続いています。[4]

3 結婚改姓は文化か人権侵害か

日本でも，人権と文化をめぐる政治的な論争があります。夫婦別姓論争[5]です。明治時代以降，結婚した女性は夫の姓を名乗ることが日本では普通になりましたが，1980年代半ば頃から，仕事上の理由などで結婚しても姓を変えたくないという女性が少しずつ増えてきました。現行の民法では，夫婦は夫または妻の姓に統一しなければならないので，民法改正を求める運動が始まり，1995年には，法制審議会も選択的夫婦別姓制度の導入を答申しました。姓名は個人の人格を表すものなのだから，自分の姓名を保持する権利は憲法が保障する人格権であり，結婚改姓の強要はその侵害に当たるというのが，法改正の根拠でした。ところが，これに対して，姓は家族の一体感を象徴するものなのだから，個人の人格権の一部などではないし，結婚したら同じ姓を名乗るというのは，広く社会に受け入れられ，受け継がれているよき伝統であり，守り続けなければならないという民法改正反対運動が起こりました。1996年は，夫婦別姓論争の年となったのです。

その後2024年現在に至っても国民的な合意は得られず，国会での審議も膠着し，選択的夫婦別姓の法制化は実現していません。別姓結婚を認めない現行民法を憲法違反と訴える裁判[6]も起こされていますが，2015年と2021年の2度に渡り，最高裁判所大法廷は現行民法を合憲と判断しています。[7]

選択的夫婦別姓を求める人たちから見れば，国が，特定の家族制度を国民に強制し，人権を侵害しているということになるのです。一方，夫婦同姓こそ日本の伝統文化だと考える人たちから見れば，一部の個人主義者が，国の法律を利用して，自分たちの主義主張を正当化しようとしていることになるでしょう。国が単一の「国民文化」を法律で強制することの是非が問われているともいえます。結婚観・家族観の対立は根深く，国家と法律の役割についても見解は分かれます。[8]

人権を根拠に慣行を変革すべきか，文化を根拠に慣行を守るべきか，結婚と家族をめぐる熱い政治が続いています。 （沼崎一郎）

▶4　近年の研究としては，井口由布，アブドゥル・ラシド「『女性器切除』と言説の政治――近代医学的まなざしの自明性を問い直す」『年報カルチュラル・スタディーズ』(7: 27-45, 2019年)，ヘバタッラー・オマル「女性割礼問題の実態と西洋の普遍主義との関係――エジプトにおける事例から」『年報人類学研究』(12: 259-271, 2021年）などがある。

▶5　沼崎一郎『「支配しない男」になる――別姓結婚・育児・DV被害者支援を通して』ぶねうま舎，7-12, 2019年，25-99頁。

▶6　青野慶久『「選択的」夫婦別姓――IT経営者が裁判を起こし，考えたこと』ポプラ社，2021年。

▶7　2015年の最高裁大法廷判決の内容について，詳しくは沼崎，前掲書の第2章「司法の場での夫婦別姓論争」を参照。2021年の最高裁大法廷判決については，沼崎一郎「夫婦別姓に関する6月23日最高裁大法廷判決について(1)～(4)」『くらしと教育をつなぐWe』234: 68-70, 2021年，235: 69-71, 2021年，236: 62-64, 2022年，237: 68-70, 2022年。

▶8　ジェンダー平等政策研究所・辻村みよ子・糠塚康江『選択的夫婦別姓は，なぜ実現しないのか？――日本のジェンダー平等と政治』(花伝社，2022年)，椎谷哲夫『夫婦別姓に隠された“不都合な真実”――「選択的」でも賛成できない15の理由』(明成社，2021年）など。

XII　宗教と世界観

宗教とは何か

1 社会の統合か，意味の体系か

文化人類学における宗教のとらえ方は，一般に考えられている宗教とは少し違います。それは教祖がいて教団があり教典がある組織だったものに限りません[1]。かつて文化人類学の主な研究対象だった「未開」と呼ばれた周辺民族の宗教には教祖がおらず，教団も教典もないものが多かったのです。文化人類学的宗教研究の歴史は，この学問の歴史そのものと重なります。19 世紀後半は宗教の起源に研究の焦点がありましたが，20 世紀前半は社会統合や機能，より近年では意味の体系に関心が絞られてきました[2]。

2 機能主義と意味学派

近代的フィールドワークのパイオニアとして知られるマリノフスキー（Malinowski, B.）らの立場は機能主義（functionalism）と呼ばれ，主に宗教が社会的統合に果たす役割（機能）を重視しました。この考え方は，デュルケム（Durkheim, E.）に代表されるフランスの社会学年報学派に由来します。そうした立場のほかに，意味学派と呼ばれるウェーバー（Weber, M.）からの流れもあります。意味学派は，精神分析のフロイト（Freud, S.）の夢分析のように，象徴（symbol）を手掛かりにして宗教を含む文化を考える立場です。

両者の違いがわかりやすいのはトーテミズムについての説明です。マリノフスキーも，機能主義のもう一方の雄であるラドクリフ＝ブラウン（Radcliffe-Brown, A. R.）も，トーテム（totem）がその社会で経済的な価値を持っていることを前提としていました。ですから，特定の動植物がトーテムとして選ばれるのは，トーテムは「食べるに適している」ので食べつくさずに，保全するためだということになります。対照的に，レヴィ＝ストロース（Lévi-Strauss, C.）は，トーテムを社会の集合的な精神構造としてとらえました。トーテムは社会のある集団と別の集団を区別するための象徴であり，トーテミズムは「考えるに適した」分類の体系だと考えたのです。レヴィ＝ストロース[3]は，神話の論理や儀礼の中に現実の制度の起源や社会の正統性の説明を求めました。その過程で象徴的効果が重視され，現実に投影される無意識の構造の「意味」が問題にされたのです。それは善／悪，生／死といった二項対立を中心とした「関係性の束」であるとされました。こうした見方は，本来未分化で連続的な自然を人間

▶1　ギアツ（Geertz, C.）は，宗教を以下のように定義する。「(1)象徴（意味の運び手）の体系で，(2)人間のなかに広く行き渡った，永続するムードと動機づけを確立するものであるが，(3)それは，一般的な存在の秩序概念を形成し，(4)それらの概念を事実性の層で覆い，(5)ムードと動機づけが特別な形で現実的なものにみえるようにするもの」（クリフォード・ギアーツ著，吉田禎吾ほか訳『文化の解釈学 I』岩波書店，1987 年，150-151 頁）。

▶2　スタンレー・タンバイア著，多和田裕司訳『呪術・科学・宗教——人類学における「普遍」と「相対」』（思文閣出版，1996 年）が宗教の人類学的研究の歴史を知るのに有益である。

▶3　分類体系を重視したデュルケムとモース，そして彼らの関心を受け継いだレヴィ＝ストロースの構造主義がイギリス社会人類学者に与えた影響については，I-4「文化人類学の歴史と基礎概念」を参照。

が分類する際に生じる曖昧な部分，および分類不可能な部分に宗教的な力の顕現を見ようとしたイギリスのダグラス（Douglas, M.）やリーチ（Leach, E.），そして象徴的分類を民族誌の手がかりにしたニーダム（Needham, R.）にも大きな影響を与えました。[4]

3 宗教・神話と世界観

宗教とは，世界をどのように解釈するかに尽きるといってもよいでしょう。ここには，起源，機能，構造，分類，未来，運命などがすべて含まれます。世界がどのように由来し，現在どのようになっていて，どうなるべきなのかという理論を含む，世界の成り立ちについての説明体系が宗教なのです。ですから，宗教はかなりの程度，世界観や宇宙論（コスモロジー）と相互互換が可能です。その体系には，「相関論」「因果論」「起源論」「未来論」という論理と，「善」「悪」「生」「死」「楽園」「地獄」「前世」「来世」「神霊」「運命」「運勢」「正義」「邪悪」といった観念が歴史的に，あるいは相互影響のもとに形成されてきます。それらが神話の形で結晶化されて伝承されている場合もあり，たとえばボアズ（Boas, F.）によって記録された北米先住民の神話は，後にレヴィ＝ストロースによって構造主義的に分析され，人類の価値，思考，思想のパターンを示すものとして人類の歴史的財産となっています。[5]

4 信念と実践，思想と行動，イデオロギーとプラクティス[6]

信じることと人々の行為という両側面が，宗教的といわれる社会現象につきまとうということは，宗教を考える際の根本的な問題です。言い換えると，宗教的なものには，思想やイデオロギーのレベルの問題と，行動やプラクティス（practice 実践）のレベルの問題があるということです。たとえば，あの世の存在や神や仏の存在を信じていなくても，手続き上「葬儀」を出すことはできます。お経の意味内容を知らなくても，お経を唱えることに意味があるという考え方もあるでしょう。このように，儀礼とは特定の手続きをすることであるという考え方は，サール（Searl, J.）に従って儀礼の「行為遂行的」側面と呼ばれます。儀礼には，神話的な背景や象徴的行為がついて回ることが多いのも，1970年代から80年代までの象徴分析の隆盛を支えた理由でした。

社会的行為は観察可能です。そのため，儀礼や祭りなどの具体的な実践の記録は，研究上も説得力をもつ対象となります。近年では，信仰を内面の問題だと考えることが，西洋的なバイアスであるとの考え方もありますが，行為の背後に，「精神」や「心」の存在を考えないのも不自然です。儀礼にあらわれる世界観や宇宙論，それらに関する信念の強弱，そして社会の状況を操作する意味での実践のありようなどのテーマは，強調点は変わっても人類学における宗教研究の中心的な争点であり続けるでしょう。

（梅屋　潔）

▶4　メアリ・ダグラス著，塚本利明訳『汚穢と禁忌』（ちくま学芸文庫，2009年），エドマンド・リーチ著，青木保・宮坂敬三訳『文化とコミュニケーション――構造人類学入門』（紀伊國屋書店，1981年），ロドニー・ニーダム著，吉田禎吾・白川琢磨訳『象徴的分類』（みすず書房，1993年）を参照。ほかにもターナー（Turner, V.）やシュナイダー（Schneider, D. M.），ギアツ，フェルナンデス（Fernandez, J.）などの人類学は，「象徴人類学」と呼ばれる。スペルベル（Sperber, D.）ら認知科学に影響をうけたアプローチもある。ダン・スペルベル著，菅野盾樹訳『象徴表現とは何か――一般象徴表現論の試み』（紀伊國屋書店，1979年），パスカル・ボイヤー著，鈴木光太郎・中村潔訳『神はなぜいるのか？』（NTT出版，2008年）など。

▶5　構造主義的神話論理の研究については，クロード・レヴィ＝ストロース著，大橋保夫訳『野生の思考』（みすず書房，1976年），西沢文昭訳『アスディワル武勲詩』（青土社，1993年），早水洋太郎訳『生のものと火を通したもの』（みすず書房，2006年），早水洋太郎訳『蜜から灰へ』（みすず書房，2007年），渡辺公三ほか訳『食事作法の起源』（みすず書房，2007年），吉田禎吾ほか訳『裸の人 1・2』（みすず書房，2008年）などを参照。

▶6　田辺繁治編『人類学的認識の冒険――イデオロギーとプラクティス』（同文舘出版，1989年）などを参照。

XII　宗教と世界観

周辺社会の宗教との出会い

1 アニミズム，アニマティズム，マナイズム，フェティシズム

初期の文化人類学は，宗教の起源に関心を寄せていました。「人類学の父」と呼ばれたタイラー（Tylor, E.）は，すべての宗教の根底には，アニミズムという，「すべてのものに霊魂がある」という信念があると考え，それがやがてギリシア，ローマ時代のオリュンポスの12神に見られるような多神教を経て一神教に進化すると考えました。[1] タイラーの教え子であるマレット（Marett, R.）は，その前に，アニマティズム，プレアニミズム，マナイズムなどといった，「すべてのものに生命がある」という段階があったと考えました。これにはコドリントン（Codrington, R.）という宣教師が，現地の住み込み調査に基づいてマナ（mana）[2] についての詳細な報告をまとめたことと無縁ではありません。また，後述する『金枝篇』（1890年，初版2巻本）の著者フレイザー（Frazer, J.）は，呪術が宗教の起源であると論じました。

一方で，15世紀後半にアフリカを訪れたポルトガル人が呪術，呪符を指して「フェイティソ（*feiticos*）」と呼んだことに由来するフェティシズム（fetishism）も，物を神とする信仰という歪んだ像として18世紀に使われはじめたものでした。[3] これらの語彙や概念は，西洋近代が非近代に向けたまなざしを表しているといってよいでしょう。つまり，アニミズムの背後には，「霊魂をもつのは人間だけ」，フェティシズムの背景には「モノを崇拝すべきでない」，なぜならモノには霊魂も力（マナ）もない，という近代西洋社会の理論が見て取れるわけです。こうした一連の概念には，人間文化の中で育まれてきた，人間と自然，動植物，モノとの関係に関する西洋社会とはやや異なった理論が潜んでいます。

2 呪術の類型

「丑（うし）の刻参り」という呪いの作法を聞いたことがあるでしょうか。憎い相手に見立てた藁人形に五寸釘を打ち付けることで，その相手が苦しむことになる，というものです。人形の中に髪の毛や爪，持ち物など，相手の一部や，接触していた物を入れるやり方もあります。フレイザーは，『金枝篇』の中で類感呪術と感染呪術という古典的な呪術（magic）の類型を示しました。前者は「類似の法則」に基づき，似ているものを「何か」に見立てるものです。憎い相手に見立てた藁人形などがこれにあたります。藁人形に釘をさすと，見立てられた

▶1　エドワード・タイラー著，松村一男監修，奥山倫明訳『原始文化（上・下）』国書刊行会，2019年。ジェームズ・フレイザー著，神成利男監修，石塚正英訳『金枝篇1～5』国書刊行会，2004～2009年。

▶2　マナとは，メラネシア，およびポリネシアで知られるすべての人やモノに内在する普遍的かつ非人格的な「力」の概念のこと。宣教師コドリントンが報告したものが，まとまった報告としてよく参照される。詳しくは，ロバート・マレットほか著，江川純一・山崎亮監訳『マナ・タブー・供犠――英国初期人類学宗教論集』（国書刊行会，2023年）を参照。

▶3　詳しくは，田中雅一編『フェティシズム論の系譜と展望』（京都大学学術出版会，2009年）などを参照。

憎い敵が苦しむことになると考えます。一方,「接触の法則」に基づく感染呪術では,日常的に触れる持ち物や,もともとは身体の一部であった髪の毛や切った爪など,接点があったものを「何か」に見立てるのです。呪い人形にそれらを埋め込むというような呪術も古くから知られています。

アフリカのアザンデの人々を実地調査したエヴァンズ=プリチャード(Evans-Pritchard, E. E.)は,意図しないままに誰かに危害を加えてしまう妖術(witchcraft)と,意識的な実践である邪術(sorcery)を区別しました[4]。一方,呪詛は英語のcurseの訳語で,正統的な呪いのことです。「人生が意味のないものになってしまえ」「子どもは死んでしまえ」などと年長者が無礼な年少者に向かって口走ると,それが本当に実現し,子どもたちの連続死,不妊や破産に繋がることもあるといわれます。呪詛の古典的な例は古代エジプトのファラオ(王)の「わが墓を暴くものは死すべし」ですが,この場合,墓を暴いた者が悪いわけです。善なる「白魔術」と邪悪な「黒魔術」という言葉もありますが,文脈や関係性によって呪った側にも正統性があることもあります。

3 呪術の機能

呪術は不幸の説明体系としての機能をもっています。これを「災因論」といいます。ある民族では,もともとは自然死の概念をもたず,死を含むすべての不幸は,呪いや死霊の祟りだといいます。人間社会には不可避的に不幸が訪れます。たとえば,構成員の死はその典型です。不幸の原因を説明し,それに対して対処する,そういった機能を呪術は果たしているのです。呪術は世界を理解し,解釈し,操作しようとするさまざまな信仰と実践の一部でもあります。

4 呪術の現在

近代化などの急激な社会変化にさらされると,社会の価値観や秩序が急激に揺らぎます。そうした場合にも,憑依(possession)や呪術が活躍することが知られています。こうした考え方は,「モダニティ」論[5]と呼ばれています。たとえば,現代社会の「勝ち組」は,社会的に上昇する神秘的な力をもつお守りや,「負け組」からの嫉妬と呪術的な攻撃を防御するための防御呪術を求めます。なぜ世界は不平等であるのか,不幸の説明を提供するだけではなくて[6],それに対抗する手段として呪術が用いられるというように考えられるのです。

日本で「神隠し」や「口裂け女」の噂が広まったのも,高度経済成長期やバブル経済の変動期でした。また,近世に生まれたとされる憑きもの信仰も,それまでは土地とそこに由来する米を中心に形成されていた財産が貨幣に切り替わった際に,土地はないが酒を売って儲けて金持ちになった,などという新しい階層が出現したことに端を発するとの説が有力です。

(梅屋 潔)

▶4 エドワード・エヴァンズ=プリチャード著,向井元子訳『アザンデ人の世界――妖術・託宣・呪術』(みすず書房,2001年)。この区別はすべての社会に見られるわけではないため,現在の用語では,必ずしもこの定義通りにはなっていない。日本では,意図しないままに誰かに危害を加える「生霊」の例として,『源氏物語』の六条御息所の生霊(いきすだま)が知られる。最近の研究では,夕顔を死に至らしめたのは,光源氏と夕顔が泊まったあばら家の地縛霊とされているようだが,嫉妬に狂った誰かが意図せずして誰かに危害を加えることがある,という仮説は当時も普通に受け入れられていたのであろう。

▶5 阿部年晴ほか編『呪術化するモダニティ――現代アフリカの宗教的実践から』(風響社,2007年)などを参照。

▶6 急激な経済状況の変化で,極端な成功を実現する人が登場すると,今までの認識の枠組みでは説明できず,妖術など神秘的な力で成功したのだ,という説明が説得力をもつ。たとえば,成功者は若い男をさらい,見えない工場で働かせ,自分では働かないが,ゾンビの働きで裕福な暮らしができているという噂がその典型である。新しい形のビジネスが従来の労働とは違うために「働いているように見えない」という事実と,出稼ぎによって村から若者が姿を消すという事実に裏打ちされて,この噂は真実味を帯びる。

XII　宗教と世界観

3 憑依信仰とシャーマニズム

1 憑きものとシャーマニズム

近代（モダニティ）とは，文化人類学にとっても大きなテーマです。フランスの哲学者デカルト（Descartes, R.）の「我思う，ゆえに我あり」という近代的自我と，心と体を分けて考える心身二元論は，西洋以外の周辺社会にとっては，自明でも一般的でもありませんでした。アニミズムや，憑依信仰，そしてシャーマニズムは，こうした近代的自我，心身二元論に根本的な疑問を投げかけるものとして，文化人類学や宗教学などの分野で注目を集めてきました。

日本では，近年まで，憑き物筋などとして代々，狐や狸，あるいは犬神などにとり憑かれる事例が多く報告されてきました。また，それを治療するさまざまな形の治療師が各地に存在していました。憑依までいかなくとも，こうした動物霊を行使する能力が遺伝するとして，憑き物筋が知られており，婚姻忌避などの社会問題にもなっていました。[1]

もともとシャマン（šaman 薩満）とは，シベリアのツングース語で霊的なものも含めた伝統的な治療師や宗教的職能者を指す言葉でした。それが拡大解釈されて，今日では学術用語としても用いられています。憑依の最中に魂が体を離れることをエクスタシー（ecstasy 脱魂）といいます。魂はその間，天上界と冥界を上昇したり下降したりする旅行をしているとされます。脱魂をシャーマニズムの根幹と考えたのはエリアーデ（Eliade, M.）[2]でした。しかし，世界各地の事例をみると，エリアーデが典型的と考えた，魂が出ていくような脱魂型はむしろ特殊であり，霊媒（medium）などのように神霊に成り代わる憑依のタイプが多いことがわかってきました。[3]

2 神霊との交流と成巫過程

脱魂して霊の世界に行くにせよ，身体に霊が入って憑依するにせよ，いずれも神や霊との交流であることには変わりありません。コミュニケーションや交渉の余地や回路を開くことが，これらの存在に求められてきます。

とりわけ，霊によって不幸や病が引き起こされたと考えられている場合には，これらを交渉によって改善するか，場合によっては霊の影響力を排除する作業をする必要があります。典型的なのは修験者などが行ってきた「蟇目（ひきめ）の法」という憑きもの落としです。弓などで不幸の原因となっている霊を脅し，憑依し

▷1　石塚尊俊『日本の憑きもの――俗信は今も生きている』（未來社，1999年），速水保孝『憑きもの持ち迷信――その歴史的考察』（明石書店，1999年），吉田禎吾『日本の憑きもの――社会人類学的考察』（中公新書，1999年），小松和彦『憑霊信仰論――妖怪研究への試み』（講談社学術文庫，1994年）などを参照。

▷2　ルーマニア出身の宗教学者・宗教史学者，民俗学者，作家（1907-1986）。日本の宗教学研究にも大きな影響を与えた。シャーマニズムについてはミルチア・エリアーデ著，堀一郎訳『シャーマニズム――古代的エクスタシー技術（上・下）』（ちくま学芸文庫，2004年）。佐々木宏幹『シャーマニズム――エクスタシーと憑霊の文化』（中公新書，1980年），ピアーズ・ヴィテブスキー著，岩坂彰訳『シャーマンの世界』（創元社，1999年）などで概要がつかめる。

ている者から出ていかせようとします。ここではさまざまな象徴的な所作や言葉が用いられ，さらに太鼓などの打楽器が用いられます。たとえばアフリカのカラハリ砂漠に住む狩猟採集民サンの人々の間で伝えられるトランス・ダンス（trance dance）のように，歌や踊り，打楽器などを伴う霊との交流の中で，象徴的に悪い霊を排除して病気の改善を図る儀礼があります。

神霊とのコミュニケーション能力は生まれながらにもっていて世襲される場合と，修行などによって獲得する場合や，先輩のシャーマンに作法を習って学習する場合があります。巫病（ふびょう）と呼ばれる病を克服して，それがきっかけで能力を得る場合もあり，その成巫（せいふ）（シャーマンになること）過程はかなりパターン化した物語として語られる傾向があります。シャーマンへの成巫過程を基準にして，(1)召命型，(2)修行型，(3)世襲型などの分類も可能ですし，職業的な要素を重視して(4)職業型という類型を付け加えることも可能です。

3 現代のシャーマン

現代人の間でシャーマニズム的なものへの関心が周辺化し，後景に退いていることは確かです。シャーマンの数も減ってきています。青森県の恐山のイタコや沖縄のユタなど，日本を代表するシャーマンは年々高齢化の一途を辿り，数も激減しています。一方で折からのスピリチュアリティ・ブームの波に乗って息を吹き返す事例もあります。従来の祖先観や霊魂観とは異なっているとしても，新しい要素を加えて精神性を重視する動きは世界的に見られます。ロシアやモンゴルなど旧共産圏の社会では，より活発なシャーマンやそれに類する宗教的職能者が，（疑似）科学の語彙をもちいて活躍しています。[4] これらは，開発への疑問，エコロジー運動，代替医療の流行などの世相と同時に発現しています。「多元的現実」といって，夢の出来事や幻覚体験をもう一つの人生ととらえる立場もあります。ベニテングダケやペヨーテ・サボテンなどの植物から抽出した薬を使った訓練をして，ネオ・シャーマニズムを名乗る研究者もいます。近年の「人新世」[5]の認識もこのブームとは親和性が高いものです。

さまざまなメディアミックスを伴うエンターテインメントが充実する中で，アニメや漫画，あるいはゲームやSNSにもシャーマニズム的なモチーフは一般的に認められます。新型コロナ感染症の流行下で空前のブームとなった『鬼滅の刃』や『呪術廻戦』などの作品に見るモチーフは，その代表的なものといえます。

イタコなど宗教的職能者の数は減りましたが，死者の言葉を伝える口寄せのニーズはあるようで，恐山の例大祭には，毎年数多くの相談者が行列をつくります。口寄せは自殺者遺族のグリーフケアとして一時注目を集めました。死者に代わってメッセージを述べることで，この世の問題をあの世の文脈で出口を見つけて解決する回路として機能しています。そのような回路の必要性は，さまざまな技術が進んだ現代でも変わらないようです。（梅屋　潔）

▶3　日本でも，死者の口寄せで知られる青森県の恐山のイタコや，東北地方のオガミサマ，オナカマ，ワカ，イチジョ，関東ではアズサミコ，中部地方でイチイ，イノウ，マンニチ，モリ，近畿地方でミコハン，北九州でホウニン，沖縄・奄美地方ではユタ，カンカカリャー（神憑りや），ムヌシリ（物知り），ニガイピトゥ（願い人）などと呼ばれる宗教的職能者が知られている。詳細は，堀一郎『日本のシャーマニズム』（講談社現代新書，1971年），池上良正『民間巫者信仰の研究——宗教学の視点から』（未來社，1999年），大道晴香『イタコの誕生——マスメディアと宗教文化』（弘文堂，2017年）などを参照。

▶4　藤原潤子『呪われたナターシャ——現代ロシアにおける呪術の民族誌』（人文書院，2010年），島村一平『増殖するシャーマン——モンゴル・ブリヤートのシャーマニズムとエスニシティ』（春風社，2011年）など，ポスト社会主義からの報告は相次いでいる。

▶5　「人新世（Anthropocene）」は，産業革命以降の人間の活動が，地球環境などに地質学的な痕跡を残すようになったことを表す時代区分。オゾンホールの研究でノーベル化学賞を受賞した地理学者クルッツェン（Crutzen, P. J.）が，2000年に提唱した。第2部8「人新世」参照。

XII　宗教と世界観

宗教と儀礼

儀礼とは何か

特定の所作や実践を行うことを特別に儀礼（ritual）と呼ぶことがあります。一般的に「儀礼的」といえば，形骸化して実際の意味がない，ということですが，通常宗教的な実践は儀礼に満ちています。供犠（sacrifice）は，動物などを殺害し，神霊に捧げることです。犠牲となる動物などの魂魄の燃え尽きる状況を利用して，神霊の世界へのコミュニケーション回路を開く，という説明も見られます。卜占（divination）は，「偶然」と片付けることもできる現象を解読して，そこに神霊の意図や運命を読み取ろうとします。古くは亀の甲のひびや，小麦粉を水瓶に流したり，馬の走った足跡，タカラガイを投げたりしたときの配置，蜘蛛の巣に被せた土器を叩いて砂地の上を蜘蛛が逃げ惑った足跡など，人間の意図を超えたところで形成される模様から，神霊の意図や運命を読み取ろうとします。公衆が集まって厳粛な雰囲気のもとで行われる儀式（ceremony）や，神霊への定期的な挨拶やコミュニケーション的な要素が強い礼拝（worship），神霊からの見返りを期待する祈願（prayer）などは，すべて広義の儀礼に含まれます。宗教の根本のひとつは弔いで，どの世界の人々もなんらかの形でいくつもの儀礼を含む葬儀をします。各地にある葬式は，その地域の文化・社会の特徴を映す鏡といってもよいものです。これは死者の遺体処理とあわせて社会がその死という出来事を受容するプロセスでもあります。

2 儀礼の分類

儀礼にはさまざまな分類が可能です。(1)「人生（life-cycle）儀礼」（「通過儀礼（rite of passage）」ともいい，誕生儀礼，成人儀礼，婚礼，葬式，即位式など），(2)「暦に基づく（calendrical）儀礼」（予祝，種蒔，収穫などの農耕儀礼や，盆・正月，節句，神社の縁日など年中行事など），(3)「危機（critical）儀礼」（「状況儀礼（rite of circumstances）」ともいい，治療儀礼，浄化儀礼，雨乞い，贖罪（piacular rites）など）がその例です。◁1 集団の統合や豊饒力の強化などの機能に注目した「強化儀礼（rite of intensification）」という分類用語もあります。

ある集団に入るための入社式（initiation）や，大人になるための通過儀礼などは，ほとんどの社会に見られます。これは人間がある分類から別の分類に移行する時に，それを刻印するために行われるものです。子どもから大人へ，あ

▷1　そのほかにも，(1)隔離，(2)聖化，(3)交歓，(4)つながり，(5)操作という分類も可能である。実際には，複数の要素が組み合わさっている場合がほとんどである。

▷2　詳細は XIII「時間と儀礼，人間の一生」を参照。

▷3　通常の埋葬方法を意図的に拒否して，仏教風にいえば，「成仏」を拒否し，「呪詛」をかけることもある。雑誌『SOGI』（表現社／表現文化社，1991～2016年）には，「世界の葬儀式」というコーナーがあり，各地の葬送儀礼のありようについて貴重な報告がなされている。

るいは男の子／女の子から成人男性／成人女性へと，社会的地位や権利の範囲が変わる際に，儀礼が伴うことが多いのです。たとえば，ケニアなどに住む牧畜民マサイでは，成年になるための儀礼を行わないと，戦士階級の人間とみなされず，結婚もできません。日々の活動や仕事内容も制限されるのです。

多くの儀礼にはよく似た共通の構造があることが知られています[2]。儀礼の中に小さな儀礼がたくさん組み込まれていることも多く，儀礼自体を隔離・聖化・交歓・確認・操作の儀礼に分類することもできますが，１つの儀礼が複数の要素を含む場合も少なくありません。

3 儀礼と世界観

儀礼は，宗教的世界観や宇宙論（コスモロジー）を投影しています。なかでも特徴的なのは，「人は死ぬとどうなるのか」という他界観，あの世の観念です。葬送儀礼とはとりもなおさず，この世からあの世への移行を印づける儀礼，ということになります[3]。たとえば，チベット仏教のお経のひとつである『チベットの死者の書（バルド・トドゥル）』には，人間が死んでから49日目に生まれ変わるまで心がけるべき秘訣が述べられています。チベットでは，死んだあと遺体は焼かれ，灰も山に散骨してしまいますので墓はありません。遺品はコミュニティで競りにかけられ，弔いの費用にあてられます。死者は死後にこの世になんの痕跡も残さず，死者の名前を呼ぶことも禁じられます。輪廻の思想で，49日後には，六道（地獄・餓鬼・畜生・修羅・人間・天）の何かに生まれ変わると考えられています[4]。できれば人間に生まれ変わろうと，この世では善行を積み，お経を唱えて，仏に祈ります。

ケニアに住むイテソには，もともとあの世の観念はなく，幽霊も祖霊という概念もありませんでした。しかし埋葬の習慣が伝わり広まるとともに，祖先の祟りという考え方が出現しました。埋葬がなかった頃には，大地を住居として自由だった死者が，埋葬が広まると死後に閉じ込められたような不満をもち，祟りをもたらすようになったといいます。そこでイテソ人たちは死者の祟りを鎮めるために死者の骨を掘り起こして遷骨し，安置することにしました[5]。

このような論理で，遷骨や二重葬が誕生した事例は世界各地に見られます。日本でも，南西諸島や沖縄などで，もともと「風葬」を行っていた地域に埋葬が義務づけられたために出現した「洗骨」の慣習は，ケニアのイテソの場合と経緯がそっくりです。こうした儀礼の変遷を見ていくと，「伝統」的といわれるものが昔からそっくりそのまま伝えられるのではなく，むしろ創られていくものであること，そして変革や混交の過程が想像以上に複雑であることがよくわかります。「伝統」と「近代」は対立概念ととらえられがちですが，実際には合わせ鏡，あるいは共犯関係とでもいうべき側面があります。　（梅屋　潔）

▶4　NHK スペシャル「チベット死者の書」（ジブリ学術ライブラリー，2009年）を参照。

▶5　葬式の手順が複数に及ぶことを「複葬」という。この事例の場合，埋葬が伝わったとみられる1920年代から約50年間の間に，埋葬から最終儀礼までに，最低6つの死霊を慰撫する通過儀礼がつくりだされた。この期間が理論上，死霊が祟る期間である。現在の葬式の構成は，(1)葬式（具体的な埋葬），(2)初穂儀礼（「生き返る」の意味。死者の家族と妻に課されたシコクビエを食べることを禁止する禁忌を解くための儀礼），(3)弔慰儀礼（遺族を慰めるために妻の姉妹がビールを持って訪問する），(4)記念儀礼（聖公会系キリスト教徒の儀礼），(5)脱穀儀礼（シコクビエの脱穀をモチーフとした，3日間で完了する共食・共飲儀礼），(6)洗手儀礼（死者を忘れるための儀礼，5日間の共食・共飲），(7)家屋破壊儀礼（死者の祟りを鎮めるための死者の家屋破壊），(8)遷骨儀礼（エクテテ）である（長島信弘『死と病いの民族誌——ケニア・テソ族の「災因論」』岩波書店，1987年）。

XII　宗教と世界観

現代世界の宗教と世界観

「世俗化」と「モダニティ」

近代化に伴う合理化[1]は，「世俗化」と呼ばれる変化をもたらしました。1950年代半ばに始まった高度経済成長以降の日本では，給与所得者が多くなり，匿名性が高い都市に人口が集中し，金銭授受によるビジネスが一般的になりました。村の鎮守の森の神に奉納していた儀礼や芸能が，「観客」相手のイベントにかわり，浄財や賽銭やお布施が拝観料や入場料にかわります。同様にバリ島の魔女ランダとバロンの戦いは，本格的なトランスを伴う長大な宗教行事でしたが，昨今では観光客用に約1時間のプログラムも登場しました。各種の宗教的な行事は観光資源として注目され，日本では1992年に「お祭り法[2]」が制定され，必ずしも昔からのルーツをもたないイベントも盛んになってきました。たとえば「よさこい」は高知がルーツですが，いまや各地で成功しています。こうしたイベントの中には，かつての宗教行事に由来するものもあります。

宗教も，他の経済，政治，法などの領域と完全に切り離すことはできません。「モダニティ（modernity）」論として各地で報告されているように，近代化と呼応して先鋭化したり活性化したりする宗教現象は，それらと水面下で結びついています。急激な社会経済的な変化を背景に，短期間で多額の富を蓄えたり，政治権力を得たりするエリート層は，互酬と分配という社会的義務を果たそうとしないため，既存の秩序からの逸脱者，反道徳的なウィッチとみなされがちです。その一方で，新興のエリートや体制を批判する宗教的な儀礼や信念が，新しい権力に対する「抵抗」とみなされたりします[3]。こうした例は，ポスト社会主義ロシアやモンゴル，さらには，メラネシア，ニューギニアなど急激な経済状況の変化を経験した地域から，枚挙に暇がないほど報告されています。

2 宗教犯罪と政治，法，暴力

ペンテコステ運動（Pentecostalism）の流れをくむキリスト教は，聖霊体験や異言をともなう儀礼を行って支持を集め，現世利益的な教えとして世界各地で勢力を伸ばしています[4]。東アフリカで報告されているアルビノ殺しなどのように，人間の体の部分をお守りとして売買するオカルト的な臓器売買のような犯罪に結びつくことさえあります。また霊感・カルト商法[5]など，宗教的なものを背景にした違法な商業活動も多数報告されるようになりました。1995年のオ

▶1 「合理性（rationality）」もキリスト教の「理性（reason）」に淵源をもっている概念であるから，宗教と無縁ではない。「合理化」というとニュートラルな，科学的，進歩的な社会変化をイメージさせるが，その背景には強いキリスト教的，あるいはヨーロッパの価値体系が根差している。ウェーバーは，近代化を，伝統的なものから合理的なものに移行していく脱呪術化の過程として描いた。それは，中世の世界を取り巻く宗教的論理から世俗の関心の占める割合が増えていく，「世俗化（secularization）」である。

▶2 正式名称は，「地域伝統芸能等を活用した行事の実施による観光及び特定地域商工業の振興に関する法律」。武田俊輔『コモンズとしての都市祭礼——長浜曳山祭の都市社会学』（新曜社，2019年）は，現代の祭礼を研究する上でよい手引きとなる。

ウム真理教による「地下鉄サリン事件」とその前後に多発した反社会的な活動は，国際テロリズムとしても世界的に注目される大事件となりました。急進的なものだけでなく，各地で行われてきた成年式に伴う女子割礼（XI-5参照）の習慣は近代的な価値観と衝突し，国際的な議論の的になっています。

宗教と政治勢力が結託すると，宗教紛争となって現れます。イスラーム教，ユダヤ教，キリスト教の聖地であるエルサレムは，今日でもつねに政治的緊張感の中にあります。タリバンやイスラーム国など「ファンダメンタリスト」と呼ばれる急進的な宗教勢力は，特に「聖戦（ジハード）」に類する概念に依拠して暴力的な手段に訴え，単に宗教というだけではおさまらない論争，紛争，暴力に結びつきます。その代表例が，2001年9月11日，ウサマ・ビン・ラディン率いるアル・カーイダによるニューヨーク同時多発テロです。偶像崇拝を禁じるイスラームの教義を理由にしたタリバンによる2001年のバーミヤーンの大仏破壊は，人類の文化遺産に対する脅威として世界中から非難されました。

3 テクノロジーと宗教

近代科学技術も宗教的観念と無縁ではありません。たとえば脳死という概念は，人間の「死」の概念を大きく変えました。その一方で医療にも宗教が浸透し，病院には霊安室があり，亡くなった人の遺体を清める「エンゼルキット」には，湯灌の考え方が現代的にアレンジされて組み込まれています。また終末医療に宗教的な内容を大きく含んだホスピスが一般的になるなどの現象が見られますし，輸血のような医療技術を宗教的な理由で拒む場面も見られます。

宗教の側も，科学技術を大いに利用して，ヴァーチャル・リアリティで千日回峰行を疑似体験できるようにする試みや，ソーシャルメディアを通じて世界同時配信されるダライ・ラマ14世の法話が注目されています。

4 宗教のレジリエンス

タンバイヤ（Tambiah, S.）は仏教が2500年間生き残った理由について，時間を超越した真実と，時局にあわせた真実という2つの側面を，仏教の教えがもっていたからだと論じました。時代を超越する一方で地域の状況や関心に適合できる宗教が生き残るわけです。最近ではスピリチュアリティなど，伝統の重荷を捨てた宗教の展開や，シンギュラリティ（singularity）という，テクノロジーの発達によって到来する未来の世界像も注目されています。「人新世」という時代区分が人口に膾炙するようになり，環境問題や自然との関係を重視した世界観が復権の兆しを見せ，アニミズムという言葉を使って自然や動物との共存を訴える試みも見受けられます。また資本主義に対して疑問が沸くと，しばしば宗教的な価値観が復興，発明，再発見されます。東日本大震災など，大災害のあとには宗教者の利他的な理念や活動も注目されました。（梅屋　潔）

▶3　たとえばアーデナー（Ardener, E.）は，1950年代のカメルーンで，国家の開発事業であるバナナ・プランテーションの展開によって拡大した貧富の格差が生んだニョンゴ（*nyongo*）という新しい呪術について報告した。若者たちをゾンビにして働かせることができるという，世俗で裕福になるための魔界イメージは，もともとの世界観を駆逐して，同時代の世俗の実態に即した，現世利益的な世界像を提示した。その後のポストコロニアルな状況下で登場した高度な格差社会については，ゲシエレ（Geschiere, P.）やコマロフ夫妻（Comaroff, J. & J.）などの報告がある。阿部年晴・小田亮・近藤英俊編『呪術化するモダニティ——現代アフリカの宗教的実践から』（風響社，2001年）を参照。

▶4　落合雄彦『スピリチャル・アフリカ——多様なる宗教的実践の世界』（晃洋書房，2009年）などを参照。

▶5　カルト（cult）は本来セクト（sect）と同じく宗教学の専門用語であり，正統的な「教会（church）」に対峙する異端的小集団を指すが，1969年のシャロン・テート事件をきっかけとして，反社会的含意を込めて用いられるようになった。

XIII　時間と儀礼，人間の一生

人や物は分類されている

1 分類と認識

❍社会が分類の基準をつくる

私たちの日常生活は分類することで成り立っています[1]。たとえば，部屋を片づける時には，床に散らばった新聞や雑誌，レシート，靴下などを，新聞は古新聞入れに，レシートは引き出しに仕舞い，靴下は洗濯機に入れます。片づけるということは，雑多な物を分類して仕舞うことです。仮に全部をごみとして捨てるにしても，やはり燃えるごみと燃えないごみ，リサイクルできるごみ，大型ごみなど，それぞれの地域の分別の仕方に従って捨てます。私たちはごみの分別方法を頭に入れているので，ある物がどのごみの分類に相当するのかを判断できるのです。つまり，ごみを捨てるという行為は，ある地域の人々に共有された分類システムに従って物を分類することといえます。しかしこの分類は地域によって異なるので，別のところに行けば別の分類法を覚えなければなりません。なぜなら，この分類はその物に備わった性質に従って分けているのではなく，それぞれの社会で有効とされる基準にしたがって分けているので，社会によって分け方が違ってくるのです。

また，私たちは物だけでなく人をも分類しています。たとえば生まれたばかりの赤ちゃんにとって，周りは区別のつけられない混沌とした状況でしょうが，やがてある特定の人が「お母さん」や「お父さん」だということがわかります[2]。しかしこの親族の分類も世界中どこでも同じではなく，お母さんという呼称が産みの母だけを指す社会もあれば，母の姉や妹をも指す地域もあり，また親のきょうだいの子どもはすべて「イトコ」として区別をしない地域もあれば，「結婚相手になるイトコ」と「結婚してはならないイトコ」を区別する社会もあります。このような呼称は親族に当たる人々を分類することから始まります[3]。

❍文化がつくる分類の基準

また，普段目に見えないのに，あるときに忽然と明らかになる分類もあります。たとえばある会社が社員の何人かを削減する予定だとします。そんな時，社員の中に性別や学歴，年齢，地位，雇用形態，国籍，婚姻の有無などによる区別がもちこまれます。人間はもともとみんな少しずつ違うわけですが，その違いの中の何を取り出して人を分類するかは，その時々の目的によって異なり，リストラの基準は宴会の幹事役を決める時の基準とは違っているでしょう。

▷1　分類についての古典的な文献として，エミール・デュルケム，マルセル・モース著，山内貴美夫訳『人類と論理——分類の原初的諸形態』（せりか書房，1969年）がある。人類は自分たちの社会組織を基準に，人や動植物，自然現象，時間，空間，色などを分類したのであり，人類にとって分類することは思考の基本だった，と著者らは述べている。

▷2　ジョイ・ヘンドリー著，桑山敬己・堀口佐知子訳『〈増補新版〉社会人類学入門——多文化共生のために』（法政大学出版局，2017年）の第１章に分類に関する詳しい記述がある。

▷3　文化人類学では，親どうしが同性のイトコを「平行イトコ」，異性のイトコを「交差イトコ」と呼んでいる。平行イトコどうしの結婚を禁じ，交差イトコどうしを結婚相手と考える社会が多いが，その逆のところもある。日本では平行イトコと交差イトコの区別をしていない。

もう1つ例として，人種による人の分類を見てみましょう。生物学的に人を分類するのに，目の色，鼻の形，髪の具合，体型などさまざまな基準があるのに，アメリカでは肌の色だけで黒人と白人を区別します[4]。しかしブラジルでは肌の色のほかに髪の色やちぢれ具合なども加味して人種タイプを分けるので，アメリカで黒人に分類される人がブラジルでは白人とされることもあります。ある分類基準が採用されるときには，別の基準は重視されないということは，分類とはそのものに備わった自然な性質によるのではなく，人がその時々の都合に応じて行うもの，人が産み出したもの，文化が作り出したものといえます。

2 分類できないものを分類する

もう一度ごみを捨てるときのことを思い出してください。ごみを分類するときに，燃えるのか燃えないのかわからないもの，どこに分類していいかわからないものがないでしょうか。また人種に関しても，人間は無限に多様なわけですから，そもそもそれを生物学的な特徴に基づいて分けるなど不可能なことです。しかし，分類とは人間の都合で分けるのですから，生物学的にはいかに連続していても，また自然の中に切れ目などなくても，人は社会生活の都合上，物や人を分類することになります[5]。そのときに，分類に当てはまらない中途半端な物，分類の境目にくる物，本来分けられない物や人が，曖昧なものとして，私たちの認識のひっかかりになります。この分類の境界や曖昧なものについては，XIII-4でもっと詳しく考えることにします。

3 分類がもたらすもの

分類によって何が可能になるのでしょうか。人間は分類し名前をつけることで，時間のように把握できないものを把握できるようになります。時間を捕まえたり見たりすることはできませんが，それを分，時間，週，月，季節，年などに分けて名前をつけることで，計算したり，心づもりをしたり，コントロールできるものになります。逆に，分類し名付けられないものは人の知覚からこぼれ落ちてしまいます[6]。たとえば音を例にとると，人が口を使って出すことのできる音の幅や種類は無限にあります。しかし日本語の母音は5つしかありません。私たちはある音を聞いた時に，それを「ア」「イ」「ウ」「エ」「オ」のどれかの音素に引きつけて理解しています。英語のgirlの発音はけっして「ガール」ではないにもかかわらず，私たちが「ガール」と「ア」の音で理解するのは，耳慣れない音を日本語の分類体系に取り込んで5つの母音として把握するからです。分類され名付けられたものが思考の対象となり，それ以外は認識の隙間からもれてしまうわけです。文化はそれぞれのやり方で物や人を分類し，名前をつけることで認識を可能にしています。逆に分類体系に入らないものは，その文化の中で存在しないことになります。

（松岡悦子）

▶4 アメリカ合衆国のオバマ元大統領（在任2009-2017年）は黒人初の大統領といわれる。しかし，彼の父親はケニア出身だが，母親はカンザス州出身の白人である。母親が白人なのにもかかわらず，オバマ元大統領が黒人大統領といわれるのは，アメリカでは黒人の血が少しでも混じっていると，黒人に分類されるからである。

▶5 性を女と男の2つに分けることは，性を連続的なスペクトラムあるいはグラデーションと考える立場から批判されている（V-5「性と生殖，婚姻の再編」参照）。たとえば，「私は70パーセント男性だ」と感じている人にとって，自分を女か男のどちらかの性に分類することはむずかしいからだ。だが，社会生活においては，トイレ，風呂，ロッカールームなどの多くの場所が女性用と男性用に分類されているため，不便を感じる人々が存在することになる。

▶6 エドマンド・リーチ著，青木保・宮坂敬造訳『文化とコミュニケーション』紀伊國屋書店，1981年。

XIII　時間と儀礼，人間の一生

人の一生と通過儀礼

1　生物学的な時間と社会的な時間

人の一生は，生まれてから死ぬまでの時間の連続として意識されます。このはじまりと終わりのある時間は，生き物としての生物学的な時間と，社会の一員として過ごす社会的な時間の両方から考えることができます。生き物としての人間は，犬や猫と同じようにただひたすら年をとり，死に向かっていく存在で，15 年生きれば 15 年分の，60 年たてば 60 年分の年をとります。生物学的な時間は，ただひたすら過ぎていく均質な時間といえます。でも，私たちは自分の一生をのっぺらぼうの連続した時間とは考えていません。社会生活をする私たちにとっての一生とは，子ども時代や大学時代として，また恋愛に夢中になったり，仕事に打ち込んだりするできごとの繋がりとして意識されます。なぜなら私たちは，社会の中でさまざまな役割を果たしながら生活し，この役割や立場は年齢とともに変わっていくからです。たとえば，今大学生の人たちは 10 年前は小学生で，10 年後はおそらく社会に出て働いていることでしょう。社会的な時間は一生を通じて均質ではなく，変化に富んだ不連続な時間なのです。[1]

2　通過儀礼の特徴

生まれてからこれまでの人生を思い出してみると，赤ちゃん時代，幼稚園や保育園時代，小学校から今までの学校生活というふうに，過去の時間があたかも区切られていたように感じることでしょう。そして，これらの区切りの節目節目に，お食い初め[2]や誕生日，七五三，入学式，卒業式などの行事がありました。さらにこれからの人生には，成人式や結婚式，結婚記念日などの節目の行事があることでしょう。文化人類学では，このような行事や儀式を通過儀礼 (rite of passage)，あるいは人生儀礼[3]と呼びます。

通過儀礼ということばは，フランスで活躍した民族学者のファン・ヘネップ (van Gennep, A.　ヴァン・ジェネップと呼ばれることもある) が初めて学術用語として用いたもので，現在では日常的に使われることばになっています。ファン・ヘネップは，世界のさまざまな民族に見られる出産，成人の仲間入り，結婚，弔いなどの習慣を調べ，そこに共通のパターンを見出しました。そのパターンとは，これらの儀礼では新しい場所や状態，地位，年齢への移行が，敷居を越えることや門をくぐることなどの形で象徴的に示されるということです。

▶１　浜本まり子「人生と通過儀礼」波平恵美子編『文化人類学（第４版）』医学書院，2021 年。

▶２　お食い初めとは，生後 100 日を記念して，赤ん坊に食べさせる真似をする行事のことで，百日祝いともいう。

▶３　現在，人生の節目の行事を知るのに，写真館のホームページが参考になる。写真館は，通過儀礼の一つひとつを記念の時として商品化しているからだ。写真館のメニューには，お宮参り，百日祝い，初節句，お誕生日，七五三，卒業式，成人式，結婚式などが記念すべき日として挙げられている。私たちは，通過儀礼を消費の時として体験しているといえよう。

下記の本では，カンボジア人の誕生，成人，結婚，長寿，葬送儀礼について，写真入りで詳しく知ることができる。アング・チュリアン，プリアプ・チャンマーラー，スン・チャンドゥプ著，吉野實訳『カンボジア人の通過儀礼』（めこん，2019 年）。

また，関沢まゆみ編『講座日本民俗学　社会と儀礼４』（朝倉書店，2021 年）では，人生儀礼として，人の一生に行われる儀礼を過去から現代にいたるまで紹介している。

彼は，人が１つの状態から別の状態へ移行する時の儀礼には，境界の通過を表す「過渡期」が見られ，この状態にある人は，どっちつかずで曖昧な特別の状態にあるとしています。彼はさらに，過渡期の前と後ろに分離と統合の儀礼があるので，通過儀礼は「分離」「過渡」「統合」の３つの儀礼から成り立つとしました。[4] 人がいくつもの通過儀礼を重ねて年をとる過程とは，以前の状態から離れて（分離儀礼），一端中途半端な状態になり（過渡儀礼），その後新たな地位を得て日常世界に戻る（統合儀礼）過程といえます。通過儀礼の特徴をもっともよく示すのは過渡期で，その状態にある人は不浄として隔離されたり，身体を覆われたり，試練を与えられたり，してはいけないタブーを課されたり，逆に普段できないことを許されるなど，日常のルールがいったん停止される特徴があります。

▶4　A.ファン・ヘネップ著，綾部恒雄・綾部裕子訳『通過儀礼』岩波文庫，2012年。分離儀礼（rite of separation），過渡儀礼（rite of transition），統合儀礼（rite of incorporation）。

3 通過儀礼の事例

通過儀礼の考え方を誕生と死の儀礼で見てみましょう。まず誕生，つまり出産の儀礼では，女性は妻から母になり，赤ん坊は新たなメンバーとして迎え入れられます。妊娠から産後にかけては過渡期で，日本を例にとれば，妊娠５カ月目に腹帯を巻くのは分離儀礼にあたり，産後の区切りをつける21日目の床上げや１か月後の健診は統合儀礼といえるでしょう。日本の民俗では，妊婦がタコを食べるとイボのある子が生まれるとか，火事を見るとあざのある子が生まれるなどといわれ，産後には太陽や火にあたってはならない，冷たい水を触ってはならないなどとされました。また，かつて出産は赤不浄と呼ばれて母子は一定期間隔離され，その間他の女性たちが食事の世話や家事を代行し，産婦が休養できるようにしましたが，これは普段とは異なるルールが支配する過渡期の特徴を表しています。[5]

次に死の儀礼を見ましょう。死者はこの世から分離して旅立つだけでなく，死者の世界に統合されるのです。たとえば日本の葬式で，自宅から棺を運び出す直前に遺族が食べる食事は「食い別れ」とか「出立ちの膳」といわれ，死者があの世に旅立つ前の食事とされます。また死者が着る衣装は，現在でも白の帷子に白の手甲脚絆（てっこうきゃはん）という巡礼者の旅装束をかたどったもので，死者がこの世からあの世に旅に出ることを象徴的に示しています。そして出棺の時には，棺を反時計回りに３回回して死者の方向感覚を失わせ，死んだ人が使っていた茶碗を門口で割るなどして，死者の居場所がもうこの家にはないことを示し，死者の世界と生者の世界の分離を図ります（分離儀礼）。こうしてあの世に旅立った死者は，死者の世界である墓地や寺院へと送り届けられ，あの世の住人になるのです（統合儀礼）。死んだばかりで死者儀礼を経ていない身体は，この世にもあの世にも属さない危険な存在とされ（過渡期の特徴），葬式やその後の死者儀礼によって，無事に死者の国に生まれ変わらせられるのです。[6]　（松岡悦子）

▶5　鎌田久子『女の庶民史』青娥書房，1980年。鎌田久子・宮里和子・菅沼ひろ子ほか『日本人の子産み・子育て――いま・むかし』勁草書房，1991年。安井眞奈美編『出産の民俗学・文化人類学』勉誠出版，2014年。

▶6　波平恵美子『日本人の死のかたち――伝統儀礼から靖国まで』朝日新聞社，2004年。八木透編『日本の通過儀礼』思文閣出版，2001年。

死んでもあの世の先祖のところにまっすぐに行かない魂は，人々から恐れられる。なぜなら，もはやこの世の存在でないにもかかわらず，あの世の住人にもなっていないという中途半端な存在だからだ。幽霊や地縛霊，怨霊などが恐れられるのはそういう理由による。

XIII　時間と儀礼，人間の一生

なぜ人は通過儀礼を行うのか

人はなぜ結婚式をするのか

スウェーデンでは，結婚届けを出さずに同棲し，出産・子育てをするカップルがたくさんいます。そのようなカップルの中には，すでに事実上結婚生活をしているのに，わざわざ途中で結婚式を挙げるカップルがけっこういるそうです[1]。通過儀礼をせずにいてもなんら実質的な違いはないのに，なぜ人は結婚式をするのでしょうか。もしあなたが結婚式を挙げたいと思うなら，それはどんな理由からでしょうか。たとえば，多くの人に結婚したことを知ってもらい，２人のことを祝福してもらいたいと考える人もいるでしょう。また，両親に２人の姿を見せて喜んでもらい，感謝の気持ちを伝えたい。あるいは２人にとっても結婚したという自覚ができ，けじめをつけることができる。さらに久しぶりに親戚一同や友人と会って，旧交を温めることができる。また，ウェディングドレスを着て出席者の注目を浴びる一生に一度のハレ舞台になる，などの理由が挙げられるでしょう。いずれの理由も結婚式がもつ意味や機能，ひいては通過儀礼がもつ意味や役割を述べています。結婚式にしろ葬式にしろ，人々が時間もエネルギーもお金もかけて，一見むだに思える通過儀礼を行うのは，それなりの理由があるはずです。その意味を考えてみましょう。

2　人は社会的役割を変えなければならない

ここで，XIII-2 で取りあげた生物学的な時間と社会的な時間について考えてみましょう。生き物としての人間の時間は，動物にとっての時間と同じように生命のはじまりから終わりに向かう均一で連続的な時間です。母親のお腹の中にいる生命を私たちは胎児と呼び，誕生した直後の生命を新生児と呼びますが，生命として見たときには，お腹の中にいるときも生まれてからも連続した生命体に変わりありません。それを胎児と呼んだり新生児と呼んだり，幼児と呼んだりするのは人間が当てはめた社会的な区別です。つまりその子の生き物としての時間は母親の子宮の中から連続して続いており，時間に節目があるわけではないのに，社会的な存在としての人間は，その時々で呼び名が変わり，あたかも異なる存在になるかのように扱われます。なぜなら，社会生活を送る人間はさまざまに役割を変化させながら生きているからです。

たとえば20年後の私は妻や母，夫や父の役割を担っているかも知れませんし，

▷1　日本でも，かつて足入れ婚といわれる婚姻習俗があった。たとえば，伊豆諸島北部にある利島（としま）では，かつて女子は15歳，男子は17歳で親と離れてネヤドで寝泊まりするようになり，そこで配偶者を見つけた。相手が決まると婿方の親戚が嫁方に申し込みに行き，嫁を普段着のまま連れてきてお茶と握り飯で祝う。嫁は翌日から婿方で仕事をし，３度の食事もそこでとる。しかし夜は実家に帰り，婿は夜に泊まりに行く。嫁が婿の家に移る祝いは「婚礼祝い」と呼ばれ，それは婿の親が隠居する日でもあった。竹田旦編『日本民俗学講座２　社会伝承』朝倉書店，1982年，54頁。

▷2　人は社会的な役割を変化させながら一生を過ごす。その際に女性と男性で大人になる道筋が大きく異なる社会がある。たとえばバングラデシュでは，2020年時点で早婚（early marriage, child marriage 児童婚ともいわれ，夫婦のどちらかが18歳未満の結婚）の割合が51％を占めている。その背景には，男女で異なる性の規範があり，女性は初潮が来たら結婚し，妻となることが大人の仲間入りをすることとされるのに対

40年後には60歳に手の届く人としての役割を社会から期待されます。こうして社会的な側面から人の一生を見ていくと，人間はさまざまな役割を担い，地位を移行しながら一生を終えていくことがわかります。私たちはずっと大学生でいたくても，いつまでも1つの役割に留まり続けることはできないのです。20年後の私と今の私は生物学的には連続していても社会的には不連続であること，つまり役割を変えて違う存在にならなければならないというところに通過儀礼の存在理由があります。人は異なる存在になるために，役割の境界領域，つまり節目のところで儀礼を行い，次のステップに移行するのです。通過儀礼をすることで，私たちは自分が異なる存在になったこと，自分のアイデンティティが変わったことを自覚し，まわりにもその変化を認めてもらうことができます。[2] 通過儀礼は，そこに参加する人たちの認識を変化させる力をもっているのです。このように通過儀礼は，連続的な時間を不連続にし，社会的な地位を変化させるために，役割と役割の境界にあたる曖昧なところで行われる儀礼だと言えます。

3 通過儀礼は変化する

人は通過儀礼を経ることで新しい役割を担うことができるとするなら，通過儀礼が社会から少なくなると，次のステップに踏み出せない人が増えるのでしょうか。そういう考え方もできるかもしれません。たとえば，モラトリアム[3]人間といわれるような大人になりきれない若者の存在は，通過儀礼が機能しなくなった1つの現れだというわけです。かつては地域社会で多くの人々が参加して行われていたお祭りや成人，婚姻，誕生，葬礼などの通過儀礼が，社会の近代化にともなって，地域全体の行事ではなくなりました。今では人々は通過儀礼に参加するかしないかを個人の選択の問題と考えています。

現在でも地域社会単位で行われている通過儀礼に成人式があります。[4] 成人式は大人の仲間入りをするイニシエーションですが，現在の成人式にはかつてのような試練や痛みを伴う身体変工はなく，むしろ同窓会や記念日の意味合いが強くなっています。通過儀礼はいつまでも同じ形のまま存続するわけではなく，時代とともに内容が変わったり，規模が縮小したり，次第に衰退したりすることもあります。そうかと思えば，いっそう派手になったり，新たに創出されたりすることもあります。[5] 写真館のメニューを見ると，新たにハーフ・バースデー（生後6か月）や二分の一成人式（10歳）が加わっています。さらに妊娠中から産後の期間をマタニティ・フォト，授乳フォトとして残し，生まれて間もない赤ん坊の姿をニューボーン・フォトとして記念に残すことも見られます。高校生や大学生が学校を卒業した時に友人たちと行く卒業旅行なども，新たに創出された通過儀礼といえるでしょう。

（松岡悦子）

して，男性は一家を養えるようになって初めて大人とみなされる。そのため，女性は15歳頃に結婚して妻となるのが理想とされていたが，近年中等・高等教育の進展により，男女両方にとって学生時代，青年期という新たな社会的カテゴリー（役割）が出現した。女性は初潮後も学生として妻以外の社会的役割を見出すことで，早婚率は低下しつつあった。ところが，新型コロナウイルスによって2020年以降に学校の閉鎖が18か月間続いたことで，女子は学生という役割を失い，早婚率が再び上昇したとされる。

▶3　青年が自分を見いだすまでに試行錯誤的にさまざまな役割を取捨選択する期間のことで，心理・社会的猶予期間のことを指す。

▶4　日本では民法が改正されて，2022年4月から成人年齢が18歳に引き下げられた。子どもから大人への境界は，近代以前や明治以降も農村部ではもっと若い15歳ぐらいに設定されていたことを考えれば，大人になる年齢は生物学的に決まるのではなく，社会が決めているといえる。だが，成人が18歳になっても，成人式はこれまで通りに20歳に執り行う自治体が多いといわれる。

▶5　松岡悦子「妊娠・出産――いま・むかし」新谷尚紀・波平恵美子・湯川洋司編『暮らしの中の民俗学 3 一生』吉川弘文館，2003年。

XIII　時間と儀礼，人間の一生

分類と境界

文化によって異なる生と死の境界

人類学者でかつ医師でもあったリヴァーズ（Rivers, W. H. R.）は，ソロモン諸島の人々がまだ死んでいない人の葬式をするのを見てびっくりしました。最初リヴァーズは，彼らが生と死の区別ができないのだろうかと考えましたが，やがてそうではないことがわかりました。ソロモン諸島の人々にとって，*mate* ということばは「死んでいる」という意味とともに，「重病だ」とか「とても年をとっている」という意味をもっており，「生きている」という意味の *toa* と区別されています。つまり，彼らにとっての *toa* と *mate* の境界は，私たちとは違うところに引かれているのです。現在の日本では，通常は心臓が止まって呼吸がなくなり，瞳孔が開いたときが死ですが，ソロモン諸島の人々の生と死の境界はそれよりもさらに前に引かれているのです。[1]

日本でも脳死をめぐる議論において，生と死の境界が不安定だということが浮き彫りになりました。[2] 脳死とは，脳の全機能が停止した状態とされますが，心臓が機械の力によるにせよまだ動いているのに，それを脳死として「死んだ」とみなすことは，従来の死の定義に矛盾するからです。また胎児の生のはじまりについて，日本ではほとんど議論の的になりませんが，アメリカ合衆国では人工妊娠中絶を認めるかどうかが政治的な対立になっています。[3] 女性の選択を重視する考え方（プロチョイスと呼ばれる）と胎児の生命を尊重する考え方（プロライフといわれる）との対立が，連邦政府や州レベルで裁判にまで発展しているのです。このような議論からは，生や死の概念が，連続的な命のどこかに線を引いて作られる人為的な概念であることがわかります。

▶1　J. ヘンドリー著，桑山敬己・堀口佐知子訳『〈増補新版〉社会人類学入門——多文化共生のために』法政大学出版局，2017年，25-27頁。

▶2　立花隆『脳死』中公文庫，1988年。

▶3　アメリカ合衆国では，連邦最高裁が1973年に「ロー対ウェイド（Roe vs. Wade）」の裁判で人工妊娠中絶を認める判決を出したが，2022年にそれを覆す判断を行った。そのため，女性の中絶権が憲法で保障されなくなり，中絶を認めるかどうかが州レベルで争われる事態となっている。

生と死の境界を見守る人

ここで，アイヌの産婆兼治療師だった女性が，誕生と死という境界で果たしていた役割を見てみましょう。彼女は産婆として，あの世からやって来る魂をこの世に迎え，かつこの世からあの世に移行する（死んでいく）魂を看取る役割を果たしていました。彼女は通常の人とは異なる霊能をもち，生と死の境界に位置して，魂が境界を越えるのを見届ける役目を果たしていました。たとえば，なかなかお産が進まないときに，赤ん坊が早くあの世からこちらの世界にやって来られるように儀礼を行い，また死の床にありながらなかなか死ねないでいる魂が早くあの世に行けるように儀礼を行いました。[4] 生と死の境目は曖昧で危険なときであり，その境界をうまく越えるために，彼女のような通常とは異なる力をもつシャーマン（shaman）[5] が儀礼を行ったのです。アイヌの社会だけでなく，和人（アイヌから見た日本人のこと）の社会でも，生（日常）と死（非日常）の境界に位置する空間や時間があり，人々がいます。たとえば，病院の霊安室，山の上，海の向こう，人が亡くなってからの49日間，僧，牧師，行者，シャーマンなどは，いずれも通過儀礼でいえば過渡期に当たる場所や時間，人といえます。

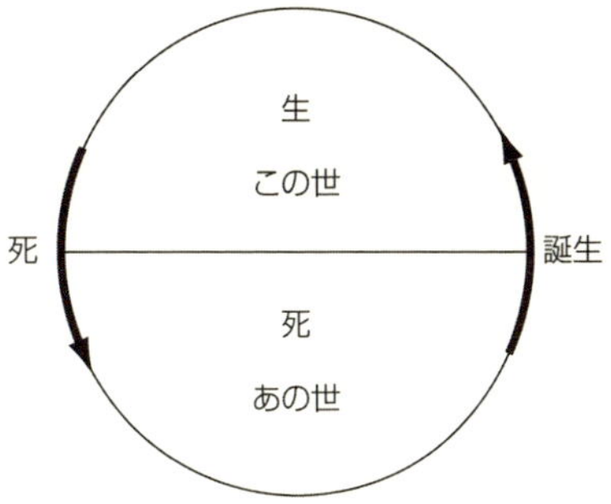

アイヌの産婆兼治療師の女性は，この世とあの世の境界にいて，魂がもう一方の世界へ移行するのを助けていた。

図 13-1　この世とあの世の境界に位置するアイヌのシャーマン

3 時間の分類と境界

1年が終わる大晦日から元旦にかけて，日本の各地でさまざまな儀礼が行われます。除夜の鐘をつくのもその1つですし，北陸や北海道では，大晦日の夜から家庭でおせち料理などのごちそうを食べ，酒を飲みながら年を越します。これは年の変わり目という時間の境界で，ふだんとは異なる特別の食事をするわけです。また，イギリスやドイツなどの西ヨーロッパのいくつかの国々では，新しい年に変わったとたんに，一斉に車のクラクションを鳴らしたり，爆竹を鳴らしたり，また通りかかった人にキスをする習慣があります。これは年の変わり目を印づける行為であると同時に，分類の境目で日常の秩序が一時的に停止されることでもあります。大きな音を発するとか見知らぬ人にキスをするなどの日常のルールからはみ出た行為は，年の変わり目という特別な時には許されるのです。

4 空間の分類と境界

空間にも中心と周縁，あるいは場所と場所の境界領域があります。[6] たとえば村や町のはずれ，国境地帯などは，幽霊が出ると噂されたり，紛争が生じやすい場所であったりします。また川や橋，峠は2つの場所の境界であると同時にそれをつなぐ場でもあり，昔からお化けや強盗が出るとされるなど，秩序からはみ出たものが集う場所になっています。また川や海，山はこの世からあの世へ通じる道とされ，かつては七夕の日の笹飾りやお盆に仏壇に供えた食事を川に流しました。そうすることで，これらのものは川を流れてやがてあの世に行き着くと想定されていたのです。山の上もこの世とあの世の境界であり，姥捨て伝説の舞台になったり，天狗やその他不思議なものが姿を現したり，行者が霊的な力を授かる場とされます。また，空を飛ぶ鳥や，ちょうちょがこの世とあの世を媒介するふしぎな力をもつと考えられることもあります。このように空間の境界は，日常の秩序とは異なるものが支配し，危険，不浄，非日常が現れる場となっています。[7]

（松岡悦子）

▶4　青木愛子・松岡悦子「魂を見守る人――アイヌのシャーマンは語る」河野信子編『女と男の時空――日本女性史再考』藤原書店，2000年，389-437頁。

▶5　シャーマンは霊的なものと直接交流する力をもち，天と地，あの世とこの世などの異なる世界を行き来できるとされている。また，日本で古来から病気治しを行ってきた修験行者は，山と里を行き来し，山で得た霊的な力で里の病人の治療を行うなどしていた。奄美や沖縄のユタ，東北地方のイタコもシャーマンと言えよう。XII-3「憑依信仰とシャーマニズム」および波平恵美子『病気と治療の文化人類学』（ちくま学芸文庫，2022年）を参照。

▶6　文化人類学者の山口昌男は，周縁が中心を活気づけ，境界上に位置する存在が英雄的な働きをすることを，さまざまな民族の神話や物語を例に明らかにした。今福龍太編『山口昌男著作集(5)』筑摩書房，2003年。

▶7　吉田禎吾『魔性の文化誌』みすず書房，1998年。

 穢れとタブー

 分類の境界とタブー

境界に位置するもの，分類が混じり合うところ，曖昧な部分が危険や穢れとみなされてタブーとされたり，逆に英雄視されることを指摘したのは，イギリスの人類学者のリーチ（Leach, E.）[1]やダグラス（Douglas, M.）です[2]。ダグラスは，穢れの感覚はものが本来あるべきところにではなく，境界を越えて存在するときに生じると述べ，たとえば靴は本来汚いものではないにもかかわらず，それを食卓の上に置くと汚いといわれたり，食べ物自体は汚くないのに，それが洋服に付いていると汚いといわれるのは，靴や食べ物があるべきでないところにあるからだとしています。ダグラスはさらに，人体の境界にあって身体の開口部から出ていくものも危険や不浄とみなされるとして，唾，血，乳，尿，大便，爪，汗，毛髪などがタブーとされるわけを説明しています。同様に人体の境界を越えて出る音（げっぷやくしゃみ，食べるときの音，鼻をかむ音など）も嫌がられることを，私たちは日々経験しています。

分類の中でも，生と死，この世とあの世，上と下，内と外などを二項対立（dichotomy あるいは binary opposition）と呼びますが，これは分類のもっとも単純な形です[3]。この二項の境界に位置するものや人が，通常とは違う力をもつことが，世界各地の神話や物語に描かれています。たとえば半人半獣（頭部が人間で身体は動物の生き物）や人魚，天狗，一つ目小僧や一本足などの化け物は，神とあがめられる一方で恐るべき怪物とされます[4]。

さて，この分類の境界とは，通過儀礼でいえば過渡期の状態に相当します。したがって，上で述べた穢れやタブー，尋常でない力などの境界のもつ特徴が通過儀礼の過渡期にも見られます。過渡期のもつ特徴を詳しく見てみましょう。

2 リミナリティーとコミュニタス

通過儀礼の過渡期はファン・ヘネップによって敷居を越えることにたとえられましたが，過渡期の状態にあることを「敷居（リーメン）の上にいる[5]」という意味でリミナリティー（liminality）と呼んだのは，ターナー（Turner, V.）です[6]。リミナリティーの状態にある人は，こちらにもいないしそちらにもいない状態で，儀礼の中では「見えない存在」「死」「子宮の中の胎児」「男女両性具有」「暗黒」などとしてシンボリックに表現されます。たとえばイニシエーション儀礼[7]

▷1　E.リーチ著，青木保・宮坂敬造訳『文化とコミュニケーション』紀伊國屋書店，1981年。

▷2　M.ダグラス著，塚本利明訳『汚穢と禁忌』ちくま学芸文庫，2009年。

▷3　分類のもっとも単純な形は2つに分けることだが，人類は自然界の分類を通して自らが生きる社会を分類し，世界を秩序づけてきた，とフランスの人類学者レヴィ＝ストロース（Lévi-Strauss, C.）は述べる。彼は「構造主義」を確立し，荒川幾男ほか訳『構造人類学（新装版）』（みすず書房，2023年），大橋保夫訳『野生の思考』（みすず書房，1976年），仲澤紀雄訳『今日のトーテミスム（新装版）』（みすず書房，2020年）などを著して人類学の一時代を築いた。

▷4　吉田禎吾『魔性の文化誌』みすず書房，1998年。安井眞奈美『怪異と身体の民俗学』せりか書房，2014年。

▷5　「リーメン」はラテン語で敷居を意味する。

▷6　V.ターナー著，冨倉光雄訳『儀礼の過程』思索社，1976年。

▷7　イニシエーション儀礼とは，子どもから大人の仲間入りをするときに行われる儀礼のことで，身体に印づけを行う身体変工を伴うことがある。たとえば，

では，大人の仲間入りをする人たちは裸に近い状態や，性別のわからない服装になり，子どもとしての死を象徴的に表現した上で，新たに大人として生まれ変わることを演じます。このリミナリティーにある人たちの特徴として，ターナーはコミュニタス（communitas）[8]ということばを用いました。彼によれば，リミナルな状態にある人たちの間には，連帯感，きずなの意識が芽生え，全人格的な関係が生じるといいます。

ターナーは，日常の人間関係が社会的地位や役割，外観，財産などの違いに基づく人間関係なのに対して，リミナルなときにはそれらの違いがなくなり，時には逆転するような非日常的な関係が浮かび上がるといいます。そしてこのような日常と非日常の関係を，「構造（structure）」と「反構造（anti-structure）[9]」ということばで説明しました。私たちの生活は，一方の端に役割や地位，性別秩序などに縛られた構造があり，もう一方の端にはコミュニタス的な関係に基づく反構造があって，両者は互いに支え合っています。つまりコミュニタス的な関係が時々生じるからこそ，普段の人間関係や社会的な秩序が維持されるのです。たとえば，かつての村落社会での労働に明け暮れる日常生活は，年に何度かの遊びやお祭りによって補償されていましたし，現代の会社でのきっちりした上下関係は，たまの飲み会でのリラックスした人間関係によって維持されているといえます。つまり，普段の社会構造は，ときたま姿を現す反構造つまりコミュニタスによって，活気づけられるのです。

会社の行事や村落社会のお祭りは，最初から予定されたできごとですが，突然の大災害の後にも利他的で互いに協力しあう関係が現れることをソルニット（Solnit, R.）は紹介しています[10]。たとえば，アメリカ合衆国で起こった9.11の同時多発テロ事件[11]やハリケーン・カトリーナ[12]は多くの死傷者を出し，都市機能を麻痺させました。しかし，その直後に人々は集まって助け合い，食事や必要な物資を配り，見知らぬ人に宿を提供し，親密で温かいコミュニティが出現したといいます。それは，災害によって通常の秩序が破綻したところに，階層や職業の違いを越えて現れたコミュニタス的な関係，一時的なコミュニティだったといえます。

3 過渡期のもつ力

通過儀礼における過渡期や分類の境界は，ある時間や空間に現れては，日常を活気づけ，次なる日常のステップへと移行させる力をもっています。世界各地の昔話や神話には，両義的な存在（怪物や神，聖なる動物[13]）や英雄が登場して，人間に火や水を与える話がありますし，人生という時間に通過儀礼が存在することで，私たちの人生はより豊かなものになります。このように分類とその境界は，人間に認識の枠組みを与えるとともに，人間が自然状態を脱して文化をもって生きることの意味を明らかにしてくれています。（松岡悦子）

スーダンのヌア（Nuer）の社会では，14～16歳の少年たちは額に頭蓋骨に達するほどの深い切傷を6本入れる儀礼を経て大人の仲間入りを果たす。イニシエーションには痛み，試練，危険が伴い，加入者はそれを乗り越えることで，大人として認められる。慶田勝彦「子供観――子供は大人になれるのか？」浜本満・浜本まり子編『人類学のコモンセンス』学術図書出版社，1999年，78-98頁。

▶8 「コミュニタス」とはラテン語で共同性や地域社会を意味し，コミュニティの語源になっている。

▶9 ターナーは，現代社会でコミュニタスが現れる場としてロックコンサートやカーニバル，巡礼などを挙げている。V. ターナー著，梶原影昭訳『象徴と社会』紀伊國屋書店，1981年。

▶10 レベッカ・ソルニット著，高月園子訳『災害ユートピア――なぜそのとき特別な共同体が立ち上がるのか』亜紀書房，2020年。

▶11 2001年9月11日に，実行犯グループがアメリカの旅客機4機をハイジャックし，ニューヨークにあるワールドトレードセンターと米国防総省を攻撃して，3,000人近くの犠牲者を出した事件。

▶12 2005年8月にアメリカ合衆国南東部を襲った大型のハリケーンで，ルイジアナ州ニューオーリンズ市に大きな被害を与えた。

▶13 山口昌男『文化と両義性』岩波現代文庫，2000年。

XIV　医療と文化

病い・疾患・病気

1 医療化

近代における「生物医学（biomedicine）[1]」の台頭は，人類に数えきれないほどの恩恵をもたらしました。20世紀前半までに天然痘といった感染症の多くが制圧され，外科手術・薬物治療の発展や衛生環境の改善により，平均寿命が一気に上昇したことは，その象徴ともいえるでしょう。

ところが，病む人を癒すために発展してきた医学が，逆に苦しみを生み出すというパラドックスが問われたのが第2次世界大戦後です。科学の叡智が，ナチスの強制収容所や広島・長崎への原爆投下といった悲劇をももたらしたことに衝撃を受けた知識人たちは，生物医学が生み出す矛盾にも目を向けます。そして生老病死といった前近代では自然な経験とされていた現象に医学が介入することで，その知が専門家に独占され人々の自律性が失われていく「医療化（medicalization）」に警鐘を鳴らしました[2]。医療化されることで，貧困や差別といった社会的問題が背景にある病気までも，単なる個人の心身の異常として扱われてしまう事実も懸念を呼びました。

他方，国際保健では，欧米流の公衆衛生がなぜ非西洋諸国で容易に受け入れられないのかが問われました。各地の病気観を調査すると同時に，欧米の医療文化をも分析しはじめた人類学者たちは，そこで伝統医療やさまざまな民間医療が共存し続けていることを発見し，この共存状態を「医療的多元主義（medical pluralism）」と名付けました。

生物医学は，病気を「災厄（神からの罰）」から「疾病」として定義し直し，その原因を「罪」ではなく，「病理学的メカニズム」として理解することで，人々を道徳的な責めから解放しました。病原（体）を特定し，病んだパーツの修理・除去・交換によって治療することで多くの病いを克服し，急性疾患に対して抜群の効力を発揮しました。ところが，20世紀後半に問題となった生活習慣病や慢性疾患の多くは，生物医学によって容易に予防・治癒することができません。そこで問われ直したのは，生物医学が，いかに（how）苦しみが起こるのかというメカニズムの説明を提供する一方で，なぜ（why）その人が今ここで苦しまなくてはいけないのかの問いに応えるものではない，という事実です[3]。

その視座から重要なのは，人間がつねに自ら意味を紡ぎ出す動物であること，

▶1　生物医学とは近代科学である生物学を基盤とする近代医学を指す。西洋医学，近代医学とも呼ばれる。Lock, M. M. and Nguyen, V-K. eds. *An Anthropology of Biomedicine* (2nd ed.). Wiley Blackwell, 2018.

▶2　当時，頭痛薬として妊婦に処方され奇形児を産み出したサリドマイドに代表される薬害や，過剰診断，侵襲的治療が人々を害する「医原病」も問題とされた。イヴァン・イリイチ著，金子嗣郎訳『脱病院化社会――医療の限界』（晶文社，1979年）を参考。

▶3　E. E. エヴァンズ＝プリチャード著，向井元子訳『アザンデ人の世界――妖術・託宣・呪術』（みすず書房，2001年）を参照。

そのため長引く病いや不条理な苦しみに対しては，伝統的な治療文化が多大な役割を果たしてきたことでしょう。

2 文化体系としての病気

占い師や祈禱師，さらには神社・お寺・教会等での宗教実践や治療儀礼では，病いはしばしば個人の疾患ではなく，妬みや祟りといった社会的葛藤の産物として説明されます。そこでは苦しみを承認し，混沌とした経験に名前と物語を与え，社会的関係性や意味秩序を修復・再生することに焦点があてられます。

他方，人々の「受療行動（help-seeking behavior）」に関する人類学的調査からは，多様な治療文化が浮かびあがってきます。病いの大部分は家族や周囲の助言，セルフメディケーションや，日々の運動・食事・マッサージ・ヨガといったセルフケアで対処されます。さらに，心身と環境との調和や生命の均衡を重視する鍼灸・漢方，アーユルヴェーダといった治療文化も社会に深く根付いています。

そのような治療文化の複雑さをとらえるために，医療人類学者は３つの視座を用いるようになりました。主観的な経験としての「病い（illness）」，生物医学が提供する，客観的な知としての「疾患（disease）」，そしてその両者を重ねあわせた時に浮かびあがる，歴史や文化の産物としての「病気（sickness）」です。

そもそも何が病気なのかは社会によって変化します。たとえばマラリアは客観的に診断できる疾患ですが，マラリアが蔓延している地域に住む人々にとって，それはあまりにも普通なので必ずしも「病気」とはみなされません[4]。病気は時代とともに変遷します。たとえば，同性愛は欧米では長らく宗教的罪・犯罪，精神疾患でもありましたが，1970年代以降同性愛者が多くカミングアウトし，これが稀でも異常でもないことが知られるようになると，ひとつの個性や生活様式，アイデンティティとして認められました[5]。

科学的であるはずの衛生概念にも文化が色濃く反映されています[6]。子どもの頃からの帰宅時の手洗い，うがいによってばい菌を防ごうとする日本人にとって，コロナ禍でのマスク着用は必然でしたが，ほぼ同様の科学知識を教育されてきたはずの欧米人の中には，マスク着用に抵抗感を示す者が少なからずいました。何が「不潔」で「危険」なのかは，科学的知識に基づくものであると同時に心身に刷り込まれたローカルな感覚でもあり，ばい菌とは実は「場違いな場所に置かれて調和を乱すもの」を示す文化的象徴でもあるのです[7]。

つまり「病気」とは，(1)主観的苦悩である病いと，(2)客観的診断である疾患をすり合わせた時に見えてくる現象と考えられます。病気とはさらに，(3)その現象が社会のマジョリティからどれほど統計的に逸脱しているかという平均規範でもあり，(4)その状態がどれほど社会的に望ましいかという価値判断にも基づいて変化する，きわめて複雑でダイナミックな現象なのです。　（北中淳子）

▶4　波平恵美子『病気と治療の文化人類学』筑摩書房，2022年。

▶5　たとえばコンピューターの父として名高い数学者チューリング（Turing, A.）も投獄の代わりとして同性愛の治療を強要され，自らの命を絶ったのではといわれている。

▶6　スーザン・ソンタグ著，富山太佳夫訳『隠喩としての病い／エイズとその隠喩』（みすず書房，1982年）を参照。

▶7　メアリ・ダグラス著，塚本利明訳『汚穢と禁忌』（ちくま学芸文庫，2009年），大貫恵美子『日本人の病気観――象徴人類学的考察』（岩波書店，1985年）を参照。

XIV　医療と文化

「人」として生まれ死んでいくこと

死の境界線

人はいつから「人」ではなくなるのでしょうか。人を人たらしめている条件とは何なのでしょうか。こういった哲学的問いが医療で争点となったのが20世紀末の日本での脳死論争でした。脳の機能停止後も心臓の拍動を維持する人工呼吸器と免疫抑制剤の誕生は，脳死からの臓器移植を可能にしました。人がいつ死ぬのかは専門家が決めることとされた英米では，この手術は一気に普及しましたが，日本では，髪や爪が伸び続け，頬が紅潮し涙を流し，まるで生きているかのような脳死状態がはたして人間の死なのか，そもそも魂は脳（だけに）宿るのかが国民的議論となったのです。[1]

当時，臓器移植とは，人体を道具的に用いる冷徹な西洋的合理主義の産物であり，情緒を大切にする日本文化に反するといわれました。これに対してロック（Lock, M.）は，「文化」はけっして一枚岩ではないことを論じます。[2] たとえば，親鸞は魂が昇天した後の無用な殻である自らの遺体を，魚の餌として鴨川に投げ捨てよと述べたとされています。他方，欧米の医療者たちは脳死時の魂の在処について不安を語りつつも，臓器移植を究極の利他的行為（「命の贈り物」）として賞賛します。それはまるで，近代において空虚な存在となった「魂」に超越的な生を与える儀礼であるかのようです。[3] しかしこの美しい宗教的レトリックは，臓器が「不足」する中，貧困国で闇市場が出現し，臓器が富裕層に向けた商品として流通する醜い現実を覆い隠しもします。はたして「脳死」体は「死体」なのか，それは自由に売買されるべきモノなのか，それとも純粋な利他行為としてのみ他人に委譲されるべきかけがえのない何かなのか，もしくは公平に再分配されるべき社会的な公共資源なのかが問われています。

死生観等をめぐる根源的問いは，専門家が決めるべき技術的な問題とされた途端に問い直すことがきわめて困難となります。そのため，「文化」として語られる人々の違和感に着目することは，医療の暗黙の前提を問い直すためにも重要です。他方，そのような対抗言説としての「文化」は，多様性や歴史性が削ぎ取られた「本質」として語られがちです。人類学者の仕事は，そのような本質主義に警戒しつつも「文化」に込められた人々の思いや価値体系を解き明かしていくことにあります。[4]

▶1　波平恵美子『脳死・臓器移植・がん告知――死と医療の人類学』（福武書店，1990年）を参照。

▶2　マーガレット・ロック著，坂川雅子訳『脳死と臓器移植の医療人類学』（みすず書房，2004年）を参照。

▶3　ロックは日本と北米の医療現場での民族誌や歴史文献調査を通じて，臓器崇拝を含めた欧米の奇妙な歴史を明らかにすると同時に，日本で沈黙させられがちであった重病患者や家族の声にも光を当て，文化の重層性に迫る。

▶4　この場合の本質主義（essentialism）とは，「日本人は集団主義だ」「日本人は勤勉だ」といったように，ある集団や民族に永遠に変わらない特性，「本質」があるかのように想定し，集団内の差異や歴史的変化を覆い隠す考え方を指す。

2 文化としての生殖

人はいつから「人」になるのでしょうか。生命の誕生とはどの時点を指すのでしょうか。この問いは欧米では，聖書の天地創造説からダーウィンの『種の起源』に至るまで長い論争の歴史があります。日本とは対照的に，脳死がすんなり認められたアメリカでは，生命の誕生に関して逆に国民的論争が続いています。たとえば，人工妊娠中絶は許され難い殺人行為なのか，それとも守られるべき女性の権利なのか，また，胎児になる前の「胚」の状態がはたして「人」なのか，人であるとすればそれを科学的研究に用いることは非倫理的行為であり，神への冒瀆ではないかといった論争が，大統領選をも左右するほどです。

生命の誕生をめぐって，イスラエルの人類学者アイブリー（Ivry, T.）は，妊娠時に日本のクリニックで超音波の画像を見た医師から「（7週間目の）可愛い赤ちゃん」といわれたことに仰天します。イスラエルでは，誕生するまでは暫定的な存在でしかない胎児を「赤ちゃん」とは呼ばないからです。また，子どもが無事に生まれてくるかは，胎児の遺伝子によって半ば宿命的に決められていると考えられているため，日本のように，胎児の健康を守る責任を母親が一身に背負うかのようにいわれることもありません[5]。「人」の誕生をめぐる思想に関して，伝統社会での多様性については多くが語られてきましたが，生物医学の臨床現場でも，実は随分と異なる感覚が共存し続けています。

さらに20世紀後半の医療技術の進歩は「家族」の意味を大きく変えました。それは一方では伝統的社会規範を強化する方向で作用します。たとえばエコー技術が普及して以降，インドの，特に富裕層での女児の胎児中絶が社会問題となっています。男尊女卑が根強く，多額の持参金を要する女子が忌避されがちなためです[6]。他方で，それは伝統的家族観を根本から組み替えつつあります。たとえば，生殖医療技術が浸透する中で，精子・卵子提供や代理懐胎によって，不妊であっても，また同性カップルやシングルであっても，子どもをもつことができるようになりました。さらに精子や卵子を凍結保存することで，本人死後の子どもの誕生も実現可能になっています。ただしエジプトのように，伝統的な家族観を守るために，生殖医療技術の利用を婚姻した男女に限定する国もあるなど，医療政策は国によって異なります。その中で，あらためて「自然」な家族とは何かが問われています[7]。

胎児の遺伝子情報を明らかにする出生前診断が普及しつつある現在，病気となることがわかっている子どもを産むのか，産まないのか，人々が選択を迫られる状況が出現しています。いくら科学的な知識を得ようとも絶対的な答えはでません。それは私たちが技術の発展とともに，そもそも「生命」とは，「人」であるとはどういうことかという，宗教や倫理の課題とされてきた「聖なる」領域にいつのまにか足を踏み入れてしまっているからです。（北中淳子）

▶5 Ivry, T. *Embodying Culture: Pregnancy in Japan and Israel.* Rutgers University Press, 2010.

▶6 インドでは持参金（日本の結納金）は法律で禁止されているが，贈りものとしての慣習は今でも横行しており，女性の家族への負担となっている。

▶7 波平恵美子『いのちの文化人類学』（新潮社，1996年），柘植あづみ・菅野摂子・石黒眞理『妊娠――あなたの妊娠と出生前検査の経験をおしえてください』（洛北出版，2009年）を参照。

XIV　医療と文化

「心」を病むとはどういう経験か

精神障害の相互作用性

▶1 「社会構築物」とは，不変的かつ普遍的で，「自然」と考えられている現象が，実は歴史や文化によって創られたものであり（ジェンダーのように）異なる時代や地域においては時にまったく異なる様相を見せる現象を指す。

▶2 世界的にも，精神障害の脱スティグマ化のためのさまざまな試みが行われている。A.クラインマン著，江口重幸ほか訳『精神医学を再考する——疾患カテゴリーから個人的経験へ』みすず書房，2012年。

▶3 自然現象としてとらえやすい身体疾患とは異なり「心」が介在する精神障害では，観察を行う科学者の，冷徹なまなざし自体が相手を委縮させうるため，“客観的”な観察も時に困難となる。

▶4 イアン・ハッキング著，出口康夫・久米暁訳『何が社会的に構成されるのか』岩波書店，2006年。

▶5 しかし，カルテではこの相互作用性は抜け落ちるため，疾患は個人の脳のみに宿る「自然現象」との印象を強めてしまう。Barrett, R. J. *The Psychiatric Team and the Social Definition of Schizophrenia: An*

病気はリアルで生物学的な「自然現象」であると同時に，「社会的構築物」でもあるという事実をもっとも鮮やかに示すのが，精神障害の経験です。[1] そのことが意識された契機のひとつが，1970～80年代に統合失調症の普遍性を認めたWHO（国際保健機関）の調査でした。当時医師たちが驚いたのは，英米のような「先進国」よりはむしろインドやナイジェリアといった「発展（開発）途上国」のほうが，予後がいいということでした。最近でも，幻聴を他人からの脅迫的な声ではなく，親戚や長老の導きの声ととらえる地域のほうが，予後が良好であると報告されています。ただし，発展途上国でも精神障害者への深刻な虐待が見られるため，文化差の原因については今も論争が続いています。[2]

その後の人類学的調査からも明らかなように，「狂気（madness）」とは，世界中で普遍的に見られるものの，(1)それをどう意味づけるかは文化によって異なり，(2)文化的意味によって周囲の人々の態度が変化し，(3)周囲の対応が病いの症状や回復，アイデンティティにも影響を与える複雑な現象なのです。[3]

原因が十分に解明されていない精神障害については，血液検査といった客観的診断がなく，正常と異常の間に明確な境界線がありません。さらに，疾患分類がつくられると，それに合わせて人々の認識や振舞も変化してしまうという「相互作用性」も見られます。[4] 精神科医バレット（Barrett, R.）は診療を通じて当事者が「統合失調症らしさ」を身につけていく様子を描き出します。診療中の当事者は，自分にとっては大切でも医師が興味を示さなかった事柄（たとえば友人の死）を徐々に削ぎ落とし，関心を示してもらえた部分（幻覚・妄想など）に焦点を当てるようになります。同じ語りを繰り返す過程で，彼は「典型的な患者」となるのです。[5] 精神障害の難しさは，それを名付けた瞬間に人々がそのアイデンティティを生き始めてしまうことにあります。

近年，「うつ病」「発達障害」「認知症」が一般化し，自分がその病であると感じて医師を訪れる人々が急増した結果，重篤患者に向けた従来の診断治療では対応できなくなりました。精神科診断のアイデンティティ化は，病態をも変化させるため，科学分類や認識枠組みが再定義を迫られる「ループ効果（looping effect）」が起こります。精神障害を，科学がどのように定義し，社会がどういったまなざしを向けるかが病いの経験を大きく変えてしまうのです。[6]

2 社会現象としての病

文化と心の病いの関係を考えることは，精神医学における多重人格やヒステリーのように，なぜある地域で特定の病気が一時期流行しては消え，その後また復活するのかといった不思議な現象を理解する手がかりにもなります。

たとえば，自分の「太った」身体を醜いと感じ，食べ物を拒否して時に死に至る病い，「摂食障害」は，20世紀中頃までは欧米の中流階級の白人女性にだけに見られるきわめて稀な現象でした。ところが1980年代以降欧米で急増し，その後世界中で大流行します。ウルフ（Wolf, N.）らフェミニストたちは，女性を縛りつけていたコルセットから解放され，社会的地位も向上した時期に，なぜ女性が大量に摂食障害に陥っているのかを問います。[7]

そこで彼女らが着目したのは，一見自由を獲得したはずの女性たちが，メディア等の美の広告等を通して自分の身体を嫌悪し，つねに自信のない状態に置かれ続けていることでした。それに抗うように，ジムに通い食事制限を行っていく女性は，職場や家庭での無力感から一時的に解放され，自分自身の身体をデザインすることに自己達成感を覚えます。やがて身体を制御しさえすればすべてうまくいくかのような魔術的思考に陥る中で，身体の問題は心の問題にすり替わっていきます。しかし，身体を通じて手っ取り早く得られる自己肯定感ははかなく，美と健康の追究が自己目的化していくことで，逆に慢性的不安と不健康の悪循環に陥ってしまうのです。

あまりにも忠実に社会規範を内面化する過程で病いに陥った人々にとって，精神科診断は救いになりうるのでしょうか。かつて精神科診断は社会病理を個人病理にしてしまうと批判されていましたが，[8]現在ではむしろ「社会的」なものを表す記号としても作用しています。1980年代の中国では，うつ病に酷似した「神経衰弱」が，文化大革命がもたらした苦しみや不条理を示し，1990年代の日本では，うつ病がストレスや過労といった社会病理を訴え，救済を求めるための「苦悩の慣用表現（idiom of distress）」として用いられました。[9]

ただし，医学用語を通じて自らの苦しみを語ることは，その定義を変更しうる科学者に「自己の苦しみに自分なりの名前や意味を与える力」の一部を譲渡することをも意味します。ヤング（Young, A.）は，ベトナム戦争の退役軍人たちが，社会の複雑な問題をすべて「戦争時の外傷体験」に起因させるPTSD（心的外傷後ストレス障害）診断に異議を唱えながらも，社会的承認のために内面化していく過程を描き出しています。しかし当初は「異常な出来事に対する正常な反応」と定義されたPTSD概念は，徐々に個人の脳の脆弱性をも示唆するものへと変容していきました。つねに生産的，健康で，レジリエント（resilient 強靱）であることが求められる現在，病の（責任）所在をめぐる問いは時に政治的様相を帯びてしまいます。[10]

（北中淳子）

Anthropological Study of Person and Illness. Cambridge University Press, 2006.

▶6　障害を個人の内に見る「個人モデル」に対して，社会に宿る問題と見る「社会モデル」も注目される。中村かれん著，石原孝二・河野哲也監訳『クレイジー・イン・ジャパン——べてるの家のエスノグラフィ』医学書院，2014年。

▶7　ナオミ・ウルフ著，曽田和子訳『美の陰謀——女たちの見えない敵』ティビーエス・ブリタニカ，1994年。笠原美智子『ジェンダー写真論〈増補版〉』里山社，2022年。

▶8　20世紀後半，精神医学は，社会病理を個人疾患とすることで構造的矛盾を隠し，科学的中立性を装うことで「逸脱者」を排除する政治的道具として批判された。E. ゴッフマン著，石黒毅訳『アサイラム』誠信書房，1984年。ミシェル・フーコー著，田村俶訳『狂気の歴史——古典主義時代における〈新装版〉』新潮社，2020年。

▶9　北中淳子「うつ」春日直樹・竹沢尚一郎編『文化人類学のエッセンス——世界をみる／変える』有斐閣，2021年，43-59頁。"Depression." Kitanaka, J. and Ecks, S. The Open Encyclopedia of Anthropology. https://www.anthroencyclopedia.com/entry/depression（2024年8月現在）

▶10　アラン・ヤング著，中井久夫ほか訳『PTSDの医療人類学〈新装版〉』みすず書房，2018年。

XIV　医療と文化

4 医療と人道主義

1 ケアすることの難しさ

40秒間に1人，世界のどこかで誰かが自ら命を絶っている現在，自殺予防はグローバルな課題であり，デジタル精神医学の発展は国境を越えた連携をもたらしています。自殺を図ろうとした中国人大学生の書き込みが，オランダのAIプログラムで発見され，中国の地元と連携して無事救済された例も報告されています。ホットラインに送られる膨大なテキストメッセージの分析からは，何時にうつ病や依存症の訴えが多いのかといったことが割り出され，受信時間や語彙分析で，相手が抱えるリスクや疾患が同定されます。ビッグデータは医療を大きく変えつつあります。

グローバルなロジックに基づくデジタル精神医学の隆盛の一方で，あらためて浮き彫りになっているのは，自殺企図の背景にある生きづらさや死にたくなるほどの絶望が，いかにローカルに形成されているかという事実です。

政府や医療者の努力にもかかわらず，なぜイヌイットの若者たちの異常に高い自殺率（時にカナダ一般の若者の40倍にも上る）が減らないのかを問うたのがスティーブンソン（Stevenson, L.）です。民族誌からは，植民地時代の結核患者隔離政策によって家族が引き裂かれた際の，強制的医療介入の負の歴史が浮き彫りになります。当時この極寒の地に送られてきた医師たちは，イヌイットにとって不思議なほど献身的でしたが，そのケアとはあくまでも職業倫理によるもので，彼らへの信愛や伝統文化への敬意からくるものではなかったのです。この「匿名性のケア（anonymous care）」が，現在の自殺ホットラインにも通底していることを彼女は指摘します。これは，ケアするほうは自分のことを明かさず，相手の状況にも深く関わらない形での援助です。このような支援では，対象は抽象化され，救済の動機は普遍的「人類愛」に昇華される一方で，官僚的無関心の印象さえ与えかねません。そのような支援の形は，密な人間関係を大切にするイヌイットにとっては疎外的ですらあるのです。[◁1]

また，経済的・政治的・文化的にも追いつめられたイヌイットの若者たちの多くは，積極的に「死にたい」わけではなく，ただ，「もう希望のないまま続いていく未来を生きたくない」のです。「異なる時間・異なる存在への飛翔」[◁2]への憧憬を語る若者の思いと，その深い絶望を理解するためには，彼らが置かれた現在の社会状況だけでなく，歴史的経験の理解が不可欠です。

▷1　Stevenson, L. *Life beside Itself: Imagining Care in the Canadian Arctic*. University of California Press, 2014. アネマリー・モル著，田口陽子・浜田明範訳『ケアのロジック――選択は患者のためになるか』（水声社，2020年）も参照。

▷2　たとえば Briggs, J.L. *Never in Anger: Portrait of an Eskimo Family*. Harvard University Press, 1970.

▷3　アン・ファディマン著，忠平美幸・齋藤慎子訳，江口重幸解説『精霊に捕まって倒れる――医療者とモン族の患者，二つの文化の衝突』みすず書房，2021年。

▷4　日本の学校では「前に倣え」によって，整列による美しさへの秩序愛とともに，少しでも列を乱す者への嫌悪感がすりこまれる。そのような意識はオリンピック入場時の各国代表団の自由さを見てもけっして普遍的ではない。

▷5　ミシェル・フーコー著，田村俶訳『監獄の誕生――監視と処罰〈新装版〉』新潮社，2020年。中山元『フーコー入門』筑摩書房，1996年。イアン・ハッキング著，石原英樹・重田園江訳『偶然を飼いならす――統計学と第二次科学革命』（木鐸社，1999年）も参照。

2 医療的人道主義のもたらす矛盾

助けようとする行為が他者をかえって傷つけることの矛盾については，人類学者も長い間悩んできました[3]。

人道主義的介入がもたらす葛藤を考えるためには，西洋医学が背負ってきた権力の歴史を理解する必要があります。哲学者フーコー（Foucault, M.）は，前近代の王政が反逆者の命を奪う「死の権力」であったとしたら，近代国家とは「生」そのものに介入する「生一権力」であることを論じます。たとえば学校や工場では身体測定，知能検査，心理検査といった技術で私たちの生が測られ，道徳や体育を通じて心身が一定のかたちに調教されていきます[4]。そこで収集されたデータは「人口」を描き出し，集団の平均として「正常」概念が創られます。正常から逸脱した人々は「不適応者」「異常者」として治療的介入の対象となりますが，その診断治療を担ったのが医療でした[5]。特に帝国主義下における植民地では，医師たちは西洋的価値観に基づいた「正しい心身」の伝道者であり，「人口の管理者」でもあったのです。

医療の両義性は，現在の国際保健でも緊張を生じさせています。植民地時代に欧米の都合で引き直された国境地帯は，今でも紛争の多い地域ですが，その結果住むところをなくした人々がたどり着く難民キャンプは，時に戦時とはまた異なる，苛酷で厳しい生存の状態を生み出します。そこで人々はしばしば社会的な生を奪い去られた生物学的な生——動物のように生きることだけを最低限保障された「剝き出しの生」——の局面に追い込まれてしまうのです[6]。

国境なき医師団に同行した人類学者レッドフィールド（Redfield, P.）が論じたように，国家や政府に代わって，紛争地域の傷ついた人々を救おうとする医療者たちは，国際政治が生み出す裂け目にいわば絆創膏を貼っているのみで，紛争状態を維持させることにむしろ貢献しているのではないか，と苦悩します[7]。さらに，AIDSが大流行したアフリカでは，十分な医療資源を提供できない国家に代わって欧米発のNGOがさまざまな支援活動を行いましたが，医師であり医療人類学者であるグエン（Nyguen, V.）は，最先端のHIV治療薬を得るために，人々がNGOの当事者グループに参加し，欧米のセラピー的語り——たとえば宗教的告解や精神療法でしばしば見られる「危機—克服—回復」の物語——を身につけていく様子を描きだしています[8]。

他者の苦しみをどう理解し，どう表象すればいいのかについて，容易な答えはありません[9]。医療人類学を学んだ医療者が世界中で増える中[10]，その抑圧性に自覚的でありつつも介入をあきらめない試みが近年多くなされています[11]。

（北中淳子）

▶6　ジョルジョ・アガンベン著，高桑和巳訳，上村忠男解題『ホモ・サケル——主権権力と剝き出しの生』以文社，2003年。

▶7　Redfield, P. *Life in Crisis: The Ethical Journey of Doctors without Borders*. University of California Press, 2013. A.クラインマンほか著，坂上雅子訳，池澤夏樹解説『他者の苦しみへの責任——ソーシャル・サファリングを知る』みすず書房，2011年。

▶8　そのようなセラピー的空間は，女性といった社会的弱者をエンパワーする一方で，地域に緊張をもたらす。Nguyen, V-K. *The Republic of Therapy: Triage and Sovereignty in West Africa's Time of AIDS*. Duke University Press, 2010.

▶9　国際的支援を訴えるために飢餓状態にある子どもの写真がしばしば用いられるが，その苦しみが「普遍的シンボル」となることで，その背景にある地域の歴史政治経済をめぐる構造的問題はかえって見えなくなってしまう。

▶10　日本でも医療人類学が医学部の必修科目とされる現在，海外ではハイチをはじめとした最貧国の医療改善に取り組んだ英雄的医師ファーマー（Farmer, P.）に代表されるように，国際保健での医療人類学の影響力は増加している。

▶11　ポール・ファーマー，ジョナサン・ウェルゲイ編，光橋翠訳『世界を治療する——ファーマーから次世代へのメッセージ』新評論，2016年。

XIV　医療と文化

データ医療に潜む不平等

ローカル・バイオロジー

科学人類学者ラトゥール（Latour, B.）らが指摘するように，科学の特徴は，ローカルな文脈を離れて遠くまで旅するデータを生み出すことにあります。[1] 疫学調査により各地で収集され数値化された人々の健康データは，その背景にある社会環境や生態的特性，文化的差異といったものがしばしば削ぎ落されることで，非文脈化された「普遍的身体」を構成します。しかし近年指摘されるのは，そこにいかに欧米のバイアスが深く刻まれているかです。

この批判は当初，生物医学に対する非西洋からの異議申し立てとして起こりました。たとえば東南アジアでは男性の精液の喪失によって生命力の減退が起こる「ダート」という病気が見られ，伝統的治療が行われてきました。しかしだからといって現地の医師たちがこの病を世界中の男性や医療者に知らしめ，診断基準とトレーニング・マニュアルをつくり，製薬業界と薬を開発し，世界中の人々を啓発しようとはしないわけです。にもかかわらず，欧米の病気に関してはそれを一方的に普遍的疾患とみなし「治療的介入」が展開されてきたのです。

これに対して医療人類学者は1990年代以降，量的調査と質的調査を組みあわせて，「ローカル・バイオロジー（local biology）[2]」という概念を用い，病気が地域によってどう異なって体験されているのかを研究しています。その契機となったのが，日米の閉経に関するロックの研究でした。1980年代北米では閉経時の女性に対してホルモン補充療法が推奨されましたが，その背景には若さを失った中年女性を病的とみなす北米ジェンダー・イデオロギーがあったのです。[3] それに対して当時の日本女性たちは中年期を若い頃のさまざまな束縛から解放される円熟期として語り，更年期の症状も北米に比べて明らかに少なかったのです。病いのみならず疾患にも地域による文化差がみられます。

しかし，科学知には現在でも，世界の人口比（アジア人6割，欧米人1割）に対して，遺伝子データの比（アジア人1割，欧米人8割，アフリカ人はわずか2％）といった極端な不均衡が続いています。このWEIRD問題――科学の大部分が，西洋の（Western），教育を受けた（Educated），工業化され（Industrialized），豊かで（Rich），民主的な（Democratic）社会に住む人々のデータで構成されているにもかかわらず，そこで得られた人間像がまるで普遍的で

▶1　ブルーノ・ラトゥール著，川崎勝・高田紀代志訳『科学が作られているとき――人類学的考察』産業図書，1999年。

▶2　マーガレット・ロック著，江口重幸ほか訳『更年期――日本女性が語るローカル・バイオロジー』みすず書房，2005年。ローカル・バイオロジーは「状況化されたバイオロジー（situated biologies）」とも呼ばれる。Lock, M. "Recovering the Body." (*Annual Review of Anthropology* 46: 1-14, 2017）を参照。

▶3　ホルモン補充療法とは閉経で減る女性ホルモンを補う療法。その後のアジアでの研究は，閉経という生物医学的な経験が，文化的意味，遺伝子，自然環境，食事等さまざまな要因によって変化する現象であることを示した。

あるかのように語られてきたこと——が現在科学で問題となっています。[4]

2 データ医療における遺伝と環境

遺伝子と環境の相互作用に着目するエピジェネティックス（epigenetics）といった領域が隆盛する中，自然科学でも「ローカル・バイオロジー」が問われるようになりました。そのことが注目されるようになったひとつの契機は，人の遺伝子データの収集・分析を通じて「生命の設計図」を明らかにし，疾患のメカニズムを解明することをめざした「ヒトゲノム計画」でした。[5]ところが，環境因の影響が当初想定されていたよりもはるかに大きいことが判明すると，[6]現在では遺伝子コードよりもZIPコード（郵便番号）のほうが重要——つまり，どの地域に，誰と，どのような暮らしをしているのかという社会要因が病理学的メカニズムの解明に欠かせない——との認識が高まっています。

そこであらためて問われているのは，データ医療の根底にある統計分類のカテゴリー自体が，現実を正しく表しているのかどうかです。たとえばアメリカの国勢調査で用いられる民族分類は現在でも論争を引き起こしていますが，日本人，韓国人，中国人とインド人がみな「アジア人」としてカウントされる際に失われるものは何でしょうか。そもそもアメリカ人類学の祖・ボアズ（Boas, F.）が20世紀初頭に問題視したのも，まるで固定化された不変な生物学的差異であるかのように語られていた「人種」概念でした。当時は，現在では似非科学とされる優生学や，白人を文明の頂点に置いた社会進化論が影響力をもっており，マイノリティの頭蓋骨を計ることでその劣性を「証明」した研究によって，人種差別や植民地支配が正当化されていた時代だったのです。ボアズはアメリカに住む移民と移住元の住民を比較したデータから，「生物学的差異」とされてきたものに環境や文化が及ぼす影響を立証し，人種カテゴリーの恣意性を説くことで，人種差別に異議申し立てを行いました。[7]生物学的普遍性の主張に対して文化の重要性を証明したこの研究手法は，現在の遺伝学的研究にも採り入れられています。

データ医療のさらなる問題は，「数字の専制」と呼ばれる状況です。アダムズ（Adams, V.）らは，病いに苦しむ少数民族を救済するために実施されたはずの調査のデータが，患者サンプル数があまりにも少なく統計的有意な差とみなされずに，国際保健で採用されないことの矛盾を論じます。まるで数字として数えられない人々の経験は，数字が支配する世の中では問題にすらならないかのようです。数字は人を抽象化し，苦しみを平板化しがちです。それは政治とは関係なく，道徳的に中立であるかのような印象を与えるためか，時に構造的差別への理解や苦しむ他者への共感を阻んでしまいます。数字にどうローカルな現実や経験を刻み込み，人々の顔が見えるものにするのか——人類学的知が切実に求められています。[8]

（北中淳子）

▶4　WEIRD問題には，“weird”（変，奇怪，不気味）の意味が込められている。

▶5　アイスランドでは全国民の数世紀にわたる家系図，教会の記録，20世紀の医療記録，国勢調査が遺伝子解析結果と統合されたデータベースが作成され，シンガポールでは民族的多様性を強調した国民データベースが作成された。

▶6　ニコラス・ローズ著，檜垣立哉監訳，小倉拓也・佐古仁志・山崎吾郎訳『生そのものの政治学——二十一世紀の生物医学，権力，主体性』法政大学出版局，2019年。

▶7　Boas, F. *Anthropology and Modern Life.* W. W. Norton & Company, 1928. 人種に関する詳細はVIII「人種とは何か」を参照。

▶8　ジョナサン・M.メツル，アンナ・カークランド編，細澤仁ほか訳『不健康は悪なのか——健康をモラル化する社会』（みすず書房，2015年）を参照。

XV　人とモノの移動

移動をどうとらえるか

ホモ・モビリタス（移動するヒト）としての私たち

みなさんは生まれてから今までにどんな移動を経験したでしょうか。ずっと同じ場所に住んでいるという人でも，時には旅行に出かけることもあるでしょうし，日常的にも買い物や通学，娯楽やアルバイトなどのために，多かれ少なかれ移動しているでしょう。仮に部屋にずっとこもっているという人でも，食べ物や衣類など外からもたらされたものは必要ですし，携帯電話やパソコンによって様々な情報を得たり発信したりして外部とつながっているでしょう。またあなたの親や祖父母，さらに遡ると祖先たちが様々に移動して出会った連続性の中に今のあなたがいると考えれば，実は移動はあなたの生まれる前に始まっていて，あなたは移動＝モビリティ（mobility）の産物であるともいえます。

そもそも，30万年前にアフリカに現れたとされるホモ・サピエンス，すなわち現生人類は約5万年前にアフリカを出て各地に広がっていったのですから，人類の歩みはまさに移動とともにあったわけです。そして人類はこの遠大な旅によって，寒冷地にも熱帯雨林にも砂漠にも暮らすようになりましたが，このような動物は，少なくとも哺乳類は，人類のほかには存在しません。動物たちは異なる環境に適応するために体の仕組みを作り変えてきましたが，人類は文化によって地球の隅々にまで到達し，今や地球の外，つまり宇宙にも至ろうとしています。すなわち人類の移動はまさに文化あってのものであり，移動もまた文化であるという意味で，移動は文化人類学における重要な主題なのです。

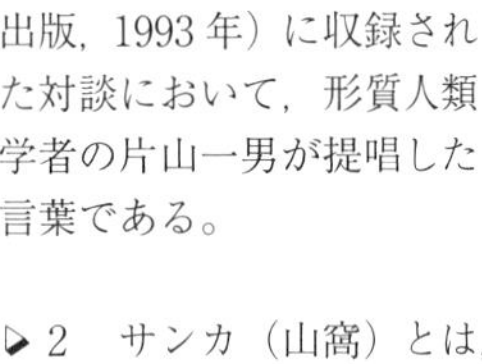

▷1　大貫良夫監修『民族移動と文化編集——変動時代のノマドロジー』（NTT出版，1993年）に収録された対談において，形質人類学者の片山一男が提唱した言葉である。

▷2　サンカ（山窩）とは，定住・農耕せず主に山間部で狩猟や採集をしていた人々に対して，明治以降に国民の管理を強めた国家の側からつけられた総称である。また，定住せずに，主にろくろを使って木製の椀などを作っていた人々が木地師である。

▷3　2011年のいわゆる「アラブの春」以降，国内の混乱を逃れて，北アフリカや中東から船で地中海を渡りヨーロッパをめざす人が急増した。たびたび遭難事故も起きて数十人規模で死者が相次いだ惨状は世界に衝撃を与えたし，受け入れ側のヨーロッパでは対応を巡り社会が揺れている。

2 移動と定住の思想

こう考えると，私たちがホモ・モビリタス，すなわち「移動するヒト[1]」であるというのはまさに言いえて妙だと納得するかもしれません。しかし一方で，人類学の概説書でこうした移動の章が設けられているという事実が示すように，私たちは移動について，ことさらに注目して探求すべき特殊な現象であるという前提をもっているようにも思われます。それは裏を返せば，一所に住み続けるのが常態であるという定住の思想ゆえのことにほかなりません。人類が定住を始めたのは約1万年前と，その歩みからすれば最近のことにすぎませんが，この定住の思想はすっかり私たちを覆いつくし，ヨーロッパではロマ，日本ではサンカ[2]といった定住せずに暮らす人々は偏見の対象でしたし，遊牧を生業とする（してきた）人たちを特殊視する発想にも根強いものがあります。

ところがその一方で，私たちは地元に暮らし続けることは時に退屈で好ましくないと否定的にとらえ，世界中を駆け巡って活躍するグローバル人材などには格好よさを感じますが，他方で小さなボートで海を渡ってヨーロッパをめざす人たちの姿には不安を覚えてしまいます[3]。移動と定住は相対する概念であり事象ではありますが，その認識は揺れ動きますし，さらに移動についての評価も一様ではありません。とりわけ，グローバル化が加速して国境を越えた往来がより激しくなると，国家の側では新しい境界と規制を加速度的に増やして厳格な管理を行おうとし，かつ好ましい移動と好ましくない移動の峻別にもいっそう注力するようになります。グローバル化とは地球規模の一体化が進むと同時に，だからこそ，国家と国境の存在がより意味を増す現象でもあるのです。

3 人はなぜ移動するのか／しないのか

では，私たちはなぜ移動するのでしょうか。これは，私たちはなぜ移動しないで定住を選択するのかという問いでもあります。経済学や社会科学では移動を説明するためにプッシュ－プル（push-pull）理論が用いられてきました。すなわち，経済状況や諸環境の悪さが人々を押し出すプッシュ要因として働き，反対に経済的な豊かさや諸環境のよさが人々を引き寄せるプル要因として働き，その関数として移住がなされる／なされないというものです。

しかし，この理論は人間の行為選択の合理性を重視しすぎており，たとえばなぜフィリピンでは海外で働く人の割合が国民の約10人に1人にものぼり，OFW（Overseas Filipino Workers）という造語までできるほどに人々が国際移動を選択するのか，あるいはなぜ同じ国の中でも移民母村と呼ばれるほど多くの海外移住者を送り出す特定の地域が存在するのかを説明できません[4]。むしろ，はじめは船員として働いていた者が停泊地にとどまり，レストラン業でなどで成功して故郷の家族や親族を呼び寄せ，さらにその知人たちも，という移民の連鎖，すなわちチェーン・マイグレーション[5]が確立する。そして，その地域では一定年齢に達すれば海外に行くものであるという常識，すなわち「移住の文化」が大きな役割を果たしていることが明らかにされてきました。国際移動というと，今の日本の私たちには特別なことのように思えますが，そうした「移住の文化」があるところでは，あたかも私たちが大学進学や就職で東京など首都圏に行くように，国外に渡るのがさも当然の選択として認識されています。

それにしても，人間はなぜ，太古から，他の動物には見られないほど移動してきたのでしょうか。生存に必要な食料獲得のためというのが根本の理由なのでしょうが，それは未知の世界に対する好奇心に駆動されたとも考えられています[6]。実はこの分野はまだ未解明の点も多く，世界中の知見がもちよられて研究が進められています。それもまた移動と好奇心の賜です。（川口幸大）

▶4　フィリピンから海外への労働移民については，長坂格『国境を越えるフィリピン村人の民族誌――トランスナショナリズムの人類学』（明石書店，2009年），細田尚美『幸運を探すフィリピンの移民たち――冒険・犠牲・祝福の民族誌』（明石書店，2019年）など，すぐれた民族誌が出版されている。

▶5　チェーン・マイグレーション（chain migration）とは，先に移民した者に続いて，その家族，親族，友人知人などが「鎖＝チェーン」のように連なって移民する現象をいう。ジェームズ・L・ワトソン著，瀬川昌久訳『移民と宗族――香港とロンドンの文氏一族』（阿吽社，1995年）には，香港の農村部からイギリスへ渡った人々と，その一族のチェーン・マイグレーションについて詳細に記されている。また「移動の文化」を詳しく扱った人類学の研究書としては，Cohen, J. and Sirkeci, I. *Cultures of Migration: The Global Nature of Contemporary Mobility*（University of Texas Press, 2011）がある。

▶6　印東道子編『人類の移動誌』（臨川書店，2013年）を参照。文化人類学，形質人類学，考古学などの見地から世界各地の人類の移動に迫った好著である。

XV　人とモノの移動

2 移動する人々と共同体

1 国家と境界

移動，特に国際移動とは，私たちがいずれかの国家に属する国民であり，国家が他の国家との間に境界を設けているがゆえの事象です。このように明確な領土を有する国家で，統一性を持った国民から構成されているのが国民国家です。[1]日本では多くの人が日本人であることを自明視していますが，それが意味するのは国籍のことなのか，日本語を話すことや日本的な習慣を身につけているなど文化のことなのか，あるいは親や祖先のルーツが日本にあることなのか，実はあまり意識しません。しかし，たとえば中国やロシアは多民族国家で，少なくとも第1言語として話す言葉や習慣の大きく異なる人々が同じ国に住んでいますし，アメリカ・カナダ・オーストラリアなどは，先住民が住んでいた土地にさまざまな人たちが来て暮らすようになった国家です。日本にも先住民族アイヌの人たちが暮らしていますし，歴史的に見ても国外からさまざまな人たちがやってきており，その数はますます増えています。[2]また，国内でも各地の言葉や食習慣など実は相当に多様で，みなさんの中にも大学進学で地元から他の地域に移り，大きなカルチャーショックを経験した人もいるでしょう。[3]

こうした違いだけでなく，実はさまざまな境界が国と国との間だけでなく，国の中にもあります。中国では都市と農村の戸籍が区別されており，農村の人が経済的に豊かで教育水準も高い都市に移動しても，簡単に戸籍を変えることはできず，福利厚生や教育を十分に受けられないという，まさに外国に移動したような経験をすることになります。[4]日本でもコロナのまん延を防ぐために県を超える移動の自粛が要請されましたし，県境をまたいで通勤通学する人が少なくないにもかかわらず，感染者数は都道府県ごとに発表されていました。国家や種々の境界の意味が社会や状況によって異なってくることもあるのです。

2 想像の共同体としての国民国家

このように内部にさまざまな差異や境界を抱えつつも，国家が同じ国民であるという意識のもとにまとまりを保てているとすれば，そこにはどういう仕組みが働いているのでしょうか。アンダーソン（Anderson, B.）は，国民国家（nation state）を「想像の共同体（imagined community）」であるとしました。[5]国家は，たとえばかつての村や，今の学校のクラスやクラブのように，実際に互

▶1　一方で，さまざまな理由によって，どこの国にも属さない，無国籍の人も存在する。自らの経験をもとに，この無国籍について扱った書に陳天璽『無国籍』（新潮社，2005年）がある。第2部 15「無国籍」を参照。

▶2　また，沖縄については，1492年に成立した琉球王国が薩摩藩の侵攻によってその管理下に置かれ，同時に清との冊封・朝貢関係にもあったが，明治初期のいわゆる「琉球処分」によって日本に併合された。

▶3　この国内の違いを筆者の経験をもとに考察した論文が，川口幸大「東北の関西人——自己／他者認識についてのオートエスノグラフィ」（『文化人類学』84(2)，153-171頁，2019年）である。

▶4　コロナ前の中国の国内流動人口は約2億4400万人であり，世界全体の国際移民数の約2億2700万人を上回る。この中国の国内移動によって生じる他者とのコンタクトを扱った論集が川口幸大・堀江未央編『中国の国内移動——内なる他者との邂逅』（京都大学学術出版会，2020年）である。

いを認識しあったメンバーからなる共同体ではなく，同じ国家の一員であるというイメージのもとに一体感を共有している想像の共同体であるというのです。私たちは，親戚でも友人でもない，しかも一度も会ったことすらない人を「同じ日本人」としてオリンピックで応援したり，ノーベル賞の受賞を誇らしく感じたりするでしょう。これはよく考えれば実に不思議なことで，多くの日本人にとって国民国家という共同体がいかにうまく想像されているかを示しています。しかし，たとえばイギリスを構成するスコットランドでは国家としての独立を求めて住民投票が行われましたし，北アイルランドやスペインのカタールニャでも独立運動が見られます[6]。共同体としての国民国家の想像のされ方にはずいぶんと違いがあることがわかるでしょう。

▶5　ベネディクト・アンダーソン著，白石隆・白石さや訳『定本　想像の共同体――ナショナリズムの起源と流行』書籍工房早山，2007年。

▶6　Great Britain はブリテン島を構成するイングランド・ウェールズ・スコットランドを指す地理的用語で，United Kingdom はそれらに北アイルランドを加えた政治的用語である。

3 移動とホーム

こうして人がいずれかの国家に国民として属しているとすれば，別の国へと移動した人はそこでは外国人となり，以前いた国は出身国となります。滞在期間が長くなれば，祖国やホームへの郷愁の念が募り，ノスタルジーの対象となるかもしれません。ノスタルジー（nostalgia）は「望郷の念による心の痛み」というギリシア語由来の言葉ですが，たとえば実際には当時を知らない若い世代に昭和風の街並みや喫茶店などが「どこか懐かしい」などノスタルジーを喚起させることもあるように，イメージによる構築物でもあります[7]。同じように，故郷もまた，そこを離れて初めて意識する移動の産物であり，時には政治経済的な思惑によって構築されることもあります。中国広東省の開平県には，主に20世紀初頭に北米に渡った移民たちからの送金によって建てられた，西洋風の城と中国の伝統建築が融合した特色ある建築物[8]が群立している地域があります。今世紀に入ると，そこは世界遺産への登録が進められ，「僑郷」すなわち「華僑のふるさと」として一大観光地へと開発されました。移民たちの子や孫へと世代交代が進むと，故郷とのつながりは希薄になっていきますが，だからこそ故郷の側ではここが人々のふるさとであることをアピールして，観光開発に加え，海外に広がった中国系の人々の一体感の高揚につなげようとしているのです。故郷もまた想像された共同体であることがわかります。

一方で，故郷から地理的にも世代的にもかなり隔たって暮らしを営みつつ，故郷へのつながりや意識をなんらかのかたちで保っている人たちのことをディアスポラ（diaspora）と言うことがあります。もともとは故郷を追われ各地に離散したユダヤ人を指す言葉でしたが，現在ではこのように，より広い意味で使われています。出身地を離れて暮らすあなたにはそこが第2の故郷となり，その子や孫たちはいつの日かあなたの故地のディアスポラといわれるのかもしれません。こう考えると，あらゆる場所はその人にとって故郷とも異郷ともなりうるのです。

（川口幸大）

▶7　XV-3「グローバルな文化の流れ」にも登場するアパデュライ（Appadurai, A.）はこれを「肘掛け椅子のノスタルジア」と表現した。アルジュン・アパデュライ著，門田健一訳『さまよえる近代――グローバル化の文化研究』（平凡社，2004年，150頁）を参照。

▶8　以下の写真は，開平出身の華僑の送金によって建てられた特色ある建築物で，碉楼（ちょうろう）と呼ばれる。塔のような目立つ外観は海外で成功した富を顕示するためであり，かつ，その富を狙う匪賊の襲撃に備えた見張り台と防衛の役割も果たしていた。

XV　人とモノの移動

グローバルな文化の流れ

1 グローバリゼーションのとらえ方

あなたが今，身につけている衣服や口にしている食べ物は，おそらくさまざまな国や地域の人とモノから成り立っていることでしょう。仮に日本製だとしても，原材料や製造・輸送するための燃料，作業している人たちを視野に入れるなら，それらはまさにグローバルな人と物事の移動の産物だと言えます。

グローバリゼーション（globalization）とは語義的には地球が一体化していく現象を指しますが，人類学者のアパデュライ（Appadurai, A.）は特に人，メディア，テクノロジー，金融，思想が関連しあう文化の流れ（フロー flow）に着目しました[◁1]。アメリカの金融機関の破綻が日本に暮らす私たちの生活や価値観にまでたちどころに影響を及ぼすことや，韓国の歌手グループのライブを世界中の人々がオンラインで鑑賞するなど，みなさんの周囲にも思い当たることはいくつもあるでしょう。もちろん，1920年代にもアメリカの株価の暴落が世界恐慌をもたらしたように，こうした世界規模の関わりあいは今に始まったことではありませんが，その流れの速度と量は驚異的に増しています。

しかし，グローバルな文化の流れが世界各地に均質的に行きわたるわけではありません。グローバリゼーションを象徴するような企業のマクドナルドを例にとれば，世界中に同じ味，サービス，空間を提供して拡大してきたように思われがちですが，実はその各地への展開のカギは地域の実情に即したローカル化（localization）だったのです。たとえば，香港のマクドナルドでは客はまるで飲茶を楽しむようにゆっくりと食事をしており，ファストフードの「ファスト」は注文した品が提供される時間という意味では踏襲されても，消費のあり方としては地元のやり方が採用されていました[◁2]。また日本向けに開発されたテリヤキ味は世界のマクドナルドで広まり，地域に即したメニュー展開のきっかけになりました。グローバルとローカルを合わせたグローカリゼーション（glocalization）は，実は日本の企業による造語ですが，ローカル化しないとグローバル化も成功しないという意味で，両者は実は表裏一体の現象なのです。

▶1　アルジュン・アパデュライ著，門田健一訳『さまよえる近代——グローバル化の文化研究』（平凡社，2004年）。なお，翻訳書ではこの部分を原著の直訳調でそれぞれ「エスノスケープ（ethnoscape）」，「メディアスケープ（mediascape）」，「テクノスケープ（technoscape）」，「ファイナンススケープ（financescape）」，「イデオスケープ（ideoscape）」としているが，ここでは理解しやすいように日本語で表現した。

▶2　ジェームズ・ワトソン編，前川啓治・竹内惠行・岡部曜子訳『マクドナルドはグローバルか——東アジアのファーストフード』（新曜社，2003年）を参照。東アジアにおけるマクドナルドのローカル化した展開を，人類学のフィールドワークによって描き出した好著である。

2 流動するモノと価値

さらに，世界的に展開する企業だけでなく，具体的なモノに焦点を当てると，グローバルとローカルの2項にとどまらない流れのダイナミズムが見えてきます。日本で超高級食材として取引されるマツタケは，実は国産のものは数パーセントにすぎず，しかも人工栽培ができないので，中国やアメリカからの輸入品がほとんどです。アメリカのオレゴン州の山林でマツタケを狩るのはベトナム戦争の帰還兵やインドシナ難民たちで，トラウマを抱えた彼らの自営的な採取活動によって得られたマツタケが日本の市場や飲食店に並びます。世界の隅々にまで張り巡らされた資本主義のサプライチェーンの末端は，規格化しえないマツタケを狩る流動性の高い個人によって担われているのです。人類学者のチン（Tsing, A.）は，こうしたマツタケのグローバルな流れを，アメリカ，中国，日本というマルチ・サイテッド（multi-sited），すなわち多現場での共同研究によって追いかけたという意味で，まさに移動とともにある研究を成し遂げました。[3]

3 コンタクト・ゾーン

こうした流れによって他者どうしが接触する状況は，コンタクト・ゾーン（contact zone）[4]として着目され研究が進められてきました。植民地下において支配する者とされる者との関わりあいを扱うことから始まったコンタクト・ゾーンの研究は，その後より広い人や事物の交わりから変わりあいまでを扱うようになっています。

中国では1990年代から経済発展が進んだ沿岸東南部に，発展から立ち遅れた内陸部から流入してくる出稼ぎ者の移動の波が起きました。そうした人々は工場や建築現場の労働力として経済発展を支えましたが，XV-2で述べたように，戸籍を容易に移すことができないために，各種行政サービスや福利厚生を十分に受けられないばかりか，言語やさまざまな習慣の点で移住先の人々とは大きな溝がありました。一方，ホスト社会の人々は，外部から来た人々に対して，彼らは粗野で乱暴であるとか，彼らのせいで治安が悪くなったなどのマイナスの感情や偏見を抱くようになっていました。国内の移動があたかも国際移動のネガティブな側面に酷似した状況を呈するようになっていたのです。

しかし，約30年が経過した今日ではさまざまな変化を見て取ることができます。政府によって標準中国語教育が進められたことで言語面での壁はかなり低くなりましたし，内陸部の人たちが好む唐辛子や山椒を多用したスパイシーな料理はすっかり普及して，沿岸部の人たちも好んで消費するようになりました。スピードくじ店や雑貨店など，単身で暮らしていることの多い出稼ぎ者を主な顧客にした商売も数多く営まれていますし，次々に建てられる高層マンションやショッピングモールは移住者たちも重要な消費者であり顧客です。一方，地元へ帰郷した人が出稼ぎ先で触れた料理を出す店を開くなど，人と文化の流れは複数の方向に向かって生じています。一方的な同化でも包摂でもない互いの関わりあいと変わりあいは，国内の移動からも見ることができます。（川口幸大）

▶3 アナ・チン著，赤嶺淳訳『マツタケ――不確定な時代を生きる術』みすず書房，2019年。

▶4 コンタクト・ゾーンとは，文学・言語学者のプラット（Pratt, M. L.）が，植民地状況下や奴隷制度下など，非対称的な権力関係の中で異なる背景の文化が出会い，衝突し，格闘する社会空間として提示した概念である。また，文化人類学者の田中雅一を中心としたオンラインジャーナル『Contact Zone（コンタクト・ゾーン）』では，この主題に沿った論考が掲載され，2008年から2019年にわたって11号まで刊行された。

XV　人とモノの移動

人の移動と日本社会

日本を動く

「ふるさとの訛なつかし停車場の人ごみの中にそを聴きに行く」。今から100年以上前の明治末に石川啄木が詠んだこの歌は，地方から都市へ出てきた人たちの故郷への心情を巧みに表現しています。その後も，戦後の特に高度経済成長期には集団就職に代表されるように多くの人々が都市へ向かい，首都圏では1960～65年にかけて，年平均で約30万人の純移入を記録しました。コロナ前の2019年にも首都圏へは約15万の転入超過でしたから，日本国内ではさまざまなかたちで人の移動，特に地方から都市へという人の流れは続いています。

この国内の地方から都市への移動のほかにも，明治から戦前にかけては，多くの人々が開拓民として北海道や樺太へ，官製移民[1]としてハワイ・北米・南米へ，さらに日本が植民地とした台湾・韓国へ，あるいは軍事力を背景として満州と中国の各地や南洋などへと渡り，軍関係者を合わせるなら1945年の終戦時点で600万人もの日本人が国外にいたことになります。戦後は多くの人が引き揚げましたが，1950年代から在留邦人の数は再び増加を続け，2019年には約140万を数えるまでになっています。特に日本人が集住した地域には日本人街や日本人コミュニティが形成され，ロサンゼルス，サンパウロ，デュッセルドルフ，上海などはその代表的例です[2]。他方で，1980年代からは中国残留邦人の帰国事業が始められ，その家族を含め約2万人が永住帰国しました。1990年には日本政府が日系ブラジル人の受け入れを始めたことで，主に就労を目的とする訪日者が増加し，愛知県豊田市，群馬県大泉市・高崎市などでは日系ブラジル人のコミュニティが形成されています。国内移動した人たちも，かつては各地で県人会を結成して活動を行ってきましたし，沖縄出身者が集住した大阪市大正区，横浜市鶴見区，東京都杉並区などには沖縄タウンがあります。

このように，日本に関して見ると，国内移動，日本から国外への国際移動，さらに国外からその子孫も含めて日本への還流移動など数多くの動きがあり，移動した人々によって国内外にさまざまなコミュニティが形作られてきました。もちろん，組織やグループには必ずしも関与しない人々も多数いますが，移動とともにある日本の多様性はこうしたところにも見てとることができます。

▶1　官製移民とは国が相手国との間に結んだ契約や取り決め（官約）に基づき，国策として公的に募集して送り出した移民のこと。ハワイ政府との間で結ばれた契約によって1885年に最初の渡航が行われて以来，戦前にはカナダ，北米，中南米，東南アジア，中国東北部（日本が傀儡政権を置いた満州）などへ，さらに戦後はブラジルを中心とする南米へ多くの移民が渡った。戦後にこの政策を担った外務省の外郭団体である日本海外協力連合会はJICA（国際協力事業団）の前身であり，JICA横浜には海外移住資料館がある。

▶2　これらの地域の日本人移民や日系人のコミュニティあるいはエスニシティを扱った代表的な研究として，竹沢泰子『〈新装版〉日系アメリカ人のエスニシティー——強制収容と補償運動による変遷』（東京大学出版会，2017年），根川幸男『移民がつくった街サンパウロ東洋街——地球の反対側の日本近代』（東京大学出版会，2020年），前山隆『エスニシティとブラジル日系人——文化人類学的研究』（御茶の水書房，1996年），山田亜紀『ロサンゼルスの新日系移民の文化・生活のエスノグラフィー——新一世の教育ストラテジーとその多様性』（東信堂，2019年），和田博文・徐静波・西村将洋・宮内淳子・和田桂子『共同研究　上海の日本人社会とメディア――1870-1945』（岩波書店，2014年）などがある。

2 日本へ向かう人々

一方で，海外から日本へやってくる人も増加傾向にあります。コロナ前の2019年には在留外国人数が前年比7.4%増の約292万人と過去最多を記録し，総人口の約2.3%を占めるまでになりました。この数はオーストラリアの約29%，イギリスの13%，韓国の4.3%に比べれば小さく見えるでしょうが，日本の人口全体が減少していることを鑑みれば，見え方もまた違ってくるでしょう。

在留資格を見ると，「永住者」の27%に次いで多いのが「技能実習[3]」と「留学」で，合計で約25%を占めています。ただ，こうしたカテゴリーと数字で論じてしまうと個人の存在が埋没しがちです。実習生は実習だけを，留学生は勉強だけをしているわけでないのはもちろんで，彼らも税金や保険料を収め，食事をしたり恋愛をしたりする一人ひとりの生活者です。しかし，たとえば，外国籍の子どもには憲法で定められた就学義務はありませんし，実習生は実習先を変えることができないなど，国民と同等の人権が保障されているとは言いがたい面があります[4]。また，日本ではハラール[5]やベジタリアンに対応した食のサービスが諸外国に比べてきわめて少ない上に，あったとしても観光客向けが多く，生活者が日常的に利用することはまず想定されていません。2000年代からしきりに唱えられるようになった多文化共生（第2部⑯参照）ですが，マジョリティである日本人側が決定権を握っており，市民としての人権の尊重や生活者としての権利の獲得という発想は十分ではないのが現状です。

3 多文化社会の担い手としての私たち

多文化共生の対象が外国出身者を想定しているように，私たちは「多文化」と言う時，その単位を国や民族で考えがちです。しかし本章で学んできた通り，人の動きは外国への／からのものにとどまらず，国内でも活発ですし，移動にともなう文化の違いとの出会いは国外でも国内でも経験します。ここでは多文化をより日常的なものとしてとらえてみましょう。たとえば，災害等の緊急時に外国人へのアナウンス用に普及が進められてきた「やさしい日本語」は，今やユニバーサル言語として位置づけられようとしています。よりわかりやすい「やさしい日本語」は，誰にとっても易しく優しい日本語なのです[6]。

同じように，段差のないつくりの店内にノンアルコールやノンカフェインの飲み物に加え，ハラールやベジタリアンメニューが充実していれば，より多くの人が楽しい時間を過ごせるでしょう。状況によっては，あなた自身もそれらを必要とすることがあるかもしれません。つまり，誰かにとって優しい社会は，誰にとっても，もちろんあなたにとっても優しい社会なのです。こう考えると，私たちはみな多文化社会を構成する当事者であり，誰にとっても生きやすい社会を求め実現していくことは私たちの権利であり義務なのです。　（川口幸大）

▶3　外国人技能実習制度とは，管轄省庁である厚生労働省によれば，「技能，技術又は知識の開発途上国等への移転を図り，開発途上国等の経済発展を担う『人づくり』に協力することを目的と」する制度である。しかし，帰国後に技術移転が効果的になされているかが十分に把握されているわけではないし，まったく別の職に就いているケースも少なくない。実際のところ，技能実習制度は国内の労働力不足を補う制度として活用されてきたという面は否めない。

▶4　外国人児童について文部科学省は，各市区町村が義務教育の対象となる子どもを把握するために作成する学齢名簿の記載対象ではなく，あくまで希望すれば受け入れるという方針である。

▶5　ハラールとは，イスラーム法（シャリーア）において「許された」の意味。その対義語が「ハラーム」で，「禁じられた」を意味する。食について広く知られているのは豚肉とアルコールを摂取してはならないことだが，より多岐にわたる細かい決まりがあるし，宗派や社会によって解釈が異なる場合もある。人類学者が書いた入門書としては，阿良田麻里子『今日からできるムスリム対応――食のハラール入門』（講談社，2018年）がある。

▶6　次の文献を参照。庵功雄『やさしい日本語――多文化共生社会へ』岩波書店，2019年。

XV　人とモノの移動

5 移動とともにある私たち

1 迫られる移動と転置

私たちはさまざまな経緯や理由で移動したりしなかったりしますが，時にはかなり大きな力によって移動を迫られることがあります。戦争，迫害，災害，経済的困窮などの理由によって住む場所を離れざるをえない人は2022年5月に世界で総計1億人を超え，そのうち国内の他所に逃れた人を「国内避難民」，他国へ逃れた人を「難民」と定義しています[1]。同じ危機からの避難でも，国内と国外では扱いが異なるので，移動には国という存在が大きな意味をもつことがうかがわれます。難民の出身国としてはシリアが最多で，それに次ぐのがベネズエラです。一方で受入国としては最多がトルコで，コロンビアがそれに次ぐことから明らかなように，難民受け入れ国は難民出身国の隣国である場合が多いのですが，ヨーロッパではドイツが計220万人，イギリスも計23万人以上の難民を受け入れています。それに対して，日本が2021年に受け入れた難民は74人，申請者の大部分は棄却され，認定率は1パーセントにも届きません。難民の受け入れをめぐっては各国でもさまざまな論争や葛藤がありますが，今日の世界に生きているという点で誰もが当事者であることを考えれば，日本のこの状況は注記すべきです。

▶1　この部分も含め，以下難民関連の数字は国連UNHCR協会のホームページによった（https://www.unhcr.org/jp/）。

日本では難民は遠い世界の出来事のように思われて，当事者意識をもちづらいのかもしれませんが，2011年の東日本大震災によって最大で11万人が仮設住宅で暮らしていました。また統計に表れないケースも含め，親戚や知り合いのもとに一時的に身を寄せたり，転居したりした人を合わせれば国内避難民に相当する人は多数に上ります。さらに福島原発事故によって最多で16.5万人が避難者として県内外に避難していたほか，これには計上されない，警戒区域等以外からの自主避難者を合わせれば，その数はさらに膨大なものになります。また，避難区域は放射線量によって市町村単位で決まりますが，20ミリシーベルト以上なら危険で，それ以下なら安全と単純に割り切れるものではありませんし，そもそも放射線の広がりに行政単位の境は無関係です。人間の営みの1つである境界を区切ることの合理性と不合理性はここにも表れています。

人類学では，こうした難民や避難民，あるいは強制立ち退き等の大きな力によってもたらされた移動を「転置（displacement）」と呼び，その経験についての研究が進められています[2]。

▶2　日本語による代表的な研究に，久保忠行著『難民の人類学――タイ・ビルマ国境のカレンニー難民の移動と定住』（清水弘文堂書房，2014年）がある。

▶3　人類学者のファン・ヘネップ（van Gennep, A.）は通過儀礼について，日常の状態からの「分離」，どちらにも属さない非日常で

2 制限される移動

これとは逆に，移動が制限されるという経験が新型コロナウイルスによって私たちにもたらされました。ウイルスのいわば移動を防ぐために，私たち人間の国や県を越える移動や外出，感染者の隔離や濃厚接触者の自宅待機，飲食店等のついたてから個人がつけるマスクにいたるまで，無数の制限と境界が設けられたのです。海外からの入国・帰国者に要請されたホテル等での隔離は，その国にいながら外出も外部者との接触もできない非日常であり，一定期間の待機の後に受ける検査の陰性証明をもって通常の社会へと復帰できる，という意味ではまさに通過儀礼[3]のようでした。その一方で，隔離をあくまで要請としてホテルの滞在費や食事代等は国が負担した日本と，法的根拠に基づいて利用者負担とした他国など，対応が分かれた点もありましたし，日本では3食とも弁当やパンなど冷たい食事が出されたのに対して，温かい食事が提供された中国など，食に対する考え方の違いも如実に現れました。感染症はウイルスによる人体への作用という点では人類共通の現象ですが，その解釈や対応は社会によって大きく異なり，価値や認識の差が表れたわけです。

こうしたコロナウイルスの世界中への瞬時の蔓延は今日の激しい人の流れによるものです。そもそも野生動物に寄生するウイルスのヒトへの感染自体が，人類の増加と領域拡大による動物との予期せぬ接触の結果ですから，パンデミック[4]は広い意味で人の動きに起因しています。さらに，私たちはいくら移動を制限したり境界を設けたりしても，ウイルスの侵入だけを防ぐということは不可能だという事実も再認識しました。XV-1 の冒頭で述べた通り，私たちの今日の日常は食べるものや着るものから社交や娯楽にいたるまで，何ひとつ自己や自国だけでまかなえるものはないからです。それらをつくり，運び，売り，買い，使い，必要な処理を施すまでにはさまざまな人の手を介し，接触をともないます。私たちは，無数の人やモノや情報の動きと流れの網の目の中で生きており，一人ひとりがそれを構成する当事者なのです。

3 移動と文化人類学

このように，私たちはまさに移動とともにあり，なんらかの文化的事象を考えるにあたっては，移動という視点を看過するわけにはいきません。さまざまな動きと流れによって接触が生じ，関わりが深くなる一方で，新しい差異が見出されたり，壁や境界が作られ，そしてそれがまた崩されたりします。世界中で同じものが話題になり消費される一方で，世界は完全に均質的にはならず，ローカルな所作や嗜好が踏襲されもしますが，まったくの独立性や独自性が維持されることもありません。差異と類似性の中に有意な特徴を見出して思考してゆく文化人類学の特性は，移動研究でも活かされるでしょう。　（川口幸大）

ある「過渡期」，次なる状態への「再統合」という3つの段階から成ると論じた。XIII-2「人の一生と通過儀礼」とA.ファン・ヘネップ著，綾部恒雄・綾部裕子訳『通過儀礼』（岩波文庫，2012年）を参照。

以下の写真は，2021年に日本への入国者・帰国者に空港検疫で渡された入国審査の通知である。検査で陰性ならば入国でき，バスで施設に送られて隔離が始まる。すでに日本国内にはいるが，日常の文脈とは完全に切り離された非日常の移行期である。

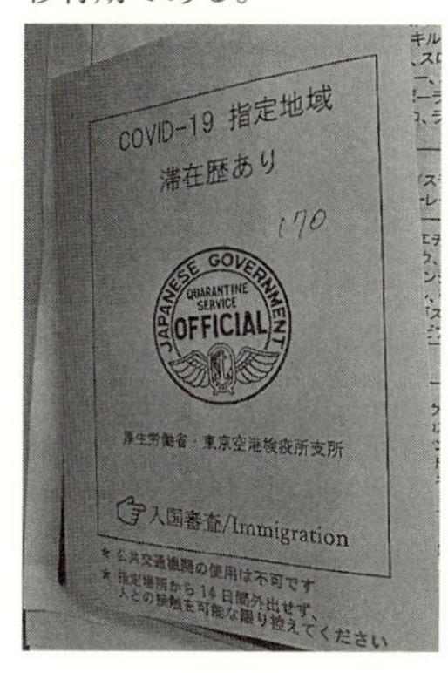

▶4 パンデミック（pandemic）とは「すべての人」というギリシア語（*pan* + *dēmos*）に由来する言葉であり，特に致死性の高い感染症が世界規模で流行した状態を指す。人類史上，天然痘，ペスト，コレラ，スペイン風邪など数千万人の死者を出した例もある。今回の新型コロナウイルスを扱った人類学の研究として，浜田明範・西真如・近藤祉秋・吉田真理子編『新型コロナウイルス感染症と人類学――パンデミックとともに考える』（水声社，2021年）がある。

XVI　観光と文化

観光現象と文化人類学

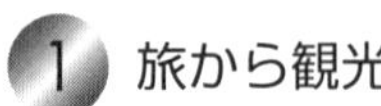

1 旅から観光へ

古来，人は旅をしてきました。しかし，観光という現象が始まったのは，そんなに昔のことではありません。旅と観光はどのように違うのでしょうか。「一人旅」という言葉があるように，「旅」は個人的な動機づけや体験を中心とするものです。それに対して「観光」は，集団的な行動を前提としています。たとえ一人で観光に出かけるにしても，そこでの体験はある種の共通の枠組みを前提としているのです。[1]

このような観光という現象を「まなざし」というキーワードをもとに整理した研究があります。イギリスの社会学者アーリ（Urry, J.）は『観光のまなざし』という著書の中で，「19 世紀以前には，上流階級以外の者が労働とか仕事と関係のない理由で何かを見に，どこかへ旅するということはまずなかった。この点が，近代社会での大衆観光の大きな特徴なのだ。つまり，大衆が基本的に労働と関係ない理由で，時期を問わずどこかへ出かけ，何かにまなざしを向け，そこに滞在するということである[2]」と述べています。それでは，彼らはどのようなものにまなざしを向けたのでしょうか。それについて，アーリは「夢とか空想を通して，自分が習慣的に取り囲まれているものとは異なった尺度あるいは異なった意味をともなうようなものへの強烈な愉楽への期待[3]」をもつことが「観光のまなざし」の枠組みとなっていることを指摘しています。つまり，観光という現象が成立するためには，労働に対する余暇が発生するとともに，夢想や空想をかき立てる「期待の枠組み」が成立していなければならないのです。

2 観光と文化人類学の類似点

文化人類学のフィールドワークと観光は対極にあると思われるかもしれません。たしかに，文化人類学という学問の枠組みを確立していく過程で「観光という営みとは異なる」ということが強調されてきました。しかし，そのように違いが強調されるのは，その背景にある種の類似性が感じられていたからです。つまりアーリの言葉を使えば，「まなざし」のあり方に共通性が見られるのです。「自分が習慣的に取り囲まれているものとは異なった」ものを空想を通して追い求めるという方向性において，観光と文化人類学は共通点をもっています。このような方向性を「ロマン主義[4]のまなざし」とアーリは規定しています。[5]

▶1　トマス・クック（Thomas Cook 1808-1892）が 1841 年に実施した禁酒大会への参加を目的とする団体旅行の企画が，「観光」のはじまりであるという見解が一般的である。詳細はピアーズ・ブレンドン著，石井昭夫訳『トマス・クック物語――近代ツーリズムの創始者』（中央公論社，1995 年）を参照。

▶2　ジョン・アーリ，ヨーナス・ラースン著，加太宏邦訳『観光のまなざし〔増補改訂版〕』法政大学出版局，2014 年，10-11 頁。

▶3　同上書，7 頁。

▶4　異郷や過去にユートピアを求めたり，夢や空想の世界にあこがれたりする文学・芸術上の思潮で，情念の解放への志向をもつ。19 世紀初めにヨーロッパで展開された。

▶5　アーリ，ラースン，前掲書，10 頁。

一方，観光が一時的な楽しみを求めるのに対して，文化人類学は長期にわたる現地社会での滞在という苦しみの経験を研究の前提としている点が，両者を区別する大きな違いです。[6] 結果としては同じような場所に出かけることも多かっただけに，文化人類学者は「自分は観光客とは違うのだ」ということを職業意識の支えにしてきました。したがって，文化人類学と観光は，意識の上では，水と油のような関係にあったといえます。

さて，文化人類学を学問分野として成立させるために，このような観光との切り分けが必要とされたのですが，そのことは，文化人類学自身が同じく含みもっている「ロマン主義のまなざし」が，文化人類学の研究対象をつくり出しているということを自覚するのを遅らせました。むしろ観光客のほうが，その経験がいずれは醒める一時的な夢であることをクールに自覚していたかもしれません。つまり，観光客は明らかに「近代」社会にその生活の基盤を置いていることを認識していたのに対して，文化人類学者は，自分は近代人でありながらも，「近代」からの脱出を夢想していたというわけです。

3 無意識の文化から意識化された文化へ

観光という現象と自身を切り分けることによって成立した文化人類学において，「文化」とは，人々の日々の生活を規制している枠組みのことであり，それは当事者自身には意識されていない行動の前提であると認識されていました。したがって，観光という意図的に仕掛けられた枠組みの中で，現地の人々が自分たちの文化を意識的にとらえ直し，状況に応じた取捨選択を行っていくというような側面は，本来の文化のあり方から逸脱したものとして，文化人類学者たちの視野から遠ざけられていました。観光客の存在を意識して提示されるような文化は，新たにつくり出されたものであり，本物ではないと考えられたのです。[7]

しかし，このような見方は，現地の人たちの「現在」を生きぬいていくための創意工夫を無視することにならないでしょうか。かつて文化人類学者が無意識の所産と考えていた現地の人々の文化が，いまやグローバル化[8]する状況の中で「交渉（negotiation）[9]」の対象となっているのです。その交渉に現地の人々が主体的に関わっていくことを支持していけるような文化概念を，21世紀の文化人類学は考えていく必要があります。

否応なく生じている観光という状況は，現地の人々とより大きな社会との間にさまざまな相互作用を生み出しています。[10] かつて目をそむけていた観光という現象を文化人類学の研究対象としていくことは，単に新しい研究分野を付け加えるというだけではなく，文化人類学がとらえる「文化」というものに対する見方の変更を要求しているのです。

（川森博司）

▶6 「苦しみを経た長期にわたる現地社会での滞在」というモデルを提供したのはマリノフスキーである。『西太平洋の遠洋航海者』（増田義郎訳，講談社学術文庫，2010年）の序論において，現地社会にとけこめず「絶望感，情けなさ」を感じる状況から，現地で起こったことが「なんでも掌のなかのようにわかる」状態に至るプロセスが述べられ，それが人類学者になるための「通過儀礼」として位置づけられるようになっていった。

▶7 観光の場における本物と偽物という問題については，ディーン・マキァーネル著，安村克己ほか訳『ザ・ツーリスト——高度近代社会の構造分析』（学文社，2012年）が理論的な検討をおこなっている。

▶8 人や物や文化が国境を越えて交錯していく状況。好むと好まざるとにかかわらず進行しており，多くの摩擦を生み出している。

▶9 立場が異なる者が互いに有利な条件を獲得しようとして，せめぎあうこと。西洋が非西洋に一方的に押しつけていたものに対して，非西洋の側から反論が起こってきている状況が背景にある。

▶10 太田好信「文化の客体化」（『〔増補版〕トランスポジションの思想——文化人類学の再想像』世界思想社，2010年，55-94頁）は，この問題の複雑性を十分にふまえつつ，観光の場のフィールドワークの方法論的展望を示している。

XVI　観光と文化

観光のまなざしと演じられる文化

観光のまなざしと現地の人々の対応

観光客の滞在時間は限られているので，観光客のまなざしが向けられる対象は限定されたものになります。つまり，現地に存在するさまざまな要素の中から選択が行われるのです。そして，現地の人々はそれに対して対応を行うことになります。ここで，アメリカの社会学者マキァーネル（MacCannell, D.）の「観光客の本物志向[1]」という議論を取り上げてみることにしましょう[2]。他人の「リアルな生活」の中に観光客は独自の魅惑を感じ，滞在地においてそのような体験を求めることになると彼は言います。そうすると，観光客たちが現地の人々の日常生活の舞台裏に容赦なく侵入してくる恐れが生じてきます。現地の人々の側からすると，自分たちの生活を観光客のまなざしから自己防衛する必要が生じてくるのです。このような現地の人々の，観光客を受け入れつつも自分たちの生活を観光客から守っていくという，微妙なバランス感覚を必要とする対応のあり方に，われわれは注意を向けていく必要があります。なぜなら，文化人類学は現地の人々の視点に立つことを出発点とする学問だからです。

2　文化観光と演じられる文化

「演じられる文化」ということを考えてみましょう。グレイバーン（Graburn, N.）は，観光の類型を「文化観光」と「自然観光」に大別しています[3]。ここで問題になるのは「文化観光」のほうです。たとえば，「文化観光」の代表的な例として研究が進んでいるインドネシアのバリ島の場合，観光のまなざしの対象となっているのは伝統芸能です。バリに対して，観光客たちは「最後の楽園」「神々の島」「芸術の島」というキャッチフレーズに要約されるような「期待の枠組み」をもつようになりました[4]。そして，2019年には１年間に630万人余りの外国人観光客を世界各地から集めるようになっています[5]。

ところで，永渕康之によれば，「神々の島」「芸術の島」というイメージは，メキシコ人の画家コバルビアスの英語の著書『バリ島』（1937年）で示された文化観に由来するとのことです。そして，そのようなイメージを今度はバリの人々が取り入れて，芸能を演じることになったのです。ヴィッカーズ（Vickers, A.）は「1950年代以降のバリ人とそれ以外のインドネシア人は，観光開発によってバリを近代化し，同時にバリの伝統を守り続けるための手段として，楽園

▷１　英語では authenticity という言葉によって議論される。観光客と地元民で「本物」に対する感覚にズレがあることに注意が必要である。

▷２　ディーン・マキァーネル著，安村克己ほか訳『ザ・ツーリスト──高度近代社会の構造分析』学文社，2012年。

▷３　ネルソン・H. H. グレイバーン「観光──聖なる旅」ヴァレン・L. スミス編，市野澤潤平・東賢太朗・橋本和也監訳『ホスト・アンド・ゲスト──観光人類学とはなにか』ミネルヴァ書房，2018年，37-39頁。

▷４　山下晋司『バリ観光人類学のレッスン』東京大学出版会，1999年。永渕康之『バリ島』講談社現代新書，1998年。

▷５　山下，同上書，81頁。

▷６　エイドリアン・ヴィッカーズ著，中谷文美訳『演出された「楽園」──バリ島の光と影』新曜社，2000年，338頁。

の中の楽園という1930年代のバリ・イメージを守ったのだ[6]」と述べています。このようにバリにおいては観光の場で演じられることによって，伝統芸能が活性化され，新たな形式も創造されていくことになりました（参考：図16-1)。

図16-1　内モンゴルにおける民族文化のパフォーマンス
出典：桑山敬己提供（2017年7月)。

3 生活の領域の防衛

ここで，観光のまなざしに対する現地の人々の対応を，３つの側面から考えてみることにしたいと思います。第１に，現地の人々が観光に関わることによって経済的利益を得たり，搾取されたりするという側面，第２に，現地の人々が観光に関わることによって自分たち自身のアイデンティティ[7]をつくり上げていくという側面，第３に，現地の人々が観光の圧力の侵入から自分たちの生活を防衛するという側面です。

山下晋司は「私はバリの文化伝統がたんに保存されたというより，シュピースをはじめとする芸術家や人類学者たち，さらにこの島を訪れた観光客のまなざしのなかで再創造されたという点を強調したい[8]」と述べています。このように，一般に伝統的で固定的だと思われている文化を，自己と他者のダイナミックな相互作用の中でとらえ直していく視点は重要です。しかし，ここでさらに注目しておきたいのは，「観光のまなざし」に対応して文化を演じることによって，自分たちの日常的な生活文化を防衛しているという側面です。

まず，観光の場で伝統芸能を演じることにより，現地の人々の雇用の場がつくり出されるという側面があります。たとえば，ケニヤでマサイの人々が外国人観光客のために演じる芸能のパフォーマンスを検討したブルーナー（Bruner, E.）は，「上演で得た収入によって，彼らは牧畜の規模を拡大し，自分たちの文化を維持している[9]」とその経済的側面と文化との関連を分析しています。このように観光による経済的利益が文化の自律性を高め，文化的アイデンティティの形成を促進していくという可能性が考えられます。しかし一方で，搾取的な雇用形態によって経済的余裕はなく，また時代錯誤のステレオタイプを演じさせられることで誇りを傷つけられるという可能性も考えられます[10]。経済的側面とアイデンティティの関係は，一般論で裁断するのではなく，個々のケースをきめ細かに分析していく必要があるのです。その際，鍵になるのは，演じられる文化と日常の生活文化の関係です。「演じられる文化」によって「観光客の本物志向」を満足させることができれば，日常的な生活の領域に観光客が侵入してくるのを防ぐことができます。すると結局，「演じる」主導権を現地の人々が確保し，自分たちの誇りを保った形で「演じられる文化」をつくり出せているかどうか，ということが問題になってきます。（川森博司）

▶7　最近の研究では，アイデンティティが状況に応じてつくり直されていく過程が注目されている。ヘンドリー（Hendry, J.）は「モノ・人・思考がグローバルに拡散することで，さまざまな局面で自分のアイデンティティを見直そうとする動きが見られるようになった」と述べている（ジョイ・ヘンドリー著，桑山敬己・堀口佐知子訳『〈増補新版〉社会人類学入門――多文化共生のために』法政大学出版局，2017年，296頁)。

▶8　山下，前掲書，55-56頁。

▶9　エドワード・M. ブルーナー著，安村克己ほか訳『観光と文化――旅の民族誌』学文社，2007年，99頁。

▶10　アイヌ観光においても，このような事例が見られた。計良智子ほか『新版近代化の中のアイヌ差別の構造』(明石書店，1998年）は，1981年に発生したある旅行社による差別広告事件をめぐって，「時代錯誤のステレオタイプ」の押し付けを問題化した。

XVI　観光と文化

3 文化遺産とノスタルジア

1 観光化と文化遺産化

多くの地域が観光化していくということと並行して，文化遺産化という現象が進行していくことになりました。文化遺産化とは何でしょうか。社会学者の荻野昌弘は，「他者の文化をそのまま受け入れ，評価し，研究するという一種の欲望があって，初めてモノは文化遺産となるのである[1]」と述べています。そして，この文化遺産化の進行の背後には「他者の生産物を所有したい」という「博物館学的欲望」が存在すること，また，「博物館学的欲望」は「モノを永久保存しよう」とする特徴と「本物を探し求める」という特徴をもつことを指摘しています[2]。かつては西欧社会が非西欧社会に対して一方的に「博物館学的欲望」を向けたのですが，現代はそれが世界各地に，そして多くの階層に広がっている時代なのです。

ここで，保存と観光との関係を考えてみましょう。保存の場合はモノをそのままの形で凍結しようとするのに対し，観光の場合は観光客の期待に合うようにモノを変形させるという違いがあると思われるかもしれません。しかし，観光客の期待は変形されたモノを見ようとすることではありません。むしろ，観光客も「博物館学的欲望」を分けもっていると考えたほうがよいでしょう[3]。すると，保存と観光は別のものではなく，「博物館学的欲望」によって保存の対象となった文化遺産が，観光の対象になっていくという構図が浮かび上がってきます。

2 ノスタルジアの対象としての文化遺産

今はなくなってしまったものがかつての姿のままで保存されている場合，あるいは，今はもう身の回りから消えてしまったかつての風習が目の前で再現された場合，われわれはノスタルジア（懐かしさ）を感じます。観光客が文化遺産を訪れる際，ノスタルジアを体験することが期待の枠組みとなっています。それでは，文化遺産を維持している現地の人々は，当の文化遺産に対してどのようなまなざしを向けているのでしょうか。先に挙げた「演じられる文化」に属するものを例にして考えてみることにしましょう。

岩手県遠野市では「とおの物語の館」という観光施設で，地元の語り手による昔話の実演が行われています[4]。家庭内で昔話を語り伝えるという行為は，か

▷1　荻野昌弘「文化遺産への社会学的アプローチ」荻野昌弘編『文化遺産の社会学――ルーヴル美術館から原爆ドームまで』新曜社，2002年，6頁。

▷2　同上論文，6-9頁。

▷3　岩手県遠野市における川森の調査においても，観光客が「昔のものが壊されずにそのまま残っている」ことに対する期待を保持している状況が確認されている。川森博司「ふるさとを演じる――遠野におけるノスタルジアと伝統文化の再構成」山下晋司編『観光文化学』新曜社，2007年，111頁。

▷4　川森，同上論文，110-111頁。

▷5　柳田國男は日本の代表的な民俗学者（1875-1962）。その著作は今も現代を生きるための切実な関心をもって読まれている。代表的著作は『先祖の話』（1946年），『海上の道』（1961年），『桃太郎の誕生』（1933年）など。

つて日本の農村において幅広く見られたのですが，今ではわざわざ観光に出かけて体験するものになっているのです。それでは，なぜ遠野なのでしょうか。そのもとになっているは，1910年に柳田國男[5]が刊行した『遠野物語』[6]のイメージです。『遠野物語』の存在と「民話のふるさと」というキャッチフレーズによる広報活動によって，遠野では今でもかつての古い昔話が語り継がれているのではないかという観光客の期待の枠組みが形成されていきました。つまり，『遠野物語』のイメージが流布することによって，遠野に語り継がれる昔話は保存すべき本物であるという「博物館学的欲望」がつくり出され，遠野の昔話は観光客たちから文化遺産としてのまなざしを向けられるものになったと見ることができます（図16-2）。

図16-2 観光客に昔話を語る遠野の語りべ
出典：筆者撮影（2002年2月）。

しかし，昔話観光が成り立つためには，地元で昔話が文化遺産化され，演じられる文化として確立していなければなりません。つまり，地元でも昔話に対する「博物館学的欲望」をつくり出す必要があります。高度成長期以降，家庭の囲炉裏端で昔話を語る機会はなくなってきたものの，遠野の多くの人々の記憶の中には父母や祖父母から聞いた昔話の語りが自然に残っている状態でした。地元でそれが特別なものとして意識されるには，外部からのまなざしとそれに対応しようとする地元の行政の努力が必要だったのです。

3 本物を演じる

「演じられる文化」にとって本物とは何でしょうか。博物館に展示される「モノ資料」と違って，その本物らしさは上演のたびにつくり直されていくものです。遠野で観光客に昔話を語ることになった語り手の場合，そのもとになったのは，頭の中に残っている昔話の記憶と地元の古い方言を使いこなす技量でした。この2つの資源を地元の多くの老人たちはもっていました。しかし，それを昔話の語りの場で活かすためには，もとの形を現代に蘇らせようという「博物館学的欲望」を自分の側に取り込んで，懐かしい語りのリズムを再構成していく意識的な努力の過程が必要でした。

このようにして再構成された昔話の語りに観光客が本物らしさを感じるのは，現在の遠野の日常の言葉よりも昔話の語りの言葉が古びた懐かしい響きをもっているからです。昔話の語り手は，現代の日常的な方言と昔話の古い方言の間を行き来することによって，本物の昔話の語りを演じているわけです[7]。再構成されたものであるといっても，このような語りは簡単に真似のできるものではありません。意識的な努力により「本物を演じる」ことが外部から評価される場合，地元の人々の誇りにつながっていく可能性があります[8]。文化遺産の担い手の意識のありように，われわれは注目していく必要があるのです。（川森博司）

▶6　柳田國男が，岩手県遠野出身の青年，佐々木喜善から聞き取った口頭伝承をまとめた書物。序文に「これを語りて平地人を戦慄せしめよ」とあるように，山の神，山人と村人との関わりなどがリアルに描かれている。

▶7　このプロセスについては，川森博司「ふるさとイメージをめぐる実践——岩手県遠野の事例から」（『岩波講座文化人類学　第12巻　思想化される周辺世界』岩波書店，1996年，169-172頁）において，詳細に論じられている。

▶8　地元の人々が観光の場を「意識的な努力」の場として主体的に活用していける状況にあるかどうかを見きわめることが，フィールドワークの重要なポイントになる。

XVI　観光と文化

情報化社会における観光体験

情報化社会と「アニメ聖地巡礼」

イギリスの社会人類学者ヘンドリー（Hendry, J.）は，現代社会の特徴を「つながりあった世界（connected world）[1]」という言葉で表現しています。その背景にあるのは，高速で安価な交通手段の整備と急速なIT環境の進展です。このような状況において生じているのが，発達した情報環境において形成されたある土地についてのイメージが，特定の風土に根ざした伝統的な文化を凌駕していく現象です。その端的な現れとして，日本において21世紀に入って盛んになった「アニメ聖地巡礼」を挙げることができます。

「アニメ聖地巡礼」とは「アニメやゲーム，マンガ等，オタク系文化のコンテンツ作品の背景として描かれた場所を訪ねる行為[2]」です。岡本健は「アニメ聖地巡礼者は，地元住民の価値基準からしてみると観光資源とはなり得ないようなものをありがたがったり，カメラを向けたりすることになる[3]」と指摘しています。現実の地理的な場所としての知識よりも，アニメ作品に由来するイメージのほうが先行しているわけです。このような観光者と地元の人々の交流は難しそうに見えますが，実際には「地元住民は，最初は不思議に思い，場合によってはオタクに付随するネガティヴなイメージを持つが，直接関わりを持つことによって印象は好転することが多い[4]」と岡本は述べています。このような相互作用をとらえるためには，現地でのフィールドワークが重要になります。

それぞれの土地に根ざした文化を尊重する従来の文化人類学の視点からすると，「アニメ聖地巡礼」のような現象は逸脱行為の現れとしてとらえられるでしょうが，「つながりあった世界」を対象とする21世紀の文化人類学としては，むしろ積極的に取り組むべき現象と考えられます。

2　「浅い経験」とインバウンド

「アニメ聖地巡礼」のような現代的な現象ではなく，従来からある四国八十八ヶ所などの巡礼ツアーも，現在では情報化社会の枠組みの中にあります。門田岳久は，巡礼ツアーにおいては「効率性・合理性を追求した産業的世界」と「それらの侵入を最小限に留め，ツーリストたちの行為空間を彩っていく宗教世界[5]」が混然一体となって絡み合っていると分析しています。そして，巡礼ツアー参加者は「神秘主義的で超越的な宗教の世界へ深く入っていくことがなく

▶1　ジョイ・ヘンドリー著，桑山敬己・堀口佐知子訳『〈増補新版〉社会人類学入門――多文化共生のために』法政大学出版局，2017年，274-304頁。ヘンドリーは，IT環境の発達により「人々は対面交渉なしにコミュニティを形成し，そこで世界観を共有する仲間と接触するようになってきている」（275頁）と指摘している。

▶2　岡本健『アニメ聖地巡礼の観光社会学――コンテンツツーリズムのメディア・コミュニケーション分析』法律文化社，2018年，75頁。

▶3　同上書，88頁。

▶4　岡本健『n次創作観光――アニメ聖地巡礼／コンテンツツーリズム／観光社会学の可能性』NPO法人北海道冒険芸術出版，2013年，73頁。

▶5　門田岳久『巡礼ツーリズムの民族誌――消費される宗教経験』森話社，2013年，122-123頁。

▶6　同上書，331頁。

▶7　オーバーツーリズムについては，中井治郎『パンクする京都――オーバーツーリズムと戦う観光都市』（星海社新書，2019年）が，京都在住者の視点からインバウンドと地元住民の相互作用を描き出している。

とも『満足』している[6]」という参与観察に基づいた見解を示しています。

このような「浅い経験」を積極的にとらえ返していくことが，観光の場のフィールドワークにおいては重要です。たとえば，京都に殺到するインバウンドの観光客は，地元住民にとって迷惑なオーバーツーリズム[7]を引き起こす存在として，しばしば否定的にとらえられてきました。しかし，彼ら／彼女らはなぜ神社・仏閣を観光資源の中核とする京都にわざわざやってくるのでしょうか。そこには「浅い経験」であっても異文化に触れようとする主体性があるのではないでしょうか。たとえば，伏見稲荷大社の千本鳥居は「インスタ映え」のスポットとして人気を集めているのは確かですが，それに加えて何かそこに行く体験として人を惹きつけるものがあり，それがネット上の書き込みや口コミによるさらなる集客につながっていると考えられます[8]。

また，「浅い経験」とは必ずしも「薄い経験」あるいは地元住民との没交渉を意味するのではなく，適切な距離のあり方を示すものと考えれば，大衆レベルでの異文化理解の回路として観光経験[9]を位置づけていくことが，文化人類学の課題になってきます。

3 「場所の虚構化」と「開かれた社会」

情報化社会の特徴として「場所の虚構化」という傾向が見られます。「ディズニーランド化」という現象は，それを端的に示しています。若林幹夫は「都市空間のディズニーランド化とは，そもそもその場所と必然的な結びつきはもたないが，人々にとって魅力的な『お洒落さ』や『可愛さ』を表示する記号の系列を並べることで，そうしたイメージを表象する舞台のように都市空間を演出してゆくことである[10]」と述べています。郊外化が拡散していくにつれて，このような傾向は地方にも及んでいます。観光の場においても「風土の虚構化」という現象が生じていると須藤廣は論じ，その例として，鎌倉，清里，軽井沢，由布院，小樽，境港，門司港などを挙げています[11]。

このような状況に対して，文化人類学はどのように対応していけばよいのでしょうか。20世紀の文化人類学のキャッチフレーズは「現地の人々の視点から(from the native's point of view)[12]」でしたが，観光の人類学においては，それとともに「観光客自身の視点」に寄り添う形で研究を進めていくことも重要です。特定の共同体の研究に限定されなくなることから，ギアツ（Geertz, C.）の「人類学者は村落を研究するのではなく，村落において研究するのである[13]」という視点が，新たな意味を帯びてきます。「場所の虚構化」という状況は，異質な価値観をもつ者が観光の場で出会う際には，より自由度の高い開かれた文化を創造していくための出発点にもなりえます。21世紀の文化人類学のフィールドワークの対象として，観光の場に身をおくことは，情報化社会において等身大の現実と出会う貴重な機会を提供してくれるのです。

（川森博司）

▶8　旅行口コミサイトとして世界最大の閲覧数を持つトリップアドバイザーの「外国人に人気の日本の観光スポット」のランキングにおいて，伏見稲荷大社は2014年，2015年の1位にランクされ，「何本もの朱色の鳥居に囲まれた聖域。本当に神秘的」「幻想的な雰囲気」「畏敬の念を覚えた」などの口コミが投稿された（昭文社編集部，ウララコミュニケーションズ（柄澤正明）編『行ってよかった　外国人に人気の観光スポット』昭文社，2016年）。

▶9　「観光経験」については，橋本和也『観光経験の人類学――みやげものとガイドの「ものがたり」をめぐって』（世界思想社，2011年）が具体例に基づく幅広い議論を展開している。

▶10　若林幹夫『郊外の社会学――現代を生きる形』ちくま新書，2007年，28頁。

▶11　須藤廣『ツーリズムとポストモダン社会――後期近代における観光の両義性』明石書店，2012年，57-79頁。

▶12　マリノフスキーは『西太平洋の遠洋航海者』（増田義郎訳，講談社学術文庫，2010年）において，「目標は簡単にいうと，人々のものの考え方，および彼と生活との関係を把握し，彼の世界についての彼の見方を理解することである」（65頁）と述べている。

▶13　クリフォード・ギアーツ著，吉田禎吾ほか訳『文化の解釈学Ⅰ』岩波書店，1987年，38頁。

XVII　先住民

1 先住民とその生成の歴史

1 先住民の総人口

カナダやニュージーランドなどの国々には,「先住民（indigenous people）」や「先住民族（indigenous peoples）」と呼ばれたり，自称したりする人々がいます。[1] 国連の先住民問題常設フォーラムによると，世界におけるその総人口数は約3億7,000万人であり，70か国に住んでいるといわれています。[2] 一方，同じ国連の「人種差別反対」のウェブサイトでは，先住民の総人口は4億7,600万人以上で，90か国に住んでいると記載されています。それは地球の総人口の6.2%に相当し，500以上の独自の集団が存在しているといわれています。[3] 不思議なことに同じ国連に属する機関の間でも先住民の人口数に違いが見られます。それはなぜでしょうか。答えは,「先住民」の定義が機関や国家，研究者らによって異なるからです。

先住民や先住民族という概念は，土地権や人権などの諸権利の保障と関係するきわめて政治的な用語であり，歴史的に創り出されてきました。言い換えれば，先住民や先住民族はある歴史的な条件下で出現した，もしくは創り出された人々や集団を指す概念です。

2 先住民とは誰か

「先住民」という概念は，国家の中で特別な条件を有する個人や人々を指す言葉として1980年代から盛んに使用されるようになりました。[4] しかしながら，先住民の実態が多様であるために，それを定義することはきわめて困難です。

国連では1983年に特別報告者コーボ（Cobo, J. M.）が提出した報告書「先住民への差別問題に関する研究」の「作業上の定義」が広く使われています。同定義には，先住民の構成条件として，(1)先住性，(2)歴史的継続性，(3)文化的独自性，(4)被支配性，(5)自己認識，の5つの要素が指摘されており，自己認識がその中心に位置づけられています。[5] この考え方に基づけば，先住民とは，特定の国家や地域に他の人々が移動してくる以前から住んでいたが(1)，後続の移住者の増加によって国家の中で政治経済的少数派となり，政治的に支配されている(4)，社会・文化的な歴史的連続性(2)と独自性(3)，および特定の集団への帰属意識(5)をもつ人々を意味します。

「先住民」が個々人や総称を指すのに対し,「先住民族」は先住民の集団を意

▶1　先住民（族）の名称は，国や時代によって異なっている。かつてはnative people(s)などと呼ばれたが，現在の米国ではNative Americans，カナダではFirst People(s)，オーストラリアではAboriginal(s)などの呼称が使用されている。なお，国連等の国際機関ではindigenous people(s)を用いることが多くなっている。

▶2　以下の国連の先住民問題常設フォーラムのファクト・シートのサイトを参照。https://www.un.org/esa/socdev/unpfii/documents/5session_factsheet1.pdf（2024年11月現在）

▶3　以下の国連の「人種差別反対」のサイトを参照。https://www.un.org/en/fight-racism/vulnerable-groups/indigenous-peoples（2024年11月現在）

▶4　窪田幸子「序論　普遍性と差異をめぐるポリティックス――先住民の人類学的研究」窪田幸子・野林厚志編『「先住民」とはだれか』世界思想社，2009年，1頁。

味します。国際法では，民族は政治的に独立し，自決できる単位であると考えられています。このため，多くの先住民は，先住民族と呼ばれることを求めてきました。一方，国家によっては先住権や独立権をもつ先住民族という用語の使用を避け，少数民族と呼ぶ場合や，国家が特定の集団を先住民族であることは認めるものの，国家からの独立を前提としない場合があります。

1990 年前後になるとアフリカやアジアでエスニック・マイノリティが先住民運動に参加するようになります。彼ら／彼女らは自らが置かれている窮状がヨーロッパの植民地主義の産物としての先住民族の経験に類似している点を強調し，国連宣言草案の適用対象として自分たちを含めるよう要求しました。このような変化の中でダエス（Daes, E-I A. 国連人権委員会差別撤廃・少数者保護小委員会議長）は，先住性を先住民の必要条件としないという考え方を提示しました。1990 年代以降，この見解がグローバルに共有されていきました。[6]

▶5　小坂田裕子「なぜ先住民族と法を考えるのか」小坂田裕子・深山直子・丸山淳子・守谷堅輔編『考えてみよう　先住民族と法』信山社，2022 年，7 頁。

▶6　同前書，8 頁。

3 植民地化と先住民の生成

先住民の出現は，15 世紀末に始まる大航海時代以降のヨーロッパ社会の世界進出と，その後の植民者国家の形成と深く関わっています。南北アメリカやオセアニアの現地人は，ヨーロッパ人との接触，その後の植民地化，国家の形成およびその国家への強制的統合を体験しました。ヨーロッパ人らがもたらした伝染病，過酷な政治支配や経済的搾取，社会的差別，文明化によって多数の人々や人間集団が消滅させられたり，消滅の危機に陥ったりしました。

しかし，カナダやアメリカ，オーストラリア，ニュージーランドなどでは，20 世紀後半以降，先住民の人口数や文化は復興を遂げつつあり，政治的自律化の道を歩みつつあります。植民者国家の形成との関連で先住民社会の歴史を第 3 者的な視点から整理すると，大まかな歴史の流れは【自律期→接触期→（被）植民化期→（被）同化期→再自律化期】として把握することができます。[7]

世界各地の先住民は，ヨーロッパ人やロシア人，漢人，和人らによる特定の土地への植民・植民地化の過程で生み出されてきた歴史的被害者という側面を持ちます。たとえば，カナダではヨーロッパ人が移住し，国家を形成する過程において，伝染病による先住民人口の減少や，キリスト教化や寄宿学校制度を含む同化教育などにより，伝統文化や母語の喪失が引き起こされたとともに，「インディアン法」などの法律によって伝統的な文化・宗教活動が禁止されたりしました。しかし，特に 1950 年代以降の先住民運動[8]や文化復興運動の盛り上がりによって，国家と先住民との政治的関係は大きく改善されてきました。

1970 年代になると北アメリカや北欧の国々でも先住民運動は盛んになり，先住民にまつわる問題は国家の課題となりました。1980 年代になると先住民問題を国連などが国際的問題としても取り上げるようになりました。

（岸上伸啓）

▶7　スチュアート・ヘンリ「先住民の歴史と現状」窪田幸子・野林厚志編『「先住民」とはだれか』世界思想社，2009 年，16-37 頁。

▶8　先住民運動とは，先住民が土地や生業，言語，教育ついての諸権利の獲得をめざす社会的活動のことである。

XVII　先住民

先住民の現状と未来

先住民の現在：グローバルな先住民運動の出現

20世紀後半における世界各地の先住民の状況は，先住民と彼ら／彼女らが属している国家との関係によって大いに異なります。カナダやアメリカ，オーストラリア，ニュージーランドのように中央政府が先住民問題を取り上げ，対応を試みてきた国家もあれば，たとえばグアテマラのように1980年代に政府軍がマヤ系の先住民を集団虐殺したといわれている国家や，ブラジルのように1960年代以降の鉱山や森林の開発，農業や工業の拡大によって先住民が土地を奪われたのみならず，環境被害を受けてきた国家も存在しています。

一方，20世紀後半から世界各地の先住民が，土地の権利や人権を求めてグローバルな先住民運動に参加しはじめました。この運動には，世界各地の先住民の社会的・政治的・経済的窮状を憂慮した国際連合や，国際人権NGO／NPOの活動が深く関与しています。

国連総会は1993年を「世界の先住民の国際年」と宣言し，それに続いて，1995年から2004年を「世界の先住民の国際の10年」，2005年から2014年を「第2次・世界の先住民の国際の10年」と決めました。また，2007年には，世界各地の先住民が参加し作成した「先住民族の権利に関する国連宣言」（以下「国連宣言」）が国連総会において採択されました。この宣言は，文化，アイデンティティ，言語などに関する先住民の個人および集団の権利を規定し，それらを実現させる権利があることを強調しています。[1] この国連宣言は，先住民の権利を規定するILO第169号条約，先住民の権利を保障するようになった自由権規約や人種差別撤廃条約等の人権条約とともに，先住民運動を支える国際法的ツールとなりました。[2]

このような世界的な動向の中で，1990年代から国際連合の諸機関や国際人権NGO／NPOからの支援や協力のもとで，先住性の確定が難しいアフリカのボツワナ共和国のエスニック・マイノリティであるサン（San 南部アフリカのカラハリ砂漠地域に古くから住み，遊動的な狩猟採集生活を営んできた人々の総称）のような人々も「先住民」と名乗り（名付けられ），先住民の本来もつことができる諸権利の実現に向けた先住民運動に参加するようになりました。[3] また，インド／ミャンマーのナガ（Naga）のように国境を越えてアジア地域の他の先住民集団とネットワークを形成し，先住民運動を展開している場合もあります。[4]

▷1　以下の国際連合広報センターのサイトを参照。https://www.unic.or.jp/activities/humanrights/discrimination/indigenous_people/

▷2　小坂田裕子「なぜ先住民族と法を考えるのか」小坂田裕子・深山直子・丸山淳子・守谷堅輔編『考えてみよう　先住民族と法』信山社，2022年，5頁。

▷3　丸山淳子「ボツワナ　アフリカの先住民族とは誰か」小坂田裕子・深山直子・丸山淳子・守谷堅輔編『考えてみよう　先住民族と法』信山社，2022年，189-190頁。丸山淳子「先住性と移動性の葛藤——ボツワナの狩猟採集民サンの遊動生活と土地権運動」深山直子・丸山淳子・木村真希子編著『先住民から見る現代世界——わたしたちの〈あたりまえ〉に挑む』昭和堂，2018年，251-254頁。

▷4　ナガ人の先住民化や先住民運動については，下記を参照。木村真希「国家を超えた先住民族ネットワーク——インド／ミャンマーのナガ民族とアジア先住民族連合」深山直子・丸山淳子・木村真希子編『先住民から見る現代世界——わたしたちの〈あたりまえ〉に挑む』昭和堂，2018年，169-188頁。

2 多様な先住民が直面する共通課題

21世紀に入ると世界各地の先住民は，国連の諸機関や国際人権NGO／NPO，および他地域の先住民と連携しながら，先住民としての諸権利獲得に向けた活動や脱植民地化の動きをさらに加速化させています。この4半世紀の間に各国で先住民問題の解決や改善が試みられてきましたが，多くの問題が未解決のままであり，所属国家は違っても共通の難題を抱えています。

たとえば，カナダの先住民（First People）は，カナダの先住マイノリティとして，政治問題（脱植民地化および自決権や自治権の獲得，土地の所有権や利用権に関する問題，遺骨・文化財返還問題，聖なる地の保全など），経済問題（就業や失業の問題，貧困など），食料問題（食料不足など），社会問題（アルコール・薬物依存，性的な暴力，家庭内暴力，自殺，社会的差別など），文化問題（母語やアイデンティティ，伝統的文化や知識，文化財の喪失と継承など），健康・保健問題（平均余命の低さ・健康被害など），環境問題（気候変動や環境汚染など），教育問題（学業の達成度の低さや高いドロップ・アウト率など）などに直面しています[5]。世界各地の先住民は，カナダ先住民と同様に（もしくはそれ以上に）深刻な課題と直面しつつ，不安定な生活を営んでいます。

3 先住民の未来

1970年代以降，世界各地の先住民は，各国において先住権や人権の獲得をめざして先住民運動に参加してきました。1990年代にはその運動は，国連の諸機関や国内外の人権NGO／NPOや他国の先住民と連携するようになり，SNSなどの利用も相まって急速にグローバル化し，国家を超えた動きにまで発展しました。そして先住民の諸問題は部分的には改善されたり，解決されたりしつつあります。その1例が，アオテアロア（Aotearoaマオリ語でニュージーランドを意味する語）のマオリが国際法を用いて国連の場で主張した，オークランドの南部郊外に位置するマオリの集落遺跡や農業遺跡が存在するイフマータオ地区の開発反対運動です[6]。マオリは国内での運動を継続する一方で，SNSを駆使するとともに，国連において国際法を根拠に訴えるという行動をとり，この反対運動を成功させました。このように，世界各地の先住民の努力が，国内外からの協力や支援を得ることによって，少しずつ結実しつつあるといえます。その一方で，国家が先住民の政治的自律化を促進させるための施策と制度が新たな間接的な支配・被支配関係を生み出しており，新たな植民地主義[7]が台頭しつつあるという指摘があります。

近年，カナダなどでは国家と先住民との間での「和解」を介した相互理解と相互承認に基づいて，先住民は国家の中で他の多様な人々との共生をめざしつつ政治的自律化への道を模索しています。（岸上伸啓）

▶5 タニヤ・タラガ著，村上佳代訳『命を落とした七つの羽根──カナダ先住民とレイシズム，死，そして「真実」』青土社，2021年。タニヤ・タラガ著，村上佳代訳『私たちの進む道──植民地主義の陰と先住民のトラウマを乗り越えるために』青土社，2022年。

▶6 深山直子「ニュージーランド──どのような法制度が先住民族運動に活用されるのか」小坂田裕子・深山直子・丸山淳子・守谷堅輔編『考えてみよう　先住民族と法』信山社，2022年，164-168頁。

▶7 新植民地主義（ネオ・コロニアリズム）とは，ある国家が国内の先住民を保護し，援助するという形で間接的な支配を維持しようしていることを意味する。

先住民研究の動向：課題と方法

1　先住民研究の出現と変化

1980年頃まで，大半の文化人類学者は自らの関心に基づいて世界各地の諸民族の文化や社会を調査研究していました。これらの調査研究では，調査する側（研究者）と調査される側（現地人ら）に明確に分かれていました。また，調査者は，調査対象集団を狩猟採集民や農耕民などのように，分類し，特徴づけて研究することが一般的でした。しかし1980年代頃からこれらの同じ集団や人々を先住民として研究することが始まります。

アメリカやカナダでは1990年前後から「先住民研究[1]」という分野が出現し，大学に先住民研究学部[2]が創設されはじめました。オーストラリアやニュージーランドでも同様な傾向が見られましたが，若干状況が異なっています。ニュージーランドの「マオリ学」や「マオリ学部」は非マオリを排し，マオリ出身のマオリ研究者を育成する教育研究機関です。一方，アメリカやカナダの先住民研究学部は，先住民学生の教育や研究者育成に最大の力点が置かれているものの，非先住民の学生を必ずしも排除するものではありません。

世界各地の先住民はさまざまな解決すべき諸問題に直面してきました。このため先住民研究は，それらの問題の改善や解決を目的とする実践的研究が多かったのです。関係政府や先住民団体から依頼を受けた研究者が調査を行い，問題解決について政府や先住民グループに提言を行う「研究者による提言型研究」が主流でした。しかし，1980年代以降は徐々に研究者と先住民グループがともに参加して調査を行い，その成果を問題解決のために活用するという「研究者と先住民による協働型（collaborative）研究」が増加しはじめました。また，1990年代以降になると先住民グループが主導する研究が増加し，自身が調査される側から調査する側に変化しつつあります（XVIII-5 参照）。

2　先住民による先住民のための研究へ

1980年代後半には，カナダやアメリカ，オーストラリア，ニュージーランドの先住民が非先住民研究者による先住民研究の方法論に批判的になり，先住民族出身の研究者が「先住民の方法論（indigenous methodologies）[3]」を提案するようになりました。先住民の方法論とは，英語の複数形で表現されているように，ひとつではありません[4]。その定義を一般化することは難しいですが，ある研究

▶1　英語では，native studies や aboriginal studies, indigenous studies と呼んでいる。

▶2　英語名称として，Department of Indigenous Studies や Department of Native Studies, Department of Aboriginal Studies, Department of Native American Studies などが使用されている。

▶3　先住民研究の方法論を紹介した文献として以下のものがある。Däwes, B., Fitz, K., and Meter, S. N. eds. *Twenty-First Century Perspectives on Indigenous Studies: Native North America in (Trans) Motion.* Routledge, 2015. Denzin, N. K., Lincoln, Y. S., and Smith, L. T. eds. *Handbook of Critical and Indigenous Methodologies.* Sage Publications, 2008.

▶4　Kovach, M. *Indigenous Methodologies: Characteristics, Conversations, and Contexts* (2nd ed.). University of Toronto Press, 2021.

▶5　世界各地の先住民の多くは，人間が他の人間と特定の関係を持っているように，動物や自然，精霊などのすべての存在と相互に関係を持ちながら生活世界を形成し，生きていると考えている。

者はすべてを関係するもの（all our relations）として把握する見方[5]を強調していますし，別の研究者はある社会・文化現象を先住民族の世界観の視点から理解することを強調しています。

スミス（Smith, L. T.）が1999年に出版した著書『諸方法論を脱植民地化する――調査と先住諸民族[6]』は，先住民研究を脱植民地化させるための研究法を提唱した先駆的著作です。先住民の方法論の採用は，先住民について先住民自身の視点や世界観に基づく方法で調査研究を行うことの必要性を主張しており，先住民研究の脱植民地化（decolonization[7]）をめざしています。

現代の人文学・社会科学の方法論と先住民の方法論をあえて対比して提示すれば，次の表17-1のように要約することができます。

表17-1　現代の人文学・社会科学の方法論と先住民の方法論の対比

	基　盤	力　点	特徴または傾向
現代の人文学・社会科学の方法論	西洋思想または西洋社会の世界観	独立した個人	ポスト植民地主義と無意識のうちの新植民地主義
先住民の方法論	先住諸民族の（諸）世界観	すべてが相互に関係しあっている点（関係性）	脱植民地主義

3 先住民研究の現状と将来

世界各国における先住民研究は，研究形態などにも違いが見られます。また，調査を実施する上で非先住民の研究者と先住民との間の不対等性[8]が問題視されるようになりました。このような変化の中で，調査者と先住民による協働型調査プロジェクトや先住民主導型研究プロジェクトが増加してきました。この傾向は，地域差があるものの，カナダやアメリカ，オーストラリア，ニュージーランド，北欧諸国などでは特に顕在化しています。また，日本でも先住民自身による自文化研究や歴史認識の枠組みの再考が行われるようになりました[9]。

先住民研究における知識の生産はどうあるべきかは，重要な問題です。その解決方法のひとつは，研究者が先住民の人々と知識を共創するやり方を模索することです。先住民研究において知識を共創するための方法の１例として，調査者，被調査者，その結果を読む人々／利用する人々が，対話（相互の意見交換）を通して新たな知を創成することをめざすフォーラム型調査研究[10]が提唱されています。

今後，先住民研究は，先住民と非先住民研究者との協働研究や先住民研究者主導の研究が主流となっていくことが予想されます。また，調査方法についても，先住民の方法論を用いることが多くなると思われます。　（岸上伸啓）

▶6　Smith, L. T. *Decolonizing Methodologies: Research and Indigenous Peoples* (2nd ed.). Zed Books, 2012.

▶7　脱植民地化とは，先住民らが植民者や植民者国家による政治的・経済的・社会的・文化的支配から抜け出し，自決の権利を有する政治的自律化の道を歩むことを意味する。

▶8　これまでの大多数の先住民研究を概観すると，調査者（非先住民）と被調査者（先住民）との間には，調査のやり方や結果の利用についての決定権はつねに調査者側にあった。現在は，先住民を対等な調査のパートナーや共同研究者とする調査形態が主流となりつつある。

▶9　たとえば，北海道大学アイヌ・先住民研究センター編『アイヌ研究の現在と未来』（北海道大学出版会，2010年），石原真衣『〈沈黙〉の自伝的民族誌（オートエスノグラフィー）――サイレント・アイヌの痛みと救済の物語』（北海道大学出版会，2020年）や，石原真衣編『アイヌからみた北海道150年』（北海道大学出版会，2021年）などがある。

▶10　岸上伸啓「国立民族学博物館におけるフォーラム型情報ミュージアム構想について」伊藤敦規編『伝統知，記憶，情報，イメージの再収集と共有――民族誌資料を用いた協働カタログ制作の課題と展望』（国立民族学博物館調査報告137）国立民族学博物館，2016年，15-23頁。

XVII　先住民

4 アイヌ民族

1 概　況

アイヌ民族は19世紀まで本州北端，北海道，樺太（サハリン）南部，千島（クリル）列島に居住し，方言と文化の相違により大きく本州アイヌ，北海道アイヌ，樺太アイヌ，千島アイヌの4つの下位集団で構成されていました。アイヌ語は日本語，ニヴフ語，ウイルタ語など周辺諸民族の言語と系統的な近縁関係を持たない孤立した言語ですが，文化には独自性とともに，周辺諸民族との交流を通じた共通性，類似性も見られます。

現在はその多くが北海道に居住しています[1]。しかし，関東圏など本州以南の地域や，ロシア，マレーシアなど海外に暮らす人もいます。なお，北海道環境生活部の2023年の調査では，北海道に1万1,450人が数えられていますが[2]，これは調査対象となった人の人数であり，この数値は実態を反映していません。現在，アイヌ民族であることはアイデンティティなど個人の意識や信条に依拠していますので，その人口を客観的な数値で表すことはできません。

▷1　樺太アイヌと千島アイヌは戦後その居住地がソ連に占領されたために，大半が北海道以南に移住を余儀なくされた。

▷2　北海道環境生活部『令和5年北海道アイヌ生活実態調査報告書』，2023年。

▷3　アイヌ民族は1987年に国連の先住民作業部会に参加して以来，継続して国連の関連する会議に参加してきた。1992年には当時の北海道ウタリ協会（現公益社団法人北海道アイヌ協会）理事長の野村義一が国連総会で演説を行った。

2 「先住民族アイヌ」という認識の広がり

アイヌ民族は，我が国の法律で「日本列島北部周辺，とりわけ北海道の先住民族」であると定められています。その法律とは2019年5月に施行された「アイヌの人々の誇りが尊重される社会を実現するための施策の推進に関する法律」（通称「アイヌ施策推進法」）です。しかし，アイヌ民族が法的に先住民族と規定されるまでにはアイヌ民族自身による長い運動の歴史があり，国内の裁判や，国連での活動[3]などを通じて積極的にそれを主張してきました。公的文書の中で初めてアイヌ民族を先住民族であると明記したのは1997年の二風谷ダム裁判の札幌地方裁判所の判決文[4]で，さらに2007年に国連総会で採択された「先住民族の権利に関する国際連合宣言」，翌2008年に国会衆参両院で可決された「アイヌ民族を先住民族とすることを求める決議」と続いて，その認識が日本国内に広まっていきました。アイヌ施策推進法はそれを追認した形になります。なお，2020年に実施された内閣府のアンケートでは，それに回答した人の90パーセント以上が「アイヌの人々が先住民族であるということ」を知っていました[5]。

図17-1　国連総会で演説する野村義一
出典：UN Photo / Eskinder Debebe.

3 アイヌ民族が先住民族である理由

アイヌ民族が「先住民族」であることは，まず自らがそのように認識し，主張するところに根拠があります。他方で，法律的，政策的にもそれを認めるための理由づけがなされてきました。たとえば，前述の二風谷ダム裁判の判決文では，先住民族を「歴史的に国家の統治が及ぶ前にその統治に取り込まれた地域に，国家の支持母体である多数民族と異なる文化とアイデンティティをもつ少数民族が居住していて，その後右の多数民族の支配を受けながらも，なお従前と連続性のある独自の文化及びアイデンティティを喪失していない社会的集団である[6]」と定義し，それを歴史と現状に照らしあわせた上で，アイヌ民族を先住民族に該当すると結論づけています。同様の説明は，文言や論証の順序は若干異なりますが，内閣官房長官の要請により組織された「アイヌ政策のあり方に関する有識者懇談会」が長官宛てに答申した『報告書』(2009年[7]) でも踏襲されており，アイヌ民族を先住民族とすることを前提とする国の政策の根拠となっています。

4 アイヌ民族に関係する残された諸問題

「アイヌ施策推進法」の大きな柱は，民族共生象徴空間（XVII-5 を参照）の設立によるアイヌ文化の振興と，アイヌ施策推進地域計画によるアイヌ・コミュニティを包含する地域の産業育成と活性化です。文化振興とともに経済的な発展をめざすところに，以前の「アイヌ文化振興法[8]」にはない新しさが見られます。しかし，国連宣言をはじめとする世界の先住民族の権利回復の動きの中で必ず取り上げられ，またアイヌ側からも強く要望されてきた「先住権」に関わる諸問題はこの法律には盛り込まれませんでした。それは土地所有権や資源利用権などを含んでおり，北海道ではアイヌ民族の実生活や文化振興にも影響する重要な問題です。たとえば，河川でのサケ漁はかつてアイヌ民族の生活基盤を支えてきた活動であり，現代でもそのアイデンティティと伝統文化を支える象徴的な活動ですが，特別な許可を得ないとできません。そこに先住権を適用できるかどうかが注目されています。

また，大学等研究機関が研究用に収集，保管してきた遺骨の返還も深刻な問題として残されています。国は親族だけでなく，アイヌの地域コミュニティへの返還も始め，返還先が当面見つからない遺骨は，尊厳ある保管と慰霊のために民族共生象徴空間に設置した慰霊施設に仮安置することとしました。しかし，複雑な事情を抱える地域や集団に帰属する遺骨には，返還のめどが立たないものや大学等に保管されたままのものもあります。さらに，遺骨の入手と保管に際して生じた権利の侵害，尊厳の毀損などに対する研究機関や国の責任，謝罪の問題などにも未解決のものが残されています。 （佐々木史郎）

▶4　札幌地方裁判所平成5年（行ウ）9号判決，1997年3月27日。

▶5　内閣府政府広報室『「アイヌ政策に関する世論調査」の概要』2021年3月，4-6頁。

▶6　▶4と同じ。

▶7　アイヌ政策のあり方に関する有識者懇談会『報告書』2009年，23頁。札幌地裁の判決文では北海道だけを念頭においた説明だったが，この報告書も含め国会決議以降，「日本列島北部周辺，とりわけ北海道に先住し」と，アイヌ民族が樺太や千島列島，あるいは本州の一部にも居住していたことを念頭に置いた表現が採用されている。

▶8　1997年施行の法律。正式名称は「アイヌ文化の振興並びにアイヌの伝統等に関する知識の普及及び啓発に関する法律」という。この法律により1899年以来施行されてきた「北海道旧土人保護法」（アイヌ民族の「保護」を目的として，国による農地の給付，治療費・教育費の支給，学校の建設などを盛り込んだ法律だったが，生活改善の面では機能せず，文化破壊を進め，差別をひどくするなど否定的な結果をもたらしたと評価されることが多い）が廃止された。
　また，アイヌ文化振興法もアイヌ施策推進法の施行とともに廃止された。

XVII　先住民

国立アイヌ民族博物館

1 概　要

国立アイヌ民族博物館は，アイヌ語の正式名称を，「アヌココロ　アイヌ　イコロマケンル[1]」といいます。この博物館は先住民族アイヌの歴史と文化に関する知識の普及啓発と，アイヌ文化の振興を目的とする国立博物館です。他の国立博物館とは異なり，国立文化財機構などの法人には属さず，文化庁直営でその運営を財団法人に委託するという運営形態をとっています。所在地は北海道白老郡白老町のポロト湖畔で，そこに開設された民族共生象徴空間（アイヌ語名「ウアイヌコロ　コタン」，愛称「ウポポイ[2]」）の中核施設の1つです。建物の総床面積は8,600平方メートルで，国立博物館としては小ぶりですが，外観は周辺の自然景観との調和を重視し，内部は観覧者の動線に配慮しつつ，資料の保存にも適した設計となっています。現在1万点あまりの資料を収蔵しています。

2 博物館設立の経緯

博物館の設立計画は，内閣官房長官の要請で設置された「アイヌ政策のあり方に関する有識者懇談会」が2009年に長官に提出した『報告書』に「民族共生の象徴となる空間[3]」の構想を盛り込んだところから始まりました。博物館を含むアイヌ文化振興のための施設を国が建設することになったのは，国がアイヌ文化に対して「我が国の貴重な文化でありながら 近代化政策の結果として存立の危機にある[4]」という認識をもつようになったことが関係します。

博物館の構想と計画は2012年3月に文化庁が組織した「『民族共生の象徴となる空間』における博物館の整備・運営に関する調査検討委員会[5]」で練られ，2013年8月に基本構想，2015年3月には基本計画報告書が文化庁に提出され，同庁はそれを受けて同年7月に博物館の基本計画を発表しました。さらに同年11月には，建物の設計，展示の企画立案と設計，そして展示資料の購入などに関する実務を担当する博物館設立準備室を開設しました（2020年3月閉鎖）。

博物館の開館は閣議決定によって民族共生象徴空間全体とともに2020年4月24日と決められていましたが，新型コロナウイルス感染症の蔓延のために2度にわたって延期され，同年7月12日にようやく開館しました。しかし，それから2年以上にわたって入館者数制限や接触型展示装置の利用制限など感

▶1　「アヌココロ」（＝みなで共有する），「アイヌ」（＝アイヌ民族），そして「イコロマケンル」（＝宝がある館）ということばで構成されている。

▶2　正式なアイヌ語名称は「ウアイヌコロ」（＝互いに尊敬し合う）と「コタン」（＝村）とを組み合わせて，「民族共生」の場を表す。愛称の「ウポポイ」は大勢で歌うことを意味する。

この施設には，博物館の他に，国立民族共生公園（アヌココロ　ウアイヌコロ　ミンタㇻ）と，慰霊施設（シンヌラッパ　ウシ）がある。後者は大学等が保管していた遺骨を，返還されるまでの間，尊厳をもって安置，慰霊するための施設である。XVII-4「アイヌ民族」を参照。

▶3　アイヌ政策のあり方に関する有識者懇談会『報告書』2009年，33-34頁。

▶4　アイヌ政策推進会議「民族共生の象徴となる空間」作業部会『「民族共生の象徴となる空間」作業部会報告書』2011年，1頁。

染防止対策に追われました。

3 博物館の理念と業務・運営

この博物館は「先住民族であるアイヌの尊厳を尊重し，国内外にアイヌの歴史・文化等に関する正しい認識と理解を促進するとともに，新たなアイヌ文化の創造及び発展に寄与する」という理念を掲げています。そしてその理念を実現するために，「展示」，「教育・普及」，「調査・研究」，「資料の収集・保存・管理」，「博物館人材育成」，そして「博物館ネットワークの構築」という６つの業務が設定されています。

冒頭でも触れたように，博物館の運営は民族共生象徴空間の他の施設とともに公益財団法人アイヌ民族文化財団[6]に委託されています。博物館の職員はすべてこの財団に所属しており，事業課と研究学芸部（展示企画，調査研究，資料情報，教育普及の４室に分かれている）に組織され，上記の６つの業務に従事しています。

4 アイヌ文化の振興と普及啓発のために

上記の６つの業務は博物館が果たすべき機能ですが，その際に重視されるのがアイヌ民族の主体性です。この博物館ではアイヌ民族出身の職員が運営に携わるだけでなく，工芸，芸能などの伝統文化やアイヌ語の復興等で活躍する人たちが外部委員として展示や資料収集などの活動に助言する仕組みをとっています。またアイヌ民族が自分たちの文化を調べたり紹介したり，次世代の人材を育成したりするのに使いやすい博物館をめざしています。たとえば，収蔵資料を活用した工芸家と博物館員との共同研究や共同技術研修などを始めています。

他方で，この博物館は国の内外から訪れる多様な来館者にアイヌの歴史と文化を的確に伝えることも重要な使命にしていますので，そのための館内設備の充実に努めています。特に，展示解説やキャプションをはじめとする館内の表示については，アイヌ語の復興[7]と海外からの来館者への対応を両立させることを基本方針として，館内のあらゆる表示についてアイヌ語を第１言語として位置づけ，そこに日本語，英語，中国語，韓国・朝鮮語などニーズが高い言語を加えていくという原則を立てています。現時点でのアイヌ語には博物館の表示に使える語彙が少ないために，アイヌ語の教育者，学習者，研究者を中心とした委員会やワーキンググループを組織して，ふさわしい語彙の選択と新語の作成を行っています。

（佐々木史郎）

図 17-2　国立アイヌ民族博物館外観
出典：国立アイヌ民族博物館提供。

▶5　この委員会は北海道アイヌ協会やアイヌ民族博物館（白老町のポロト湖畔にあった地元のアイヌの人々が設立した博物館）など，アイヌ民族の組織を代表する人々のほか，北海道や白老町の行政関係者，博物館員や大学などに所属する研究者，博物館専門誌の編集者などから構成されていた。

▶6　1984年に白老町のポロト湖畔に設立されたアイヌ民族博物館の運営母体だった一般財団法人と，「アイヌ文化振興法」（XVII-4「アイヌ民族」を参照）の施行に合わせて1997年に設立された公益財団法人アイヌ文化振興・研究推進機構が2018年４月に合併して結成された財団。この合併によって，アイヌ民族博物館は2018年３月末をもって営業を終えた。

▶7　アイヌ語は母語話者が極端に少なくなり，2009年にUNESCOから「極めて深刻」な消滅の危機にある言語の１つに指定された。

XVIII　民族誌と文化の表象／展示

民族誌と文化の表象

1　民族誌とは

民族誌またはエスノグラフィー（ethnography[1]）には，２つの大きな意味があります。第１は，長期間の実地調査に基づいて，ある民族の文化や社会について記述したものです。この意味での民族誌の作成は人類学の基礎で，近年では民族以外の集団や場も記述の対象となっています[2]。第２は，参与観察を中心とする質的調査法という意味で，通常「民族誌的方法」または「エスノグラフィックな方法」と表現されます。この方法は今日では人類学以外の分野でも幅広く使われています。本章で扱うのは第１の意味での民族誌です。

2　人類学的民族誌の特徴

ここでは２つだけ掲げておきましょう。第１の特徴は，研究者が普段住んでいる場所（ホーム）から離れて，時として地球の裏側にある遠くの場所（フィールド）にまで足を運び，そこで生活している人々の実態を十分調査した上で記述することです。もちろん，人類学者は異文化だけではなく自文化も研究しますし，自文化の中には想像以上の多様性が潜んでいます。しかし，概して人類学者は自分と異なる遠くの人々や場所に魅力を感じており，自分自身の目で彼らの生活を確かめてみたいと思っています。そのため，人類学者の書いた民族誌には，「ホーム・日常・自己」と「フィールド・非日常・他者」という暗黙の対立が，その大前提として組み込まれています[3]。

第２の特徴は，(1)現場でフィールドワークを行う者，(2)調査から得られた資料（データ）をもとに民族誌を書く者，(3)その民族誌を既存の理論に照らしあわせてなんらかの一般化をする者，という三者が同一人物だということです。つまり，調査・民族誌・理論が三位一体となっているのです。このことは，たとえば社会学には理論社会学という分野があって，その専門家はあまり調査をしないことを考えると，かなりユニークな特徴と言えるでしょう。

では，なぜ人類学には三位一体の伝統ができたのでしょうか。その理由は19世紀後半にまで遡ります。当時，異民族に関心を寄せた西洋の学者は，彼らの習慣を「野蛮」と決めつけ，人類はどのように「野蛮」から「文明」に発展したかという問題を考えていました。これを社会進化論[4]といいますが，社会進化論者の多くは異民族の実態を知らず，ただ机の上でものを考えている「安楽椅

▷1　英語の ethnography はギリシア語の *ethnos*（エトノス）に由来する。アリストテレス以降の古代ギリシアでは，エトノスはデモス（ポリス［都市国家］の市民）に対する「後背地住民」を指し，それが転じて非ギリシア世界を意味するようになった。元来，民族誌／エスノグラフィーに「辺境に住む異質の人々に関する記述」という含意があったのは，こうした理由による。

▷2　概して，民族を対象とする場合は「民族誌」と言う場合が多く，それ以外の集団や場（たとえば会社，病院，実験室，暴走族）を対象とする場合は「エスノグラフィー」と言う場合が多い。後者はルポルタージュと似ているが，エスノグラフィーにはなんらかの理論的考察が含まれている点で異なる。

▷3　人類学は異質の他者に対する理解と寛容を促す。だが，自己と他者を二者対立的にとらえる傾向は，遠くへの憧れという遠心性と相まって，他者を必要以上に他者化してしまう。そのため，「同じ人間」としての自他の接点が見過ごされ，共通性よりも差異が強調されがちである。この点に留意しておかないと，せっかくの他者を知ろうとする試みも，「やはり彼らは我々

子の人類学者」でした。[5] こうした態度に疑問を抱き，書斎から現場に飛び出したのが，「近代人類学の父」と称されるマリノフスキー（Malinowski, B.）です。第1次世界大戦前後のさまざまな偶然が重なって，彼はパプアニューギニア島北東沖のトロブリアンド諸島に計2年間住み，綿密なフィールドワークを行いました。そして，そのフィールドワークをもとに，『西太平洋の遠洋航海者』（原著1922年）という民族誌の傑作を書いたのです。以降，人類学者には調査・民族誌・理論が「3点セット」で求められるようになりました。

もっとも，人類学者も人間ですから得手不得手があり，文章力がものを言う民族誌を得意とする人が，理論に強いわけではありません。また，調査の現場で評判の良い人が，必ずしも立派な民族誌を書けるわけでもありません。ただ，現実として言えることは，人類学者は地に足のついた議論を好み，抽象論を避ける傾向にあるので，民族誌の比重が高くなるということです。

3 文化の表象

1980年代半ばから，人類学者はさかんに「表象」という言葉を使うようになりました。表象（representation）には基本的に2つの意味があります。1つは「描写する（describe）」で，テキスト（書かれたもの）としての民族誌の根幹に関わる行為です。もう1つは「代表する（speak for）」で，これが民族誌に関わる大問題として議論されました。

まず描写について考えてみると，実はマリノフスキーの時代から，人類学者は「書く」ことにあまり自覚的ではありませんでした。たしかに，民族誌には文芸的なセンスも必要という認識はあったのですが，それは副次的な産物であって，きちんと調査さえすれば，あとは自動的に結果を書ける（つまり民族誌ができあがる）と考えられていたのです。しかし，民族誌を中心に据える学問にとって，これはあまりに安易な前提でした。「表象の危機」として語られたこの問題は，後にさまざまな革新的スタイルの民族誌[6]を生み出しました。

次に代表という側面ですが，なぜこれが大問題になったかというと，誰が誰を何の目的で代表するのかが不明確だからです。文化人類学は主に異民族を対象としてきた学問です。つまり，調査をして民族誌を書く人と，調査され民族誌に書かれる人は同じ民族ではありません。そうすると，人類学者には本当に調査する権利があるのかという疑問が湧きますし，実際ほとんどの場合，人類学者は調査を依頼されるのではなく，自分の学術的好奇心からフィールドに入るのです。また，たとえ調査を依頼されたとしても，その結果が軍隊や諜報機関などに漏れれば，どのような災いが相手に降りかかるかわかりません。さらに，語り口によっては，文化的ステレオタイプを助長する危険性もあります。このようにしてみると，民族誌を書くという一見中立的で政治とは無関係に思われる行為が，実はきわめて政治的なことがわかるでしょう。[7]　（桑山敬己）

とは違う」という諦めの念に帰着し，理解と寛容は容易に無関心と敵意に転じてしまう。

▶4　社会進化論に関しては，I-4「文化人類学の歴史と基礎概念」，III-5「生業の類型化と社会進化論」，XI-1「政治システムの進化論」を参照。

▶5　ただし，彼らは宣教師や行政官の報告書によく目を通していた。宣教師の記述の中には，日本の戦国時代の習慣を記したフロイス（Frois, L.）の『ヨーロッパ文化と日本文化』（岡田章雄訳注，岩波書店，1991年）のように，貴重な考察もある。

▶6　それらを一括して「実験的民族誌」と呼ぶ。契機となったのは，ジョージ・マーカス，マイケル・フィッシャー著，永渕康之訳『文化批判としての人類学――人間科学における実験的試み』（紀伊國屋書店，1989年）である。この本の原著は後述の『文化を書く』（XVIII-3「ポストモダンの人類学」参照）と同年の1986年に刊行された。

▶7　日本でこの点を論じた代表作に，太田好信『〔増補版〕トランスポジションの思想――文化人類学の再想像』（世界思想社，2010年）がある。

XVIII　民族誌と文化の表象／展示

オリエンタリズム批判

オリエンタリズムとは

1970年代末以降，人類学を含む異文化研究で，オリエンタリズム批判ほど強い影響力をもった議論は稀です。事の発端は，アメリカで活躍したパレスチナ出身の文芸評論家サイード（Said, E.）が，1978年に *Orientalism*（日本語訳は『オリエンタリズム』）という本を書いたことにあります。「現代の古典」となったこの本の冒頭で，サイードはオリエンタリズムには次の３つの意味があると述べました。

第１は，オリエントを対象とする学問の総称で，日本語のオリエント学（東洋学）に相当します。ここでいう東洋とは西洋から見た東洋のことで，一般にトルコのボスポラス海峡より東側の地域を指します。第２は，オリエント（東洋）とオクシデント（西洋）の対比に基づく思考様式です。両者は二項対立的にとらえられているので，けっして相まみえることはありません。第３は，近代西洋がありとあらゆる分野で覇権を握り，非西洋を植民地化する過程で生まれたオリエントに関する言説（discourse）です。言説とは特定の社会的・文化的集団と結びついた「もの言い」という意味です。この言葉の用法には，後述するフランスの哲学者フーコー（Foucault, M.）の影響が認められます。サイードが強調したのは第２と第３の意味のオリエンタリズムで，オリエントを西洋とは真逆の存在とみなし，その支配を正当化する《強者＝西洋》の語り口に彼は異議を唱えたのです。サイードの議論は非西洋一般に当てはまりますが，彼が念頭に置いていたのは中東のイスラム教圏です。[1]

▶1　オリエンタリズムを含む文化研究一般の諸問題について，西川長夫『〔増補〕国境の越え方――国民国家論序説』（平凡社ライブラリー，2001年）の一読をぜひ薦めたい。

表 18-1　オリエンタリズムの二項対立

オクシデント（西洋）	オリエント（東洋）
我々	彼ら
正常 優性 強者 成人 成熟 有徳 真実 合理的	異常 劣性 弱者 幼児／老人 未熟／堕落 不徳 虚偽 感情的
文明 支配 指導	未開 服従 追従
男性 力強さ 有能	女性 優しさ 無能
白人	有色人

出典：西川長夫『国境の越え方』筑摩書房，1992年，86頁を一部修正。

2　西洋の陰画としてのオリエント

人間が自分の姿を見るのに鏡を必要とするように，自文化を知るには異文化という鏡が必要です。キリスト教を精神的支柱とする西洋に対して，イスラム教のオリエントは鏡の役割を歴史的に果たしてきました。しかも，11世紀末に始まった十字軍遠征が示すように，両者は時として激しい戦いを繰り返してきました。人類文明の多くはオリエントを発祥の地としています。しかし，近代以降のオリエントは次々と西洋に征服され支配されました。支配者としての西洋は，自己イメージとは逆の特徴をオリエントに付与して，「我々（us）」と「彼ら（them）」の差異を強調したのです（表18-1を参考)。

ここで注意しておきたいのは，表 18-1 は比較ではなく対比だということです。比較には相違と類似の両方が含まれるので，自己と他者の間に接点が生まれますが，対比は対立をもたらします。そのため，対話の道は閉ざされてしまうのです[2]。しかし，ある意味でこれは異文化研究の宿命とも言えます。なぜなら，異文化という概念そのものが差異を前提としており，「彼ら」が「我々」と同じなら，わざわざ遠くに出かけて研究する必要はないからです。

3 オリエンタリストの仕事は何か

オリエンタリズムの再生産に関わる学者を「オリエンタリスト」と言います。サイードによれば，彼らの仕事はオリエントを西洋人にわかりやすく伝えることです。つまり，見慣れない異文化を自文化の言葉に置き換えて，慣れ親しんだ存在にすることです[3]。たとえば，かつて西洋ではイスラム教を「モハメット教」と呼んでいましたが，これは「キリスト教」になぞらえたもの言いですし[4]，一部のオリエンタリストはモハメットを「ペテン師」扱いしました。問題は，異文化をこのように翻訳してしまうと，自分たちの枠組みでしか相手を理解できなくなるということです。その結果，オリエントの人々にとってのオリエントは度外視され，西洋人にとって意味のあるオリエントが一人歩きすることになるのです。この点を踏まえて，サイードは「オリエンタリズムはオリエントではなく，西洋により多く依存している」と指摘しています。

4 支配の装置としての異文化研究

サイードの『オリエンタリズム』には，哲学者フーコーの研究が参照されています。特に重要なのは，フーコーの知と権力（power and knowledge）に関する見解です。彼によれば，他者を知るということは，他者を支配することです。その最たる例としてサイードが掲げたのは，ナポレオン 1 世が 1798 年にエジプト遠征を敢行した際，数多くのオリエント学の専門家を同行して，彼らに現地を調べさせたという事実です。実際，この出来事以降，オリエンタリストの知識はオリエントの植民地支配に利用されたのでした。

この問題は人類学にとって非常に重要です。I-1，I-4 で説明したように，人類学には「植民地主義的ルーツ」という過去があり，人類学者が研究対象とした人々の多くは，彼らの植民地の臣民でした。たとえば，イギリスの人類学者はアフリカを主なフィールドとしてきましたし，戦前の日本の人類学者も朝鮮や台湾を調査しました。日本文化論の古典とされるベネディクト（Benedict, R.）の『菊と刀』（原著 1946 年）は，第 2 次世界大戦中のアメリカ戦争情報局の活動から生まれたものです。こうした事実は人類学の価値を完全に損なうものではありませんが，権力と知識と支配の三つ巴の関係には十分留意する必要があります。

（桑山敬己）

▶2　2つの文化を研究すると対比に陥りやすいが，3つ以上の文化を研究するとバランスのとれた比較ができる。たとえば，日本人は木製の箸を使い，アメリカ人は金属製のフォークとナイフとスプーンを使う。だが，韓国人はやや長い金属製の箸を好み，西洋のスプーンより浅い金属性のスプーンを多用する（ビビンパを食べる時などに便利である）。さらに，アメリカ人はイギリス人よりフォークだけ使って食べることが多い。

▶3　この過程を「馴化」と言い，「異化」の対概念である。馴化は英語の making the strange familiar（奇妙を当然にする）に相当し，異化は making the familiar strange（当然を奇妙にする）に相当する。馴化なしの他者理解はありえないが，それが他者を鏡とする異化に昇華しないと自己省察はできない。ロスリン・アン「『無』としてのマイノリティ——不可視の内なる他者」桑山敬己編『人類学者は異文化をどう体験したか——16 のフィールドから』（ミネルヴァ書房，2021 年，204-223 頁）を参照。

▶4　「イスラム」とはアラビア語で「神への服従・帰依」を意味する。この点で，キリストという預言者の名前を冠したキリスト教の命名法とは異なる。

XVIII　民族誌と文化の表象／展示

ポストモダンの人類学

1 ポストモダニズムとは

「ポストモダニズム（postmodernism 脱近代主義）」という言葉は，19世紀末にすでに使われていたようですが，本格的に議論されはじめたのは1970年代で，建築学の分野が最初でした。団地に代表される近代建築が様式の統一と機能に重点を置いているのに対し，ポストモダンの建築は異なった様式を折衷させたり，機能より装飾性を優先させたりして，何事にも合理性や効率を重んじてきた近代（モダニティ modernity）に挑戦したのです。見ようによっては「破壊的な遊び心」を表現しています。日本では丹下健三設計の東京都庁舎（図18-1）がポストモダン建築の代表作の一つだといわれています。

人文社会科学の分野でポストモダニズムが注目されたのは，フランスの思想家ボードリヤール（Baudrillard, J.）の『消費社会の神話と構造』（原著1970年）と，リオタール（Lyotard, J-F.）の『ポスト・モダンの条件』（原著1979年）の出版以降です。前者は現代の消費社会における記号としてのモノ（たとえば自己を他者から差異化するブランド品）を論じました。後者は現代人の生活を特定のイデオロギーや「大きな物語」（たとえばマルクス主義）にとらわれない断片化されたものとみなしました。いずれも20世紀後半に起きた，西洋を中心とする近代社会の変化を描き出しています。

2 人類学におけるポストモダニズム

ポストモダニズムにはさまざまなとらえ方があり，決定的な定義はありません。しかし，概してそれは啓蒙主義的な西洋近代に対するアンチテーゼを含んでいて，理性中心の啓蒙主義的価値観——合理性・客観性・進歩・科学・普遍的真理・全体性など——を否定または疑問視しています。人類学では，こうした考えは1960年代の世界的社会動乱[▷1]をきっかけに現れましたが，学問のあり方を根底から揺さぶるほど大きな影響力を持ったのは，1986年に『文化を書く』という本がアメリカで刊行されてからです。この本の編者の1人であるクリフォード（Clifford, J.）は，“Partial Truths”と題する序章で文化研究における主観性を強調しました。つまり，特定の民族や文化を客観的に研究して，科学的真理を追究するという従来の人

▷1　1960年代半ば，アメリカがベトナム戦争に本格的に参戦すると，世界中の多くの若者から反戦の声が上がった。彼らは伝統的な価値観や社会秩序を否定して，カウンター・カルチャー（対抗文化）を生んだ。この世代の学生が後に研究者となって，ポストモダニズムの担い手となった。

▷2　邦訳『文化を書く』（春日直樹ほか訳，紀伊國屋書店，1996年）には「部分的真実」とあるが，正確には「部分的諸真実」である。真実の部分性と複数性の両方が強調されている点に注意したい。原著が世界の人類学に与えた影響の大きさは，「ライティング・カルチャー・ショック」として知られる。

図18-1　東京都庁舎
出典：筆者撮影（2023年9月）。

類学の姿勢を否定したのです。そして，一人の学者が知り得ることは部分的真実であり，全体（民族や文化の全体像など）を理解することは不可能だと主張したのです。真実が部分的であるということは，真実が複数存在するということを意味しますし（英語の論題 Truths は複数形になっています[2]），それらを統一する中心がないことを示しています。

3 ポストモダンの人類学に特徴的な考え方

クリフォードに代表されるポストモダンの人類学は，1970 年前後まで人類学に支配的だった考え方に対する挑戦だといわれています[3]。ここでは 3 つだけ批判の対象となった考え方を挙げておきましょう。

第 1 は同じ文化の成員は多くのものを共有するという考えです。この「文化の共有（sharing）」という概念は，文化の内部を同質化すると同時に，外部との差異を強調しました。つまり，実際には一つの文化にいろいろな人が住んでいるのに全員を一緒くたにして扱い，他の文化の成員との違いを際立たせたのです。対照的に，ポストモダンの人類学は意識的に内部の差異や亀裂に光を当て[4]，文化内の多様性を示すと同時に外部との境界線を曖昧にします。たとえば，「日本人は単一民族である」という，つい最近までの支配的な見方に対して，国内の少数民族の存在を指摘して一枚岩的な日本のイメージを壊すのです。その過程で浮かび上がるのは，多様で断片化（fragmented）した文化像です[5]。

第 2 は文化には超時代的な特徴が備わっているという考えです。これを「本質主義（essentialism）」と言いますが，その一例は「日本人は主に忠実で，忠の伝統は封建時代の武士から現代のサラリーマンまで一貫して見られる」という，一昔前の海外の日本研究でよく聞かれた言説です[6]。しかし，封建時代は日本の歴史の一部にしかすぎず，終身雇用制度がほぼ形骸化した今日，サラリーマンに会社への忠誠を一生求めるのは難しいでしょう。そもそも，終身雇用は明治期の労使紛争を経て，大正時代に登場した制度でした。ポストモダンの人類学は本質主義を批判して，文化は歴史的に構築されることを明らかにします。そして，文化は純粋で真正（オーセンティック authentic）なものではなく，雑多で混交的（ハイブリッド hybrid）なものであることを強調します。

第 3 は「人類学の植民地主義的ルーツ」と関係するのですが，異民族（主に旧植民地の臣民）を調査して民族誌を書くという行為が，どれほど特権的で権威を伴うものかについて，これまで人類学者は無自覚でした。今日，この権威は「民族誌的権威（ethnographic authority）」といわれていますが，ポストモダンの人類学は調査する側とされる側の関係，特に支配－被支配関係に注意を促しています。この点は，知識と権力と支配の結びつきを指摘したオリエンタリズム批判と同じです。

（桑山敬己）

▶3　この点については，レナート・ロザルド著，椎名美智訳『文化と真実——社会分析の再構築』（日本エディタースクール出版部，1998 年）の第 1 部「批判」に詳しい。また，本章全体に関わるテーマを概観したものとして，桑山敬己「民族誌論」（綾部恒雄編『文化人類学 20 の理論』弘文堂，2006 年，320-337 頁）がある。

▶4　国家を含む同一集団内の亀裂という観点から人類社会の行く末を論じたのがマルクス（Marx, K.）である。彼は階級対立（資本家と労働者）に焦点を絞ったが，20 世紀後半に登場したカルチュラル・スタディーズは，ジェンダーを含むさまざまな亀裂から生じる問題を取り上げた。

▶5　ただし，文化という概念が集合性を前提としている以上，同一文化の成員になんらかの共通性が見られることは否定できない。たとえば，低所得者が「私には歌舞伎を見る余裕はない」と言った時，彼らは歌舞伎鑑賞が高価なものであるという理解を，階級差を超えて高所得者と共有している。差異が差異として認識されるためには，差異に関する共通理解が必要なのである。

▶6　海外の日本研究に関しては，桑山敬己編『日本はどのように語られたか——海外の文化人類学的・民俗学的日本研究』（昭和堂，2016 年）を参照。

XVIII　民族誌と文化の表象／展示

博物館と文化の展示

民族学博物館の登場

イギリスのオックスフォード大学には，ピット・リヴァーズ博物館という世界有数の民族学博物館があります。1884年に開館したこの博物館は，軍人で収集家でもあったピット・リヴァーズ（Pitt Rivers, A. L.）によって設立されました。中に足を踏み入れると，奥の中央に置かれた巨大なトーテムポールが目に飛び込んできます（図18-2）。その周りには数多くの硝子ケースが所狭しと置かれ，世界の諸民族のモノが展示されています。明治時代に集めたと思われる日本の文物（能面，根付，小判，鎧など）はもちろん，世界各地の儀礼に使われるオブジェも博物館のコレクションに含まれています◁1。溢れんばかりのモノに囲まれて誰もが実感するのは，「人類学の植民地主義的ルーツ」でしょう。初期の人類学者は植民地からモノを持ち去り，それを自国で展示していたのでした◁2。このように，ヨーロッパの大国とアメリカ合衆国では，19世紀半ば頃から大規模な民族学博物館が相次いで設立されましたが，今日ではその所蔵品の所有権をめぐって，旧植民地の人々と難しい交渉を迫られています。なお，非西洋国家で唯一の宗主国となった日本にも，戦前に収集した異民族のモノを収蔵・展示している博物館があります。

民族学博物館と人類学の関係

人類学は民族学博物館と密接な関係を持って発展しました。たとえば，「人類学の父」と呼ばれるタイラー（Tylor, E.）は，ピット・リヴァーズ博物館の開館にあわせて大学の講師に任命されたのです◁3。博物館の目玉のトーテムポールも，彼がカナダのハイダ族から収集して寄贈したものでした。しかし，タイラーは次第にアニミズムのような信仰や宗教に関心を深め，モノに対する情熱を失っていきました。このモノ離れの傾向は，1920年代以降，イギリスの人類学者が社会構造という不可視のものを中心に研究を進めるようになると，いっそう拍車がかかりました。その結果，人類学はモノを扱う民族学博物館と分離するようになったのです。この辺の事情は他の西洋諸国でも大体同じで

▶1　同博物館ではモノが民族誌的文脈から切り離されて展示されている。たとえば，日本の能面は他地域の面と一緒にmaskとして分類・展示されていて，日本の他の文物と一緒にJapanese cultureとして展示されてはいない。この展示法の主目的は，モノ作りに関する思考の連続性や技術進化を，特定の文化の枠組みを超えて示すことにある。それは近代人類学的展示法，つまり1つの文化を構成する多種多様なモノを同一の場所で示して，それらの機能的関連や全体としてのまとまり（統合）を問う展示法とは，まったく別の原則に立脚している。

▶2　ただし，西洋の美術館や博物館における日本展示のように，現地の人々から贈呈されたものや，たとえ二束三文であっても購買

図18-2　ピット・リヴァーズ博物館
出典：筆者撮影（2009年6月）。

した。第２次世界大戦後に民族学ではなく文化人類学として再出発した日本では，民族学博物館やモノの展示がある大学はごくわずかです。

しかし，1980年代後半になると，再び熱い視線が民族学博物館に注がれるようになりました。その１つの理由は，文化の表象が人類学の大きな問題として取り上げられるようになったからです。民族誌が文字による表象だとすると，博物館はモノによる表象です。両者の間には，これまで見過ごされてきた共通点が多いことが，広く認識されるようになりました。もう１つの大きな理由は，表象の政治性と関係するのですが，博物館における不用意な展示に対して，展示された側から異議が唱えられるようになったからです。元来，「未開民族」の研究として出発した人類学は，研究対象となった人々を見つめることはあっても，見つめ返されることはありませんでした。しかし，いわゆる「脱植民地化」時代における教育の普及によって，かつての「未開民族」は自己主張するようになりました。博物館は文字による民族誌と違って誰にでもアクセスしやすいので，政治的示威行動の標的となりやすいのです。異文化表象における邂逅と交渉の場――これが民族学博物館に注目が集まる理由です。

従来，民族学博物館は異民族のモノが鎮座している聖なる空間，つまり「テンプル（temple）」と考えられていました。しかし今日では，展示する者と展示される者と展示を見る者という３者が，展示を通じて文化を考える対話の場，つまり「フォーラム（forum）」として理解されています。[4]

3 テーマパーク・文化遺産・文化政策

一般に，テーマパークは娯楽施設として考えられていて，民族学博物館との関連で取り上げられることはありません。[5] しかし，オランダをテーマとした長崎県佐世保市のハウステンボスのように，驚くほど精巧に作られたレプリカの建造物は，訪れる人にひと時の異文化体験を提供しますし（実は大阪の国立民族学博物館の展示物にもレプリカはあります），オランダから直輸入したモノを販売したり，アーティストを招待して文化活動を行ったりしています。また，韓国ソウル近郊の民俗村やアメリカのコロニアル・ウィリアムズバーグ（Colonial Williamsburg）のように，自文化の伝統を単に展示するだけではなく，来訪者が実際にさまざまな活動に参加できるテーマパークもあります。こうした施設には，いったいどのような仕掛けがあるのでしょうか。近年の人類学者は，文化財や文化遺産に潜む政治性，それが観光と結びついた時に生じる利権，観光化が地元の人々のアイデンティティに与える影響などに注目しています（XVI 参照）。文化の商業化が進み，国家レベルで文化政策が立案施行される時代に生きている私たちにとって，文化の展示・保存・活用はきわめて重要な問題です。

（桑山敬己）

または交換したものも多いので，一概に「搾取」「窃盗」とは言えない。今日，文化遺産の所有権は世界中で議論されているが，この点に関する近年の研究として，田中英資『文化遺産はだれのものか――トルコ・アナトリア諸文明の遺物をめぐる所有と保護』（春風社，2017年）がある。

▶3　ピット・リヴァーズは，自分のコレクションをオックスフォード大学に寄贈する際，人類学の講師を雇うことを条件とした。「人類学の父」を生んだ父は，ピット・リヴァーズだと言えようか。もっとも，タイラーにまったくモノへの関心がなかったわけではない。彼は日本にいたイギリス人の研究者や宣教師を通じて，明治日本の文物を収集した。

▶4　この点は吉田憲司『文化の「発見」――驚異の部屋からヴァーチャル・ミュージアムまで』（岩波書店，1999／2014年）に詳しい。なお，「展示する者」「展示される者」「展示を見る者」を民族誌に当てはめれば，「書く者」「描かれる者」「読む者」となる。これを「民族誌の３者構造」という（日本文化人類学会編『文化人類学事典』丸善出版，2009年，794-795頁）。

▶5　日本に数多くあるテーマパークの研究に，Hendry, J. *The Orient Strikes Back: A Global View of Cultural Display* (Berg, 2000) がある。

XVIII　民族誌と文化の表象／展示

ネイティヴとの確執と対話

1 ネイティヴとは誰か

ネイティヴ（native）とは，元来特定の場所に生まれ育った人を意味する言葉なので，人間は誰でもどこかのネイティヴのはずですが，人類学では「土人」とほぼ同義で用いられてきました。[1] その理由は，いわゆる「人類学の植民地主義的ルーツ」にあります。つまり，欧米列強および日本の人類学者が研究対象とした人々の多くは，彼らの植民地の臣民だったのです。当然，研究する者は研究される者より優位に立ち，強者は弱者に対してなんらかの侮蔑の念を抱いてきました。もちろん，ネイティヴの置かれた惨状を憂慮して，彼らのために行動した学者も少なからずいます。その代表例が『古代社会』（原著 1877年）を著したモルガン（Morgan, L.）[2] です。弁護士でもあった彼は，イロクォイ族の権利を守るために奔走し，その功績が認められて名誉部族員となりました。しかし，そのモルガン自身がイロクォイ族を「未開人」として位置づけたように，人類学者とネイティヴの間には，支配者と被支配者の関係があったのです。このように，ネイティヴは学問的観察の対象とみなされ，民族誌にとって格好の材料として扱われてきました。

2 ネイティヴによる異議の申し立て

研究対象としてのネイティヴは，いわば「もの言わぬ土人」でした。しかし，近年こうした状況に根本的変化が起きています。これまで人類学者が調査してきた地域の多くは，第2次世界大戦後または1960年代前後に政治的独立を勝ち取り，今日，第3世界として一大勢力を形成しています。また，かつて連帯意識が希薄だった世界の先住諸民族は，国連の後押しもあって「先住民」の名のもとに団結を強めています（XVII-1 参照）。こうした時代を「ポストコロニアル（post-colonial 脱植民地的）」といいますが，教育の普及によって文字を読めるようになったネイティヴは，旧宗主国の研究者による民族誌を読んだり博物館展示を見たりして，納得できない表象に対して異議の申し立てを行うようになりました。「もの言わぬ土人」は「もの言う文士」になったのです。[3]

さらに，ネイティヴの中には旧宗主国に留学して，プロフェッショナルな人類学者になる者も現れました。ネイティヴの人類学[4]の誕生です。ここでは，それを「自民族について自らの観点から自らの言葉で語る試み」と定義しておき

▶1　英語の native は「生まれた」「生得の」を意味するラテン語 *nativus* に由来する。この言葉はマリノフスキーの古典『西太平洋の遠洋航海者――メラネシアのニュー・ギニア諸島における，住民たちの事業と冒険の報告』（原著 1922年）のタイトルにも使われていた。副題の「住民」の原語は native である。

▶2　III-5「生業の類型化と社会進化論」と XI-1「政治システムの進化論」にある社会進化論の項目を参照。

▶3　オセアニアを舞台とした旧宗主国とネイティヴの確執については，ハウナニ＝ケイ・トラスク著，松原好次訳『大地にしがみつけ――ハワイ先住民女性の訴え』（春風社，2002年）を参照。

▶4　ネイティヴの人類学が単なる自文化研究と異なるのは，従前の語りに対する「対覇権的」な姿勢が見られることである。その意味で，ナショナリズムや逆エスノセントリズムに陥る危険性がある。先住民の非先住民研究者に対する不満や敵意は，時として両者の

ましょう。北米先住民の人類学者メディスン（Medicine, B.）は，ヨーロッパ系人類学者による研究の最大の問題点として，自分たちが書いたものを被調査者に見せようとしない態度を挙げています[5]。たしかに，人類学が文字をもたない「未開社会」の研究だった時代には，見せても意味がなかったでしょうが，ネイティヴの人類学者が登場した今日では，被調査者を単なる観察や描写の対象ではなく，学問的対話の相手（dialogic partner）として見る必要があります。

こうした変化は日本でも起きています。1899（明治32）年，北海道旧土人保護法によって文字通り「土人」とされたアイヌは，人類学者（自然人類学者と文化人類学者の双方）をはじめ，さまざまな分野の研究者によって調査されてきました。その過程で，墓を掘り起こされて遺骨を持ち去られたり，頭蓋骨を大学の標本室に「陳列」されたりしました。調査の目的はアイヌの身体的特徴を知ることでした。また，1969（昭和44）年刊行の大部の著作は，アイヌを「滅びゆく民族」として紹介したうえで，アイヌ女性の写真を無断で「解剖的」に晒したという理由で裁判になりました[6]。北海道旧土人保護法が廃止されたのは何と1997（平成9）年のことです（XVII-4 参照）。

2019（平成31／令和元）年，日本政府は「アイヌの人々の誇りが尊重される社会を実現するための施策の推進に関する法律」を公布・施行しました。この法律は冒頭でアイヌを日本の「先住民族」と規定しています。アイヌ人口の多い札幌にある北海道大学では，それを10数年遡った2007年，「アイヌ・先住民研究センター」を設置して，アイヌ民族との研究上の協働を図っています。また，アイヌ出自の教員や研究員を積極的に採用して，調査する側と調査される側の垣根をプロフェッショナルなレベルで超えようとしています[7]。

3 ネイティヴとしての日本人

こうした問題は多数派の日本人と無関係だと思われるかもしれません。しかし，次のような事実を考えると，けっして他人事ではないことがわかります。まず，西洋人にとって日本はいまだに神秘的な国で，日本人は遠く離れた異質の他者だと思われています。たとえば，アメリカの『ナショナル・ジオグラフィック』という月刊誌には，よく異民族の姿が写真入りで紹介されていますが，日本ほど頻繁に登場した国はほかにありません（1950年から1986年の統計による[8]）。そして，そこで紹介されている日本は，日本人の日常を映し出した日本ではなく，相撲・歌舞伎・茶道・芸者といった非西洋的伝統が際立つ日本です。同じことがアメリカの文化人類学の教科書にも言えます。ある統計によると，日本人の写真のうち約35%が着物を着ていて，そのほとんどは女性です[9]。こうしたオリエンタリズム的表象かつ他者の女性化は，明治以降の日欧・日米関係に一貫して見られ，日本人が抗議してもなかなか受け入れられません。その意味で日本人はネイティヴなのです。

（桑山敬己）

対話を難しくする。たとえば，白人研究者がマオリ研究から締め出されている状況は，伊藤泰信『先住民の知識人類学――ニュージーランド＝マオリの知と社会に関するエスノグラフィ』（世界思想社，2007年）に詳しい。

▶5　北米先住民の立場から人類学を批判的に検討した著作は多い。Medicine, B. *Learning to Be an Anthropologist & Remaining "Native": Selected Writings* (University of Illinois Press, 2001).

▶6　この裁判は1988年に和解した。和解条項には，被告の出版社と著者らがアイヌの原告に対して，彼女の写真を無断で掲載し，かつ「誇りを傷つけ」たことに関する謝罪が含まれていた。詳細は現代企画室編集部編『アイヌ肖像権裁判・全記録』（現代企画室，1988年）を参照。

▶7　双方の声が聞こえるように工夫された著作として，北海道大学アイヌ・先住民研究センター編『アイヌ研究の現在と未来』（北海道大学出版会，2010年）がある。

▶8　Lutz, C. and Collins, J. *Reading National Geographic*. University of Chicago Press, 1993, p. 120.

▶9　桑山敬己「アメリカの教科書の中の日本――写真とテキスト」『ネイティヴの人類学と民俗学――知の世界システムと日本』弘文堂，2008年，240-282頁。

XIX　フィールドワーク

文化人類学とフィールドワークの関係

共通項としてのフィールドワーク

文化人類学という学問の分野は，政治，経済，宗教，教育，医療，芸術など，あらゆる人間の活動領域をカバーするばかりでなく，「未開」と呼ばれる森林の奥深くで狩猟や採集だけに頼って生活している少数民族から，先進国の大都市の中のハイテク産業に従事する人々や社会まで，およそ人間の生活圏のすべてを研究の対象にしてきています。したがって，文化人類学者といっても，各個人によって興味や研究の対象が著しく異なっています。

それほど多種多様な人類学者であっても，例外なく共通しているおそらく唯一のものが，生身の人間社会の中に入って長期（1年から理想的には2年ほど）滞在して調査をするフィールドワークという体験をもっているということです。フィールドワークをもとにして長い論文を完成して初めて一人前の人類学者の仲間入りをするという意味では，文化人類学の成人儀礼[1]のような意味あいをもつとともに，研究者として生涯，長期・短期のフィールドワークをやり続けるという意味では，切っても切れない深い縁があるともいえます。

▶1　学位取得のためのイニシエーション（通過儀礼）。XIII-2「人の一生と通過儀礼」，XIII-3「なぜ人は通過儀礼を行うのか」を参照。

フィールドワークは現在，文化人類学のほかにも多くの学問分野で行われていますが，歴史的ないきさつからいえば，人類学が最初にフィールドワークを学問の手法として取り入れました。文字ももっていないような人々の社会に出かけていき，直接に見聞を深めようとしたのでした。また当初は，通訳などを介して情報を集めていたものが，自ら現地の言葉を習得して直接に現地の人々から話を聞くことが当然のようになってきています。そのようないわば，現代の人類学的なフィールドワークの原型となるモデルを示したのが，マリノフスキー（Malinowski, B）[2]という人類学者でした。

▶2　ポーランド生まれで，英国で活躍した人類学者（1884-1942）。1910年代に今日のパプアニューギニアで数年にわたり現地社会の中に入って生活し，現地語を習得していったフィールドワークは，その後のスタンダードとして定着している。

2　文化人類学的フィールドワークの特徴

文化人類学的フィールドワークの目的とは何かといえば，研究の対象とする人々が，どのような意味世界をもち生活しているのかを調べる，ということです。意味世界というのは，現地の人々がどのように考え，何に価値をおいているのか，そのような考え方や価値観にはどのような社会的・環境的な背景があるのか，といったことを指しています。要するに内部者の視点（native's point of view）を明らかにしようとしているのです。そして，内部者の視点として書かれた報告書や論文や本のことを民族誌（エスノグラフィー[3]）と呼んでいます。

考え方や価値観といった現地の人々の内面の世界というのは，いわば無形のものであり，直接に目や耳や手で触れてみることはできません。しかし現地の言語を習得し，一緒に生活して人々の行動を観察したり体験してみたり，また多くの現地の人々の語ることを聞く中で，もともと無形であるはずのものも，次第に文字化して表現してみることがある程度は可能になるものです。現代はインターネットを通じて世界で起きていることが画像・映像や文章で知ることができ，またビデオ通話などによりスマホだけで遠い海外の人の話も聞くことができる環境となっています。しかし，それで世界のことが現地に行かなくてもすべてわかるなどとは到底いえるはずはありません。まして，見知らぬ言語や文化の人々の内面の世界を知ろうと思えば，現地の人々とともに自らも生活体験をしながら学んでいくほうが，より正確な理解を得られるものです。

▶3　厳密に言えば，2つの意味をもっている。1つは，文化について書かれた本や報告書や論文などの作品を指しており，もう1つは，参与観察を中心とする質的調査の方法論を指す。ここでは前者の意味に使っている。XVIII-1「民族誌と文化の表象」を参照。

3 戦略としてのフィールドワーク

ただし，漫然と一緒に生活しているだけで，自然に内部者の視点を掘り起こせるというものではありません。家族の間ですら，一緒に生活していながら，お互いの心の動きや変化を十分理解できているとは限らないのが，私たち人間です。したがって，フィールドワークでは現地に行って住んでみた，という以上の意図的な作業を行う必要があるわけです。その意味で，フィールドワークというのは，単なる手段というよりも，内面の世界を掘り起こすためのいわば「戦略」と呼んでいいものです。

また文化人類学的なフィールドワークの特徴としていえることは，研究の対象を，実験室の中にいるように環境を人工的・人為的に操作しておくのではなく，現地社会をあるがままの自然な状態で調査しようとすることです。もちろん厳密な意味では，「あるがまま」といっても，調査者という「よそ者」がいると現地の人たちも意識していつも通りの日常生活ができにくい，といえるかもしれません。しかし，長期滞在の利点として，最初は気になっていた「よそ者」の存在も次第にあたりまえになってきて，いつもの日常生活に戻ることもまた事実です。そういう意味でも，文化人類学的なフィールドワークは，戦略といっていいでしょう。

長期にわたり現地の人々と直接対面することは，けっして心安らかなことばかりではなく，むしろ自分の生まれ育った社会では考えられないような現象に直面して，精神的なショックを受けることもあるかもしれません。カルチャーショック[4]と呼ばれるものです。フィールドワークは，そのような異なる環境の中で，精神的なバランスをくずしたり，立て直したりしながら取り組む作業です。そのような精神的なゆらぎこそ，彼我の文化を実感する貴重な体験であるとも言えます。

（住原則也）

▶4　言語や慣習などが著しく異なる環境に置かれることで受けるショックや不安感。また，長期にわたり異文化社会にいたために，久しぶりに帰ってきた自分自身の生まれ育った文化に対してもつ強い違和感も一種のカルチャーショックと呼ばれる。

XIX　フィールドワーク

2 フィールドで実際何を行うのか：参与観察

フィールドで行うべき作業とは大きく分けて，参与観察（participant observation）とインタビュー（interview），およびそれらの内容を記録するフィールドノートや日誌の作成，ということになります。もちろん，現地でしか得られない文書やチラシなど，一過性の印刷物の収集も含まれています。大雑把に言えば，参与観察とインタビューを通じて，現地の人々の活動やその人々の主観的な視点（内部者の視点）に迫ることを狙っています[1]。順に見てみましょう。

▶1　厳密には，フィールドワークの目的は，現地の人々が明確に気づいていないかもしれない視点についても浮き彫りにすることである。この点については，XIX-4の2「『第1の知識』と『第2の知識』」で詳しく説明する。

1 参与観察とは何か

「観察する」という行為は，小学校の理科や社会の授業でも行ったことと思います。ところが，ここで紹介されている用語は，参与観察という耳慣れないことばです。

「参与」というのは観察のほかに何をするというのでしょうか。「参加」というよく知られた用語ではなく，「参与」という用語が使われる理由があります。「参加」とはまさに直接深く関わっていくことですが，「参与」というのはゆるやかに関わっていくことを意味します。このわずかの違いが重要です。つまり理想は，フィールドの現場で，そこで起こっているあらゆることに「参加」してみるのが一番わかりやすいことでしょう。しかし，一時的に滞在しているにすぎない訪問者に，たとえば古来の儀式や儀礼のパフォーマンスにいきなり加えてもらうことができるでしょうか。儀式が台無しになってしまうかもしれません。そのような場合でも，儀式・儀礼の行われる傍らで，雰囲気を味わいながら観察しておくことはできます。参加はしていなくても，多少とも関わることはできています。また身に危険の及ぶような活動に，簡単には参加してみることもできません。つまり，観察ばかりではなく，場合によれば体験できることがあれば自らも体験することによって，内部の人々の実感に身をもって近づくことができると考えられます。そのような意味で，参与という用語のほうが適切であるといえるのです。

もう一度「観察」という言葉にかえってみると，フィールドワークにおける観察というのは，実験室で行われる観察とは違い，フィールドの人々が生活している自然なままの姿を観察するという意味です。実験室とか実験的な観察というのは，事前にいろいろな設定を人工的に作り上げておくものです。フィールドワークでは，人為的な操作をほどこすのではなく，自然なあるがままの状況を，自らも関わりながら観察していくことになります。現地の人々の内部の視点にせまる，という目的であれば，XIX-3に説明するようなインタビューをすれば手っ取り早いと思われがちです。話を聞くことで十分理解できる事柄も多くあることでしょう。しかし，インタビューだけでは掘りつくせない内部者の心の領域があることもまた，人間の創り出す「文化」というものの奥深い世界なのです。観察していなければ開けてこない視界というものがあるのです。

2 エスノセントリズムに注意

いくら参与観察が有効な手段であるとはいえ，注意すべき点があります。それは，「現地で観察したしかに目撃した」としても，場合によれば事実を誤認しているかもしれないことも認識しておく必要があるということです。実際そのような誤解は多く発生しています。サッサー（Susser, I.）という女性のアメリカ人人類学者は，約３年にわたり，ニューヨーク市のブルックリン地区内のある貧民街で住み込みの調査をしていました。[2] 不況で働き口のない住民の，特に子どもたちの栄養源になるようにと，ニューヨーク市政府は夏休み中，食料を支給していました。その実態を取材に来ていた大手新聞の記者は，配給車に集まってくる地元住民たちの行動を観察していて，彼らの中には，市が取り決めている支給量以上に受け取っている者が多く，不正な配給が行われていると判断して批判的な記事を書いたということです。ところが地元の人々の生活を身をもって知っていたサッサーは，それは不正なのではなく，食料を支給する係を任されている地元のおばさんたちは，食料をもらいに集まってくる地域の子どもたちの同居人（その多くは一般中流家庭の核家族のようなものではなく，貧しさゆえに，さまざまの親戚や知人が同居していたりする）の数をわきまえているため，適切な数の食料を手渡すことができていた，という現実があったというのです。おそらく，その貧民街の「家族構成」という特殊な事情を知ることもない新聞記者は，目撃した現象だけを見て「ずるい行為が行われている」「税金がむだに使われている」といった一方的な判断をしていたと考えられます。

このように，自分の慣れ親しんだ価値観や知識でしか，他者を見ようとしないことを，エスノセントリズム（ethnocentrism 自民族中心主義，あるいは自文化中心主義[3]）と呼んで，文化人類学では厳しく自戒しています。「自分の価値観でしか」相手を見ることができないのだとすれば，フィールドワーク本来の目的である「内部者の視点」とはまったく逆の「発見」を招くことになります。とはいっても，まったく中立的で純粋な眼で見ることはむずかしいことです。しかし，安易に価値判断を下してしまいそうになる自分にブレーキをかけることはできるはずです。

（住原則也）

▶2 Susser, I. *Norman Street: Poverty and Politics in an Urban Neighborhood.* Columbia University Press, 1983.

▶3 異文化を理解しようともしない姿勢，あるいは，自分の慣れ親しんだ文化的視点からしか異文化を見ようとしない姿勢をエスノセントリズムという。さらに，自分が親しく接することになった異文化の視点からのみ自文化を評価しようとする姿勢は，特に「２次的（または逆）エスノセントリズム」とも呼ばれる。いずれにしてもバランス感覚を欠いた姿勢を意味している。I-3「文化の相対性」を参照。

XIX　フィールドワーク

3 フィールドで実際何を行うのか：インタビュー

毎日たいていの人は，人と会話をしていますが，「インタビュー」という，新聞記者やテレビレポーターの取材のようなことを行うことはまれなことと思われます。やはりインタビューは，一般的な会話とは違った目的と性格をもっています。

1 質問を工夫することの大切さ

一般的に，質の高いインタビューというものは，質問内容をどう工夫できているのかに大きくかかっていると考えられます。具体的な例を挙げてみましょう。あるアメリカ人の研究者が，アメリカの労働者階級の夫婦関係について調査したおり，「あなたがた夫婦の関係は平等的だと思いますか？」と質問してみると，たいてい「そうです。平等的です」という返事であったと言います。この質問で終わってしまえば，労働者階級も，もう少し経済的に裕福な中産階級も同じような夫婦関係である，と結論づけてしまうところです。ところが，この研究者はさらに問いかけを工夫して，「家族の重要な事柄において，夫婦のうちどちらがノーと言えば否決されますか？」とたずねたところ，多くの答えが「夫です」というものであったといいます。つまり，インフォーマント（情報提供者）[1]は，「平等」と答えた時も嘘を言ったのではなく，自覚している限りではそう思っていたわけですが，ノーといういわば「否決権」について問われると，「そう言われてみれば，夫の意見が尊重されやすい」と思いついたわけです。本人にとっても，質問されて初めて明確に意識にのぼった事実であったのです。「平等的」かそうでないか，どちらか一方が正しい，ということではなく，より現実に近い答えが導き出せたということになります。

▷1　インフォーマントとは現地の人々の中で協力的に情報を与えてくれる存在のことである。調査者と被調査者の権力関係が問題視された1980年代半ば以降，コラボレーター（collaborator 協働者）という語も使われるようになった。

2 インタビューの種類

フィールドでは，とにかく現地の人々から聞き出せばよいのであって，インタビューを「種類」に分ける必要はないように思われますが，おおよそ分類しておくことで，目的に応じて臨機応変に実践できると思われます。[2]

▷2　参考文献は現在数多くあるが，ここでは，Bernard, H. R. *Research Methods in Cultural Anthropology*. Sage Publications, 1988 などを参考にしながら説明する。

❍非公式なインタビュー（informal interview）

事前に計画されたインタビューではなく，質問リストが用意されているわけでもなく，偶然の出会いから始められた会話であっても，日ごろからの心の準備があることによって意義ある情報が入ってくる可能性はつねにあります。また現地の人々と自然に親しくなるためにも，むしろ雑談か調査なのか曖昧であることに意味があるかもしれません。

❍非構造的インタビュー（unstructured interview）

これは，きちんとアポイントメントを取って行われるインタビューで，質問項目も用意され，いちおう聞き出したい目的はあるものの，むしろインフォーマント自身が自ら話を発展させたい方向に自由に話してもらうよう，うまく舵取りしながら進めていくものです。話好きなインフォーマントならやりやすいことでしょうが，口の重い相手でも，心を開かせる工夫が求められます。先に述べたように，現地の人々の「内部者の視点」というものは，必ずしもすべて明確に言葉として表現できるとは限りません。といって，言葉にできないものとしてあきらめてしまうのではなく，こちらが質問を工夫することによって，本人もあまり意識してこなかった心の内面世界を見つめてもらい，出来る限り内部者の言葉で表現してもらおうとするものです。これは時間をかけて行われる，もっとも文化人類学的なインタビューであると言えます。

❍半構造的インタビュー（semi-structured interview）

これは，インフォーマントが，かなり明確に知識を持っており，ことばで十分に説明できると思われるような内容を聞きだす時のインタビューです。たとえば，ある組織が実施しようとしているプロジェクトの内容や目的であるとか，ある特定の農作物の栽培方法といった，現場の人々が明確に意識しながら行っていることがらです。このような場合でも，予備知識を出来る限り集めておくことで，適切な質問リストが用意できるものであり，逆に準備を怠っていると，せっかく説明してもらっても十分な情報が得られないことになります。

❍構造化されたインタビュー（structured interview）

複数の人に同じ質問に答えてもらうアンケート調査のようなものですが，回答結果が数字で表される統計的な調査というより，より奥深い回答を引き出すための質的調査をするのが，文化人類学的調査の目的なので，より「適切な質問」をするための準備としてのインタビューという性格を帯びています。

3 誰に聞けばいいのか

誰をインタビューの候補にすればいいのかについては，調査をしていれば自然にわかってくることでしょうが，実際は，こちらが勝手に思い込んでいたり，現地の人が紹介してくれたりする以外の人の中にも，非常に参考になる情報をもっている人がいるものです。先入観をもって，この人たちに聞いても知らないだろうと決め込んでいると，重大な情報をみすみす逃してしまっていることになりかねません。フィールドでは日頃から，どんな場面に出会っても自然に即席にインタビューができるような心の準備ができていることが望ましいので[3]す。

（住原則也）

▶3　当然のことながら，フィールドワークにおいて，「参与観察」と「インタビュー」は相互に密に関係しあった，いわば一体となった作業であることは，古くから指摘されてきた。この点については以下を参照。Becker, H. and Geer, B. "Participant Observation and Interviewing: A Comparison." *Human Organization* 16: 28-32, 1957.

XIX　フィールドワーク

4 フィールドで実際何を行うのか：フィールドノート

1 フィールドノートに何を書くのか

スマホという万能でコンパクトな道具を手にしている私たち現代人は，フィールドの現場でノートや筆記用具などは考えなくてもよいようにすら思われます。しかし，「電源が確保できなくなった！」「スマホが故障した！」「紛失した！」といった不測の事態などの危機管理を考えると，ノートや鉛筆で情報を記憶させることは依然として心強い味方ではないでしょうか。ノートの話とは少し違いますが，筆者の知人のアメリカ人文化人類学者の中には，たとえばカメラひとつにしても，バッテリーを必要とするデジカメなどは使わず，旧来のフィルムカメラを持参する人もいます。いずれにしても，大雑把に言って，記録媒体をどのように使うかについては，

(1)　フィールドで動き回る時に速記・雑記するためのノート
(2)　その日の動きを時系列で書き込むためのノート
(3)　宿泊施設などに帰って来た時に，自身の感じたことや解釈などを含めて詳しく書き込むノート

などが考えられます。基本は各自の創意工夫でやってみればよいもので，厳密な決まりなどないものと心得ます。

2 「第１の知識」と「第２の知識」[◁1]

▶1　この用語の出典は明らかではないが，ここではそれを承知であえて用いる。

「第１の知識」というのは，調査者としての自分が見聞きしたことを，できるだけそのまま記録あるいは記述した内容，言い換えれば，生のデータを指しています。無論そこにも，解釈や分析がある程度自然に入ってしまうことでしょうが，おそらく，フィールドで携行してその都度書き込んだノートの大部分は，この生のデータで埋め尽くされていると思われます。一方，「第２の知識」というのは，そのような生のデータが，文化人類学という分野で，学術的にどのような意味合いをもっているのか，調査者が解釈したり分析したりすることで発生する知識と言えます。解釈したり，分析したりする作業は，報告書や論文にまとめる段階で行われることでしょうが，フィールドの中にいて調査している期間中であっても，すでに行われています。そのような作業は，携行しているノートよりむしろ別のノートに，じっくり落ち着いて書き込みたくなるものでしょう。つまり，生のデータを集めるだけがフィールドでの仕事ではなく，

解釈と分析も行いながら，さらに仮に行った解釈や分析を，フィールドの中でその妥当性を吟味しながら調査を続けていることになります。言い換えると，「第１の知識」と「第２の知識」を行ったり来たりしながら調査が進行していることになります。調査する人は，「第１の知識」を収集する能力とともに，「第２の知識」を生み出す能力をも養っておく必要があるのです。

あらゆる分野のそれぞれの専門家は，このようないわば「見る眼」を訓練して養っているからこそ専門家と言えます。人類学的フィールドワークもまた，単に生のデータを収集することが最終目的ではなく，それを的確に解釈・分析してまとめあげることであることは，すでに言及してきたとおりです。それではどのように，そのような専門的な眼を養うのでしょうか。

3 どのように「第２の知識」を生み出すのか

たとえば，古典的な例になりますが，伝統的な雨ごいのための儀礼を行うことが，本当に雨を降らすことができない場合でも，儀礼に参加したり，寄り集まる人々の心を１つにしたりする，という社会的機能を果たしているのかもしれません。この点をもう少し深く考えてみると，フィールドワークが現地の人々の「主観に迫る」ことを１つの目的としている，といっても，フィールドワーカーのなすべきことは，さらに進んで現地の人々の主観に基づく行動がもたらす意味（社会的意味）を「解釈」（明らかにする）することをめざしています。そこには，現地人の視点と，フィールドワーカーの視点の間に健全な「ズレ」が生じるとすれば，それこそが調査の意義であるともいえます。[2]

独学するにせよ，大学院などに行って教員から指導を受けながら勉強するにせよ，先人の研究業績，それは多くの場合文献という形で残されているわけですが，それらを読み込むという以外には王道はないものと考えられます。研究者として真面目に取り組んだ，さまざまな過去の研究成果に目を通してみることで，先人たちが，どのような調査を行い，どのようなデータを蓄積し，どのように分析しているのか，どのような間違った理解があるのか，どのような研究成果が優れていると考えられるのかなどわかってくるはずです。その蓄積が，いつのまにか自分自身の調査の中でも活かされてくるはずです。第２の知識とは，自分勝手な解釈や分析ではなく，先人の知識の積み重ねをある程度身につけることで養われた眼力を通じて，生み出されるものといえるでしょう。

このような見る眼が養われていないと，実は「第１の知識」を収集する場合にも悪影響が出ることになります。つまり，フィールドで，まさに目の前で起こっている現象が，見る人が見れば文化人類学的にも意義ある発見であるかもしれないのに，見る眼がないために記録にすらとどめていないことになりかねません。「事前の準備」とは，フィールドにでかける前の学習のすべてを含んでいて，その積み重ねが見る眼を養っているといえます。（住原則也）

▶2　このようなズレを，ギデンズ（Giddens, A）は「二重の解釈学（double hermeneutics）」と呼んでいる。詳細は以下を参照。Giddens, A. *The Constitution of Society: Outline of the Theory of Structuration.* University of California Press, 1984, p. 374. 日本語訳は，アンソニー・ギデンズ著，門田健一訳『社会の構成』勁草書房，2015年。

参考文献

R. エマーソン，R. フレッツ，L. ショウ著，佐藤郁哉・好井裕明・山田富秋訳『方法としてのフィールドノート――現地取材から物語作成まで』新曜社，1998年。

XIX　フィールドワーク

5 調査の倫理：人として心がけるべきこと

人々の日常の生活空間に入り込む，文化人類学的なフィールドワークは，調査目的がどのようなものであれ，守るべきルールのようなものがあります。それは人類学だからという以前に，人間として心がけるべきことであると言えるでしょう。

1 現地の社会に影響を与えないこと

心がけの１つは，文化人類学の調査とは，現地の社会の人々に影響を与えて変化させるためのものではないということです。[1] たった１人の調査者が滞在したところで大きな影響など与えられそうにもなさそうですが，場合によれば日本のような「先進的」な物質文明の産物[2]を，おみやげとして持っていくだけでも，現地社会の人々の意識や心を変えさせるかもしれません。そうすることがその社会にとって良い結果をもたらすという保証はどこにもありません。文化人類学者は，違う文明を紹介する仲介者ではありません。むしろ文化を学びにいく立場の存在です。

また，本人はまったく意図せず，現地社会の人々にとって免疫のない病原菌を運んでいるかもしれません。調査者として出かける時には健康に注意し，たとえちょっとした風邪であっても，うつらないような配慮が必要です。

2 調査目的の表明

倫理とともに，基本的なマナーに関わることとして，文化人類学的な調査の目的に，秘密めいた要素などありえません。調査を行う上で出会う人々には，つねに正直に自分の立場や滞在の目的，調査結果がどのように扱われるのか，などを説明すべきです。そうすることで調査がやりにくくなる，といった配慮はすべきではないのです。[3] 特に，調査地にはカメラやテープレコーダー（ボイスレコーダー）なども持参することが多いはずです。生の声や映像が残るわけですから，インタビューの時などには必ず，録音や録画などしてもよいかどうか許可を得る必要があります。隠しカメラや盗聴のようなことをすることは，ここで紹介しているフィールドワークにおいては絶対許される行為ではありません。現地の人々を裏切る最低の行為です。

ちなみに，録音や録画は，正確な記録を得る意味では便利なものですが，デメリットがないわけではありません。インタビューのおり，テープレコーダー

▶1　この点では，現地社会の問題に積極的に取り組み「影響」を与えようとするJICA（独立行政法人国際協力機構）やNGO（非政府組織）などとは違う。しかし，応用人類学，開発人類学，などの分野もあり，文化人類学の基礎的知見を活用して現地社会の問題解決をめざす分野も発展している。

▶2　日本の物質文明を先進的と決めつけること自体，エスノセントリズムのそしりを免れないかもしれない。

▶3　「それでは文化人類学的調査には限界があるのではないか！」といった疑問・反論もあろうかと思われる。しかし，そもそも文化人類学は人が人を知る，あるいは研究するわけである。招かれてもいない，調査を依頼されてもいない社会に出かけてゆくのであるから，だれしも，あるいはどんな社会でも，見せたい，あるいは見せても構わない側面もあれば，見られたくない側面もあることは，言うまでもない。調査目的を明らかにして，お願いしながら見せてもらう，知らせてもらうというのが，人としての基本的なマナーである。

の使用を許可してくれた相手でも，話の内容が記録されていることを意識して，必ずしも思っていることのすべてを正直に語っているとは思えない場合もあります。記録にさえ残らなければもっと気楽に率直に発言してくれるかもしれません。このような機器類は，あくまで補助的なものと意識して利用すべきでしょう。◁4

3 信頼関係の形成

最後に，現地の人々と保つべき人間関係についてですが，フィールドワーカーにとって，現地の人々，できればあらゆる人々に信頼してもらうことが何よりも大切です。そのような信頼に基づいた良好な関係形成のことを，「ラポール（rapport）」と呼んでいます。

権力者の手先であるとか，対立するグループのどちらかに味方しているなどと疑われることは，情報を収集するにあたり大きな支障となることでしょう。集団や組織の下部の人々の味方であると疑われると，調査そのものが禁止され，フィールドから追い出されてしまう可能性もあります。あらゆる人々に信頼されるというのは理想的ですがむずかしいかもしれません。八方美人的な振る舞いをするというより，むしろ敵味方の選択を迫られるような状況では，中立的立場というスタンスをとるということなら，心がけしだいで誰からも理解してもらえるかもしれません。フィールド内の誰かの悪口をいったりすることは慎むべきでしょう。また悪口のうわさを耳にするような場合も，賛同の意思表示をしていると思われないような言動が好ましいことでしょう。調査が終了しても，将来また気持ちよくフィールドに帰ってこられるように，信頼関係を維持し続けることはとても大切なことです。その意味で，フィールドワークというのは，単なる調査ではなく，人間同士の，適切な距離を保った「おつきあい」でもあります。

人と人の関係は，インタビューの時ばかりでなく，むしろ日常の生活態度やコミュニケーションが大切であることはいうまでもありません。現地の言葉をある程度は習得あるいは十分に習得できている場合でも，その言語にまつわるコミュニケーション上の文化，つまりエチケットやマナーについても，配慮する必要があります。

目線とか体の姿勢とか，日本語で会話を交わす時にもお互いに失礼にならないようなエチケットがあるように，どの言語にもコミュニケーション上のマナーがあるはずです。外国人だからということで，ある程度の無礼は寛容に見過ごしてくれる場合もあるでしょうが，致命的に信頼を失うことにもなりかねません。コミュニケーションに関わる現地社会の文化を習得しておくこと自体，どのような調査目的をもっていても大切で意義あることです。◁5　（住原則也）

▶4　十分に慣れない外国語を使っての調査や音楽などのメロディーをどうしても録音しておく必要があるなどの場合と，録音までは必要なく，せいぜい発言の概要だけをノートに記録しておけばよい，など，機器の使用・不使用を判断することもまたフィールドワークの戦略の１つであると言える。

▶5　筆者自身の失敗を披露すれば，インドネシアでは左手は不浄の手として，物を手渡したり受け取ったりする場合は右手を使うことを，よく知っていたつもりながら，つい，親しくなっていた気のゆるみと，右手が使いにくい状態であったため，左手で食べ物を手渡し，後になって不快感を与えていたことに気づかされ，気まずい思いをしたことがある。

参考文献

エドワード・T. ホール著，日高敏隆・佐藤信行訳『かくれた次元』みすず書房，1970年。エドワード・T. ホール著，國弘正雄訳『沈黙のことば――文化・行動・思考』南雲堂，1966年。野村雅一『身ぶりとしぐさの人類学――身体がしめす社会の記憶』中公新書，1996年。

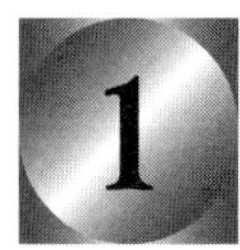

民俗学の西洋的起源

1 民俗学はドイツで生まれた

日本も含めて，世界には文化人類学と民俗学が並在している国が少なくありません。[1] 一般に，文化人類学は「異文化」を研究し，民俗学は「自文化」を研究するといわれていますが，両者の違いはそう単純ではありません。民俗学は，研究の対象や方法の面で文化人類学と共通する点も少なくありませんが，同時に，学史，視点，得意とする方法，制度化のあり方などに，文化人類学とは異なる個性が存在しています。

民俗学は，18 世紀のドイツで生まれました。当時のヨーロッパでは，啓蒙主義[2]が時代を席巻する思想となっていました。合理性と普遍性を理念とする啓蒙主義のもとでは，合理的でないもの，普遍的でないものは，「啓蒙」の対象として否定されていきました。しかし，ドイツの哲学者ヘルダー（Herder, J. G.）は，これに真っ向から抵抗し，非合理的なもの，その土地に固有のものを重視すべきだと説きました。この考えをここでは「対啓蒙主義」と呼んでおきます。彼はこの思想を，民謡の収集という形で実践しました。民謡には，その土地の人々の「魂」がこもっていると考えたからです。それからしばらくして，こんどはグリム兄弟（Grimm, J. and Grimm, W.）が登場します。「グリム童話」で知られるグリム兄弟です。彼らは，ヘルダーの影響を受けながら民話（民間説話）の採集を行いました。[3]

2 世界へ拡散した民俗学

ヘルダーやグリム兄弟の影響は，ドイツの国内はもとより，ヨーロッパ周辺部を中心に，各地に影響を与え，それぞれの地で民謡や民話の採集・出版が行われるようになりました。そしてその影響はイギリスにまで及びました。イギリスのトムズ（Thoms, W. J.）は，1846 年に「フォークロア」という文章を発表し，イギリスにおいても，ドイツにならって古い時代のマナー，習慣，儀礼，俗信，民謡，諺など，それまで「民間古事（popular antiquities）」の名のもとに扱われてきたものごとを，自分が造語した Folk-Lore という新たな語のもとで研究すべきだと主張しました。[4]

ここで注目すべきは，ヘルダーの「民謡」，グリム兄弟の「民話」に加え，マナー，習慣，儀礼，俗信，諺などが，フォークロアの具体例として挙げられて

▶1　たとえば，日本学術振興会の科学研究費助成事業の審査区分では，文化人類学と民俗学は，ともに中区分「地理学，文化人類学，民俗学およびその関連分野」の中の小区分「文化人類学及び民俗学関連」に分類されている。

▶2　啓蒙主義とは，理性を重視し，非合理的なものを排除する思想のことである。「啓蒙」の「蒙」は無知蒙昧の「蒙」，「啓」は「啓く（ひらく）」「明るくする」という意味で，「啓蒙」とは，「非合理的」な世界にいる無知蒙昧な人々を，明るい世界に導いて賢くすることを指している。

▶3　「グリム童話」の名で知られている『グリム兄弟によって集められた子どもと家庭のメルヒェン集』（1812 年初版，以後，兄弟生前には 1857 年の第 7 版まで刊行）は，その成果の 1 つである。

▶4　トムズが書いた「フォークロア」という文章は，1846 年 8 月 22 日刊行の雑誌 ATHENÆUM（『アシニーアム』）982 号に掲載された。ブラジル，ペルー，キューバ，インドなどでは，これを記念して 8 月 22 日

いることです。そして，このような研究対象の拡張は，ドイツにおいても起こっていました。グリム兄弟の弟子のマンハルト（Mannhardt, W.）は，農耕に関わる儀礼や信仰を研究し[5]，その後は，家屋や農具など物質文化の研究を行う研究者も現れるようになりました。また，理論的な考察の深化も見られるようになりました。とくにドイツのリール（Riehl, W. H.）は，ミュンヘン大学教授就任講演「学問としての民俗学」（1858年）において，ヘルダー以来の一連の知的営為が独立した学問領域として成立することを明言しました。

このようにして成長してきた民俗学は，世界中に広がっていきました。19世紀後半から20世紀初頭にかけて，ヨーロッパでは，エストニア，ラトヴィア，リトアニア，フィンランド，ノルウェー，スウェーデン，アイルランド，スコットランド，ウェールズ，ブルターニュ，スイス，ハンガリー，スラヴ諸国，ギリシアなどで，またそれ以外では，アメリカ合衆国，ロシア，インド，フィリピン，中国，韓国，日本，ブラジル，アルゼンチン，ナイジェリアなどで民俗学の研究が行われるようになりました。民俗学は日本固有の学問だと思われがちですが，実はこうした世界的流れの中に位置づけられるのです。

が「世界フォークロアデー」とされ，民俗学関連のイベントが開催されている。

▶5　マンハルトの研究は，イギリスの人類学者フレーザー（Frazer, J. G.）に影響を与えた。フレーザーは，『金枝篇』（初版1890年）の序文で，マンハルトの著作がなかったら同書を書けなかっただろうと述べている。

3 民俗学の対覇権性

ところで，ここで注目したいのは，民俗学がさかんな国や地域は，どちらかというと，大国よりは小国，または大きな国であっても，西欧との関係の中で自らの文化的アイデンティティを確立する必要を強く認識した国，あるいは大国の中でも非主流的な位置にある地域だという点です。これらの国や地域の人々は，民俗学の研究と普及を通して，自分たちの暮らしのあり方を内省し，その上で自分たちの生き方を構築することで，自分たちを取り巻く大きな存在，覇権（強大な支配的権力），「普遍」や「主流」，「中心」とされるものに飲み込まれてしまうのを回避しようとしてきたのです。

民俗学が持つこうした性格は，ヘルダーの場合に典型的に見られた「対啓蒙主義」に加え，「対覇権主義」という言葉で表すことができます[6]。民俗学は，覇権主義を相対化し，批判する姿勢を強く持っています。強い立場にあるもの，自らを「主流」「中心」の立場にあると信じ，自分たちの論理を普遍的なものとして押しつけてくるものに対し，それとは異なる位相から，それらを相対化したり超克したりしうる知見を生み出そうとするところに，民俗学の最大の特徴があるといえます。（島村恭則）

▶6　草創期の民俗学における対覇権主義の背景には，19世紀初頭におけるナポレオン・ボナパルトによるヨーロッパ支配への抵抗という契機が存在していた。

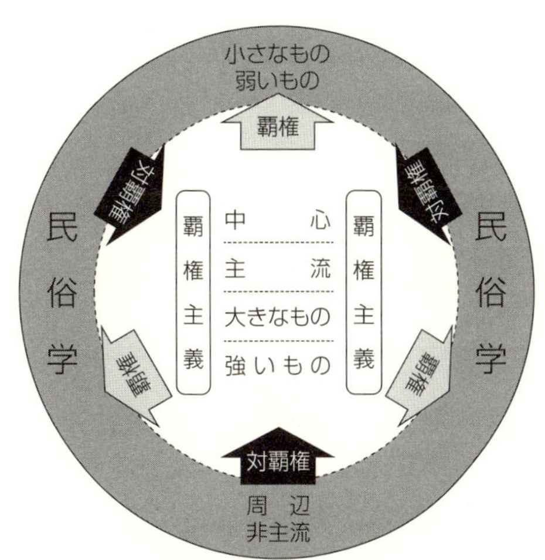

図20-1 「対覇権主義の学問」としての民俗学

出典：島村恭則『みんなの民俗学——ヴァナキュラーってなんだ？』平凡社，2020年，21頁。

XX　文化人類学と民俗学

フォークロアとフォークライフ

フォークロアと口頭芸術表現

初期の民俗学が民謡や民話の研究から始まったこともあり，民俗学は口頭の芸術的表現に関する研究をさかんに行ってきました。このため，国や学派によっては，「フォークロア（folklore）」という語は口頭芸術表現だけを意味すると考える研究者もいるくらいです。[1]

フィンランドのクローン（Krohn, K.）は，カレワラ[2]と呼ばれる叙事歌謡や民話の地理的分布のあり方から，その伝播や起源を歴史的に究明する「歴史地理的方法[3]」を開発しました。またクローンの学生だったアールネ（Aarne, A.）は，インド・ヨーロッパを中心とする世界の昔話を分類しました。アールネは若くして亡くなりましたが，その後，アメリカのトンプソン（Thompson, S.）がこれを増訂して『民間説話タイプインデックス[4]』として完成させました。

アメリカのパリー（Parry, M.）とロード（Lord, A. B.）は，ユーゴスラビアでの現地調査をもとに，語り手が複雑で膨大な量の叙事詩を語ることが可能なのは，定型句の記憶とそのアレンジによるとする「口頭定型句理論」を提出しました。この理論は，古代ギリシアの叙事詩がいかに伝承されていたかを解明する理論としても注目されました。

ロシアのプロップ（Propp, V. IA.）は，多種多様に見える民話は，形態的には単純な要素の組み合わせからなるとする「民話の形態論[5]」を展開しました。アメリカのダンデス（Dndes, A.）は，この理論を参照しながらアメリカ先住民の民話の分析を行い，「でたらめなつぎはぎの産物」だと思われていた先住民の民話にも，明確な構造があることを明らかにしました。[6]

1970年代になると，アメリカを中心にパフォーマンス（performance）研究がさかんになりました。そこでは，民話の語り手や民謡の歌い手をパフォーマーとしてとらえ，彼らが特定のコンテクストの中でどのようなパフォーマンスを行い，それによって聴衆との間にいかなる相互関係が生じるのかについて分析する研究が多く生み出されました。[7]

都市化した現代社会で語られる都市伝説・現代伝説についても厚い研究の蓄積があります。欧米の研究者を中心に「国際現代伝説学会」が組織され，活発な研究が行われています。近年では，インターネット上で現代伝説がいかにやりとりされているのかの研究もさかんになっています。[8]

▷1　この傾向は，フィンランドなど北欧において顕著である。一方，XX-5「現代社会と民俗学」で論じるアメリカのダンデスの場合がそうであるように，フォークロアを広くとらえて定義する立場も存在する。

▷2　カレリア地方（フィンランド南東部からロシア北西部にかけての森林・湖沼地域）で伝承されてきた叙事詩。フィンランドの言語学者リョンロート（Lönnrot, E.）が採集し，著書として刊行する際にカレワラの名称が付された。

▷3　歴史地理的方法については，カールレ・クローン著，関敬吾訳『民俗学方法論』（岩波文庫，1940年）に詳しい。

▷4　このインデックスに収載されている各民話の話型番号は，アールネとトンプソンそれぞれの頭文字をとってAT番号と呼ばれている。同書は，のちにドイツの民俗学者ウター（Uther, H-J）によるさらなる増補改訂がなされ（日本語版は加藤耕義訳『国際昔話話型カタログ』小沢昔ばなし研究所，2016年），その際，AT番号はATU番号に改称された。

▷5　ウラジーミル・プロップ著，北岡誠司・福田美智代訳『昔話の形態学』水声社，1991年。

▷6　アラン・ダンデス著，池上嘉彦ほか訳『民話の構

2 フォークライフ

20世紀に入ると，口頭芸術表現の研究とは別に，衣，食，住，民具，儀礼，社会などを研究する学派も現れます。スウェーデンの北方博物館[9]を拠点に研究を展開したエリクソン（Erixon, S.）がその中心人物です。彼は，こうした領域をスウェーデン語で「フォークリブ（folkliv）」，英語で「フォークライフ（folklife）」と名付け，口頭芸術表現としてのフォークロアと一対のものとして位置づけました。

フォークライフ研究は，スコットランドやアイルランドなどでも受け入れられ，各地に野外博物館もつくられていきました。そして，第2次世界大戦後には，アメリカにも伝えられました。ヨーダー（Yoder, D.）やロバーツ（Roberts, L. W.）といった研究者が，スウェーデンやノルウェーなどに留学し，そこで学んだフォークライフ研究を持ち込んだのです。[10]

3 民俗学としてのエスノロジー

今日のヨーロッパでは，民俗学に相当する学問領域を，「地域エスノロジー（regional ethnology）」，「ヨーロピアン・エスノロジー（European ethnology）」，あるいは単に「エスノロジー」と呼ぶことが多くなっています。これは，第2次世界大戦後に，前出のエリクソンがフォークロア研究とフォークライフ研究の総称としてこの語を提唱し，多くの研究者がそれに賛同した結果です。[11]

アメリカでは，この影響のもと，フォークロア研究とフォークライフ研究を合わせてエスノロジー（地域エスノロジー）と呼ぶこともありますが，実のところ，この表現はあまり広がっていません。アメリカの民俗学では，(1)「フォークロア＆フォークライフ」という並列型の表現，(2)「フォークロア」の語にフォークライフを包含させる表現，(3)「フォークライフ」の語にフォークロアを包含させる表現の3種類が併存しています。

なお，文化人類学者のグッドイナフ（Goodenough, W. H.）は，ヨーダーが編集した『アメリカン・フォークライフ』（1976年）という論集[12]の中で，「フォークライフ研究には，自己研究（self-study）のニュアンスがある。植民地支配から解放されて独立した新興国の場合，文化人類学という名称は，植民地支配を連想させるために忌避されることがある。そこでは，植民地支配を連想させず，自己研究の意味を持つフォークライフ研究という名乗りが好まれている」という指摘をしています（Goodenough, W. H. “Folklife Study and Social Change.” Yoder, D. ed. *American Folklife*. University of Texas Press, 1976, pp. 19-26.）。（島村恭則）

造――アメリカ・インディアンの民話の形態論』大修館，1980年。

▶7　こうした文脈の中で，フォークロアを「小集団における芸術的コミュニケーション」とする定義も登場した。Ben-Amos, D. “The Context of Folklore.” Bascom, W. R. ed. *Frontiers of Folklore*. Westview Press, 1977, pp. 36-53.

▶8　アメリカの都市伝説研究の概説書に，ジャン・ハロルド・ブルンヴァン著，大月隆寛・重信幸彦・菅谷裕子訳『消えるヒッチハイカー――都市の想像力のアメリカ』（新宿書房，1988年）がある。インターネット上のフォークロアについは，Blank, Trevor J. ed. *Folklore and the Internet: Vernacular Expression in a Digital World*. Utah State University Press, 2009 に詳しい。

▶9　ストックホルムにある博物館。同館の付属施設として，世界の野外博物館の元祖とされるスカンセン野外博物館も創設された（現在は別組織）。

▶10　アメリカでは，フォークライフ研究の応用として，フォークライフを実演したり展示したりするフォークライフ・フェスティバルが開催されるようになった。首都ワシントンD. C. で行われるスミソニアン・フォークライフ・フェスティバルが有名である。

▶11　日本の民俗学者も，現在，ヨーロッパに行けばエスノロジストと呼ばれることになる。

▶12　Yoder, D. ed. *American Folklife*. University of Texas Press, 1976.

XX　文化人類学と民俗学

農政学から「野の学問」へ

1 日本民俗学の農政学的起源

ドイツで生まれヨーロッパに拡散した民俗学は，明治の初めに主にイギリス経由で日本にも伝えられました。当初は，坪井正五郎らが東京人類学会を舞台に人類学的関心から日本のフォークロアを研究していましたが，20世紀に入って柳田國男[1]が登場してから，世界的に見てもユニークな独自の民俗学が形成されていきました。それは，農政学的な問題意識を強く持った民俗学です。

1875年に生まれた柳田は，東京帝国大学法科大学で農政学（農業政策学）を学び，卒業後，高級官僚として農商務省に就職しました。その後，内閣法制局や貴族院へと異動しますが，官僚時代の柳田は，一貫して農政についての研究と実践に携わりました。彼は，農村振興のためには，農民を資本主義的な経営主体として自立させる必要があると考え，その手段として協助組織としての産業組合を重視しました。若手官僚として彼は日本全国に出張し，産業組合の重要性を説いて回りましたが，その過程で全国の農村，農民が置かれた実態を把握していきました。そして，人々が幸福になるためには，自らの住む村をよく把握し，その実情に合った未来構想を村人自身が自分で考えだす必要があると考えるようになりました[2]。

1912年，彼は神話学者の高木敏雄とともに『郷土研究』という雑誌を発刊します。その内容は，一見，フォークロアについてのマニアックな事例研究の集積のように見えますが，柳田は，この雑誌はそうしたものをめざすのではなく，社会政策としての農政を進める上で必要な農民の生活についての知識を扱う「ルーラルエコノミー」としての意義を持っていると主張しました。そして彼はそれを「農村生活誌」と呼びました[3]。たとえば，柳田がこの雑誌に連載した「巫女考」や「毛坊主考」という論文は，民俗学史上，重要な業績ですが，これは農民の生活に深く入り込んでいた民間宗教者の実態と，彼らに対する人々の畏怖と差別について考察するもので，農政学上の基礎研究といえるものでした。

また，この雑誌のもう1つの特徴は，大学を研究の場とする研究者だけではなく，地方在住の人々を主要な読者とし，彼らが地元の民俗について報告を投稿することを歓迎していた点です。ここには，「郷土」に暮らす者が自ら調べ，考え，未来を構想することを理想とする柳田流農政学思想の実践という意味がありました。『郷土研究』は，1917年に休刊となりましたが，その後も『民族』

▶1　日本の民俗学を体系化した人物（1875-1962）。彼の膨大な著作は，『柳田國男全集』（全36巻・別巻2，筑摩書房，1997-2024年）に収められている。

▶2　柳田國男の農政学については，藤井隆至『柳田國男 経世済民の学——経済・倫理・教育』（名古屋大学出版会，1995年）が詳しく論じている。

▶3　藤井隆至は，ルーラルエコノミー（rural economy）を直訳すれば「農村経済」となるが，エコノミーには広義の経済学の対象としての「人間の暮らし」「生活」の意味があることから，「農村生活誌」は誤訳ではなく，むしろ積極的な意図を読みとれると論じている（藤井，前掲書，262頁）。

▶4　この2つの組織を，海外を研究対象とする「日本民族学会」，国内を研究対象とする「民間伝承の会」として区別するだけでは，説明として不十分である。なぜなら，草創期以来，かなりの期間にわたって日本民族学会の機関誌『民族学研究』には，国内の民俗についての研究も多く掲載されており，また民間伝承の会の機関誌『民間伝承』にも，海外の民俗，あるいは欧州の民俗学理論を扱う

(1925年創刊）など多くの雑誌が刊行されていきます。そして次第に「民俗学」という枠組みが形成されていき，それを学び，研究する者も育っていきました。その中には大学を研究の場とする人たちもいましたが，医師，小学校の教員，公務員，農民といった在野の人々も多く含まれていました。

2 「野の学問」としての民俗学

1934年，現在の日本文化人類学会の前身である「日本民族学会」が設立されると，その翌年に，柳田國男とその周囲の人々によって「民俗学」の研究団体としての「民間伝承の会」が設立されました。前者には大学に籍を置くアカデミックな研究者が多く参加していたのに対し，後者は地方在住の在野の人々を中心とする組織でした。[4] 柳田らが民間伝承の会を結成したのは，アカデミズムからは排除されがちな在野の人々が主体となって研究に参画できる場を確保しようとしたからです。柳田は，民俗学は大学で研究されるものではなく，在野で研究されるものだと強く考えていたのです。民間伝承の会は，その後，1949年に「日本民俗学会」と改称され今日に至ります。現在でも日本民俗学会の会員の多くは，在野の人たちです。こうした在野の人々を主体とする民俗学のあり方は，「野（の）の学問」と呼ばれています。

もっとも，現在では，多くの大学で民俗学の講義が開講され，大学院でも民俗学を専攻できるようになっています。「野の学問」としての民俗学と「大学の学問」としての民俗学の関係はどのように考えるべきでしょうか。民間伝承の会には，大学に所属する研究者やそれに相当する実力を持った研究者たちも一部ですが参加していました。彼らは，同会の幹部として活躍したり，戦後，柳田の自邸に設立された財団法人民俗学研究所の理事，所員として活動したりした人たちです。[5] 1952年，彼らのうち東京教育大学に教員として所属していた者たちによって同大学に「史学方法論教室」という名称の教員組織が設置され，1958年から同教室で民俗学専攻の学生を教育するようになりました。そして，この教室およびその延長線上にある筑波大学の民俗学教室に学んだ者の中から，民俗学を専門とする多くの大学教員が輩出されていきました。[6]

こうして大学に勤めるプロの民俗学者が登場するようになりましたが，民俗学が「野の学問」としての性格を捨ててしまったわけではありません。大学の民俗学者には，「在野で民俗学を実践する人々の知」と「アカデミーの知」（その1つが文化人類学です）を媒介して，新たな知をダイナミックに生み出すことが求められています。また，大学教育が大衆化した高度経済成長期以後，学部レベルで民俗学の講義が開講されていることには，大学卒業後に市民として生きていく人々，すなわち将来の「野の学問」の担い手となりうる人たちに民俗学の基礎知識を提供するという大きな意義があるのです。[7]　（島村恭則）

記事が掲載されていたからである。両者の本質的な違いは，アカデミズム主体か在野主体かにあったと考えるほうが適切である。ただし，それぞれに例外的所属は見られた。

▶5　折口信夫，関敬吾，瀬川清子，大藤時彦，和歌森太郎，直江広治，桜井徳太郎といった民俗学者がこれにあたる。彼らの多くは，日本民族学会にも所属し，人類学への造詣も深かった。とくに，折口信夫は日本民族学会設立の際の発起人の1人であり，関敬吾は戦後に再出発した日本民族学会の第2期会長を務めた。

▶6　同様に，1958年には成城大学でも民俗学の専門教育が開始されている。さらにその後は，多くの大学で民俗学の講座が開設されるようになった。現在，どの大学で民俗学を学べるかは，日本民俗学会のウェブサイトにある「民俗学専門教育機関データベース」で知ることができる。

▶7　プロの民俗学者には，このほか，世界の民俗学と日本の民俗学とを接続するという役割もある。なお，アカデミー所属の民俗学者は，日本文化人類学会にも所属して，人類学についての一定の見識を有していることが普通である。また，人類学者の中にも民俗学に造詣の深い研究者が存在する。民俗学と文化人類学の越境的交流は大いに奨励されるところである。両者を接合させる試みとして，桑山敬己・島村恭則・鈴木慎一郎『文化人類学と現代民俗学』（風響社，2019年）がある。

XX　文化人類学と民俗学

文献資料と民俗調査

1 「民俗学のふるさと」としての「内閣文庫」

「日本民俗学のふるさと」として，宮崎県の椎葉や岩手県の遠野の名がよく挙げられます。それぞれ『後狩詞記』(1909年）と『遠野物語』(1910年）という日本民俗学史上，最初期の作品の舞台となった場所だからですが，[1] これらに加えて「内閣文庫」を第3の「ふるさと」として挙げることができます。

内閣文庫は，古典籍や古文書などが収められた内閣所管の図書館でした（のちに国立公文書館へ統合)。内閣法制局参事官であった柳田國男は，35歳のときに内閣書記官室記録課長を兼任し，以後，数年間にわたってこの図書館に自由に出入りして文献を読み漁りました。柳田の著作には，初期のものから晩年のものまで，一貫して膨大な文献資料の使用が見られます。とくに多いのは近世期の随筆と地誌です。これらは，現在では活字化されて『日本随筆大成』や『大日本地誌大系』などに収められていますが，[2] 柳田が民俗学を始めた頃は，まだ原本や写本を内閣文庫で閲覧するしかない時代でした。ここでの文献の渉猟が，彼の民俗学の土台を作ったといっても過言ではありません。

柳田にとってのみならず，近世の随筆と地誌は，民俗学にとって第1級の資料です。ここで随筆というのは，いわゆるエッセーのことではなく，江戸や京都，大坂の町中で語られていた無数の街談巷説（世間話）を書き留めたものや，日常些事を含む森羅万象の由来を考証したものなどのことです。たとえば，江戸時代中期の旗本がさまざまな人から世間話を聞いて書き留めた『耳袋』や，江戸時代後期の町人学者による風俗考証書『嬉遊笑覧』などがこれにあたります。[3] また地誌とは，特定地域についての地理的記述のことで，たとえば，江戸時代後期に昌平坂学問所地誌調所が編纂した『新編武蔵風土記稿』[4] などがこれにあたります。これらの資料をうまく活用すれば，共時的な観察や聞き書きだけでは得られない知見を生み出すことが可能です。その資料的価値の高さは現代の民俗学においても変わりません。[5]

2 民俗調査とフィールドワーカー

もっとも，近世の随筆や地誌だけでは到達できない世界があることも事実です。とくに，随筆は，江戸，京都，大坂といった近世の大都市において書かれたものが圧倒的に多く，そこでとりあげられている話題も，それらの地域のも

▶1　『後狩詞記』は，官僚時代の柳田が椎葉を訪れた際に聞き取った狩猟習俗について叙述したもの。『遠野物語』は，遠野出身の佐々木喜善という青年が語った民間伝承を柳田が独自のスタイルで記述したもの。

▶2　『日本随筆大成』は，近世期の随筆を集成したもので，1973年から1978年の間に吉川弘文館から全83巻が刊行された。続刊として1979年から1983年の間に『続日本随筆大成』全32巻も刊行されている。『大日本地誌大系』は近世期の地誌を集成したもので，1929年から1933年の間に雄山閣から全40巻が刊行された。

▶3　根岸鎮衛『耳袋』(上・中・下，岩波文庫，1991年)，喜多村筠庭『嬉遊笑覧』(第1～第5巻，岩波文庫，2002-2009年)。

▶4　『新編武蔵風土記稿』(大日本地誌大系1～12)，雄山閣，1957-1963年。

▶5　民俗学における近世随筆・地誌の活用法については，村上紀夫『文献史学と民俗学――地誌・随筆・王権』(風響社，2022年）がわかりやすく解説している。

▶6　柳田の農政学的民俗学思想を踏まえると，この呼びかけには，読者が自分自身の足元を民俗学的に調査することで，地域の過去・現在・未来を考える主

のに限定されてしまうという問題があります。また，そもそもそれらは近世に書かれたものであり，同時代の観察にもとづくものではありません。随筆や地誌に書かれていない全国の同時代情報を手に入れるには，自ら調査をするしかないということになります。そこで，柳田は，自分が主宰する雑誌『郷土研究』の読者に，各地の民俗について調査して報告するよう呼びかけました[6]。また，1918年には，地理，建築，農政などの専門家らとともに共同調査を組織しました。日本最初の村落調査といわれる「内郷村調査[7]」がそれです。

1930年代に入ると，民俗調査はより体系的に行われるようになります。1934年には日本学術振興会から助成金を得て3年計画の「山村調査」が実施されました。これは，柳田を代表者とし，彼のもとで育ちつつあった民俗学者たちを全国約50か所の山村に派遣して行われた大規模な民俗調査でした。同様の調査はその後，1937年から1939年の「海村調査」，1950年から1952年の「離島調査」へと続けられました[8]。また，民俗学，民族学，社会学，言語学，地理学，宗教学，人類学，考古学，心理学の9つの学会からなる「九学会連合」による共同調査のような学際的な調査も積極的に行われました[9]。

このような数々の調査の中で，優れたフィールドワーカーも多く生み出されました。たとえば，宮本常一[10]は，全国を歩きまわり，次々と調査報告を書きました。有名な『忘れられた日本人』（1960年）は，そのような調査で出会った人々のライフヒストリーを作品化したものです。また，女性民俗学者の草分けである瀬川清子[11]も全国約300か所で調査を行い，主に女性の民俗に関して優れた論考を多く発表しました。

3 個別分析法からテーマ追究型調査へ

1970年代になると民俗調査のあり方に変化がもたらされました。それまでの調査は，どちらかというと，民俗の事例を地域の社会的文脈から切り離した状態で記述する傾向がありましたが，この時期からは民俗を社会的コンテクストの中で記述・分析するスタイルが一般化しました。また，こうした記述に，近世期の名主などが書き残した日記や覚書などの地方文書のデータも組み合わせて，1地域の民俗史を再構成する方法も模索されるようになりました[12]。

その後，2000年代以降，調査や記述のあり方はさらに大きく変化しました。それまでの民俗調査が村落を主なフィールドとし，地域の生活を満遍なく把握しようとしてきたのに対し，老い，巡礼，新宗教，老舗，在日外国人，テキヤ，タクシードライバー，旅館おかみ，喫茶店，美容室，葬祭業，会社，災害被災地，文化遺産，観光，クィア，アニメファンといったさまざまな主題に直行する「テーマ追究型」の調査が一般化したのです。その中から，興味深いエスノグラフィーがいくつも登場するようになって今日に至っています。（島村恭則）

体として育っていくことへの期待も併せて込められていたと考えられる。

▶7 内郷村は，現在の神奈川県相模原市緑区にあった村。1918年8月15日から25日まで，ここで郷土会（新渡戸稲造を囲むかたちで柳田が幹事をつとめた郷土研究を目的とするサロン的研究会）のメンバーによる村落共同調査が行われた。

▶8 山村調査，海村調査，離島調査はいずれも略称で，それぞれ「日本僻陬諸村に於ける郷党生活の資料蒐集調査」，「離島及び沿海諸村に於ける郷党生活の研究」，「本邦離島村落の調査研究」が正式名称である。

▶9 同調査は，1950年以後，対馬，能登，奄美，佐渡，下北，利根川，沖縄といった地域で実施された。

▶10 山口県生まれの民俗学者（1907-1981）。宮本の著作は，『宮本常一著作集』（第1-第52巻，未來社，1967-2021年 刊行継続中）にまとめられている。その生涯と学問については，畑中章宏『宮本常一——歴史は庶民がつくる』（講談社現代新書，2023年）がわかりやすい。

▶11 秋田県生まれの民俗学者（1895-1984）。その生涯と学問については，岡田照子編『瀬川清子——女性民俗学者の軌跡』（岩田書院，2012年）が詳しい。

▶12 1970年代に登場したこれら一連の調査・記述の方法は，「個別分析法」と呼ばれている（福田アジオ『日本民俗学方法序説——柳田國男と民俗学』弘文堂，1984年，108頁）。

XX　文化人類学と民俗学

現代社会と民俗学

1 現代社会で生まれる民俗

世界の民俗学者の中で，もっとも影響力の大きかった2人を挙げるなら，バウジンガー（Bausinger, H.）とダンデス（Dundes, A.）になるでしょう。ドイツのバウジンガー[1]は，1961年に刊行された『科学技術世界のなかの民俗文化』の中で，それまでは「農村の伝統的な伝承文化」として理解されがちであった「民俗」を，科学技術の普及した現代社会の中でも生み出され，しかも科学技術と融合するかたちをとって存在しているものとして位置づけ直しました。空間の膨張，時間の膨張，社会の膨張という3つの観点から同時代の民俗を考察した本書の出現を契機に，ドイツの民俗学は，現代民俗を積極的に扱う学問として生まれ変わりました。本書は，フランス語，英語，中国語，日本語でも翻訳・出版されており，世界各地の民俗学に大きな影響を与えています。

一方，アメリカのダンデス[2]も，1965年に「民俗とは何か」と題する論考を発表し，民俗はどんな社会集団にも存在するのであって，世の中の人たちが思っているような「田舎に暮らす読み書きのできない農民が伝える迷信じみた古風な風習」のことではないと明確に主張しました。彼は，「職業，言語，宗教など何であっても構わないが，そうしたなんらかの共通の要素によって結びついているならば，どのような集団であろうと，その集団はフォーク（folk）であり，その集団が所有する伝承（tradition）が民俗（folklore）である」と論じたのです。そして，農民のみならず，炭鉱夫，鉄道員，野球選手，サーファー，オートバイ乗り，コンピューターのプログラマー，オフィスワーカー，医師，科学者などにも独自の民俗があると述べました[3]。

ダンデス以後，アメリカ民俗学では，都市伝説，グラフィティと呼ばれる都市壁画，オフィスワーカーたちが共有するユーモア，犯罪被害にあったニューヨーカーたちの経験談，ボーイスカウトで行われている習慣や儀礼，救急隊員たちの経験談，鉄道労働者たちの語り，アウトサイダーアートと呼ばれる素人絵画，ハロウィンやカーニバルなど，さまざまなものがフォークロアとしてさかんに研究されるようになりました。

都市化した現代社会においても民俗が生まれているとの認識は，1970年代以降の日本の民俗学でも「都市民俗学」や「現代民俗学」という名称のもとで共有されるようになり，具体的な事例研究も登場しました。たとえば，その先

▶1　世界的に著名なドイツの民俗学者（1926-2021）。長くチュービンゲン大学教授としてドイツ民俗学を牽引した。多くの著作のうち日本語に訳されたものとして『科学技術世界のなかの民俗文化』（河野眞訳，文楫堂，2005年），『フォルクスクンデ・ドイツ民俗学——上古学の克服から文化分析の方法へ』（河野眞訳，文楫堂，2010年）などがある。

▶2　世界的に著名なアメリカの民俗学者（1934-2005）。カリフォルニア大学バークレー校人類学部教授として長く民俗学を講じた。精神分析学的なフォークロア研究でも知られ，『鳥屋の梯子と人生はそも短くて糞まみれ——ドイツ民衆文化再考』（新井皓士訳，平凡社，1988年）ほかの日本語版著作がある。XX-2「フォークロアとフォークライフ」を参照。

▶3　Dundes, A. *The Study of Folklore*. Prentice-Hall, 1965.

導者的存在であった宮田登[4]は，都市で発生する怪異現象や宗教現象，犯罪，災害，流言飛語，団地アパートの生活など豊富な素材を用いて，急激な都市化の中で人々が抱える不安心理の表出形態の１つが都市民俗であると論じました。

2 ヴァナキュラー

現在，アメリカや日本の民俗学では，ヴァナキュラー（vernacular）という概念が多用されるようになっています。ヴァナキュラーとは，ラテン語由来の英語語彙で，元来「権威ある正統的なラテン語」に対する「俗ラテン語」を表す言葉でしたが，〈正統的なもの〉と〈俗なるもの〉の間の権力関係のダイナミズムを把握するのにふさわしいと考えられ，フォークロアの語に代わる学術用語として採用されるようになりました。そこには，ダンデス以後，専門用語としてのフォークロアの語は，新たな定義のもとで用いられるようになったものの，英語圏の一般社会では依然として「時代遅れの田舎の農民たちが伝えている，どこか奇妙で，でも懐かしいものごと」というイメージが強かったため，新しい用語の使用が求められていたという背景事情もありました。

インターネット民俗学の第一人者であるハワード（Howard, R.）は，ヴァナキュラーを「制度の外側で発生し，認知され，力を得る文化的表現」としてとらえ，SNS などヴァナキュラー性の高いウェブ上のネットワークを「ヴァナキュラー・ウェブ」と名付けて研究対象にしました。そして，カトリックの同性愛者，大手自動車メーカー，大統領選出馬候補者らがそれぞれ開設したブログの事例分析をとおして，マス・メディアなど旧来のメディアと違い，ヴァナキュラー・ウェブにおいては，制度の外側にある者たちの声が，制度の内側に入り込み，一定の力（ヴァナキュラー権威 vernacular authority）を持つに至る場合があることを明らかにしました。また一方では，制度の側も，ヴァナキュラーを取り込んだり，コントロールしようとしたりする場合もあることなど，ヴァナキュラーをめぐるパワー・ポリティクス（権力闘争）を明らかにしました。[5]

2010 年代以降，日本の民俗学でもヴァナキュラーの語が積極的に用いられるようになりました。島村恭則は，民俗とはヴァナキュラーのことであるとした上で，それは以下のいずれか，もしくは組み合わせであると定義しました。(1)支配的権力になじまないもの，(2)啓蒙主義的な合理性では必ずしも割り切れないもの，(3)「普遍」「主流」「中心」とされる立場にはなじまないもの，(4)公式的な制度からは距離があるもの。[6]

そして，民俗学とは，覇権・普遍・主流・中心の側によってつくられた知識体系に対し，ヴァナキュラーの次元から，それらを相対化したり超克したりしうる知見を生み出そうとする学問分野だと論じています。　　（島村恭則）

▶4　20 世紀後半の日本の民俗学を代表する研究者の１人（1936-2000）。筑波大学で長く教鞭をとった。『ミロク信仰の研究［新訂版］』（未來社，1975 年），『都市民俗論の課題』（未來社，1982 年），『現代民俗論の課題』（未來社，1986 年）ほか多数の著書がある。

▶5　Howard, R. G. “The Vernacular Web of Participatory Media.” *Critical Studies in Media Communication* 25 (5): 490-513, 2008.
Howard, R. G. “Electronic Hybridity: The Persistent Processes of the Vernacular Web.” *Journal of American Folklore* 121(4): 192-218, 2008.

▶6　この定義は，「伝承（＝とくに世代間での伝達継承）」を「民俗」の要件としていないところが特徴である。旧来の民俗学では，民俗の持つ伝承的側面が重視されており，本文で触れたダンデスによる定義でも，集団が共有する「伝承」が民俗だとされていた。しかし，本章のヴァナキュラーの定義では，非伝承的なものも含まれる。これにより民俗学の研究対象をより広く設定できるようになる。詳細は島村恭則『みんなの民俗学——ヴァナキュラーってなんだ？』（平凡社新書，2020 年）を参照。

第2部　新たなテーマ

メディア

① メディアとは何か

文化人類学において「文化」の概念は，「特定の民族の生活様式の全体」や「特定の人々の間で共有される象徴と意味の体系」といった広い意味で用いられてきました（I-2 参照）。このような広義の「文化」は，近年一部の分野において「情報」という観点からとらえられるようになっています。たとえば進化心理学者のメスーディ（Mesoudi, A.）は，文化を「模倣，教育，言語といった社会的な伝達機構を介して他者から習得する情報」[1]と定義しています。メディアとは，このような文化＝情報の伝達を媒介するモノ――そこには，私たちの身体も含まれます――としてとらえることができます[2]。言い換えれば，メディアなくして文化を伝達することは不可能であるといえます。このような観点からすれば，人々がメディアとどのように関わっているのかに文化人類学の立場から目を向けることに，重要な意義があることがわかります。

② メディアの重層的な展開

人間は，その長い歴史を通じてさまざまなメディアを生み出してきました。オング（Ong, W.）は，メディア研究の古典として知られる著作において，多様なメディアの発展の歴史を，(1)口承的，(2)筆記的，(3)活字的，(4)電子的という４つのメディアの様式が積み重なってきた過程として把握しています[3]。なかでも，言語情報の伝達の空間的・時間的範囲を大幅に拡張する契機をもたらした筆記的メディア，すなわち文字の発明は，メディアの歴史における大きな転換点であったといえます[4]。かつて文化人類学においても，世界各地の社会をとらえる際に「無文字社会」と「文字社会」という区分が広く用いられました。文化人類学が長らく対象としてきた社会の多くが文字をもたず――文字を必要としなかったといってもよいかもしれません――言語情報は主に口承によって伝達されるということが，これらの社会の人々の感覚・思考や慣習のあり方を特徴づける重要な文化的側面ととらえられたからです。

ここで文字が刻印されるモノとしてのメディアについて考えてみると，文字が発明されてから今日に至るまで，文字が刻印されるメディアもまた，多様な展開を見せてきたことが改めてわかります。同じ「文字社会」といっても，粘土板に刻まれた文字が主に用いられる社会と，活版印刷によって紙に記された

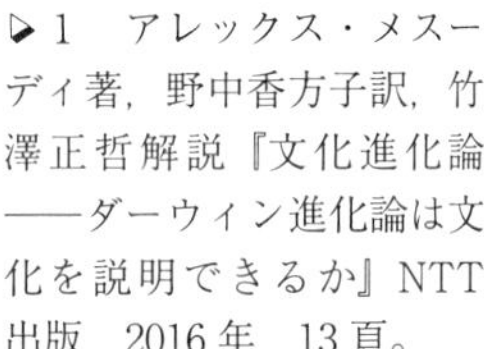

▶1　アレックス・メスーディ著，野中香方子訳，竹澤正哲解説『文化進化論――ダーウィン進化論は文化を説明できるか』NTT出版，2016年，13頁。

▶2　メディアのとらえ方は研究者によってさまざまである。たとえば，以下の書籍を参照。伊藤守編『よくわかるメディア・スタディーズ 第２版』ミネルヴァ書房，2015年。

▶3　W. J. オング著，桜井直文・林正寛・糟谷啓介訳『声の文化と文字の文化』藤原書店，1991年。

▶4　世界で最初に完全な文字の体系が生み出されたのは，今から約6000年前のメソポタミアにおいてであったと考えられる。スティーヴン・ロジャー・フィッシャー著，鈴木晶訳『文字の歴史――ヒエログリフから未来の「世界文字」まで』研究社，2005年。

文字が主に用いられる社会の間に，大きな違いを見出せることはいうまでもありません。ただし，新たなメディアが生まれたからといって，それ以前に用いられていたメディアが姿を消してしまうとは限りません。現在私たちは，言語情報を伝達する際に，紙に手書きする，紙に印刷する，PCからメールで送る，スマートフォンからチャットで送るなど，さまざまなメディアを使い分けています。このように多様なメディアが重層的に展開している様相は，現代世界の大きな特徴であるといえます（映像メディアについては第2部2を参照）。

3 「非人間」を視野に含めたコミュニケーション生態系

注目すべきは，携帯電話・スマートフォンの世界的な普及に見られるように，メディアのデジタル化・多機能化・個人化・モバイル化・遍在化が進んできたことで，人とメディアの関わり方が複雑になってきている点です。たとえば，私たちはスマートフォンを，単に言語情報や映像情報を他者に伝達するというだけでなく，さまざまな目的のために利用しています。また，特に目的がなくても，なかば無意識のうちにスマートフォンを触っていたということもあるでしょう。このような現代世界における人とメディアの複雑な関わりを，文化人類学の立場からどのようにとらえていくことができるでしょうか。

現代の文化人類学では，人間以外の生命体や人工物といった「非人間」を「アクター」（actor 外界に対してなんらかの影響を及ぼしうる存在）としてとらえ直す視点が重視されるようになっています[5]。このような視点は，メディアを媒介としたコミュニケーションにおいてアクターとしての「非人間」に目を向けることに繋がります。

実際，私たちの日々のコミュニケーションを省みると，それは必ずしも人と人の間でのみ行われるものばかりではないことがわかります。たとえば，私たちがスマートフォンを介してなんらかのコミュニケーションを行う際に，その相手がコンピュータプログラムをはじめとする「非人間」である場合，あるいは私たちがスマートフォンに触れることが「非人間」間のコミュニケーションを媒介している場合があります。近い将来，IoT（Internet of Things）の普及によって，私たちの身のまわりの家電製品や自動車をはじめとして，さまざまなモノがインターネットにつながると，「人間－非人間」間や「非人間－非人間」間のコミュニケーションは，ますます増えていくに違いありません[6]。

文化人類学やその関連分野には，調査対象の人々がさまざまなメディアを使い分けながら，どのようなコミュニケーションを行っているかを質的調査によって明らかにしようとする「コミュニケーション生態系（communicative ecology[7]）」と呼ばれるアプローチがあります。このアプローチを敷衍するならば，文化人類学の立場からのメディア研究は，「非人間」のアクターを含めたコミュニケーション生態系に視野を広げることができるでしょう。（原　知章）

▶5　このような視点の形成に大きな影響力を及ぼしたものとして，ラトゥール（Latour, B.）らによって提唱されたアクターネットワーク理論が挙げられる。ブリュノ・ラトゥール著，伊藤嘉高訳『社会的なものを組み直す――アクターネットワーク理論入門』法政大学出版局，2019年。

▶6　フロリディ（Floridi, L.）は，人間が情報通信技術に極度に依存するようになる世界を「インフォスフィア」（infosphere 情報圏）と呼んだ上で，インフォスフィアでは，人間は「非人間」を含む多様な情報エージェントの1つにすぎなくなると論じている。ルチアーノ・フロリディ著，春木良且・犬束敦史監訳『第四の革命――情報圏（インフォスフィア）が現実をつくりかえる』新曜社，2017年。

▶7　コミュニケーション生態系のアプローチでは，オフラインとオンラインの双方のコミュニケーションを視野に含めた上で，特にオンラインコミュニケーションの特徴に注目する。木村忠正『ハイブリッド・エスノグラフィー――NC（ネットワークコミュニケーション）研究の質的方法と実践』新曜社，2018年。

映　像

映像からマルチモーダルへ

こんにち，静止画のみならず動画も含めて，さまざまな映像が私たちの日常生活に氾濫しています。本書の第3版であらたに映像を取り上げたのも当然でしょう。本節の前半では，フィールドワークの成果を映像で表現する映像人類学について述べますが，映像の問題はそれにとどまりません。後半で述べるように，映像の問題は，文化人類学に関わる研究者や学生一人ひとりが考えてよいほどの重要性を帯びています。

「映像人類学（visual anthropology）」ということばは，もともと，文字やテキストから自由になろうとする意図のもとに作られました。しかしメディアが発達した今日では，映像人類学という表現により，音声や仮想現実（Virtual Reality, VR），拡張現実（Augmented Reality, AR），舞台装置，それらを組みあわせたインスタレーションなどが排除されているように受けとられかねません。また，知覚刺激による分類のほかに，ソーシャルメディア（SNS）や双方向ゲーム，スマホアプリなどのインターネットメディアを介した情報送受信も「映像」の語には含まれていません。

そうしたさまざまな知覚刺激やメディアを駆使した民族誌／人類学は，近年，「マルチモーダル民族誌／人類学」と呼ばれるようになりました。マルチモーダルとは，多様（multi-）な表現の様式（mode）ということです。英語圏では，マルチモーダル研究という名を冠した研究所や学科，コースが次々に誕生し，日本でも，マルチモーダル人類学者を名乗る若手研究者が徐々に増えています。

2 民族誌と民族誌映画

テキストと映像とでは伝達する情報の質がまったく異なりますが，どちらかが優れているとはいえません。言語的な障壁を気にしなくてよい映像のほうが，幅広い学術コミュニケーションや非専門家との協業に適しているという考えかたもあります。日本では，1980年頃から国立民族学博物館が民族誌映像を量産して注目されるようになりましたが，機材が重くて取材班も大人数にならざるをえず，研究者人口は少ないままにとどまっていました。

1990年代になると，新聞・雑誌の報道写真やテレビのドキュメンタリー番組が真実に基づいているかどうか，いわゆる「やらせ」ではないかという観点から，映像作品の真実性に関する議論が起こりました。2000年代になると，文化人類学者や民俗学者，社会学者らもこうした議論に加わりました。[1] そして，「やらせ」がかならずしも意図的なものばかりではなく，不十分な取材に基づく性急な番組作りを原因としていたことが明らかになりました。しかし議論に加わった論者の多くは，報道関係者だけでなく研究者もまた信頼できる作品作りを心がけるべきだと考えています。民族誌映像は文字による民族誌と同様，固定観念を強化する効果があり，差別や偏見，権力関係を温存してしまう可能性があります。[2] 学術分野におけるこの問題は，1970年代後半におけるオリエンタリズム批判の流行とともに次第に認識されるようになったものですが，2000年代に報道分野での議論にも合流したのです。

研究者は，民族誌や博物館展示，民族誌映像を作成・制作しますが，文化を語る特権をもつわけではなく，多数の立場のひとつから発言するにすぎません。民族誌映像はそもそも集団的に制作されますから，それを意識して研究者が関係者と連絡を取りあえば，公表以前の段階でさまざまな問題が解決するはずです。[3] こうした協業には，映像に登場する人物（アクター，被写体）も関わります。フィールドワークの多様化により，映像は人類学的研究でますます重要になっています。

3 社会と学術の接点としての映像

現在，映像やマルチモーダル表現を文化人類学に活かす可能性は，少なくとも3つあります。第1は，フィールドワークのプロセスや成果を映像などで表現するという，映像人類学・マルチモーダル人類学の可能性です。

第2は，テキストよりも広く理解されやすい映像を用いて，まちづくりや博物館展示など，さまざまなプロジェクトのプロセスで活用しようという可能性です。この場合，成果が映像とはかぎりません。まちづくりのようなプロジェクトは，協業的なフィールドワークをとおしてさまざまなタイプの創造に結びつきます。このため，フィールドワークや民族誌（エスノグラフィー）の方法論をデザイン学の研究者がとり入れて，「デザイン人類学[4]」という分野が確立するまでになりました。この分野の発展にともなって，映像というテーマはますます重要になることでしょう。

第3は，写真や映画のように外部化された映像を心象とともに「イメージ」と呼び，交通や通信が極度に高速化した現代の文化現象を理解しようとする可能性です。箭内匡は，これまで用いられていた「文化」でなく，イメージの概念を鍛えていこうと提唱しています。[5] それによって文化の概念が無用になるとは言いきれませんが，現代文化では，外部化された映像が重要な役割をはたすことはまちがいありません。このことからも，映像そのものが文化人類学の重要なテーマになっていくことは明らかといえるでしょう。　（飯田　卓）

▶1　飯田卓・原知章編『電子メディアを飼いならす――異文化を橋渡すフィールド研究の視座』（せりか書房，2005年）を参照。

▶2　テキストを中心とした「民族誌」については XVIII「民族誌と文化の表象／展示」を参照。XVIII-4「博物館と文化の展示」には，本節と同じく視覚的／視聴覚的な表現である博物館展示についても述べられているので，本節と比較することをお勧めする。

▶3　こうした観点から映像人類学の歴史とその理論的可能性の両方を展望した論文集として，村尾静二・箭内匡・久保正敏編『映像人類学（シネ・アンスロポロジー）――人類学の新たな実践へ』（せりか書房，2014年）がある。

▶4　デザイン人類学に関する適切な日本語の概説書はまだない。個別性から出発して普遍的な世界をめざすという文化人類学の究極的目標を見据えてデザインを考察した本としては，Escobar, A. *Designs for the Pluriverse: Radical Interdependence, Autonomy, and the Making of Worlds* (Duke University Press, 2018) をお勧めする。

▶5　箭内匡『イメージの人類学』（せりか書房，2018年）を参照。イメージは，物質と精神の両面に関わる点で文化と同じでありながら，特定の集団のみが共有するとはかぎらない点で文化と異なる。

景　観

1 人間学を超えて

「景観」は，主に地理学，造園学，土木工学などの分野で使われてきた用語で，長いこと人類学のキーワードではありませんでした。しかし，1990年代に入ると人類学者も景観に注目しはじめ，「景観人類学」という領域すら生み出されました。では，なぜ人類学者は景観を語りはじめたのでしょうか。

景観（landscape）[1]は，特にルネサンス以降，人間が遠くから眺望する土地（柄）を指してきました。あたかも絵画のように，人間が視覚的に描き出すノスタルジックで，エキゾチックな「世界」が，景観と呼ばれてきたのです。そのため人類学では，外部から観て景観を描くという行為が，そのまま，土地や民族の文化を書く民族誌の営為と重ねられるようになりました。

しかし，人間にとって景観とは，遠方から描写されるだけの存在なのでしょうか。そうとは限りません。私たちにとって山，川，土，木，石などは生活に欠かせない身近な存在です。私たちは，日常の生活を通して農作物，道，住居などの景観をつくりだしていますし，そうした景観の形態・配置が逆に私たちの知覚や行動を左右することもあります。景観は，特定の場所に住む人間にとって，一方的に眺められるだけではなく，人間と共に存在するものでもあるのです。「日常の生活世界の一部」であるともいえるでしょう[2]。

ここから人類学は，人間だけでなく，景観という異種（非人間）も含めた記述を重視するようになりました。具体的には，人間が――気候の影響や他の生物とともに――いかに景観を物理的につくりだすのかに注視します。ほかには，災害などによる景観の変化によって，現地の日常文化や，時として親族カテゴリーすら変えられていく動態[3]を考察したりもします。

2 文化と自然の対立を超えて

1990年代以降，人類学は考古学とともに景観研究に取り組みはじめました。従来，考古学は主に遺跡・遺構という人工物を主要な研究対象としてきましたが，その周囲の自然（地形，植物など）も考慮に入れることの重要性を論じるようになりました。そこで，人工物（文化）と自然の双方を跨ぐ概念として，景観が注目されました。人類学も同様に，道や建築を人工物（文化），木や丘を自然といったカテゴリーに区別して研究することに，異議を唱えるようになりま

▶1　英語のlandscapeは「風景」とも訳される。日本の人類学では，遠方から眺められる土地の視覚イメージを「風景」，人間の行為によってつくりだされる物理的形態を「景観」と訳し分けることもある。

▶2　人類学者インゴルド（Ingold, T.）は，景観を視覚的・絵画的に捉える視点を「眺めるパースペクティブ」，景観を人間がつくりだす物理的形態と捉える視点を「住まうパースペクティブ」と呼ぶ。彼は前者から後者へ移行する必要性を唱える。

▶3　親族を血のつながりとする考えは世界普遍ではない。たとえ血縁関係がなくとも，同じ土地を耕しそこから収穫される作物を共に食べることで，親族とみなされることもある。マレーシアのケラビット高地では，震災によって耕作地が広がったことにより，親族の範疇が拡大したという例が報告されている。

した。双方とも人間が生活の上でつくりだしてきた物質であることにかわりはないからです。そのため，人工物（文化）でも自然でもある新たなカテゴリーとして，景観が語られはじめました。[4]

アマゾンの森を例に挙げるとしましょう。私たちの多くはアマゾンを南米の奥地にある，手つかずの自然であると考えています。しかし，人類学者バリー（Balée, W.）の調査によると，アマゾンの植生は，実際には先住民であるカヤポ族などが森林伐採や村落放棄といった行為を繰り返すことで変化してきました。[5]つまり，アマゾンの森は原生的な自然に見えますが，人間の手が加わった人工物でもあるのです。

人類学は，たとえ人間の手垢がついてない自然であるような所でも，実際にどのように人間が自然に介入（攪乱）し，そして現在に見る景観が形成されてきたのかを読み解こうとします。このような研究は，考古学だけでなく，地理学，植物学，地質学などとの協働で取り組まれることもあります。人文社会科学と自然科学の枠を超えて研究を展開しやすいことも，景観をテーマとする人類学的調査の特徴のひとつです。

▶4　フィリップ・デスコラ著，小林徹訳『自然と文化を超えて』（水声社，2020年）における景観の説明も参照のこと。

▶5　バリーのアプローチは「歴史生態学」と呼ばれる。歴史生態学は景観の概念を重視し，その生成過程の動態を解読しようとする。

3 応用研究に向けて

人類学は人間と景観の相互作用を動態的にとらえます。ただし，人間が自／異社会の景観をまったく視覚的に描き出さないかというと，そのようなことはありません。私たちは沖縄というと赤瓦の屋根やシーサーがある景観を思い浮かべますし，中国というと豪華絢爛な建物や山水画のような自然を思い浮かべることでしょう。そのような視覚的なイメージは，地域計画や観光開発を通して物質的につくりだされたり，文化遺産保護の対象となったりします。

たとえ同じ景観であっても，観光客ら外部者のイメージと，そこに住む人々の知覚や実践とは，時としてズレが生じます。たとえば，オーストラリア中部にあるエアーズロックは，時間の経過とともに7色に変化する美しい巨大岩石として知られており，ユネスコの世界遺産にも登録されています。観光客はその視覚イメージをもとにエアーズロックを訪れ，登山をしてきました。しかし，そこの先住民・アナング族の人々にとって，そこはウルルと呼ばれる聖地でもあり，彼らは観光客が勝手に登山をする行為を問題視してきました。[6]

そこに住む人々にとっては，世界遺産に登録されるような建築物よりも，一見して何の変哲もない巨木や古びた家屋を守ることが大切だということもあります。開発業者が「何もない不毛な」土地だと思っていた所に建造物を建設したところ，実はそこが先住民にとって聖地であったという例は，枚挙に暇がありません。[7]人類学は，フィールドワークを通して，住民にとって本当に大切な景観が何なのかを見極めようとします。景観の人類学的研究は，より効率的な地域開発や文化遺産保護に導く潜在性を秘めているのです。　（河合洋尚）

▶6　このような問題を経て，2019年10月よりエアーズロックは法律で登山が禁止になった。

エアーズロック（先住民にとっては聖地ウルル）

▶7　詳しくは，河合洋尚編『景観人類学——身体・政治・マテリアリティ』（時潮社，2016年），および河合洋尚『景観人類学入門』（風響社，2020年）を参考のこと。

4 文化遺産

1 モノから人へ

「文化遺産」という日本語は，1990年代頃に普及しました。しかし，その意味内容は，現在に至るまで少しずつ変わってきています。ひとことで言えば，保存すべき物理的なモノ（モニュメントや芸術品）と同じく，あるいはそれ以上に，それに関わる人々の文化的活動を意味するようになってきました。それにともなって，ユネスコや各国政府が認定するモノだけでなく，身近な文化的所産や文化的活動，記憶なども文化遺産とみなされるようになりました。[1]

ユネスコ[2]の世界遺産（World Heritage）事業は，顕著な普遍的価値を有する文化遺産・自然遺産の代表的一覧表（いわゆる「世界遺産リスト」）の作成と，危機にさらされている世界遺産の一覧表（いわゆる「危機リスト」）の作成の２つを柱としています。いずれのリストにおいても，世界遺産とはいわば「誰が見てもスゴいもの」と考えられていました。しかし1990年代に入ると，世界遺産リストへの記載[3]が特定地域（ヨーロッパ）や特定宗教（キリスト教）に偏っていることをユネスコは問題視し，それを是正するためのグローバル・ストラテジー[4]を打ちだしました。その要点のひとつは，西洋的価値観にとらわれない文化遺産を積極的にリスト記載することです。結果として，従来から文化遺産とみなされていたモニュメント[5]だけでなく，人々の活動によってかたちを変えていく文化的景観など，生きている文化遺産（living heritage）と呼ばれるあらたなタイプの遺産が認知されるようになりました。これらの遺産では，モノとしての物理的なかたちに，人間活動の影響が明確に反映されています。モノと人間活動とが折衷された文化遺産といえるでしょう。

ユネスコはまた，2000年代に無形文化遺産（Intangible Cultural Heritage）[6]の制度を発足させました。無形文化遺産には，モノと関係ない文化的活動も含まれます。その点で日本の無形文化財などと似ていますが，伝統的なかたちよりも文化的創造をうながす可能性を重視するなど，異なる点もあります。無形文化遺産は，多くの国や地域ではまったく新しい考えかたとして受けとめられており，文化をめぐるあらたな話題となっています。

2 文化と文化遺産

無形文化遺産が文化の中心的課題となっている理由は，たんに新しい概念だ

▶1　飯田卓編『文化遺産と生きる』（臨川書店，2017年）を参照。

▶2　国際連合教育科学文化機関（United Nations Educational, Scientific, and Cultural Organization）のこと。1946年設立。世界遺産事業に関わって，1972年に「世界の文化遺産および自然遺産の保護に関する条約」（いわゆる世界遺産条約）を総会で採択した。

▶3　個別の遺産をリストに記載することは，日本のマスメディアでは「登録」と呼ばれる。

▶4　正式名称は「世界遺産一覧表における不均衡の是正および代表性・信頼性の確保のためのグローバル・ストラテジー」。1994年の第18回世界遺産委員会（ユネスコの下部組織）で採択された。

▶5　典型的には建造物や考古学的遺跡などを指す。モニュメントは通常，過去の人間活動の痕跡だが，現在の人間活動との関わりは観光などにかぎられるため，保全計画は効果的に実施しやすい。反対に文化的景観などは，多様な人間活動の舞台となるため保全のしかたは複雑である。

からというだけでなく，それが「文化」と類似した意味内容を有するからです。無形文化遺産保護条約の第2条を見ると，無形文化遺産とは「慣習，描写，表現，知識および技術ならびにそれらに関連する器具，物品，加工品および文化的空間」とあって，その例として口承による伝統・表現，芸能，社会的慣習，儀式，祭礼行事，自然および万物に関する知識・慣習，伝統工芸技術などがあげられています。本書における文化の定義[7]と同じく，あらゆる人間活動が含まれていることがわかるでしょう。

文化遺産が文化と大きく異なるのは，観光やお土産と関わって商品化の対象と考えられやすい点です。これは，文化遺産が概念化された20世紀末の文化状況を反映して，大量複製・流通・消費されるものというニュアンスを帯びているためです。そのため文化遺産は，人間活動のあらゆる場面に関わるシステムを構成する素材（それが人類学的な意味での文化です）というよりは，経済活動やコミュニケーションの手段と考えられるようになりました。

文化遺産は過去から未来へ受け継がれますが，かならずしも昔のまま受け継がれるわけではありません。衣食住にみられるように，グローバルな諸条件は文化を変えていきます。また，人々の経済活動やコミュニケーションが知らないうちに文化遺産を変えることもありますし，ローカルな経験をグローバルに共有するため，文化遺産を意図的に変えていく動きもあります[8]。

3 ナショナリズムの陥穽

「文化遺産」という語は，「文化」に代わる分析概念として有効な場合があります。しかし，それが政治的に利用される危険をはらんでいることにも注意しなければなりません。なぜなら，モニュメントを保護する制度は，19世紀のナショナリズムや地域主義と分かちがたく結びついているからです。このことは21世紀にも持ちこされ，世界遺産事業や無形文化遺産事業において関連国が歴史認識や当事者意識を戦わせる要因になっています。

また，文化的盗用や文化財返還の問題は，文化や文化遺産の「正統な継承者」がそうでない所有者・使用者に対して異議申立てをするというかたちをとります。しかし，こうした異議申立てに対してはさまざまな意見があります。なぜなら，文化も文化遺産ももともと特定の場所で生まれ，その価値を認める人たちは次第に増えて広がっていくものであり，物理的なモノのように所有権を主張することには限界があるからです。

前項で述べたように，文化遺産は異集団間のコミュニケーションの手段にもなりえます。現代に生きる人々は，文化遺産をとおしてローカルな経験を活かしつつ，文化的背景の異なる人たちとともに文化遺産を共有し，あらたな文化的創造に参画することもできるのです。こうした営為に文化人類学者が協力すれば，ローカルな発想をグローバルに実現できるでしょう。　（飯田　卓）

▶6　ユネスコは，2003年に「無形文化遺産の保護に関する条約」（いわゆる無形文化遺産条約）を総会で採択した。世界遺産条約と同じく人類の無形文化遺産の代表一覧表（いわゆる代表的リスト）と緊急に保護する必要のある無形文化遺産一覧表（いわゆる危機リスト）の作成をそのおもな活動とし，重要事項は毎年12月頃に開かれる政府間会議で決定される。

▶7　I-2「文化とは何か」を参照。

▶8　飯田卓編『文明史のなかの文化遺産』（臨川書店，2017年）を参照。

5 持続可能な開発（SDGs）

1 持続可能な開発目標（SDGs）における文化

2015年に開催された国連持続可能な開発サミットにおいて，持続可能な開発目標（Sustainable Development Goals, SDGs）が，2030年までに達成すべき人類共通の行動計画として採択されました[1]。それは，「誰一人取り残さない」という統一的スローガンのもと，経済，社会，環境3分野の調和によって，すべての人間が豊かで満たされた生活を享受できる社会の実現を謳っています。そこでは，「目指すべき世界像」として，人種，民族および文化的多様性に対する普遍的な尊重が強調されています。地域や民族ごとに文化，価値観が多様であると認識することは，持続可能な開発の成否に大きく関わるということです。

このような，文化的多様性の尊重を開発に不可欠な要素として掲げる発想は，1982年に国連教育科学文化機関（ユネスコ）によって出された「文化政策に関するメキシコ・シティ宣言」に遡ります。この宣言の中で，文化は開発プロセスの基本的部分を構成するものとして位置づけられました。そして，開発の戦略には各社会の歴史的，社会的，文化的脈絡への配慮が必要であり，それによって人間存在の個人としての尊厳と社会的責任が実現される，と述べられています。ここでいう文化は，伝統，遺跡，芸術など近代西欧の人文主義的な狭義の文化概念[2]とは異なり，「特定の社会または社会集団に特有の，精神的，物質的，知的，感情的特徴をあわせたものであり，芸術や文学だけでなく，生活様式，共生の方法，価値観，伝統および信仰を含むもの[3]」とされています。これは文化人類学における広義の文化概念と重なる内容です。

さらに持続可能な開発と文化的多様性の尊重との概念上の密接性については，2005年に示された「国連持続可能な開発のための教育の10年国際実施計画」の関連文書において，「環境・経済・社会の3分野は，文化の次元を通じて相互に結びついており，持続可能な開発の基盤も文化の次元を通じて与えられる」と認識されるに至りました。これは，文化的多様性の尊重を持続可能な開発における第4の柱としてとらえるだけでなく，上記3分野の統合的基盤として位置づける考え方であるともいえます[4]。

2 経済成長に偏重する開発路線への警鐘

開発と文化を結びつける議論の背景には，開発が経済成長のために自然環境

▷1　国連持続可能な開発サミットの成果文書『我々の世界を変革する――持続可能な開発のための2030アジェンダ』（*Transforming Our World: the 2030 Agenda for Sustainable Development*）参照。日本語訳は国際連合広報センターウェブページなどで閲覧できる。https://www.unic.or.jp/activities/economic_social_development/sustainable_development/2030agenda/

▷2　阿曽村智子「ユネスコの遺産保護体制と『文化的アイデンティティ』の概念――文化政策（1945～2005）における継続性と変革」『文京学院大学外国語学部文京学院短期大学紀要』10，83-104頁，2010年。

▷3　文化的多様性に関する世界宣言の全文訳は，文部科学省ウェブページで閲覧できる。http://www.mext.go.jp/unesco/009/1386517.htm

▷4　寺倉憲一「持続可能な社会を支える文化多様性――国際的動向を中心に」，国立国会図書館調査及び立法考査局編『持続可能な社会の構築総合調査報告』2010年，221-237頁。

を犠牲にしながら推進され，それによって日常生活を奪われる人々の存在が世界的に知られるようになったことと無縁ではありません。

ローマクラブというスイスの民間シンクタンクは，1972年に発表した『成長の限界――「人類の危機」レポート』において，人口，食糧生産，工業化，汚染，再生不可能な天然資源の消費はすべて増大しつつあり，これらの毎年の増加は幾何級数的成長，すなわち総量に対し一定の割合で増加するパターンに従っていて，このような「成長」はやがて限界に達し，それらを制御することすら困難であるため，成長ではなく均衡状態への転換が必要であることを主張しました[5]。経済成長至上主義的な開発観に再考を求めるこのような議論は，やがて1984年に国連環境と開発に関する世界委員会が発表した報告書『地球の未来を守るために』へとつながっていきます。その報告書では，それまでの開発が大気汚染や酸性雨，オゾン層破壊，森林消失とそれに伴う生態系の多様性の減少，放射性廃棄物のような有害廃棄物，砂漠化等，人類の生存の基盤である環境の汚染と破壊をもたらしており，環境と経済（開発）活動双方は「将来世代」においても安定していることが肝要である，と説かれています[6]。この報告書は開発の基本的なとらえ方を「持続可能な開発」という用語のもとで修正することを初めて説いたものであり，現在のSDGs時代につながる記念碑的な報告書です。そこでは文化の位置づけに直接言及されてはいませんが，これをもとに1992年に開催された地球サミット（環境と開発に関する国連会議）で採択された「環境と開発に関するリオ宣言」の行動指針では，先住民の役割強化という話の中で，「各国政府や国際機関は先住民の価値観や伝統的な知識，彼らが環境を取り扱ってきた中での資源管理技術についてよく知るべきである」という表現に反映されています[7]。文化への注目は，持続可能な開発を経済成長のみに偏らず「健全に」進めるための要件のひとつとして認識されています。

3 限界を超えて

ローマクラブの『成長の限界』を執筆した学者たちはその刊行から20年後の1992年に，すでに再生可能および再生不可能な資源の消費ペースが持続性の限界を超え，汚染排出量が環境の吸収能力を上回っていることを指摘しました。そして彼らは，持続可能社会の基本的な性質を理解する上で量的拡大を意味する成長（growth）と質的変化を促す発展（development）とを区別することで，成長に限界はあっても発展には限界のないことが示されうると説いています[8]。これは成長だけを目標とするのではなく，質的な意味での変化にこそ持続可能性の本質が存在するということです。このように，持続可能な開発は，量的成長を重視した開発観，環境・社会・経済それぞれの側面に対する歪みをもたらしてきた開発のあり方に対する批判や，地域社会の人々や彼らの文化を再評価するという軸を抱えながら展開されてきました。（関根久雄）

▶5　D. H. メドウズほか著，大来佐武郎監訳『成長の限界――ローマクラブ「人類の危機」レポート』ダイヤモンド社，1973年。

▶6　環境と開発に関する世界委員会，大来佐武郎監修『地球の未来を守るために』ベネッセ，1987年。

▶7　アジェンダ・フォー・チェンジ日本語版共同編集グループ『アジェンダ・フォー・チェンジ日本語版変革に向けての行動計画書』ほんの木，1997年。

▶8　D. H. メドウズほか著，茅陽一監訳，松橋隆治・村井昌子訳『限界を超えて――生きるための選択』ダイヤモンド社，1992年。

月　経

1 月経の文化的側面

月経とは，周期的に子宮内膜が剝脱して出血する生理現象の医学的名称です。第2次性徴をむかえた女子の身体に起こり，その後閉経まで約40年間続きます。月経は生理現象の1つですが，月経をどのようなものとみなし，どう経験するかは，時代や社会によって変わる文化的な現象でもあります。

たとえば，現代日本の女性たちにとって，月経は個人的な秘め事です。個人的な秘め事＝私的なことだからこそ，月経のときには体調が悪くて会社を休みたいこともあるのに，会社という公的な場所では月経による不調のために休みたいとは言いづらいものです。一方，日本では地域によっては1970年代頃まで，月経は社会的に忌避されるものでした。たとえば，長崎県壱岐市の勝本浦では，月経や出産のケガレが海へ持ち込まれると不漁や遭難という危険がもたらされると考えられており，女性が船に乗ることや，船や漁具に触れることに対して忌む気持ちが強かったといいます[1]。

2 文化人類学における月経

文化人類学において，月経はどのように論じられてきたのでしょうか。民族誌の中に月経という記述を多く見出すことができるのは，1960年代以降の象徴人類学的研究です。月経や出産などの生理現象を忌避する社会は世界各地に見られ，死の不浄などとともにケガレとして理論化されてきました。

イギリスの社会人類学者ダグラス（Douglas, M.）は，世界各地の事例を広く用いて，文化的な分類のうまくいかない中間的なもの，曖昧なもの，境界的なものは，社会の観念体系を不安定にするので嫌悪感をもって忌避され，不浄とみなされると論じました。月経も，男性による支配という社会の秩序を乱すので，不浄とみなされるのだと述べています[2]。

ダグラスの理論を発展させる形で，波平恵美子は，ケガレという分析概念を提示しました。月経は不浄で危険なものとみなされる一方で，単に排除されるものではなく，それがもっている「力」が認識されてもいるのだと主張しました[3]。文化人類学では1970年代からジェンダー研究が始まり，波平がこの主張を行った当時は，「女性の普遍的劣位性」がジェンダー研究の議論になっていました。波平の主張は，女性は月経があるがゆえに不浄とみなされ社会的に劣

▶1　波平恵美子『ケガレ』（講談社学術文庫，2009年，124頁）に記載がある。このほか，月経をめぐる日本の民俗については，日本民俗学者の著書に多くの成果がある。

▶2　メアリ・ダグラス著，塚本利明訳『汚穢と禁忌』ちくま学芸文庫，2009年。XIII-5「穢れとタブー」を参照。

▶3　波平恵美子『ケガレの構造』（新装版）青土社，1988年。

▶4　Buckley, T. and Gottlieb, A. “A Critical Appraisal of Theories of Menstrual Symbolism.” Buckley, T. and Gottlieb, A. eds. *Blood Magic: The Anthropology of Menstruation.* University of California Press, 1988, pp. 1–50.

▶5　医療人類学的な研究に，マーガレット・ロック著，江口重幸・山村宜子・北中淳子訳『更年期――日本女性が語るローカル・バイオロジー』（みすず書房，2005年），田口亜紗『生理休暇の誕生』（青弓社，2003年）などがある。

▶6　たとえば，小野清美『アンネナプキンの社会史』（JICC出版局，1992年），天野正子・桜井厚「ナプキン――『汚れ』の呪縛を解く」天野正子・桜井厚『「モノと女」の戦後史――身体性・家庭性・社会性を軸に』（平凡社，2003年，

位にある，というような単純なものではないことを示したのです。

その後，アメリカの文化人類学者バックリィ（Buckley, T.）とゴットリーブ（Gottlieb, A.）は，月経をめぐる象徴人類学的調査・研究も，その他の象徴人類学的調査・研究と同じように男性に焦点をおき，社会を全体として理解しようとする視点から行われていると批判しました。そして，女性に焦点をおいた研究が行われることによって，それ以前の記録や理論が修正され，女性たちが経験している月経を生理的でかつ文化的なものとして論じることができると指摘しました。[4]バックリィとゴットリーブによる指摘のあと，月経はジェンダーの議論よりもむしろ，医療人類学的な研究の対象とされるようになりました。[5]

3 月経への対処と女性の身体

月経をめぐる文化人類学的な研究をたどると気がつくのは，月経をめぐる慣習や観念，言説が扱われた文献があるのに対して，具体的な月経対処はほとんど描かれてこなかったということです。経血や痛みに女性たちがどのように対処していたのかという側面を描いたものは，あまり多くはないのです。経血への対処については，社会学などの文化人類学の近接分野で，生理用品というモノと女性の身体という側面から論じられています。[6]文化人類学では塩月亮子が，生理用品の変遷と女性の身体，意識の関係を論じています。[7]

これらの研究は，生理用ナプキンの使用が，女性たちの身体観や月経に対する意識を劇的に変化させ，女性たちの社会進出を支えた1要因でもあったことを教えてくれます。日本でナプキンが初めて発売されたのは1961年で，アンネ社という企業によるものです。現代日本で当たり前になっているナプキンの使用と対処は，比較的最近のものなのです。さらに，開発途上国を含む広い世界を見渡せば，ナプキンの使用はけっして当たり前のことではありません。

月経対処は，「ミレニアム開発目標（Millennium Development Goals, MDGs）」の後継となる開発目標[8]が検討された2000年代後半から，開発援助の課題として認識されました。[9]現在では，月経衛生対処（Menstrual Hygiene Management, MHM），月経の健康と衛生（Menstrual Health and Hygiene, MHH）などの支援が実施されています。近年，先進国では，「生理の貧困」[10]が社会的な課題として浮上してきました。そして，女性の抱える健康の課題をテクノロジーで解決しようとするフェムテック（Femtech）[11]というサービスも台頭してきています。

こうした動きは，月経にまつわる医学的な知識の流布ばかりではなく，月経カップ，吸水型サニタリーショーツ，月経管理アプリなどのモノをもたらします。モノと身体，意識との関係を見ることは，女性のライフコースを考える上で有効な視点となり，もう一度，月経をジェンダーの議論の俎上にのせることができるように思われます。

（新本万里子）

87-110頁），田中ひかる『生理用品の社会史』（角川ソフィア文庫，2019年）などはおすすめの文献である。

▶7　塩月亮子「沖縄における生理用品の変遷——モノ・身体・意識の関係性をめぐって」，近藤雅樹編『日用品の二〇世紀』（二〇世紀における諸民族文化の伝統と変容8），ドメス出版，2003年，186-203頁。

▶8　当時は新しい開発目標の名前が決定しておらず，ポストMDGsと呼ばれた。のちの「持続可能な開発目標（Sustainable Development Goals, SDGs）」のことである。

▶9　杉田映理「国際開発の目標となった月経衛生対処——MHMとは」杉田映理・新本万里子編『月経の人類学——女子生徒の「生理」と開発支援』世界思想社，2022年，22-46頁。

▶10　経済的理由で生理用品を購入できない女性がいることを表す言葉である。国外では，イギリス，アメリカ等で“Period Poverty”が2010年代後半から社会問題となった。日本語の「生理の貧困」は，“Period Poverty”の訳語である。日本では，新型コロナウィルス感染症の流行によって失業率が上がった2020年代初頭，女性の貧困問題が深刻化する中で「生理の貧困」も注目された。

▶11　Femtech（フェムテック）とは，Female（女性）とTechnology（テクノロジー）をかけあわせた造語である。

災　害

▶1　より詳しくは桑山敬己・綾部真雄編『詳論　文化人類学――基本と最新のトピックを深く学ぶ』（ミネルヴァ書房，2018年）の「災害とリスクの人類学」の章のほか，木村周平「人類学における災害研究――これまでとこれから」橋本裕之・林勲男編『災害文化の継承と創造』（臨川書店，2016年，29-43頁）などを参照。

▶2　もちろん，この点は「自然」災害のみならず，「人為」災害でも重要である。事故が起きると大きな被害を引き起こしうる原子力発電所や化学工場などがどこに立地し，誰がそこで働くのかなど，大きな文脈の中で考える必要がある。

▶3　脆弱性（vulnerability）もレジリエンス（resilience）も，工学や生態学，哲学や心理学など多様な領域で使われる概念であり，それぞれ力点が異なる。災害の分野でも，研究者だけでなく国際機関などによってもさまざまに定義がなされている。

▶4　文化人類学者の清水展は，1991年のフィリピン・ピナトゥボ火山噴火で被災した先住民の人々の暮らしの立て直しと，「先住民」としての自立を論じている。清水展『噴火のこだ

1　「自然」災害？

毎年，夏が近づくと豪雨や洪水のニュースをたびたび目にするようになりました。地球規模の気候変動が進み，風水害にくわえて猛暑，かんばつ，森林火災などがさまざまな地域の暮らしに深刻な影響を与えています。こうした事態に，文化人類学からどのように取り組むことができるでしょうか。[◀1]

まず「自然災害」という言葉に目を向けてみましょう。いくら大雨で河川が氾濫してもそれだけでは災害にはなりません。そこに暮らしがあり，氾濫によって即座には回復できない被害を受けることで，災害になります。その意味で「自然」災害はつねに「社会」，つまりそれぞれの地域の人々の暮らし方と関わりをもっています。さらに，現在の気象災害の増加や激化は，CO_2の排出など，人間活動の影響を受けているといわれています。そうだとすれば，災害はいわば自然環境と人類の関わり合いの長い歴史――都市化や産業化，植民地政策による資源収奪など――を反映しています。災害を人間（文化や社会，政治経済や歴史）の側から考えてみることが，文化人類学的災害研究の出発点です。[◀2]

その手がかりになるのが「脆弱性」や「レジリエンス」という概念です。大まかに言えば，前者は「災害による被害の受けやすさ」，後者は「被害から立ち直る力」です。[◀3]日常（災害が起きる前）の暮らしに対して，前者の視点から「ある社会のなかでどのような人が被害を受けやすいのか」「なぜそうなっているか」を考えることは，その社会の構造的な問題やリスクの理解，ひいてはその改善への努力につながります。そして，災害の渦中あるいは被災後の地域において，後者の視点から「人々がどのように支え合い，暮らしを立て直していくか」「何がその動きに関わっているか」を丁寧に見ていくことは，その人々がもつ潜在的な力や，その人々をとりまく関係性を理解し，さらには調査者自身がそこにどう関わることができるのかを考え，取り組むことにつながるでしょう。[◀4]

2　人類学的方法の活用

災害時には，被災した人々や行政職員，支援団体やボランティア，あるいは宗教者や土建業者など，さまざまな人々が日常とは異なる仕方で関わりあいます。しかし，そうした人々の振る舞いすべてがアドホックな，一回性のものではなく，良くも悪くも法律や制度などに規定されている部分が少なくありませ

ん。問題なのは，そうした法制度がつねに現場の人々に適切であるわけではないことです。制度化された枠組みやカテゴリーは，時に人々の多様性を覆い隠したり，新たな動きが生まれるのを妨げてしまったりすることがあります。よく挙げられるのは，「復興」についての（時に画一的な）法制度の枠組みやそれに基づく施策と，被災した人々の，それまでの暮らしや今後への見通しに基づく，多様な思いやニーズの間のギャップです[5]。文化人類学者たちは，支援に参加しつつ，人々の声を聞き，また観察を通じて，そこで何が起き，人々がそれをどのように受け止めているか，人々や現場にとって何が問題なのか，それは他の人々にどうとらえられているのか，などを理解しようとしてきました[6]。エスノグラフィーを中心とする文化人類学の調査と成果共有の方法は，こうしたことを人々とともに考え，多様性とパターンの間のバランスを取りながら言語やその他の仕方で表現し，共有するために活用されています[7]。

ま――ピナトゥボ・アエタの被災と新生をめぐる 文化・開発・NGO［新装版］』（九州大学出版会，2021 年）。

▶5 こうしたギャップについては，実践的な関心のある文化人類学者たちが熱心に取り上げている。Hoffman, S. and Barrios, R. eds. *Disaster upon Disaster: Exploring the Gap between Knowledge, Policy and Practice*. Berghahn, 2020.

▶6 他方で，災害，特に被災直後はきわめて緊張感ある状況であり，調査者が被災した人々を傷つけてしまうこと（調査被害）も起こりうるし，逆に調査者側も傷ついてしまうこともあるので，注意が必要である。

▶7 災害研究では，災害に実際に対応した行政職員などにインタビューし，そのノウハウを蓄積し，防災研修に役立てる「災害エスノグラフィー」という手法がある。文化人類学では，映像やミュージアム展示などを活用することも行われている。

3 災害において現れる問いに取り組む

災害は，とても大変で，混み入っていて，骨の折れる，長い過程です。多くの人は突如として巻き込まれ，その中でさまざまなことを経験し，悲しみや喜び，高揚や燃え尽き，怒りや希望など，多様な感情におそわれます。そうした災害の過程の中で起きる事態や，そこで見えてくる問いに対して，文化人類学の視点や理論，方法をもとに取り組むことにも意義があります。

東日本大震災を例に，そうした問いをいくつか挙げてみます。(1)発災時や避難生活時においては，「コミュニティ」には誰が含まれ，相互にどのように関わりあうのか，そして，ジェンダーや立場，国籍や宗教などの要素が，関わりあいへの参加をどのように方向づけているのかという問い。(2)ボランティアや公的支援においては，災害によって何が失われ，それをどのように取り戻すのか，そしてその人がその人であるために，誰から何を受け取るのか，そして与えるのかという問い。(3)生活再建（高台移転や，防潮堤建設などのハード面での「復興」）においては，人々にとって住まいや暮らしはどのようなもので，そうしたことに関わる決定はどのように行われるのかという問い。(4)伝統的なお祭りなどの行事や，漁業や農業などの生活に関わる仕事は，人々にとってどのような意味をもち，どのような役割を果たしているのかという問い。(5)災害を通して得た経験や知識，記憶を，誰とどのように，何を通して共有するのか（記憶の継承や防災教育，観光など）という問いなど，多くの問いがありえます。

「人新世[8]」という時代区分が説得力をもつようになった現在，災害はいまや非日常の例外的事態ではなく，誰しもが巻き込まれうる状況にあります。文化人類学の視点や方法を生かし，被災の渦中にある場であれ，防災研修の場であれ，ある現場での試行錯誤を具体的に記述し，深く検討することは，今後にとっても役立つ資料となりえるでしょう。 （木村周平）

▶8 第 2 部 8「人新世」を参照。

人新世

1 新たな地質年代

人新世（Anthropocene）とは大気化学者のクルッツェン（Crutzen, P.）と生態学者のストーマー（Stoermer, E.）によって2000年に提案された新しい地質年代です。地球観測に関する国際プロジェクトである「地球圏・生物圏国際協同研究計画」に参加していた2人は，気候変動のような人間活動の影響が，過去1万年間続いた地球システムのパターンを大きく変化させていることに注目し，人間が主な環境変化の動因となる新たな地質年代を提案しました。

人新世は，二酸化炭素濃度の上昇がもたらす気温の上昇，それに伴う海面上昇と海洋酸性化[1]，治水事業やダム建設による地形と水文学的パターンの変化，森林の減少や汚染による生物種の大量絶滅によって特徴づけられます。現在生じているこうした変化は，今後の地球環境の進化の道筋を大きく規定し，地球が完新世のような状態に復帰するには数百万年以上かかるか，もしくは永久に復帰しないと考えられています。また，多くの科学者は気候変動がこのまま進行すれば，現在の文明の維持は不可能になると考えています。

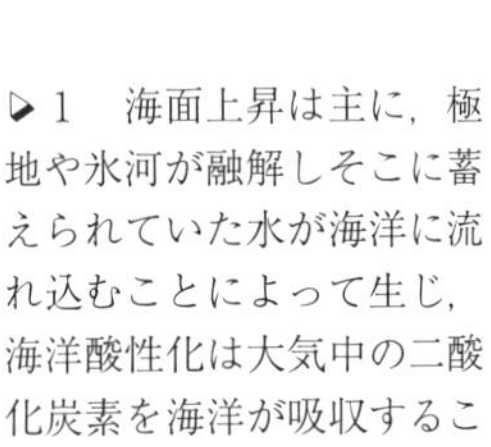

▶1　海面上昇は主に，極地や氷河が融解しそこに蓄えられていた水が海洋に流れ込むことによって生じ，海洋酸性化は大気中の二酸化炭素を海洋が吸収することによって生じる。後者は，最終的には海洋の生物のほとんどを絶滅させる可能性があると懸念されている。

▶2　Lewis, S. and Maslin, M. "Defining the Anthropocene." *Nature* 519(7542): 171-180, 2015.

人新世のはじまりについては複数の見解があり，前述のクルツェンとストーマーは蒸気機関が発明された産業革命を起点としています。一方，地質学者のルイス（Lewis, S.）とマズリン（Maslin, M.）は，その影響力のある論文[2]の中で，ヨーロッパ人による南北アメリカの征服を起点として提案しています。南北アメリカの征服を機に発展した植民地主義は，不平等な経済発展と自然環境の過酷な搾取を引き起こし，現在の気候危機に至るプロセスを始動したと考えられます。また，南北アメリカに建設され，のちに世界各地に広がったプランテーションは，商品作物の大量生産によって森林伐採と生態系の改変をもたらし，今日の大量絶滅の原因である生態系の著しい均一化の端緒となりました。

2 時間スケールの変容

人新世が提起する問題の中でも特に重大なのは，時間の概念（特に現在，過去，未来の関係）の根本的な変化です。近代的な知の枠組みでは現代の出来事は最大でも過去100年程度の歴史的なスパンの中で解釈され理解されることが一般的です。また，未来は可能性に開かれており，近代化と経済成長が無限に続くと想定されてきました。しかしながら，人新世の人間社会へのインパクトを理解するためには現代の危機を人類史の中で理解する視点が要求されます。地球システム科学は，過去1万年間の完新世は地球の歴史上，例外的に気候が安定した時代であったこと，この安定した気候が農業や定住社会の発展をもたらしたこと，この時期に発展した文明の諸要素のほぼすべてが完新世の環境と密接に結びついていることを明らかにしました。現在進行中の急激な気候変動により，この安定性は短期間に失われつつあります。つまり，21世紀初頭の数十年の変化と人類の過去1万年の歴史の間には密接な関係が生じています。

人新世はまた未来にも変化をもたらしました。かつて，ホワイト（White, L.）は，人類史を通して利用可能なエネルギーは絶えず増大しており，今後もその傾向は続くと主張しました。[3] 彼はまた，利用可能なエネルギーの増大が社会の複雑化や中央集権化，国家の誕生を可能にしたという今も広く受け入れられている見方の提唱者の1人でもありました。一方，2022年に発表されたIPCC[4]のレポートでは，エネルギー使用量を減少させることが破滅的な気候変動を回避するために不可欠であることが示されています。また，気候変動対策がなされない場合に生じる文明の崩壊が利用可能なエネルギーを劇的に低下させることは確実です。人新世の危機への対処が成功するにせよ失敗するにせよ，私たちはこれからホワイトのシナリオを逆方向に辿ることになりそうです。

3 人新世の未来と人類学の知識

こうした展望のもとで，ダノウスキ（Danowski, D.）とヴィヴェイロス＝デ＝カストロ（Viveiros de Castro, E.）は，人新世は近代人と先住民の関係を転倒させていると指摘しています。[5] 現在，近代社会に迫りつつある「世界の終わり」は，先住民社会が過去400年にわたって経験してきたことでもあります。先住民の世界は，土地の収奪，強制的な同化，それによる離散によって破壊されてきました。にもかかわらず先住民は今でも独自の社会生活を維持し，絶えず続く収奪に抵抗し続けています。彼らは，このような先住民社会のあり方は，人新世における近代人の未来を先取りしていると主張します。

利用可能なエネルギーの低下が社会の中央集権化と複雑化の趨勢を逆転させるのであれば，人新世の未来は現代社会がなんらかの経路を辿って先住民の社会に似たものへと変化するプロセスと考えることができるでしょう。エネルギー人類学者のボイヤー（Boyer, D.）らは，エネルギー減少を見据えた新たな未来像の必要性を指摘しています。[6] この課題に取り組む上では，これまで人類学が蓄積してきた分散的で無政府的な社会秩序についての知識が重要な意味をもつと思われます。家内制生産様式が権力の絶えざる分散化に結びつくと指摘したサーリンズ（Sahlins, M.），ヒエラルキーの誕生を阻止する先住民社会の政治プロセスを描き出したクラストル（Clastres, P.）など，[7] 人類学の古典は人新世において未来を構想するための手掛かりとなっています。（森田敦郎）

▶3 ホワイトについてはIII-5「生業の類型化と社会進化論」を参照。

▶4 Intergovernmental Panel on Climate Change（気候変動に関する政府間パネル）の略。気候変動に関する科学的知識を検討・集約し，国連および各国政府に勧告する役割をもつ。

▶5 Danowski, D. and Viveiros de Castro, E. *The Ends of the World*. Polity, 2016.

▶6 Boyer, D. “Revolutionary Infrastructure.” Harvey, P., Jensen, C. B., and Morita, A. eds. *Infrastructures and Social Complexity*. Routledge, 2017, pp. 174-186.

▶7 マーシャル・サーリンズ著，山内昶訳『石器時代の経済学〈新装版〉』法政大学出版局，2012年。ピエール・クラストル著，渡辺公三訳『国家に抗する社会──政治人類学的研究』水声社，1989年。

参考文献

ギスリ・パルソン著，長谷川眞理子監修，梅田智世訳『図説　人新世──環境破壊と気候変動の人類史』東京書籍，2021年。J. ロックストローム，M. クラム著，武内和彦・石井菜穂子監修，谷淳也・森秀幸訳『小さな地球の大きな世界──プラネタリー・バウンダリーと持続可能な開発』丸善，2018年。

9 マルチスピーシーズ

1 マルチスピーシーズ民族誌の誕生

マルチスピーシーズ民族誌（multispecies ethnography）とは，「人間と他種（さらには生物種にとどまらず，ウイルス，機械，モノ，精霊，地形も含む）の絡まりあいから人間とは何かを再考する分析枠組み[1]」です。この分野はアメリカの専門誌 *Cultural Anthropology* で特集が編まれた 2010 年に誕生し，それ以降急速に発展しています。

マルチスピーシーズ民族誌を語る上で欠かせないのがハラウェイ（Haraway, D.）[2]の影響です。ハラウェイは，自身の飼い犬とアジリティ競技[3]に参加した経験を踏まえて，「伴侶種（companion species）」という概念を提唱しました。そこでは，二元論的なカテゴリーで世界を理解するのではなく，人間を含む多くの種が互いに互いを構成しあうことが強調されています。ハラウェイの伴侶種論は，「人間の本性／自然は種間の関係性である」というチン（Tsing, A. L.）[4]の言葉とも共鳴しています。

2 マルチスピーシーズ民族誌とは何か

上記の特集では，インドネシアにおける鳥インフルエンザウイルスと他種の関わり，アメリカの軍事産業におけるミツバチの利用，バリの寺院におけるカニクイザルと現地の人々の交渉，サンゴの生殖に関する海洋生物学の研究が事例として取り上げられました。編者のカークセイ（Kirksey, S. E.）らは，動物は「ともに生きる」存在であることに着目するべきだと主張しています[5]。この指摘は，動物は「考えるのに適している」と論じたレヴィ＝ストロース（Lévi-Strauss, C.）の構造人類学ではなく，動物は「食べるのに適している」と考えたハリス（Harris, M.）の文化唯物論とも異なる第3の立場としてマルチスピーシーズ民族誌を特徴づけるものです。

初期のマルチスピーシーズ民族誌がハラウェイの影響を強く受けていたことは，科学技術社会論的なテーマが数多く扱われたことからもわかります。しかし，その後はより広い角度から研究がなされています。たとえば，オグデン（Ogden, L. A.）らは，マルチスピーシーズ民族誌を，さまざまな存在がつくるアッセンブリッジ（assemblage 寄せ集まり）の中で生命が創発する過程に着目する民族誌的なアプローチと説明しています[6]。彼女たちは 2010 年以前の研究

▶1　近藤祉秋・吉田真理子「人間以上の世界から『食』を考える」近藤祉秋・吉田真理子編著『食う，食われる，食いあう　マルチスピーシーズ民族誌の思考』青土社，2021 年，13 頁。

▶2　ハラウェイは科学史家・フェミニスト科学論者。伴侶種以外にもサイボーグ，霊長類学の批判的検討，遺伝子組み換え技術など現代のテクノサイエンスに関する著作を数多く発表している。伴侶種論に関しては以下を参照。ダナ・ハラウェイ著，高橋さきの訳『犬と人が出会うとき──異種協働のポリティクス』青土社，2013 年。

▶3　犬が障害物や課題をクリアして，飼い主と一緒にゴールをめざす競技。

▶4　チンは東南アジアでのフィールドワーク経験が豊富な人類学者。近年ではマツタケの流通に関する民族誌を発表し，林業開発，ベトナム戦争，日本のバブル経済といった時代背景の中で，社会的に周辺化された人々がマツタケ狩をいかに自由の象徴として享受し，生活の糧を見つけたかを明らかにした。アナ・チン著，赤嶺淳訳『マツタケ──不確定な時代を生きる術』みすず書房，2019 年。

も数多く参照して，北方先住民社会における動物や氷河のエージェンシー（agency）について扱ったナダスディ（Nadasdy, P.）やクルックシャンク（Cruikshank, J.）などもマルチスピーシーズ民族誌とみなしています[7]。エージェンシーは「行為主体性」とも訳され，社会構造が個人の思考を形づくるという立場に対して，個人が社会構造に働きかけるエージェンシーを有することが論じられています。しかし，近年では人間のエージェンシーにとどまらず，人間以外の存在のエージェンシーも注目されるようになっています。

3 これまでの研究と何が違うのか

ここで問題になるのがこれまでの研究との違いです。狩猟民や牧畜民の生業および人間－動物関係の研究では，人間と他種が「ともに生きる」というマルチスピーシーズに近い考えが意識されてきたからです。ただ，以下の4点が大きな違いとして挙げられます。マルチスピーシーズ民族誌では，(1)人間による一方的な働きかけではなく，相互構成的な関係性に着目する。(2)動植物にとどまらず，肉眼では見ることができない存在も頻繁に登場する。これは科学技術社会論に関心のある研究者がマルチスピーシーズ民族誌をけん引していることに一因がある。(3)多くの論者の間に「人新世[8]」への強い関心が見られる。(4)映像など文字によらない表現の可能性も積極的に模索されている。

4 日本での展開

代表的存在である奥野克巳は，2016年から2022年にかけて「マルチスピーシーズ人類学研究会」を組織し，この分野に関する議論を先駆的に紹介・検討しました。同研究会では，狩猟採集民や牧畜民など非西洋の小規模社会を調査した民族学（ethnology エスノロジー）の問題関心を軸として研究がなされてきました[9]。研究会メンバーを中心として，コーン（Kohn, E.）の『森は考える』やウィラースレフ（Willerslev, R.）の『ソウル・ハンターズ』が翻訳されています。コーンやウィラースレフの研究は，ヴィヴェイロス＝デ＝カストロ（Viveiros de Castro, E.）の「多自然主義（multinaturalism）」の議論から影響を受けており，南米低地やシベリアの先住民が動物や精霊，死者との間に築く関係性という観点からアニミズム的な世界が論じられています。

2019年には『たぐい』誌が発行され，哲学，思想，アートといった他領域との交流も盛んになっています。仏教の視点からみたマルチスピーシーズ論や，マンガを使った民族誌的表現の可能性など，日本独自の文脈を生かした取り組みが始まっています。さらに，『思想』（2022年10月号）でマルチスピーシーズ研究の特集が組まれ，周辺領域の研究者との対話がなされました。マルチスピーシーズの考え方は，デザインや環境倫理学など人類学の枠を超えて広がりつつあり，今後の展開が期待されます。

（近藤祉秋）

▶5　カークセイらは，「マルチスピーシーズサロン」と呼ばれるバイオアート（バイオテクノロジーを利用したアート）の展覧会を開催し，参加したアーティストや研究者と対話をしながら，マルチスピーシーズ研究を構想した。S. エベン・カークセイ，ステファン・ヘルムライヒ著，近藤祉秋訳「複数種の民族誌の創発」『現代思想』45巻4号，2017年，96-127頁。

▶6　Ogden, L. A. et al. “Animals, Plants, People, and Things: A Review of Multispecies Ethnography.” *Environment and Society: Advances in Research* 4: 6, 2013. マルチスピーシーズ民族誌にどのような研究を含めるかという点については以下の文献を参照のこと。近藤祉秋「マルチスピーシーズとは何か」『思想』2022年10月号（1182号），2022年，7-26頁。

▶7　ポール・ナダスディ著，近藤祉秋訳「動物にひそむ贈与——人と動物の社会性と狩猟の存在論」奥野克巳ほか編『人と動物の人類学』春風社，2012年［原著2007年］，292-360頁。Cruikshank, J. *Do Glaciers Listen? Local Knowledge, Colonial Encounters, and Social Imagination*. University of British Columbia Press, 2005.

▶8　詳細については第2部⑧「人新世」を参照。

▶9　奥野克巳『絡まり合う生命——人間を超えた人類学』亜紀書房，2021年。近藤祉秋『犬に話しかけてはいけない——内陸アラスカのマルチスピーシーズ民族誌』慶應義塾大学出版会，2022年。

存在論

1 存在論とは

存在論（ontology）とは元々は哲学の用語で,「世界にどのような事物が存在するのか」を問う研究を指します。存在論の問題は,「世界に存在する事物を人々はいかに知るのか」を問う認識論（epistemology）と対になって理解されてきました。両者を区別する立場の起源は，近代哲学の父カント（Kant, I.）であるとされます。彼は，自然界やモノの世界に対して，人間は概念的なカテゴリーを通してのみアクセスできると考え，存在論と認識論をそれぞれ独立した問題と考えました。ヴィヴェイロス＝デ＝カストロ（Viveiros de Castro, E.）[1]によれば，自然界についての人々の文化的知識の多様性を問題にした近代人類学は，カント主義的な立場をもっとも忠実に受け継いだ学問といえます。

ですが，世界にある事物とそれについての知識を完全に切り離されたものとして扱うことは可能なのでしょうか。人類学者たちは，この区別自体も近代西洋に成立した特殊な見方であると主張してきました。[2]

2 科学的事実の人類学

近代社会では,「世界に何が存在するのか」という存在論的な問いに答えるのは，科学の仕事です。一般に科学は，自然界にすでに存在する事物（科学的事実）を実験や観測を通して「発見」する活動とされます。しかし，科学をつぶさに観察すると，この見方は大きな矛盾を抱えていることがわかります。第1に，科学はつねに発展しているため，自然界に存在する事物はどんどん増え，世界自体も複雑になっています。たとえば，1900年と現在の自然の世界は，科学の発展によって大きく異なっています。また，科学者は多くの場合，未知の自然現象を探究しているため，探求の対象となる事物が果たして実在するのか，どんな性質をもっているのかについて明確に把握しているわけではありません。こうした不明確な現象は，実験や観測を重ねるごとに次第に明確になっていったり，単なる誤りであったとして消え去っていったりします。

科学の現場における存在論はこのようなダイナミックな性格をもっており，科学研究という認識論的な活動と切り離すことができません。1970年代末から80年代にかけて実験室の民族誌的研究を行ったラトゥール（Latour, B.）らは，科学的事実は，実験室における科学者の活動の中で試薬，計測器などさまざま

▷1　ブラジルの人類学者（1951-）。アマゾニア先住民の研究，特にそのアニミズム的実践と宇宙論の研究で知られる。主著は『食人の形而上学――ポスト構造主義的人類学への道』（檜垣立哉・山崎吾郎訳），洛北出版，2015年。

▷2　存在論に関するより詳細な説明は以下を参照。森田敦郎「世界はどのようにできているのか」内堀基光・山本真鳥編『人類文化の現在――人類学研究』（放送大学大学院教材）放送大学教育振興会，2016年，42-62頁。

▷3　ブルーノ・ラトゥール著，川崎勝・平川秀幸訳『科学論の実在――パンドラの希望』産業図書，2007年。

▷4　Henare, A., Holbraad, M., and Wastell, S. eds. *Thinking through Things: Theorising Artefacts Ethnographically.* Routledge, 2007.

なテクノロジーが結びつく中から生み出されること，存在論と認識論は実践の中で不可分であることを明らかにしました。[3]

3 「存在論的転換」とその後

一方，2000年代のイギリスでは，サルモンド（Salmond, A.）やホルブラード（Holbraad, M.）らが，存在論の問題を異なる視点から取り上げました。[4]のちに「存在論的転換（ontological turn）」と呼ばれるようになるこの運動は，存在するモノとそれについての観念を分離する西洋固有の見方を批判しました。そのルーツには，南米先住民のアニミズムの研究を通して，「文化が多様で自然が単一である」という従来の見方を反転させたヴィヴェイロス＝デ＝カストロの研究があります。彼は，アマゾニアのアニミズムにおいては，人間を含むすべての動物は互いのことを異なる動物種とみなす一方で，自分自身のことは等しく人間の姿をしているととらえていると指摘します。たとえば，ペッカリー[5]は，自らのことを村の中の家屋に住み，親族関係を持ち，ビールや調理された食事を食べる人間の姿としてとらえています。一方，ペッカリーからは自らを捕食する人間はジャガーの姿に，人間を捕食するジャガーは精霊の姿に見えます。つまりここでは，人間の生活様式は，すべての種が共通してもつ普遍的な主観性の形式となっている一方，身体は種の関係に応じて変化する相対的なものとなっています。ヴィヴェイロス＝デ＝カストロはこのような世界を，多文化主義を転倒させた世界として「多自然主義」と名付けました。[6]

存在論的転換の主導者たちの関心は，非西洋の宇宙論や実践において，観念とモノの関係がこのように異なる形で理解されているという点にありました。しかしながら，こうした静態的な見方は，次第に科学技術論の影響のもとに吸収されつつあります。たとえばイェンセンと森田敦郎は，近代社会の基盤となる技術システムであるインフラストラクチャー（infrastructure）が，自然環境と人間の生活を作り直していくことに注目して両者を結びつけています。インフラストラクチャーの発展は，動植物，水文や気候プロセス，人間生活，さらには精霊のような存在物の間に新たな関係を生み出し，それぞれの存在のあり方を変容させていきます。そこでは観念的なものと物質的なものはつねに変化する技術的，環境的，社会的な相互作用の中で作り直されつつあります。[7]同様に，デ・ラ・カデナ（de la Cadena, M.）は，近代世界と先住民の世界が互いに相入れない部分をもちつつも，植民地主義の歴史を通して互いに影響を与えあう様相を描き出し，[8]「政治的存在論」という概念を提唱しています。[9]

存在論についての研究は，知識や言語のような観念ないし記号的な領域と，テクノロジーや環境，自然のプロセスのような物質的な領域が不可分に混じりあっていることを明らかにしてきました。[10]こうした関心は，今では人類学の広い領域で共有されています。

（森田敦郎）

▶5　アマゾニアの先住民がしばしば狩猟の対象としているイノシシに似た小型の哺乳類。

▶6　Viveiros de Castro, E. "Cosmological Deixis and Amerindian Perspectivism." *Journal of Royal Anthropological Institute* 4(3): 469-488, 1998. 多自然主義は英語では multinaturalism という。

▶7　Jensen, C. B. and Morita, A. "Infrastructure as Ontological Experiments: Introduction." *Ethnos* 82(4): 615-626, 2017.

▶8　マリソール・デ・ラ・カデナ著，田口陽子訳「アンデス先住民のコスモポリティクス――『政治』を超えるための概念的省察」『現代思想』45(4): 46-80, 2017年。

▶9　神崎隼人「問題は『環境』であるのか？――『それだけではない』ポリティカル・オントロジーのアプローチ」『年報人間科学』41: 129-144, 2020年。

▶10　本章で取り上げた科学技術論と人類学の関係について，より詳細な検討は以下を参照。鈴木和歌奈「実験室から『相互の係わりあい』の民族誌へ――ポスト－アクターネットワーク理論の展開とダナ・ハラウェイに注目して」『年報科学・技術・社会』29: 3-29, 2020年。

11 コミュニティ

1 コミュニティ概念の特徴

「共同体」や「地域社会」とも訳されるコミュニティ（community）は，曖昧さがつきまとう言葉です。日常用語としても，特定の地理的領域，そこに住む人々，その人々の結びつき，などを意味する多義的な言葉ですが，学術用語としても定義が定まっていません。さまざまな定義に唯一共通するのは，「人間に関わる言葉であるということだけだ[▶1]」という主張があるほどです。

特に意見が分かれるのが，地域性（locality）と共同性（communality）の評価です。たとえばマードック（Murdock, G.[▶2]）は，コミュニティを「ふつう，対面的な結びつきのなかで共住する人々の集団であって，その最大のもの」と定義し，その具体例としてバンド（band），近隣集団（neighborhood），村落（village）などを挙げました。一方，地域性を重視しないとらえ方もあります。たとえば，「オンライン・コミュニティ」という言葉が指すのは，価値観や行動様式を共有する人々の脱地域的なつながりです。ナショナリズム研究で知られるアンダーソン（Anderson, B.）の「想像の共同体」論も同様です。彼が強調したのは，実際に会ったこともない人々の間にも，ネーション（nation）のように「深くて平等な」関係性が構築されるという現象でした[▶3]。このようにコミュニティとは，人間がなんらかの帰属（belonging）意識を感じる，きわめて多様な集団を指す言葉なのです。

なお，社会科学ではコミュニティという術語に，近代に対する伝統（前近代性）を含意させる場合があります。たとえばドイツのテンニース（Tönnies, F.）は，『ゲマインシャフトとゲゼルシャフト』（原著1887年）の中で，近代社会（独 Gesellschaft，英 society）の到来による伝統的共同体（独 Gemeinschaft，英 community）の変容・喪失を論じました。このような「失われたコミュニティ」という枠組み[▶4]は，都市化やグローバル化などを論じた近年の研究でもしばしば見られます。

2 人類学におけるコミュニティ論――構造・解釈・実践

コミュニティ研究は分野や時代によって多種多様ですが[▶5]，ここでは人類学を中心に紹介します。1920年代以降の人類学において，コミュニティは概して客観的に観察可能なモノ（社会的有機体）としてとらえられました。それは，ほか

▶1　Hillery, G. "Definitions of Community: Areas of Agreement." *Rural Sociology* 20, 1955, p. 117. ただしヒラリーが検討した94の定義のうち7割強には「社会的相互作用」「地理的領域」「共通の絆」の要素が共通していたという。

▶2　マードックは核家族とともにコミュニティを人類社会に普遍的な社会集団と位置づけた（VI-1「家族のかたちと居住空間」を参照）。

▶3　ナショナリズム研究はIX-6「民族と国家」を参照。

▶4　同様の枠組みは資本主義生産の前段階として共同体（Gemeinde）をとらえたマルクスの社会経済史に見られる。伝統／近代については，小谷汪之『共同体と近代』（青木書店，1982年），北原淳『共同体の思想――村落開発理論の比較社会学』（世界思想社，1996年）を参照。

▶5　コミュニティ理論の展開は，中久郎『共同性の社会理論』（世界思想社，1991年），ジェラード・デランティ著，山之内靖・伊藤茂訳『コミュニティ――グローバル化と社会理論の変容』（NTT出版，2006年），伊藤守ほか編『コミュニティ事典』（春風社，2017年）に詳しい。

と区別される独自の境界をもった1つの全体で，社会生活の諸要素（政治・経済・親族・宗教など）は相互に機能的な連関をもち，成員は同じ環境の中で同じように行動する，ということが前提とされていたのです。さらに，人類学者がフィールドワークの過程で観察したコミュニティの姿は，より大きな社会の縮図だとみなされました。だからこそ，小さなコミュニティを調査すれば，当該民族の社会構造全体が浮かび上がるとされたのです。

ところが1960年代頃から，文化的現実は所与のものではなく，人々の交渉のプロセスの中でつくられるという認識が徐々に高まり，コミュニティのとらえ方も「実体から解釈へ」と大きく変わりました。人類学者は，外から見てコミュニティの性質がどうなのかを問うのではなく，人々が自／他のコミュニティをどう意味づけ，どのように経験しているかに注目するようになったのです。[6]

こうした変化は，コーエン（Cohen, A.）の議論[7]によく表れています。彼は，コミュニティとは各成員の心の中にある意味世界であり，自集団の共通性と他集団との差異を表現する一種の象徴（シンボル）なのだと説きました。ただし同じシンボルを共有する者の間でも，その解釈は多様です。たとえば，☮（ピースシンボル）は，核軍縮の賛同者と非賛同者を分かち，前者に一体感を与えますが，これをどう意味づけるかは賛同者間でもさまざまです（一方的軍備廃棄か双方の軍備廃棄かなど）。「象徴としてのコミュニティ」論は，成員間の結合・団結と，成員内の多様性という両側面をとらえる視点をもたらしました。

一方，ブルデュー（Bourdieu, P.）の「実践」理論の普及を背景に，学習理論の領域でレイヴ（Lave, J.）とウェンガー（Wenger, E.）が提唱したのが「実践コミュニティ（communities of practice）[8]」という概念です。これは徒弟制のように，新参者が先輩に教わったりお手本を見たりする実践の中で知識や技能を習得し，そのコミュニティの一員になっていくプロセスをとらえたものです。コミュニティの再生産や変質，成員のアイデンティティの動態といった問題を人々の実践から説明するという新機軸は，さまざまな研究に影響を与えました。[9]

3 新しい共同性と帰属のかたち

現代世界を特徴づけるのは，グローバル化，メディア化，個人化だとよくいわれます。旧来の地縁・血縁・社縁[10]といったつながりの衰退は，コミュニティの再評価（たとえば困った時のセーフティネット機能）とその再生を望む声を生む一方で，より自由につながりを選べる状況も生みました。新しい社会状況の出現と，人々の「居場所」の多様化を反映して，今日のコミュニティ研究の対象はもはや「地域社会」に留まりません。[11] さらに近年では，明確な境界を持つ同質的集団としてのコミュニティという従来の発想を超えて，人々の融通無碍なつながりの接続や切断のプロセスに着目し，新たな共同性や帰属のあり方を議論する，いわば「非コミュニティ」の研究も増えています。[12]　（川瀬由高）

▶6　個人の戦略に注目したバルト（Barth, F.）のトランザクショナリズム（transactionalism）や，非日常時の一体感をとらえたターナー（Turner, V.）のコミュニタス論（XIII-5「穢れとタブー」を参照）など。

▶7　アンソニー・コーエン著，吉瀬雄一訳『コミュニティは創られる』八千代出版，2005年。

▶8　ジーン・レイヴ，エティエンヌ・ウェンガー著，佐伯胖訳『状況に埋め込まれた学習——正統的周辺参加』産業図書，1993年。

▶9　田辺繁治『生き方の人類学——実践とは何か』（講談社，2003年），福島真人『学習の生態学——リスク・実験・高信頼性』（筑摩書房，2022年）など。

▶10　社縁とは会社や趣味団体など，結社（association）の縁を指す。

▶11　平井京之介編『実践としてのコミュニティ——移動・国家・運動』（京都大学学術出版会，2012年），国立民族学博物館編『世界民族百科事典』（丸善，2014年）第15章「コミュニティ」など。

▶12　Amit, V. and Rapport, N. *Community, Cosmopolitanism and the Problem of Human Commonality* (Pluto Press, 2012)，松村圭一郎「〈関係〉を可視化する——エチオピア農村社会における共同性のリアリティ」（『文化人類学』73(4): 510-534, 2009年），小川さやか『チョンキンマンションのボスは知っている——アングラ経済の人類学』（春秋社，2019年）など。

12 ビジネス人類学とデザイン人類学

1 人類学と産業との関わり

人類学の博士号をもつイギリスのジャーナリスト，テット（Tett, G.）は，近著『Anthro Vision』（原著2021年）で，めまぐるしく変転するVUCA時代[1]には，AI（人工知能）と並んでAI：Anthropological Intelligence（人類学的知能）が役立つと述べ，ビジネス世界の分析における人類学的視座の重要性を説いています[2]。しかし，人類学と産業との関係は今に始まったことではありません。

アメリカの応用人類学，とくに産業への応用の歴史を紐解けば，1920～1930年代のホーソン研究[3]に辿りつきます。かつての産業人類学（industrial anthropology 現在は「ビジネス人類学」と総称される）は，この研究とともに生まれたという評価もあるほどです。それまでのテイラー（Taylor, F.）流の科学的管理法では，労働者のインフォーマルな人間関係のもつ重要性が抜け落ちていました。そこに焦点を当てた研究を主導したのが人類学者ウォーナー（Warner, L. W.）[4]です。彼は労働者間の集団圧力による生産量抑制など，隠れた規範やそれを左右する複雑な人間関係の存在を明らかにし，労使間の敵対や反目を生産的な協働へと導く視点を提示しました。そうした成果もあり，1940～1950年代には企業に雇われる人類学者も現れました。

しかしその後，人類学と産業との関わりは疎遠になっていきます。その理由の1つは，学問としての人類学の制度化が進み，長期の海外調査に従事するものこそ「本物の」人類学であるとされたからです。どこでも同じように見える会社や工場などよりも，エキゾチックな海外のフィールドに人類学者の関心は向いたのでした。また，政治的・倫理的な要因もありました。1960～1970年代には，アメリカ軍が資金提供したプロジェクトや秘密裏の調査をめぐって論争が起こり，政府や大企業などの援助で調査を行うことの倫理的な正当性が問われるようになりました。その結果，「ビジネスのための調査というのは倫理的でない」といった空気が蔓延しました。いったん確立するかに思われた産業人類学は，確固たる地位を得ることなく下火になっていきます。

疎遠になった産業と人類学の関係は，1980年代頃から再び繋がりをもちはじめます。その契機となったのが，日本企業のアメリカでの成功を文化概念で解き明かすことへの関心です。日本企業がアメリカ企業を凌駕した理由は，アメリカとは異なる何かが日本の企業文化にはあるからだという発想で，それが

▶1　Volatility（変動性），Uncertainty（不確実性），Complexity（複雑性），Ambiguity（曖昧性）の頭文字を組みあわせた言葉で，先行き不透明で予測困難な時代を意味する。

▶2　ジリアン・テット著，土方奈美訳『Anthro Vision――人類学的思考で視るビジネスと世界』日本経済新聞，2022年。

▶3　AT&Tの製造子会社ウェスタンエレクトリックのホーソン工場で，ハーバード大学ビジネススクール関係者によって約7年半実施された一連の研究を指す。

▶4　ウォーナーについては，伊藤泰信「別様でもありえた学，別様でもありうる学――作動中の人類学をめぐる試論」風間計博・中野麻衣子・山口裕子・吉田匡興編『共在の論理と倫理――家族・民・まなざしの人類学』（はる書房，2012年，377-398頁）を参照。

人類学的な組織研究（組織人類学）の展開に繋がりました。またこの時期には，ユーザーの行動分析による製品開発・改良といった（倫理的にさほど問題にならない）工業デザイン分野に人類学者が参入するようになりました。こうした複合的な理由から人類学やエスノグラフィー[5]が，ビジネスに資するものとして再び注目されはじめたのです。

2 ビジネス人類学（business anthropology）

この人類学の実務応用領域は，おおまかに次の3つに分類されます。(1)組織研究，(2)マーケティングや消費者行動，(3)製品やサービスのデザイン。まず(1)について，たとえばブライオディ（Briody, E.）は，24年間ゼネラルモーターズ（GM）の研究開発部門で働いた企業内ビジネス人類学者で，この分野のパイオニア的存在です。1980年代半ば，人類学会にGMの人事関係者が訪れ，博士課程修了間際だった彼女が面接を受け，採用されました[6]。以後，彼女は組織内の効果的な協働をめぐる課題解決や，GMと日本の自動車会社との提携をめぐる諸問題の解決に携わりました。(2)は，必ずしも明瞭に言語化されない消費者のニーズや価値観の把握に，人類学的な視点や手法を活用します。たとえば「消費者にとってのアンチエイジング（抗加齢）とは何か」といった問題を，人々の無意識の行動を観察して解き，製品・商品やサービスの開発に活かすのです。さらに(3)は，プロダクトやサービスのデザインの調査に人類学的知見や手法を用いるもので，次項の「デザイン人類学」と重複します[7]。

現場を綿密に観察するエスノグラフィー調査とともに，これら3つにおいて重視されるのは人類学的視座です。私たちの慣れ親しんだ「当たり前」というフレームを見直す「馴質異化（じゅんしついか）」[8]によって，消費者やユーザーのニーズや価値がそもそも何なのかが再定義され，実務に活かされます。

3 デザイン人類学（design anthropology）

いまだ萌芽的で緩やかなこの領域は，さまざまなバリエーションがあり，注目されはじめています[9]。特徴の1つを挙げましょう。そもそもデザインとは「未来」を創造するために現実に介入する行為ですが，概して人類学を含む人文社会科学の主眼は，現実の事後的な分析に置かれていて，未来の形成に関与するためのツールや実践が十分ではありません。それに対して，デザイン人類学は学際的なチームや実務者との連携を前提としており，人類学者はデザインの過程で研究者としてのみならず，ファシリテーターや共同制作者としての役割を果たします。本書の随所で触れたマリノフスキー（Malinowski, B.）型の調査とは，基本的姿勢が異なるのです。ビジネス人類学とも共通するこうした特徴は，対象への「関与」や「介入」を厭わない，公共人類学やアクション人類学などの研究動向とも，軌を一にしていると言えるでしょう。（伊藤泰信）

▶5　エスノグラフィーには二重の意味がある。産業界で流通しているそれは，調査成果物として書かれたエスノグラフィー（民族誌）でなく，人類学的な調査や実践を意味する。伊藤泰信「民族誌なしの民族誌的実践」『九州人類学会報』42，17-21頁，2015年を参照。

▶6　日本のように，人類学を専門的に学んだ者のほとんどが大学教員を目指すのとは異なり，北米や欧州では，テック企業や消費財のメーカーが人類学者を採用するなど，人類学を学んだ者に対して多様なキャリアが開かれている。伊藤泰信「企業で活躍する文化人類学者，その背景」中牧弘允・日置弘一郎・竹内惠行編『テキスト 経営人類学』（東方出版，2019年，96頁）を参照。

▶7　ここでデザインされるのは，モノ（製品／商品）のみならず，形のないコト（サービス）の設計・開発も含む。

▶8　慣れ親しんだ我々の身近なフレームを見直す（＝リフレームする）馴質異化については，伊藤泰信「文化人類学の視角と方法論を実務に活かす――ビジネスエスノグラフィの可能性と課題」八巻惠子編『企業実践のエスノグラフィ』（東方出版，2020年，311-337頁）を参照。

▶9　産業界におけるデザイン思考や人間中心デザイン（HCD）の隆盛はビジネス／デザイン人類学への注目と密接に関係している。Ito, Y. "Contact Zone of Anthropology of and in Business." *Japanese Review of Cultural Anthropology* 20(2): 7-25, 2019.

装いとファッション

人が装う理由

人はなぜ衣服を身にまとうのでしょうか。ほかの動物のような厚い体毛に覆われていない私たちの身体は，体温調節や有害なもの，たとえば紫外線，物理的な危険性や害虫などから身を守るために，衣服による保護を必要としています。しかしそれだけが衣服の機能ではありません。過酷な自然環境のもとであれ，温暖で比較的暮らしやすい地域であれ，どんな衣服にも必ずなんらかの装飾がつけ加えられています。さらにタトゥー，瘢痕文身（はんこんぶんしん）やピアッシングなどのように，身体そのものを装飾する行為[1]も多くの社会で行われてきました。

また世界のさまざまな伝統的衣装には，素材や意匠，配色，フォルムに関する細かいルールがあり，一つひとつ意味のある文様が使われています。これらの装飾はその衣服をまとう人の性別，帰属集団，宗教や身分，経済的ステータスなど，さまざまな違いやアイデンティティを示す機能を果たしているのです。

2　ファッションは西洋の専売特許か

では，着衣行動全般とファッションはどのような関係にあるのでしょうか。ファッションという言葉から私たちがまず連想するのは，流行，ブランド，パリコレなど，西洋発祥の衣服スタイルと強く結びついた事象かもしれません。

じっさい，ファッションを対象とする研究者の間では，これが西洋社会特有の現象であるとの認識が最近まで強かったといえます。特にファッション研究の古典とされる著作では，西洋以外の社会の衣服体系はその考察対象から外されていました。たとえば社会学者のジンメル（Simmel, G.）は，「ファッションは部族社会や階級のない社会には存在しない[2]」と言い切っています。ジンメルによれば，ファッションとは一方で模倣と順応による他人との同一化願望，他方で個性を発揮して他人からの差異化を図る願望という，相反する欲求が作り出すものです。このどちらが欠けてもファッションは成立しません。そのため，集団への同一化・画一化に向かう衝動がより強いとされる伝統的社会では，モードの変化はほとんど見られないというのです。

しかし，デザイン，生産，流通，消費とどの側面をとっても，ファッション産業がもはや西洋世界の専売特許とはいえないことは明白です。ファッション界の目まぐるしい流行や季節の変動に合わせるための衣服生産は，しばしば不

▶1　瘢痕文身とは，顔や腹部などの皮膚を刃物で傷つけたり，火傷を生じさせたりしてケロイド状にすることで文様を描くやり方を指す。このような身体加工（body modification）には，不可逆的な変工をもたらすものだけでなく，美容整形やエステ，化粧，アクセサリーなどを含めて考えることも可能である。

▶2　Simmel, G. "Fashion." *The American Journal of Sociology* LXII (6): 541-558, 1957, p. 541.

安定かつ劣悪な労働条件の下で行われています。このことは近年ようやく問題視されるようになりました。さらに非西洋社会の人々が日常身につける衣服のほとんども，すでに伝統的衣装と呼ばれるものではなくなり，グローバルなファッションとの結びつきを強めています。[3]

3 ファッション・反－ファッション・ファッション化

ファッションという言葉の定義，そしてファッションとファッションでないものの区分をめぐっては，特に文化人類学の視点からの再検討が相次いでいます。ポレマス（Polhemus, T.）らは，変化や進歩，あるいは社会移動と結びつき，頻繁なスタイルの変更を前提とする「ファッション」と，過去との連続性を体現し，固定的なスタイルを守る「反－ファッション」を対置した上で，反－ファッションの範疇に入るスタイルがファッションの中に取り込まれる現象を「ファッション化」と呼びました。[4]

これに対しニーセン（Niessen, S.）は，非西洋社会の衣服体系はもともと「反－ファッション」なのではなく，西洋ファッションが世界に広がっていく過程で「西洋ファッションでないもの」と位置づけられ，いわば「反－ファッション化」したのだと主張しています。そのことの意味と影響を考えることも重要な課題です。[5]

たとえ「民族衣装」と呼ばれ，特定の集団への帰属と結びつくとされる服装であっても，素材・製作技法・デザインのどれもがけっして固定的・安定的な型にとどまってはいないということは，日本の着物の例を見ても明らかでしょう。[6]集団の境界がそうであるように，服装それ自体もつねに変化や交渉にさらされているのです。守るべき規範におおむね従いつつも，個人がさまざまな理由で逸脱行動をとることが，徐々に集団としての服装選択に変化をもたらすこともあります。

4 ファッションと文化人類学

単純に服装のスタイルだけを問題にするのではなく，装いの全体像を対象とし，衣服を作ること・着ることをめぐる社会の営みをそれぞれの歴史的・社会的文脈から考えることや，同時に社会と社会の間，あるいは特定の社会の中の集団間の境界を越えた相互作用に注目することを通じて，ファッション研究は政治や経済を含む複雑な社会状況を理解する手立てにもなります。[7]

遠くにあって無関係に見えるような国や社会と私たちの日常は，まさにファッションを通じてつながってもいるのです。　（中谷文美）

▷3　西洋的衣服がすでに日常着として世界中に普及している現状を踏まえるなら，もはや西洋的と呼ぶべきではなく，「ワールドファッション」もしくは「コスモポリタンファッション」と呼ぶべきだとの主張もある。Eicher, J.B. ed. *Dress and Ethnicity: Change across Space and Time*. Berg, 1995.

▷4　Polhemus, T. and Procter, L. *Fashion & Anti-Fashion: An Anthropology of Clothing and Adornment*. Thames & Hudson, 1978.

▷5　Niessen, S., Leshkowich, A.M. and Jones, C. eds. *Re-Orienting Fashion: The Globalization of Asian Dress*. Berg, 2003.

▷6　2020年に開催された東京国立博物館での「特別展　きもの」とヴィクトリア&アルバート博物館での「Kimono: Kyoto to Catwalk」は，いずれも着物のファッション性や時代による変化を強調する展示内容であった。

▷7　蘆田裕史・藤嶋陽子・宮脇千絵編『ファッションスタディーズ――私と社会と衣服の関係』フィルムアート社，2022年。Nakatani, A. ed. *Fashionable Traditions: Asian Handmade Textiles in Motion*. Lexington, 2020など参照。

14 ダンスと身体

1 ダンスとは

言葉を獲得する前の子どもは，身体すべてを使って何かを伝えたり表現しようとしたりします。大人になるにつれて，私たちは言葉に大きく依存するようになりますが，身体を使った表現は，誰もが行ってきた原初的な表現形式だと言えるかもしれません。[1]

人類学では，ダンスとは，(1)リズム，(2)パターン，(3)功利性とは別の目的を備えた身体の動きだと理解されています。ただし，ここに含まれるのは，特定のジャンルとして確立したダンスだけではありません。幼い子どもが繰り返し行うような名前のない揺れや動き，コンサートや祝祭空間にみられるような楽器演奏と歌，身体の動きが混然一体となった状況など，およそ「ダンスと呼びうるもの」すべてが対象です。ダンスである状態だけでなく，ダンスになるプロセスは人類学的ダンス研究における重要な着眼点でもあるからです。

2 人類学とダンス

人類学者の描く民族誌にはダンスが数多く登場します。そこでは，人々が集団的に忘我の境地に至る姿や，伝統芸能などの儀礼の一環として登場する様子が活写され，ダンスは対象社会の人々の生を理解する重要な項目となってきました。

ダンスそのものを考察の対象とした分野に舞踊人類学（dance anthropology）[2]があります。世界各地に見られるダンスと呼びうる現象が，対象社会の人々の生活にどう位置づけられているのかを探る人類学の1分野として，第2次世界大戦後から徐々に発展しました。

この分野の開祖にアメリカのクラース（Kurath, G.）がいます。彼女は20世紀前半のアメリカで活躍したダンサー，そして民族舞踊学者です。クラースは，20世紀初頭のダンス研究の前提に，「優れた」西洋のダンス（その典型が劇場で行われるバレエ）と「劣った」非西洋のダンスという序列があることに異を唱えました。ダンス研究が，非西洋のダンスの収集・記録を通して，結果として「西洋／非西洋」の差異を強調し，両者の間の序列を強化する役割を果たしていたことを問題視したのです。[3]

クラースは自文化中心主義に陥りがちだったそれまでのダンス研究を改め，

▶1　この点を指摘した重要な著作に，三浦雅士『身体の零度——何が近代を成立させたか』（講談社，1994年）がある。

▶2　邦訳はないが，英米圏ではロイス（Royce, A）の *The Anthropology of Dance*（Princeton Book Co Pub, 2002）やウィリアムズ（Williams, D）の *Anthropology and the Dance: Ten Lectures*, 2nd ed.（University of Illinois Press, 2004）などの舞踊人類学の概説書的な著作が複数ある。

▶3　「人類学の父」，タイラーは『人類学』（*Anthropology: An Introduction to the Study of Man and Civilization*, 1881）の中で，文明の「幼少期」の特徴としてダンスを挙げた。この考えはその後の社会進化論の「文明化とともに未開社会のダンスは消滅していく」という主張の基礎となった。

文化相対主義的な観点からダンスをとらえ直すことを提案しました。

クラースの影響を強く受けたケアリノーモク（Kealiinohomoku, J.）は，「人類学者はバレエをエスニックなダンスの１つとして見る」という論文を発表し，西洋中心主義的なダンス観を批判しました。

以降，人類学におけるダンス研究は西洋社会のダンスを含めたさまざまな対象，テーマのもとに蓄積されていきます。

たとえば，中米諸国をフィールドに，国家とダンスの関係に注目したダニエル（Daniel, Y.）がいます。彼女は，国民国家がダンスを政治的に利用する様子を分析しています。キューバ国内の民族間対立を緩和するために，国家がルンバを国民のシンボルとして積極的に位置づけていく過程を明らかにしました。

3 社会を刺激するダンスと身体

身体は，ダンスの表現媒体であると同時に，ダンスと社会をつなぐ接点でもあります。身体の動きとして表現されるダンスは，社会に対して時に大きなインパクトをもって受け止められます。体育や芸術教育，個々人の心身の解放など，社会における肯定的な意味づけを与えられることがある一方で，社会の秩序を脅かすものとして規制や禁止の対象とされることもあります。

直近の日本を例に挙げると，2016年までダンスを用いた営業行為は「男女間の享楽的雰囲気が過度にわたる可能性がある」（警察庁）として法規制の対象とされてきました。主に性的な意味で風紀を乱す，というのがその理由です[4]。このようにダンスは既存の秩序に揺さぶりをかけるものであり，その意味で社会にとって潜在的な変革の可能性をもった行為でもあるのです。

▶4　戦後日本のダンス規制は，男女ペアの社交ダンスから始まっている。それを決定づけたのは，国策として開始された占領軍向けの特殊慰安施設協会（Recreation and Amusement Association, RAA）である。

4 自ら踊り考える人類学者

ダンスを研究対象とする人類学者の多くは，自ら踊るダンサーでもあります。それは，実際に踊ってみなければ辿りつけない気づきがあるということを，人類学者は直感的に知っているからです。人類学のフィールドワークでは，その場にいる「このわたし」が何を感じたかが重視されますが，ダンスではその傾向が顕著です。

エスノグラフィーの手法をとり入れたダンス研究は舞踊民族誌（dance ethnography）と呼ばれ，近年のダンス研究で注目を集めつつあります。ダンスは，哲学や歴史学，教育学やバイオメカニクス[5]など多様な分野から研究されてきましたが，踊る中で得られる個別具体的な気づきに積極的な意味づけを行おうとする姿勢は，ダンス研究の可能性を拓くものとして期待されています。自らの身体を調査のツールとしつつ，それでいて単なる自己語りに終始しない。その上で，新たな理論構築につながる知識の生産に，日々，踊りながら取り組む。それが，ダンスを対象に据えた人類学者なのです。（井上淳生）

▶5　バイオメカニクスは，身体の各部位の動きを速度や位置情報などの数値データに変換し，他の振り付けや他者との比較に大きな力を発揮する分野である。こうした分野は計量舞踊学に位置づけられ，人類学的ダンス研究との協働も模索されている。

無国籍

 無国籍者とは

「誰にでも，国籍があって当然」と思っている人は多いのではないでしょうか。私たちは国籍について考える機会はあまり多くありません。学校や大学で国籍について学ぶ機会も少ないですが，近年，ノーベル賞受賞者やスポーツ選手などから複数国籍の人がいることは知られてきました。しかし一方で，無国籍者が私たちの周りに暮らしていることは，あまり知られていません。

無国籍者とは，読んで字のごとく国籍をもたない人，どの国からも国民と認められていない人をさします。世界には統計上430万人[1]，しかし実際には少なくとも1,000万人に上る無国籍者がいるといわれています。

2 そもそも，国籍とは

国籍は，「個人が特定の国家の構成員（メンバー）である資格」を意味します。国は国籍という制度をもうけることによって，自国の国民を規定し，権利と義務を定めています。国籍を与えるルールは，国によって違います。国際的に共通した規定はありません。通常，人は生まれた時点で国籍を取得します。出生による国籍の付与は，大きく「出生地主義」と「血統主義」に分けられます。「出生地主義」は，その国の領域内で生まれたことに基づいて国籍を与えるもので，ブラジルやアメリカ，アイルランドは出生地主義を原則としています。一方，「血統主義」は，生まれた子に親と同じ国籍が与えられるケースで，日本や中国，ベトナムなどは血統主義を原則としています。それぞれの国の国籍法に従って，国籍の取得，喪失，回復などの条件が定められているので，国際結婚や移住などにより国籍法に抵触することが発生します。その際，個人が同時に複数の国籍を有することもあれば，いずれの国の国籍ももたない「無国籍」となることも当然発生します。出生による国籍取得以外に，婚姻や帰化によって国籍を取得することもあります[2]。

国家は，個人に対して国籍の保持を根拠として，さまざまな福祉や便宜を提供したり，外交上の保護[3]を与えたりします。対して，個人は国籍を通じて特定の国家の構成員という資格を確認し，戦争やオリンピックなどの国別対抗ではアイデンティティを呼び起こす源泉になります。一方，無国籍者は，どの国にも国民と認められておらず，また国民としての権利と義務もありません。

▶1　たとえばUNHCR（国連難民高等弁務官事務所）のレポート“Global Trends: Forced Displacement in 2021”など。

▶2　国籍は国際結婚や人のグローバルな移動の増加にともない，自ら海外に渡らない人にとっても実は身近なテーマである。日本における国籍と外国人の出入国管理，外国人との結婚，戸籍制度など法的な問題については，手塚和彰『外国人と法（第３版）』（有斐閣，2005年）が入門書として参考になるであろう。また，複数国籍については，佐々木てる編『複数国籍――日本の社会・制度的課題と世界の動向』（明石書店，2022年）が，日本のみならず世界の複数国籍の実態にさまざまな角度から触れており，国籍を考える上で良書である。

▶3　具体的な例としてパスポートが挙げられる。パスポートは政府が国外に渡航する自国民のために交付する身分証明書である。外国へ渡航する者の身分・国籍を証明し，その便宜供与と保護を依頼する文書である。パスポートについては陳天璽ほか編『パスポート学』（北海道大学出版会，2016年）が詳しい。

3 なぜ無国籍になるのか

無国籍となる原因は，国々の制度，国際情勢，そして個々人の経歴によって異なります。大きく以下のような原因があります。(1)国籍法の矛盾や抵触，(2)国家の崩壊や体制の変化，(3)民族や性的差別。

国際結婚や人の国際移住が増え，国々の国籍法の違いから複数国籍になることもあれば，当然，無国籍となる人もいます。たとえば，アメラジアン（Amerasian）[4]やジャパニーズ・フィリピーノ・チルドレン[5]など，親の移住に加え，婚姻届や出生届など行政手続きの不備により無国籍となるケースがあります。

旧ソ連や旧ユーゴの解体，そして2022年にロシアとの戦争が勃発したウクライナのように，国家の崩壊，領土の所有権の変動，戦乱などの末，無国籍になる人も多いです。ほかにも，2017年ミャンマー・ラカイン州で発生した「ロヒンギャ問題」で知られているように，民族的差別によって無国籍になる人々もたくさんいます。ロヒンギャやクルドの人々は，迫害から逃れ他国に避難しており，日本にも暮らしています。

また，研究や無国籍者の支援活動[6]から明らかになってきたのは，身分証明書上に記載されている国籍と実態にズレがあり無国籍状態の人がいることです。たとえば，日本に暮らす元ベトナム難民であった親から日本で生まれた子（Aさん）の出生届が日本の役所に提出されると，身分証明書上Aさんは「ベトナム国籍」と記載されます。しかし，ベトナム政府側では，Aさんが国民として登録されていないという事例が発覚しています。

以上からもわかるように，実にさまざまな無国籍の人たちがいます。合法的な身分をもった無国籍者もいれば，身分証がない無国籍者もいます。

4 国籍に依拠することの問題

日本に暮らす外国人は「在留カード」という身分証をもっています。カードには国籍が記載されます。国籍・地域欄に「無国籍」と明記されている身分証を出しただけで，アパートの賃貸や就職の際に差別されることがあります。

実効性のない国籍が記載された身分証を持つ人は，修学旅行で海外へ行くパスポートを作るためや，結婚に必要な独身証明書を入手するために大使館へ行ってはじめて自分が実は「無国籍」だと知るケースも少なくありません。

本来，人は国籍だけではなく，生まれた土地や話す言葉，文化，家族，住んだ所など，いろいろなものとつながって生きています。しかし，現代社会は，人の権利や帰属など，なんでも国籍に依拠しがちです。法の不備や社会の無知が原因で困っている無国籍者がいることを，私たちは考えなければいけません。無国籍は，文化人類学にとって大切なテーマの一つです。

（陳天璽）

▶4　米軍が駐留するアジア各国に多くみられる。アメリカ人軍人の父とアジア人の母の間に生まれた子どもをさす。また，その子孫も含め広くアメリカ人とアジア人の血統を引く人を表す。沖縄に多くいた。

▶5　ジャパニーズ・フィリピーノ・チルドレン（Japanese Fillipino Children, JFC）とは，日本人とフィリピン人の間に生まれた子どもをさす。国籍やアイデンティティの問題を抱えるケースが多く，JFCを支援する団体として「特定非営利活動法人JFCネットワーク」がある。

▶6　無国籍者を支援している団体「特定非営利活動法人無国籍ネットワーク」。学生団体「無国籍ネットワークユース」もある。

参考文献

陳天璽『無国籍と複数国籍――あなたは「ナニジン」ですか』光文社新書，2022年。陳天璽・近藤敦・小森宏美・佐々木てる編著『越境とアイデンティフィケーション――国籍・パスポート・IDカード』新曜社，2012年。陳天璽『無国籍』新潮文庫，2011年。Chen, T. L. *Stateless*. NUS Press, 2024.

多文化共生

1 日本は単一民族国家か

比較的最近まで日本は「単一民族国家」だといわれてきました。しかし，次の2つの出来事はそれが誤りであることを教えてくれます。(1)1910年，日本は朝鮮を植民地化しました。その結果，朝鮮人は日本国籍となり，1936年のベルリン・オリンピックで，アジア初のマラソン金メダリストとなった朝鮮出身の孫基禎（ソン・ギジョン）は，胸に日の丸がついたユニフォームを着て走ったのです。[1] (2)2001年，サッカーのワールドカップが日韓共同で開催された前年のこと，当時の天皇（現上皇）は誕生日の記者会見で，「私自身としては，桓武天皇の生母が百済の武寧王の子孫であると，続日本紀に記されていることに，韓国とのゆかりを感じています[2]」と発言しました。これはかつて「万世一系」といわれた皇統を天皇自身が否定したものとして，国際的関心を呼びました。桓武天皇（在位781-806年）は平安京に遷都したことで知られています。

2 多文化共生が語られる背景

以上は日本と朝鮮に関わる出来事ですが，7世紀から9世紀まで続いた遣隋使・遣唐使，戦国時代の南蛮貿易に端を発するヨーロッパとの交流[3]，江戸時代の「鎖国」政策下でも継続された朝鮮通信使，幕末に始まった欧米との全面的接触，蝦夷地への植民によるアイヌ民族との遭遇[4]などを想起すれば，異文化や異民族との出会いはけっして最近の現象ではないことがわかります。

では，なぜ近年「多文化共生」という言葉をよく耳にするようになったのでしょうか。さまざまな理由が考えられますが，もっとも根本的には，グローバル化の進展によって国をまたいだ人的接触が増えて，外国人や異民族が私たちの日常生活にまで入ってきたという事実が挙げられます。1980年代後半に顕著となったグローバル化は，人・もの・情報・資本という4つの領域で，それ以前の国際交流とは規模と速度がまったく違います。そのことは，今日どの大学にも留学生がいて，私たちが着ている服の多くが外国製で，地球の裏の出来事が一瞬にしてネットで伝わり，外貨を使わなくてもカードで海外の店と決算できる，という事実からも理解できるでしょう。そうした変化に伴って，これまで遠い存在だった異文化の人々が，日常的に接触する隣人として私たちの目の前に現れたのです。文化は民族の生活様式そのものですから，彼らと一緒に

▷1　朝鮮の新聞『東亜日報』には，日の丸を消した孫基禎の写真（表彰式）が掲載され，同新聞は発行停止処分となった。銅メダルは同じく朝鮮出身の南昇龍（ナム・スンリョン）が獲得した。

▷2　この発言は宮内庁公表の「天皇陛下お誕生日に際し（平成13年）」による。

▷3　いわゆる「鎖国」下でも，オランダを通じて日本の文物はヨーロッパに流入した。たとえば，最高級の着物や反物は王族や貴族に重宝され，19世紀後半のジャポニスムの素地をつくった。

▷4　明治以降の同化政策によるアイヌ民族の惨状については，III-5「生業の類型化と社会進化論」，X-4「先住民と法」，XVII-4「アイヌ民族」，XVII-5「国立アイヌ民族博物館」，XVIII-5「ネイティヴとの確執と対話」を参照。

暮らすには，お互いの文化を理解して尊重しあわないといけません。多文化共生が声高に語られるようになったゆえんです。

3 多文化共生をめぐる官民の活動

「多文化共生」という言葉は，1970 年代以降の欧米諸国で国家政策として採用された「多文化主義（multiculturalism）[5]」と，朝鮮・アイヌ・同和地区出身者らが反差別闘争で用いた「共生」を組みあわせたものといわれます。この言葉が日本の新聞に初めて登場したのは，川崎市で開かれた国際フォーラムの記事が掲載された 1993 年のことでした。2 年後の阪神淡路大震災（1995 年 1 月 17 日）では，被災した外国人住民への救援活動として複数言語によるラジオ放送が始まるなど，草の根の多文化共生活動が徐々に広まりました。甚大な被害を受けた神戸市長田区には，戦前から多くのコリアンが集住していましたが，ベトナム戦争が終結した 1975 年以降，ベトナム人難民とその子孫や東南アジアの他地域からの移民が急増して，震災時にはすでに多くの外国人が長田区に住んでいました。当時彼らの存在はあまり知られていませんでしたが，未曽有の震災に直面して同じ地域住民として認知されるようになったのです。今日，神戸市では官民によるさまざまな多文化共生プロジェクトが行われています[6]。

2006 年，総務省はある文書の中で，多文化共生を「国籍や民族などの異なる人々が，互いの文化的ちがいを認め合い，対等な関係を築こうとしながら，地域社会の構成員として共にいきていくこと[7]」と定義しました。その背景には，外国人住民の増加によって，コミュニケーションや生活支援の分野で，国はもとより地方自治体による具体的政策の立案・実施が不可欠であるという認識がありました。ただ残念ながら，外国人住民増加の一因であった技能実習制度は，人手不足解消策の隠れ蓑にすぎなかったという批判があり，海外からの移住者に対する日本政府の理解や支援もいまだに十分ではありません。

4 多文化共生の問題点

ここでは 4 つに絞って説明します[8]。(1) 3F（Food，Fashion，Festival）に終始しがちで，異文化が「つまみ食い」的に消費され，表層的な他者理解に終わっている。(2) 1970 年代以降のニューカマーとの関係に主眼があるので，それ以前の移住者，アイヌ民族，同和地区出身者などへの目配りが少なく，彼らの経験が十分生かされていない。(3) 1 つの国や民族に 1 つの文化しか想定されてないので，同一文化内部の葛藤や多様性が見落とされる[9]。その結果，女性を含む少数派の立場に思いがいたらない。(4)日本も数ある文化の 1 つだという認識が薄く，「多」文化共生は主流派の日本人にとっての「他」文化接触に留まる。とはいえ，多文化共生の理念と実践が，日本における民族的・文化的多様性の理解を促したことは確かです。今後の展開を注視しましょう。（桑山敬己）

▶5　多文化主義をいち早く導入したカナダやオーストラリアでは，非西洋系の移民の激増によって多様化した社会を統合するためには，不満や紛争を招きやすい同化政策ではなく，発想を逆にして少数派の文化を承認したほうがうまく行くという判断があった。西ヨーロッパでは，21 世紀に入ると，多文化主義は宗教的伝統の異なる他者の流入を招き，それが国内外の暴力を誘発したという批判が高まった。

▶6　兵庫県の取り組みは，竹沢泰子・樋口大祐・兵庫県国際交流協会編『百花繚乱——ひょうごの多文化共生 150 年のあゆみ』（神戸新聞総合出版センター，2020 年）に詳しい。

▶7　総務省「多文化共生の推進に関する研究会報告書——地域における多文化共生の推進に向けて」2006 年 3 月，5 頁。

▶8　日本文化人類学会の機関誌『文化人類学』は，2009 年に「特集　多文化共生と文化人類学」（74 巻 1 号）を組んだ。

▶9　多文化共生は文化を nation（文脈によって国／国民／民族と訳される）単位でとらえるため，相違は nation と一体化した文化と文化の間に求められる。その結果，各 nation ＝文化の内部は平坦化され，構成員間の葛藤，特に権力関係が見落とされる。XVIII-3「ポストモダンの人類学」を参照。

事項・民族名索引

事　項

あ行

か行

さ行

な行

は行

ま行

や行

ら・わ行

欧文

民族・民族集団名

人名索引

あ行

か行

さ行

た行

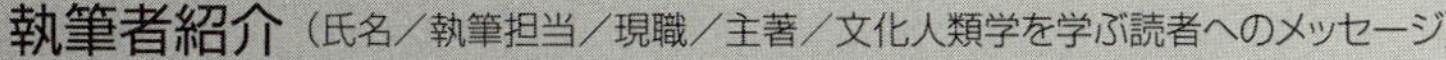

執筆者紹介（氏名／執筆担当／現職／主著／文化人類学を学ぶ読者へのメッセージ）

綾部恒雄（あやべ　つねお）　編著

奥付編者紹介参照

桑山敬己（くわやま　たかみ）　編著，1，III-1，III-4，III-5，XVIII，第2部16

奥付編者紹介参照

▶文化人類学はひとつの知識体系であると同時に，さまざまな背景を持った人々が共存するグローバル化時代を生きるヒントを与えてくれます。ぜひ本書で学んだことを実生活に活かしてください。

井出里咲子（いで　りさこ）　II

筑波大学人文社会系教授

『言語人類学への招待――ディスコースから文化を読む』（共著，ひつじ書房，2019年）『出産・子育てのナラティブ分析――日本人女性の声にみる生き方と社会の形』（共著，大阪大学学術出版会，2019年）『雑談の美学――言語研究からの再考』（共編著，ひつじ書房，2016年）

▶文化人類学には魅力的な読み物としてのエスノグラフィーがたくさんあります。世界の多様な暮らしや価値に触れ，自らも他者と出会い，変容する過程を楽しんで。

岸上伸啓（きしがみ　のぶひろ）　III-2，XVII-1，XVII-2，XVII-3

国立民族学博物館・総合研究大学院大学名誉教授

Food Sharing in Human Societies: Anthropological Perspectives (Springer, 2021)『北太平洋の先住民文化――歴史・言語・社会』（臨川書店，2024年）『カナダ・イヌイットの食文化と社会変化』（世界思想社，2007年）

▶世界に存在するさまざまな生き方や考え方を学んだ上で，自分自身の人生について考えることをおすすめします。

池谷和信（いけや　かずのぶ）　III-3

国立民族学博物館・総合研究大学院大学名誉教授

『トナカイの大地，クジラの海の民族誌――ツンドラに生きるロシアの先住民チュクチ』（明石書店，2022年）『現代の牧畜民――乾燥地域の暮らし』（古今書院，2006年）

▶文化人類学のおもしろさは，フィールドでの新たな発見と複数のフィールドでの比較にあると思います。読者の皆様，現場でこの本に書いていないことをさがしましょう。

山本真鳥（やまもと　まとり）　IV

法政大学名誉教授

『オセアニアの今――伝統文化とグローバル化』（明石書店，2023年）『グローバル化する互酬性――拡大するサモア世界と首長制』（弘文堂，2018年）『オセアニア史』（編著，山川出版社，2000年）

▶古典の理論を中心に，分野の新しい成果も組み入れつつ執筆しました。より深い理解に結びつけば幸いです。

上杉富之（うえすぎ　とみゆき）　V

成城大学文芸学部教授

『贈与交換の民族誌――ボルネオ・ムルット社会の親族と祭宴関係のネットワーク』（国立民族学博物館，1999年）『現代生殖医療――社会科学からのアプローチ』（編著，世界思想社，2005年）『社会と文化をグローカルに見て，考える』（編著，成城大学グローカル研究センター，2021年）

▶先行き不透明な昨今，社会や文化はますます「かたく」なりつつあります。文化人類学は「やわらかさ」を取り戻す効果的なツールとなるでしょう。

瀬川昌久（せがわ　まさひさ）　VI

東北大学名誉教授

Ancestral Genealogies in Modern China: A Study of Lineage Organizations in Hong Kong and Mainland China (Routledge, 2021)『中国社会の人類学――親族・家族からの展望』（世界思想社，2004年）『連続性への希求――族譜を通じてみた「家族」の歴史人類学』（風響社，2021年）

▶現代社会の現象だけにとらわれることなく，人類の諸社会が実践してきた多様な社会のあり方を，広く柔軟な視点から理解することに役立てば幸いです。

宇田川妙子（うだがわ　たえこ）　VII

国立民族学博物館教授

『仕事の人類学――労働中心主義の向こうへ』（共編著，世界思想社，2016年）『城壁内からみるイタリア――ジェンダーを問い直す』（臨川書店，2015年）『ジェンダー人類学を読む――地域別・テーマ別基本文献レヴュー』（共編著，世界思想社，2007年）

▶ジェンダーの研究は，当たり前だと思っていることをあらためて意識化して問い直そうとする姿勢の獲得につながります。身近な事例から考えてみてください！

竹沢泰子（たけざわ　やすこ）　VIII

関西外国語大学国際文化研究所長・教授／京都大学名誉教授

『アメリカの人種主義――カテゴリー／アイデンティティの形成と転換』（名古屋大学出版会，2023年）『日系アメリカ人のエスニシティ――強制収容と補償運動による変遷』（東京大学出版会，1994年，新装版2017年）『人種神話を解体する』（全3巻，編集責任・共編著，東京大学出版会，2016年）

▶人種主義は，日本を含む現代世界の最も深刻な課題の一つです。また人種と人種主義は，人間の分類と序列化という，人類学の根源的な問いでもあります。社会的意義が深くて，知的好奇心が絶えない研究テーマです。

綾部真雄（あやべ　まさお）IX
東京都立大学人文科学研究科教授
『フィールドから地球を学ぶ――地理授業のための60のエピソード』（編著，古今書院，2023年）『詳論 文化人類学――基本と最新のトピックを深く学ぶ』（共編著，ミネルヴァ書房，2018年）『タイを知るための72章』（編著，明石書店，2014年）
▶営みとしての文化人類学は，知的探求心を刺激するものであるのみならず，グローバル化した現代世界と向き合うための「技術」であるとも思っています。

森正美（もり　まさみ）X
京都文教大学学長・総合社会学部教授
『東南アジアのイスラーム』（共著，東京外国語大学出版会，2012年）『法文化論の展開――法主体のダイナミクス』（共編著，信山社，2015年）『実践！ 防災と協働のまちづくり――住民・企業・行政・大学で地域をつなぐ』（編著，ミネルヴァ書房，2021年）
▶見ているつもりで見えていないもの，見えているだけでは理解できないもの。人と人が，様々な違いを超えて共に生きるための視点やヒントを探ってください。

沼崎一郎（ぬまざき　いちろう）XI
東北大学名誉教授
『台湾社会の形成と変容――二元・二層構造から多元・多層構造へ』（東北大学出版会，2014年）『人類学者，台湾映画を観る――魏徳聖三部作『海角七号』・『セデック・バレ』・『ＫＡＮＯ』の考察』（風響社，2019年）『多軸的な自己を生きる――交錯するポジショナリティのオートエスノグラフィ』（監修，東北大学出版会，2024年）
▶過去から現在まで，世界各地の様々な人々の生き方の「違い」に目を向け，違う生き方を学び，自分の生き方を考え直してみよう。

梅屋潔（うめや　きよし）XII
神戸大学大学院国際文化学研究科教授・研究科長，国際人間科学部長／カメルーン・ランガア研究所名誉研究教授
『福音を説くウィッチ――ウガンダ・パドラにおける「災因論」の民族誌』（風響社，2018年）*The Gospel Sounds like the Witch's Spell: Dealing With Misfortune among the Jopadhola of Eastern Uganda*（Langaa, 2022）*Citizenship in Motion: South African and Japanese Scholars in Conversation*（共編著，Langaa, 2019）
▶辞めようと考えていた大学生の私を踏みとどまらせた人類学との出会いは運命的なものでした。30年やっていて後悔も退屈もしたことはありません。

松岡悦子（まつおか　えつこ）XIII
奈良女子大学名誉教授
『妊娠と出産の人類学――リプロダクションを問い直す』（世界思想社，2014年）『バングラデシュ農村を生きる――女性・ＮＧＯ・グローバルヘルス』（編著，風響社，2024年）
▶自分の文化との違いを発見する喜びは，自分の生きる世界をぐっと広げてくれることでしょう。

北中淳子（きたなか　じゅんこ）XIV
慶應義塾大学文学部教授
Depression in Japan: Psychiatric Cures for a Society in Distress（Princeton University Press, 2012　日本語簡略版『うつの医療人類学』日本評論社，2014年）「うつ」（『文化人類学のエッセンス――世界をみる／変える』有斐閣，2021年）「日本研究の現在――医療人類学の視点から」（『詳論 文化人類学――基本と最新のトピックを深く学ぶ』ミネルヴァ書房，2018年）
▶医療人類学は，どうして病いや苦しみが生まれるのか，それに対して社会は何ができるのかを考える学問です。生きづらさを異なる視点から考えたい方にお薦めです。

川口幸大（かわぐち　ゆきひろ）XV
東北大学文学部教授
『世界の中華料理――World Chinese Dishesの文化人類学』（編著，昭和堂，2024年）『ようこそ文化人類学へ――異文化をフィールドワークする君たちに』（昭和堂，2017年）
▶肌に粟を生じるような，小骨がのどに刺さったような，胸の奥底がざわつくような，そんな違和感を大切に，できればそれが，いつから，なぜ，そうなってきたか探求してみましょう。

川森博司（かわもり　ひろし）XVI
神戸女子大学文学部教授
『ツレが「ひと」ではなかった　異類婚姻譚案内』（淡交社，2023年）『日本昔話の構造と語り手』（大阪大学出版会，2000年）
▶人間は敵対の構造に陥りやすい生きものです。そこから逃れていくためには，文化人類学で人類の文化に共通するものを学んでいくことが役に立ちます。

佐々木史郎（ささき　しろう）XVII-4，XVII-5
国立アイヌ民族博物館館長
『ウアイヌコロ コタン アカラ――ウポポイのことばと歴史』（共編著，国書刊行会，2023年）『シベリアで生命の暖かさを感じる』（臨川書店，2015年）『北方から来た交易民――絹と毛皮とサンタン人』（日本放送出版協会，1996年）
▶文化人類学では個人やその人が所属するコミュニティ，地域，民族の尊厳を尊重することが大切です。そのことをしっかり胸に刻んで学んでいきましょう。

住原則也（すみはら　のりや）XIX
天理大学国際学部教授
『経営と宗教――メタ理念の諸相』（編著，東方出版，2014年）*Enterprise as a Carrier of Culture: An Anthropological Approach to Business Administration*（共編著，Springer, 2019）
▶人間と人間社会・文化をより深く理解することで相互理解を目指すのが文化人類学です。

島村恭則（しまむら　たかのり） XX
関西学院大学社会学部長・教授
『民俗学を生きる――ヴァナキュラー研究への道』（晃洋書房，2020年）『みんなの民俗学――ヴァナキュラーってなんだ？』（平凡社新書，2020年）
▶日本（を含む世界各地）には「民俗学」の重厚な蓄積があります。これと人類学とを上手に接合することで，文化の深層がさらによく見えてくることでしょう。

原知章（はら　ともあき） 第2部1
早稲田大学人間科学学術院教授
『文化的持続可能性とは何か――文化のゆるやかな共鳴を捉えるために』（編著，ナカニシヤ出版，2023年）An Anthropological Approach to Consumption Practices in Contemporary Asia（*Japanese Review of Cultural Anthropology* 21(1), 2020）
▶ジリアン・テットは，文化人類学的思考を「もうひとつのAI（人類学的知能）」と呼んでいます。ぜひ，本書を通じて「もうひとつのAI」に触れてみてください。

飯田卓（いいだ　たく） 第2部2，4
国立民族学博物館教授
Heritage Practices in Africa（編著，National Museum of Ethnology, 2022）『身をもって知る技法――マダガスカルの漁師に学ぶ』（臨川書店，2014年）
▶文化人類学者は近年になってとくに，文化でも人類でもないものを扱うようになっています。よりよい人間理解のために，トピックや学史も楽しく勉強しましょう！

河合洋尚（かわい　ひろなお） 第2部3
東京都立大学人文科学研究科准教授
『景観人類学の課題――中国広州における都市環境の表象と再生』（風響社，2013年）『景観で考える――人類学と考古学からのアプローチ』（共編著，臨川書店，2023年）
▶興味関心の幅の広さは文化人類学の魅力の一つです。本書を読んで気になったトピックをぜひ深めていってください。

関根久雄（せきね　ひさお） 第2部5
筑波大学人文社会系教授
『持続可能な開発における〈文化〉の居場所――「誰一人取り残さない」開発への応答』（編著，春風社，2021年）『地域的近代を生きるソロモン諸島――紛争・開発・「自律的依存」』（筑波大学出版会，2015年）『実践と感情――開発人類学の新展開』（編著，春風社，2015年）
▶当たり前と思っていること，常識とされていることを，一旦疑ってみてください。そこから，それまで知らなかった世界や人の新しい姿が見えてくるかもしれません。

新本万里子（しんもと　まりこ） 第2部6
広島市立大学国際学部客員研究員
『月経の人類学――女子生徒の「生理」と開発支援』（共編著，世界思想社，2022年）「生理用品の受容によるケガレ観の変容――パプアニューギニア・アベラム社会における月経処置法の変遷から」（『文化人類学』83(1)，2018年）
▶身近な場から始めるフィールドワークにも面白い発見が潜んでいるかもしれません。フィールドと読書の往還を始めてみませんか。

木村周平（きむら　しゅうへい） 第2部7
筑波大学人文社会系教授
『人新生時代の文化人類学の挑戦――よみがえる対話の力』（共著，以文社，2023年）『津波のあいだ，生きられた村』（共著，鹿島出版会，2019年）
▶文化人類学は，遠い世界の話のようでいて，実は日常のさまざまな場面で役立てられる学問です。学びながら，ぜひまわりを見回してみてください。

森田敦郎（もりた　あつろう） 第2部8，10
大阪大学人間科学研究科教員／大阪大学フォーサイト株式会社取締役
Infrastructures and Social Complexity: A Companion（共編，Routledge, 2017）
▶人類学は，アカデミックな研究と現場での実践が密接に関わっているところが魅力です。特にテクノロジーの人類学はビジネスやデザインの現場で非常に注目されています。企業で働きながら学ぶ人も多く，ビジネスとして応用的な仕事をする機会も豊富です。

近藤祉秋（こんどう　しあき） 第2部9
知犬ラボ（独立研究者）
『犬に話しかけてはいけない――内陸アラスカのマルチスピーシーズ民族誌』（慶應義塾大学出版会，2022年）
▶これから人類学を学ぶみなさんには，すべての学問の常識や紋切り型な理解にとらわれず，研究を進めてほしいです。

川瀬由高（かわせ　よしたか） 第2部11
江戸川大学社会学部准教授
『共同体なき社会の韻律――中国南京市郊外農村における「非境界的集合」の民族誌』（弘文堂，2019年）『王崧興『亀山島』と漢人社会研究――翻訳・論考・資料』（共編訳，風響社，2024年）「コミュニティ――ホリズムの実験と非集団論的転回」（『中国民族誌学』風響社，2024年）
▶文化人類学はどんなことでも研究テーマにできてしまうという懐の深さをもった学問です。人類学的なものの見方，考え方の面白さをぜひ楽しんでください。

伊藤泰信（いとう　やすのぶ）　第 2 部⑫

北陸先端科学技術大学院大学（JAIST）トランスフォーマティブ知識経営研究領域教授

「エスノグラフィを実践することの可能性――文化人類学の視角と方法論を実務に活かす」（『組織科学』51(1)，2017 年）「エスノグラフィと文化人類学の視点」（『医師・医学生のための人類学・社会学――臨床症例／事例で学ぶ』ナカニシヤ出版，2021 年）

▶「人類学は人類学者に任せておくには重要すぎる」（G. マクラッケン）。人類学的視座である「異質馴化」「馴質異化」を，人類学者でない皆さんも実践してみませんか。

中谷文美（なかたに　あやみ）　第 2 部⑬

関西学院大学社会学部教授

『仕事の人類学――労働中心主義の向こうへ』（共編著，世界思想社，2016 年）『オランダ流ワーク・ライフ・バランス――「人生のラッシュアワー」を生き抜く人々の技法』（世界思想社，2015 年）『「女の仕事」のエスノグラフィ――バリ島の布・儀礼・ジェンダー』（世界思想社，2003 年）

▶この本を読みながら，これまでわかっていると思っていたことがわからなくなったと感じたその時，あなたは文化人類学と共に生きる人生の入り口に立っていますよ。

井上淳生（いのうえ　あつき）　第 2 部⑭

茨城大学人文社会科学部講師

Dance in Japanese Culture（*Dance Cultures around the World*. Human Kinetics, 2023）「身体の非対称性――ひとりのダンス教師は異なる身体とどう向き合ってきたのか？」（『人類学者は異文化をどう体験したか――16 のフィールドから』ミネルヴァ書房，2021 年）

▶身体すべてを使い，他者の世界を味わうことで，自分という人間をアップデートする。文化人類学の醍醐味は，こういうところにもあります。

陳天璽（チェン　ティェンシ）　第 2 部⑮

早稲田大学国際教養学部教授

Stateless（NUS Press, 2023）『無国籍と複数国籍――あなたは「ナニジン」ですか？』（光文社新書，2022 年）『無国籍』（新潮文庫，2011 年）

▶自分の周りにあって「あたりまえ」だと思っていることに「なぜ？」と思ってみてください。フィールドワークなど自分の体験を通し，考え，答えを見つけるのは楽しいですよ。

《編者紹介》

綾部恒雄（あやべ　つねお）

筑波大学名誉教授。2007年没。

著書に『アメリカの秘密結社――西欧的社会集団の生態』（中公新書，1970年），『クラブの人類学』（アカデミア出版会，1985年），『東南アジアの論理と心性』（第一書房，1992年），『外から見た日本人――日本観の構造』（朝日選書，1992年），『現代世界とエスニシティ』（弘文堂，1993年）など。編著に『女の文化人類学――世界の女性はどう生きているか』（弘文堂，1982年），『文化人類学15の理論』（中公新書，1984年），『カナダ民族文化の研究――多文化主義とエスニシティ』（刀水書房，1989年），『アメリカの民族――ルツボからサラダボウルへ』（弘文堂，1992年），『文化人類学の名著50』（平凡社，1994年），『国家のなかの民族――東南アジアのエスニシティ』（明石書店，1996年），『文化人類学のフロンティア』（ミネルヴァ書房，2003年），『クラブが創った国アメリカ』（山川出版社，2005年）など。監修に『世界民族事典』（弘文堂，2000年），『講座　世界の先住民族――ファースト・ピープルズの現在』（明石書店，2005～2008年）など。訳書にアルノルト・ファン・ヘネップ『通過儀礼』（綾部裕子との共訳，弘文堂，1995年）など。

桑山敬己（くわやま　たかみ）

ノートルダム清心女子大学文学部特別招聘教授，北海道大学名誉教授。

著書に *Native Anthropology: The Japanese Challenge to Western Academic Hegemony*（Trans Pacific Press, 2004），『ネイティヴの人類学と民俗学――知の世界システムと日本』（弘文堂，2008年），『文化人類学と現代民俗学』（島村恭則・鈴木慎一郎との共著，風響社，2019年），『世界が見たキモノ――オリエンタリズムとエロチシズムの文化人類学』（昭和堂，2025年）など。編著に『日韓共同編集　グローバル化時代をいかに生きるか――国際理解のためのレッスン』（韓敬九との共編，平凡社，2008年），『日本はどのように語られたか――海外の文化人類学的・民俗学的日本研究』（昭和堂，2016年），『詳論 文化人類学――基本と最新のトピックを深く学ぶ』（綾部真雄との共編，ミネルヴァ書房，2018年），『人類学者は異文化をどう体験したか――16のフィールドから』（ミネルヴァ書房，2021年）など。訳書にジョイ・ヘンドリー『社会人類学入門――多文化共生のために〈増補新版〉』（堀口佐知子との共訳，法政大学出版局，2017年）。

やわらかアカデミズム・〈わかる〉シリーズ
よくわかる文化人類学［第３版］

2006年10月20日　初　版第１刷発行
2008年11月20日　初　版第４刷発行
2010年２月25日　第２版第１刷発行
2024年３月30日　第２版第15刷発行
2025年３月15日　第３版第１刷発行
2025年５月20日　第３版第２刷発行

〈検印省略〉

定価はカバーに
表示しています

編　者　綾部恒雄
　　　　桑山敬己
発行者　杉田啓三
印刷者　田中雅博

発行所　株式会社　ミネルヴァ書房
607-8494　京都市山科区日ノ岡堤谷町１
電話代表　(075) 581-5191
振替口座　01020-0-8076

創栄図書印刷・新生製本

ISBN978-4-623-09723-4
Printed in Japan